UNTERSUCHUNGEN

ZUR GESCHICHTE

DER

DEUTSCHEN STADTVERFASSUNG

VON

DR. SIEGFRIED RIETSCHEL
O. Ö. PROFESSOR AN DER UNIVERSITÄT TÜBINGEN

ERSTER BAND

LEIPZIG
VERLAG VON VEIT & COMP.
1905

DAS BURGGRAFENAMT

UND

DIE HOHE GERICHTSBARKEIT

IN DEN DEUTSCHEN BISCHOFSSTÄDTEN WÄHREND DES FRÜHEREN MITTELALTERS

VON

DR. SIEGFRIED RIETSCHEL

O. Ö. PROFESSOR AN DER UNIVERSITÄT TÜBINGEN

LEIPZIG

VERLAG VON VEIT & COMP.

1905

Druck von Metzger & Wittig in Leipzig.

RUDOLPH SOHM

IN DANKBARER VEREHRUNG

GEWIDMET

Vorwort.

Die folgende Untersuchung ist durch die Erkenntnis bestimmt, daß nur eine Verbindung von lokaler und allgemeiner Geschichtsforschung imstande ist, eine gesicherte Lösung der stadtverfassungsgeschichtlichen Probleme zu bringen. Mehr als irgend welche anderen Rechtsinstitute sind die der städtischen Verfassung in ihrer Eigenart durch die jeweiligen lokalen Verhältnisse bedingt. Eine Forschung, welche die Bestimmungen der deutschen Stadtrechte ohne näheres Eingehen auf diese örtlichen Zusammenhänge verwertet, kann ungemein anregend und belebend wirken, wird aber nie alle Zweifel überwinden können. Wer sicher gehen will, muß sich in mühsamer Arbeit in die lokale Überlieferung der einzelnen Stadt versenken, um aus ihr den Stoff für die Gesamtdarstellung zu schöpfen. Und zwar muß er immer und überall das gesamte Quellenmaterial, das geschriebene sowohl wie das topographische, selbst durcharbeiten. Die lokalen Monographieen, selbst die besten, vermögen im günstigsten Falle nur eine vorläufige Orientierung zu geben. Die Unkenntnis der Verhältnisse in anderen Städten, die Abhängigkeit von bestimmten Theorieen und nicht zum wenigsten die Mode, die immer nur einzelnen Fragen ihr Interesse zuwendet, sie alle bewirken, daß gewöhnlich nur einige Probleme einseitig zur Darstellung kommen, während oft das reichste und interessanteste Quellenmaterial unverstanden und ungenutzt bleibt.

Diese Grundsätze haben mich bei meiner Arbeit geleitet. Sie erklären es, daß in ihr die lokale Einzeluntersuchung den Löwenanteil behauptet. War diese in methodisch richtiger Weise geleistet, so mußte sich das zusammenfassende Schlußkapitel im wesentlichen von selbst ergeben. Durchweg habe ich mich bemüht, das gedruckte Quellenmaterial und die bisherige Literatur so vollständig als möglich anzuführen und den Gang der Beweisführung sich im einzelnen vor dem Leser abspielen zu lassen. Nur wo meine Untersuchungen zu demselben Ergebnisse wie die bisherige Forschung gelangten, habe ich mich unter Beifügung der notwendigen Zitate mit einem knapperen Resumé begnügt. So erklärt sich z. B. die Kürze der Ausführungen über die sächsischen Bischofsstädte, während der Paragraph über die Burggrafschaftsverfassung des östlichen Sachsens, der völlig neue Resultate brachte, erheblich ausführlicher werden mußte.

Daß bei einer Untersuchung wie der vorliegenden Irrtümer im einzelnen schwer vermeidlich sind, weiß jeder, der in dieser Weise gearbeitet hat. Wiederholt habe ich während des Fortschreitens der Arbeit kleinere Versehen in den früheren Teilen berichtigt; manche mögen noch stehen geblieben sein. Aber doch hoffe ich, daß die eingeschlagene Methode, die immer wieder die allgemeingeschichtlichen Ergebnisse an den lokalgeschichtlichen und die lokalgeschichtlichen an den allgemeingeschichtlichen prüft, eine Gewähr für die Richtigkeit der leitenden Grundgedanken in sich trägt.

Eine angenehme Pflicht ist es mir, an dieser Stelle den Bibliotheken in Berlin, Dresden, Halle, Leipzig, München, Straßburg, Stuttgart und Wien, sowie den Freunden und Bekannten zu danken, die mich bei meiner Arbeit unterstützt haben. In erster Linie aber gebührt mein Dank dem Manne, dem dies Buch gewidmet ist, und der mich zuerst in die Geschichte des deutschen Rechtes eingeführt hat. Eine gelegentliche Äußerung im Kolleg aus seinem Munde war es, die mich als jungen Mann vor nahezu anderthalb Jahrzehnten zuerst veranlaßte, mich mit der Geschichte des deutschen Burggrafenamtes zu beschäftigen. Möge das fertige Werk ihm zeigen, daß seine Anregung nicht auf unfruchtbaren Boden gefallen ist.

Tübingen, den 5. Februar 1905.

Der Verfasser.

Inhalt.

Zweites Kapitel.

Das bayerische Gebiet.

Drittes Kapitel.

Das fränkisch-thüringische Gebiet.

Einleitung.

§ 1.

Die Überschrift „Das **Burggrafenamt** und die **hohe Gerichtsbarkeit** in den deutschen Bischofsstädten", die ich den folgenden Untersuchungen gegeben habe, wird ohne Zweifel vielen als eine recht überflüssige Tautologie erscheinen. Denn wenn in dem heftigen Widerstreit der Ansichten, der sich in der stadtverfassungsgeschichtlichen Forschung geltend macht, ein Satz als unverrückbar feststehend von allen, selbst den am meisten einander widersprechenden Meinungen anerkannt wird, so ist es der, daß die hohe Gerichtsbarkeit wenigstens in einem Teil der deutschen Bischofsstädte dem Burggrafen zustand. Der Burggraf war, wie sein Name sagt, der Graf der ummauerten Stadt, der Burg; er übte innerhalb der Stadt die gräflichen Rechte, vor allem die hohe Gerichtsbarkeit aus. Der Burggraf von Köln oder Mainz beispielsweise „unterschied sich vom Gaugrafen nur durch die rein faktische Eigentümlichkeit, daß eine Stadt den Hauptbestandteil seines Amtssprengels bildete".[1] GAUPP hat diese Theorie zuerst klar und unzweideutig ausgesprochen, ARNOLD hat ihr zum Siege verholfen.[2] Seitdem ist sie beinahe ein Axiom geworden. Wir finden sie in dem monumentalen Werke der deutschen Verfassungsgeschichte von WAITZ,[3] Juristen wie Historikern ist sie gleich geläufig. Von den ersteren seien nur

[1] GAUPP, Über deutsche Städtegründung, Stadtverfassung und Weichbild (Jena 1824) S. 219.

[2] ARNOLD, Verfassungsgeschichte der deutschen Freistädte I (Hamburg und Gotha 1854) S. 76 ff.

[3] WAITZ, Deutsche Verfassungsgeschichte VII (Kiel 1876) S. 41 ff.

die Führer auf rechtsgeschichtlichem Gebiete genannt, Heusler,[1] Gierke,[2] Schröder,[3] Sohm,[4] v. Amira,[5] Brunner,[6] von letzteren G. L. v. Maurer,[7] Hegel,[8] v. Below,[9] denen man noch zahlreiche andere anreihen könnte.[10] Nur hinsichtlich der Frage der Entstehung dieses Burggrafenamtes bestehen Meinungsverschiedenheiten. Während die meisten, Gaupp und Arnold folgend, in den Burggrafen die unmittelbaren Nachfolger der alten Gaugrafen erblicken,[11] neigt man in der jüngsten Zeit dazu, in der Burggrafschaft ein ohne Anknüpfung an bisherige Einrichtungen neugeschaffenes Amt zu sehen.[12] Aber daß der Burg-

---

[1] Heusler, Der Ursprung der deutschen Stadtverfassung (Weimar 1872) S. 52 ff.

[2] Gierke, Das deutsche Genossenschaftsrecht I (Berlin 1868) S. 253.

[3] Schröder, Lehrbuch der deutschen Rechtsgeschichte, 4. Aufl. (Leipzig 1902) S. 629 f.

[4] Sohm, Die Entstehung des deutschen Städtewesens (Leipzig 1890) S. 76 ff.

[5] v. Amira, Grundriß des germanischen Rechts, 2. Aufl. (Straßburg 1897) S. 76: *burcgrâve* heißt der Stadtgraf in Deutschland.

[6] Brunner, Grundzüge der deutschen Rechtsgeschichte, 2. Aufl. (Leipzig 1903) S. 149.

[7] v. Maurer, Geschichte der Städteverfassung in Deutschland III (Erlangen 1870) S. 316 f., 438 f., 512 f.

[8] Hegel, Die Entstehung des deutschen Städtewesens (Leipzig 1898) S. 77 f.

[9] v. Below in der Historischen Zeitschrift LIX (1888) S. 210.

[10] Z. B. Koehne, Der Ursprung der Stadtverfassung in Worms, Speier und Mainz (Breslau 1890) S. 152 ff.; Varges, Zur Entstehung der deutschen Stadtverfassung, in den Jahrbüchern für Nationalökonomie und Statistik, 3. Folge XII (1896) S. 483; Rodenberg im Neuen Archiv XXV (1900) S. 483 ff. — Auffallenderweise beobachtet Keutgen in seinen Untersuchungen über den Ursprung der deutschen Stadtverfassung (Leipzig 1895) in dieser Frage ein seltsames Stillschweigen. Nach seinen Äußerungen auf S. 28 f. scheint es mir fast, als sei auch ihm die herrschende Lehre über die Burggrafschaft zweifelhaft.

[11] Gaupp, a. a. O., S. 219; Arnold, a. a. O., I S. 122 ff.; Heusler, a. a. O., S. 56 ff.; Schröder, a. a. O., S. 620. Auch Hegel, a. a. O., S. 78 teilt diese Ansicht. Über die näheren Umstände bei der Entstehung des Amtes bestehen allerdings weitgehende Differenzen.

[12] Dafür tritt besonders Rodenberg, a. a. O., S. 495 ein.

graf als solcher der höchste Richter der Stadt war, darüber ist man einig.[1]

Man muß schon vierzig Jahre zurückgehen, um in der Literatur auf abweichende Anschauungen zu stoßen. Als Gegner der herrschenden Lehre wären Eichhorn, Nitzsch und Gfrörer zu nennen. Eichhorn erblickte in den Burggrafen mit Ausnahme des Kölner, den er für einen wirklichen Grafen hielt, nur „Oberbeamte über die in eine Burg als Besatzung gelegten Dienstleute",[2] Nitzsch schrieb ihnen außer diesen militärischen Funktionen auch die Verwaltung der königlichen Pfalzen zu,[3] Gfrörer endlich vermutete in den Burggrafen königliche Beamte, deren Hauptaufgabe die Überwachung der Bischöfe war.[4] Viel Glück haben diese Ansichten nicht gehabt. Über Eichhorns ziemlich dürftige Bemerkungen ging man leicht hinweg, während Gfrörers unglaublich phantastische und mit den gröbsten Fehlern behaftete Ausführungen, soweit sie überhaupt beachtet wurden, mit Recht eine ganz entschiedene Ablehnung fanden. Nitzsch, unter den dreien zweifellos der gründlichste und scharfsinnigste, fand besonders in Heusler einen erfolgreichen Bekämpfer[5] und hat mit seiner Burggrafentheorie selbst bei seinen treusten Anhängern so gut wie gar keinen Erfolg gehabt.[6] Die Schwächen seiner Ansicht, inbesondere seine Auffassung der Burggrafen als königlicher Beamten, war einem Weitergreifen derselben hinderlich. Dazu kam, daß sie von Nitzsch in engsten Zusammenhang mit seiner Theorie vom hofrechtlichen Ursprung der Städte gestellt war und mit derselben untrennbar verwachsen erschien.

Nun ist es allerdings den Vertretern der herrschenden Ansicht natürlich nicht entgangen, daß es zahlreiche deutsche Burg-

---

[1] Daneben allerdings wird ihm fast durchweg die Stadtkommandantur, also eine militärische Befugnis, zugeschrieben.

[2] Zeitschrift für geschichtliche Rechtswissenschaft I (1815) S. 245.

[3] Ministerialität und Bürgertum (Leipzig 1859) S. 144 ff.

[4] Papst Gregorius VII und sein Zeitalter VII (Schaffhausen 1861) S. 249 ff.

[5] Vgl. Heusler, a. a. O., S. 52 ff.

[6] Unrichtig ist es, wenn Koehne, a. a. O., S. 154 Lamprecht für einen Anhänger der Ansicht von Nitzsch erklärt. An der angegebenen Stelle: Deutsches Wirtschaftsleben im Mittelalter I (Leipzig 1886) S. 1368 ff. ist von den Burggrafen der älteren deutschen Städte nicht die Rede.

grafen gegeben hat, auf welche die Definition „Burggraf = Graf der Stadt" schlechterdings nicht paßte, weil sie nie die hohe Gerichtsbarkeit in einer Stadt ausgeübt haben. Die Staufer haben in einer Reihe von Burgen Kommandanten und Verwaltungsbeamte mit dem Titel „Burggraf" eingesetzt;[1] wir finden auch landesherrliche Burggrafen in einer ähnlichen Stellung. Besonders im Osten des Reiches, sowohl in den Elb- und Saalegebieten wie südlich der Donau in den bayrisch-österreichischen Alpen- und Voralpenländern, ist das burggräfliche Amt schon im 12. Jahrhundert ungemein verbreitet. Von allen oder wenigstens fast allen diesen Burggrafen steht es fest, daß sie Grafen einer Stadt nicht gewesen sind. Aber auch in zwei alten deutschen Bischofsstädten, in Straßburg und Augsburg, treffen wir Burggrafen, denen die hohe Gerichtsbarkeit, die gräfliche Gewalt fehlt. Vertrat man aber den Standpunkt, daß diese gräfliche Gewalt notwendiger Bestandteil des Burggrafenamtes sei, so mußte man natürlich dazu kommen, in diesen nicht mit der hohen Gerichtsbarkeit ausgestatteten Burggrafschaften entweder Entartungen des ursprünglichen Amtes zu sehen oder eine bloße Übertragung des Namens anzunehmen. So entstand die Unterscheidung zwischen „echten" und „unechten" zwischen „eigentlichen" und „uneigentlichen" Burggrafen, die seit Arnold[2] in der Wissenschaft gang und gäbe ist.[3] Über die Grenzlinien bei dieser Scheidung bestehen natürlich zahlreiche Differenzen. Für manche, wie den Nürnberger und Meißner, blieb es bestritten, ob man sie noch zu den echten Burggrafen rechnen könne.[4] Bei anderen, wie dem Straßburger und dem

[1] Über diese staufischen Burggrafen vgl. H. Meyer, Das staufische Burggrafentum (Leipzig 1900).

[2] Vgl. Arnold, a. a. O., I S. 127 f.

[3] Vgl. z. B. Märcker, Das Burggraftum Meißen (Leipzig 1842) S. 9 ff.; Heusler, a. a. O., S. 61 ff. Schröder, a. a. O., S. 629 f. spricht von „eigentlichen" Burggrafen.

[4] Vgl. Heusler, a. a. O., S. 61: „Am nächsten kommen dann den alten Burggrafen die von Meißen und Nürnberg." Vgl. ferner Arnold, a. a. O., I S. 122; Märcker, a. a. O., S. 15 (hier wird auch die altenburgische als wirkliche Burggrafschaft angesehen).

Augsburger Burggrafen, glaubte man zum Teil wenigstens, daß sie früher echte Burggrafen gewesen und erst später ihrer gräflichen Gewalt beraubt worden seien.[1] Neuerdings scheint man den Kreis der echten Burggrafen möglichst eng ziehen zu wollen, selbst die Regensburger will Rodenberg nicht dazu rechnen.[2] Andererseits fehlt es nicht an Forschern, die noch eine weitergehende Unterscheidung vornehmen wollen. Ich nenne nur G. L. v. Maurer, der drei Arten von Burggrafen unterscheidet, „solche welche keine öffentliche Gewalt gehabt haben, dann Burggrafen, welche ursprünglich grundherrliche Beamte gewesen sind, welche aber, wie z. B. in Straßburg und Augsburg, einen Teil der öffentlichen Gewalt oder, wie in Nürnberg und Magdeburg, die ganze öffentliche Gewalt erhalten haben, und endlich Burggrafen, welche, wie z. B. in Köln und Mainz, niemals eine grundherrliche Gewalt, vielmehr immer nur eine öffentliche Gewalt gehabt haben“.[3]

Eine solche Unterscheidung von echten und unechten Burggrafen hat nun zweifellos ihre großen Bedenken. Gewiß soll man sich davor hüten, vorschnell zu generalisieren und von vornherein wegen der Identität des Titels Identität des Amtes anzunehmen. Aber mindestens ebenso bedenklich ist es, aus der großen Zahl der Burggrafen, von denen uns die Quellen berichten, einige deshalb auszusondern, weil sie gewisse, den anderen fehlende Eigenschaften besitzen, und für die allein echten Burggrafen, die übrigen aber für „unechte“ zu erklären. Das wäre zulässig, wenn diese Unterscheidung von echten und unechten Burggrafen in den Quellen selbst gemacht würde. Aber das ist keineswegs der Fall. Es ginge auch an, wenn die echten Burggrafen an Zahl den unechten bedeutend überlegen oder bereits

---

[1] Vgl. Arnold, a. a. O., I S. 86, 111; Heusler, a. a. O., S. 59, 75 ff.; Schröder, a. a. O., S. 629 Anm. 40; Hegel, a. a. O., S. 84.

[2] Neues Archiv XXV (1900) S. 483 Anm. 1.

[3] G. L. v. Maurer, a. a. O., III S. 317. — Waitz, a. a. O., VII S. 45 begnügt sich mit dem Satze, daß die Stellung der Burggrafen eine sehr verschiedene gewesen und im Laufe der Zeit es immer mehr geworden sei. Kruse in der Westdeutschen Zeitschrift, Erg.-Heft I (1884) S. 17 f. verzichtet einfach auf die Möglichkeit, eine einheitliche prinzipielle Auffassung des Burggrafenamtes überhaupt zu gewinnen.

in einer früheren Zeit als diese bezeugt wären. Aber auch davon kann gar keine Rede sein. Entschieden überwiegen an Zahl die unechten Burggrafen. Vor allem aber verdient Beachtung, daß der deutsche Name „Burggraf" uns zuerst gerade nicht für einen echten, sondern für einen unechten Burggrafen, den Straßburger, überliefert ist,[1] und daß der älteste aller Burggrafen, der schon im 10. Jahrhundert genannte Regensburger Burggraf, nach der neuesten Untersuchung entschieden in der Liste der echten Burggrafen gestrichen werden muß.[2]

Das Unbefriedigende dieser Lehre liegt klar vor Augen. Daß aber eine derartige Theorie sich herausbilden konnte, ist Schuld der bisherigen Forschung. Statt einmal das gesamte Quellenmaterial für sämtliche mittelalterliche Burggrafen zusammenzutragen und methodisch zu verarbeiten, ging man aus von der Bedeutung des Wortes „Burggraf", das man als Graf der Stadt erklärte, fand, daß in einigen Städten der Burggraf tatsächlich die hohe Gerichtsbarkeit ausübte, entdeckte dann aber auch Burggrafen, für die die gewonnene Definition nicht paßte, und die Unterscheidung von echten und unechten Burggrafen war fertig. Die spätere Forschung aber hat einfach auf dieser Grundlage weitergebaut, statt einmal auf Grund des immer reicher fließenden Quellenmaterials eine Revision der überkommenen Lehre vorzunehmen.

Aus dem Worte „Burggraf" ist nur soviel zu entnehmen, daß die „Burg", der ummauerte Ort, sei es die befestigte Stadt, sei es die bloße Burg im engeren Sinne,[3] der Gewaltbezirk dieses Beamten ist. Um so unbestimmter ist die zweite Silbe „graf". Aus ihr auf ein dem Gaugrafenamte entsprechendes, mit der hohen Gerichtsbarkeit ausgestattetes Amt zu schließen, geht absolut nicht an. Neben den Landgrafen und Markgrafen, die wirkliche gräfliche Rechte ausüben, kennt ja das Mittelalter auch Stallgrafen, Deichgrafen, Holzgrafen, Waldgrafen, alles Beamte, die mit der hohen Jurisdiktion nicht das Geringste zu

---

[1] UB. Straßburg I, 76, 77 (1123), 80 (1132).
[2] Vgl. Rodenberg im Neuen Archiv XXV (1900) S. 483 Anm. 1.
[3] Vgl. Rietschel, Markt und Stadt (Leipzig 1897) S. 150.

tun haben. Der Burggraf kann sowohl zu der ersteren wie der letzteren Kategorie von „Grafen“ gehört haben.

Nun hat allerdings Heusler[1] in seiner Polemik gegen Nitzsch behauptet, die Sitte, nicht mit der hohen Gerichtsbarkeit ausgestattete Beamte „Grafen“ zu nennen, habe sich in der Karolingerzeit verloren und sei erst wieder im 12. Jahrhundert aufgekommen. Sie fehle also gerade in der Zeit, in der nach Nitzsch das Burggrafenamt entstanden sei und geblüht habe, vom 9. bis 11. Jahrhundert. Ob diese von Nitzsch gemachten, von Heusler übernommenen Angaben über die Zeit der Entstehung und Blüte des Burggrafenamtes nicht etwas zu früh gegriffen sind, mag dahingestellt bleiben.[2] Jedenfalls ist der Beweis, daß es in dieser Zeit derartige subalterne Grafen nicht gegeben habe, absolut nicht erbracht. Wer die geschichtliche Überlieferung jener Zeiten kennt, weiß, wie verhältnismäßig gering das Urkundenmaterial des 10. und 11. Jahrhunderts ist, und er weiß ebenso, daß gerade in jener Zeit deutsche Worte in den Urkunden äußerst selten sind und durchweg durch lateinische Ausdrücke übersetzt werden. Das gilt vor allem auch von den Beamtenbezeichnungen. Während deutsche Beamtennamen uns nur ganz sporadisch überliefert werden, können sich die Urkunden in der Erwähnung von *villici, actores, maiores, magistri, domestici, tribuni, praefecti, praetores, iudices, rectores, centuriones* nicht genug tun. Natürlich sind aber alle diese lateinischen Titel Übersetzungen deutscher Bezeichnungen, die uns gerade für diese Periode nur zum geringen Teil bezeugt sind und die es zu erraten gilt. Da werden wir wohl nicht fehlgehen, wenn wir in manchem *centurio* oder *centenarius* einen Centgrafen, in manchem *villicus, magister* oder *forestarius* einen Holzgrafen erblicken, mögen auch diese deutschen Namen in jener Zeit sonst nicht genannt werden. Ja, für einige Beamte ist eine derartige Übersetzung sogar gesichert. Oder zweifelt jemand, daß der *stabuli comes* einer Straßburger Urkunde von

---

[1] Vgl. Heusler, a. a. O., S. 53 f.

[2] Die frühesten sicheren Nachrichten über Burggrafen entstammen dem Ende des 10. Jahrhunderts. Häufig wird das Amt aber erst im 12. Jahrhundert genannt.

1095[1] mit „Stallgraf" übersetzt werden muß, oder daß der *comes forestarius* eines Trierer Diploms von 979 oder 980[2] mit dem späteren Holzgrafen oder Waldgrafen identisch ist? Gerade das letztere Beispiel zeigt, daß schon das 10. Jahrhundert Beamte kennt, die, ohne mit der hohen Gerichtsbarkeit das Geringste zu tun zu haben, doch den Grafennamen führen.

Nun wäre es allerdings auffallend, wenn die deutsche Bezeichnung „Burggraf", sei es auch bloß in der latinisierten Form *burggravius*, bereits im 11. oder gar im 10. Jahrhundert häufig in den Urkunden vorkäme. Das ist aber keineswegs der Fall. Allerdings kennen wir aus dem 11., vielleicht sogar aus dem Ende des 10. Jahrhunderts eine Reihe von *praefecti urbis*, seltener *comites urbis*, deren Titel wir ebenso unbedenklich mit „Burggraf" übersetzen können, wie wir den *comes forestarius* von 979 in „Holzgraf" verdeutscht haben. Aber der Name *burggravius* selbst kommt zum ersten Male in einer Urkunde von 1123 vor[3] und wird erst am Ende des 12. Jahrhunderts häufiger, während beispielsweise ein *holtgreva* bereits fünf Jahre früher, 1118, genannt wird.[4]

Demnach kann soviel als feststehend gelten: Irgend welche Argumente für die rechtliche Stellung des Burggrafen lassen sich aus der Silbe „graf" nicht entnehmen. Die Bezeichnung „Burggraf" könnte an und für sich ebensogut ein Träger der hohen Gerichtsbarkeit wie ein nicht gerichtlicher Beamter führen.

Auch die lateinischen Bezeichnungen, die der Burggraf in den Urkunden trägt, lassen nicht auf gräfliche Befugnisse schließen. Daß Ausdrücke wie *comes civitatis* (*urbis*, *urbanus*), *urbicomes*, die eine wörtliche Übersetzung des Wortes Burggraf sind, sowohl in den Urkunden des 11. wie in denen des 12. Jahrhunderts nicht fehlen, wird uns nicht Wunder nehmen. Allein wir werden bloß um seines Namens willen den *comes civitatis*

---

[1] UB. Straßburg I, 60 (1095).

[2] Mittelrh. UB. I, 252 (979); Mittelrh. Regesten I, 1070 (980). Auch Waitz, a. a. O., VIII S. 265 Anm. 1 übersetzt den *comes forestarius* mit *holtgreve*.

[3] Vgl. oben S. 6 Anm. 1.

[4] UB. Osnabrück I, 230 (1118).

ebensowenig zum „Grafen der Stadt“ machen, wie wir den *comes stabuli* zum Träger des Grafenamtes in einem Stall ernennen. Weit häufiger aber kommt als lateinische Benennung nicht nur für die unechten sondern auch für die echten Burggrafen ein anderes Wort vor, nämlich *praefectus*, teils allein teils mit dem Zusatz *civitatis* oder *urbis*, also ein Wort, das einen „Befehlshaber“ bedeutet,[1] daß aber durchaus nicht etwa wie *comes* die sonst übliche Übersetzung für das deutsche „Graf“ ist.[2] Das gibt zu denken. Wäre der Burggraf in den deutschen Städten, in denen das Amt als echtes vorkommt, der Inhaber der hohen Gerichtsbarkeit, der „Graf der Stadt“, gewesen, so wäre es schwer erklärlich, wie man dazu kam, die treffende Bezeichnung *comes civitatis* zu vermeiden und regelmäßig durch die seltsame, viel weniger passende Benennung *praefectus* zu ersetzen. So einfach, daß der Burggraf nichts weiter ist als ein Graf, dessen Bezirk eine Stadt ist, kann demnach wohl die Sache nicht liegen.

Ferner sollte auch die übereinstimmende Terminologie eine Warnung sein, von vornherein zwischen echten und unechten Burggrafen zu scheiden. Nicht nur der deutsche Name „Burggraf“ oder der deutschlateinische „*burggravius*“ ist beiden gemeinsam, auch die lateinischen Namen sind dieselben. Das gilt, wie schon oben bemerkt wurde, für Ausdrücke wie *comes urbis*, *comes urbanus*, die auch, wenngleich seltener, für unechte Burggrafen bezeugt sind. Das gilt vor allem auch für *praefectus* oder *praefectus urbis*, die in der älteren Zeit durchaus übliche Benennung sowohl der echten wie der unechten Burggrafen.

---

[1] Bisher wurde durchweg angenommen, daß das Wort *praefectus* in der fränkischen Periode nicht in einem bestimmten speziellen Sinne, sondern mehr allgemein zur Bezeichnung eines Befehlshabers verwandt worden sei, vgl. Waitz, a. a. O., II, 2³ S. 26; III² S. 383. Ob die jüngst von Rübel, Die Franken (Bielefeld u. Leipzig 1904) S. 287 ff. aufgestellte Ansicht, daß *praefectus* die technische Bezeichnung für den mit der Markensetzung betrauten Beamten gewesen sei, das Richtige trifft, kann nur eine (mir an dieser Stelle nicht mögliche) gründliche Nachprüfung der Beweisführung des eigenartigen Buches klarstellen.

[2] Die von Waitz, a. a. O., VII S. 3 Anm. 1, 2 angeführten Beispiele, in denen Graf mit *praefectus* übersetzt wird, betreffen fast ausnahmslos Burggrafen.

Später kommt häufig noch der Name *castellanus* vor, der bekanntlich auch einen bloßen Burgmann bezeichnen kann.[1] Findet er auch vorzugsweise für unechte Burggrafen Anwendung, so fehlt er doch auch nicht für echte, wie die Magdeburger,[2] und andererseits gibt es zweifellos unechte Burggrafen wie die Straßburger und Augsburger, die überaus häufig in den Urkunden erwähnt, aber nie *castellani* genannt werden. Eher ist eine gewisse Tendenz bemerklich, den Titel *comes civitatis* den Burggrafen, die sich nach einer großen Stadt nennen, und *castellanus* denen, die sich nach einer bloßen Burg nennen, zu reservieren, während die Namen *praefectus* und *burggravius* allen Burggrafen gemeinsam sind. Jedenfalls ermuntert nichts zu einer Scheidung zwischen echten und unechten Burggrafen.

Noch entschiedener aber spricht gegen diese Scheidung, daß echte und unechte Burggrafen in den Zeugenreihen ohne Unterschied in der Titulatur nebeneinanderstehen. Es genügt, einige Zeugnisse aus dem zweiten Bande der Urkunden der Markgrafen von Meißen und Landgrafen von Thüringen (Leipzig 1889), der die Zeit von 1100—1195 umfaßt, anzuführen. Da finden wir den *burggravius* von Magdeburg neben dem *burggravius* von Kirchberg,[3] dem von Altenburg,[4] dem von Leisnig,[5] die *burggravii* von Magdeburg und Köln neben dem von Nürnberg,[6] obwohl nach der herrschenden Lehre die Magdeburger und Kölner unzweifelhaft echte, die Kirchberger, Altenburger, Leisniger und wohl auch die Nürnberger unechte Burggrafen sind. Glaubt man aber wirklich, daß echte und unechte Burggrafen, also ganz verschiedene Beamte, mit genau demselben Titel so harmlos in den Zeugenreihen nebeneinander gestanden hätten?

Nun hat allerdings die herrschende Lehre ihre Unterscheidung

---

[1] Vgl. Waitz, a. a. O., VII S. 53 Anm. 5.

[2] UB. Hochst. Halberstadt I, 214 (1146), 238[a] (1152); UB. UL. Frauen-Magdeburg 21 (1152); Cod. dipl. Saxon. A. II, 296, 297 (1161), 313, 314 (1162), 343, 346 (1167) etc.

[3] Cod. dipl. Saxon. A. II, 337.

[4] Ebenda II, 386, 397.

[5] Ebenda II, 386.

[6] Ebenda II, 579; vgl. auch ebenda II, 343, 346, 449, 583.

nicht einfach aus der Luft gegriffen oder bloß auf der sprachlichen Gleichung „Burggraf = Stadtgraf“ aufgebaut. Darüber kann kein Zweifel sein, daß tatsächlich verschiedene Burggrafen die hohe Gerichtsbarkeit in ihrer Stadt ausgeübt haben, während es eben so sicher ist, daß einer großen Anzahl von Burggrafen nie hohe Jurisdiktionsbefugnisse zugestanden haben. Aber die herrschende Theorie hat gerade das Wichtigste versäumt, nämlich zu untersuchen, ob diese hochgerichtlichen Befugnisse aus dem Burggrafenamte selbst stammen oder den Inhalt eines anderen von dem jeweiligen Burggrafen bekleideten Amtes darstellen. Gerade das Zeitalter, in welchem das Burggrafenamt auftaucht und blüht, kennt wie kaum ein anderes die Ämterkumulation. Nicht nur Männer wie Heinrich der Löwe, sondern fast jede etwas einflußreichere Persönlichkeit vereinigte in einer Hand die verschiedensten Ämter, Grafschaften, Vogteien, Hofämter usw.; selbst bei kleineren Dynasten ist diese Ämterhäufung nicht selten. Wenn die Grafen von Northeim über die Hintersassen von Gandersheim, die Herzöge von Lothringen über die von Malmedy und Stablo Gericht hielten, so taten sie das selbstverständlich nicht als Grafen oder Herzöge, sondern weil sie Vögte der betreffenden Klöster waren. Und ebensowenig ist es natürlich aus der schwäbischen Pfalzgrafenwürde zu erklären, wenn die Tübinger Pfalzgrafen die Grafenrechte im Nagoldgau ausübten. Selbst wenn wir also Burggrafen als Träger der hohen Gerichtsbarkeit in Köln, Magdeburg, Würzburg und anderwärts finden, ist damit für den Charakter des Burggrafenamtes an und für sich noch nichts bewiesen. Nur eine eingehende Einzelforschung kann feststellen, ob tatsächlich ein Zusammenhang zwischen Burggrafenamt und hoher Gerichtsbarkeit besteht.

Diese Einzeluntersuchung soll die Aufgabe der folgenden Zeilen sein. Um sie aber mit der erforderlichen Gründlichkeit zu führen, war es notwendig, die höhere Gerichtsbarkeit in den deutschen Bischofsstädten überhaupt in den Bereich der Erörterungen zu ziehen. Echte, mit hoher Jurisdiktion ausgestattete Burggrafschaften gibt es nach der herrschenden Lehre nur oder wenigstens fast nur in den Bischofsstädten. Andererseits aber findet man zahlreiche Bischofsstädte, in welchen das Burggrafenamt unbekannt und die hohe Gerichtsbarkeit demnach in anderen Händen ist. Wollten wir diese Städte im folgenden einfach ignorieren, so würden wir uns eines der wichtigsten Hilfsmittel, den wahren Sachverhalt festzustellen, begeben. Sollten sie aber einmal in die Darstellung einbezogen werden, so lag es nahe, eine Gesamtdarstellung der hohen Gerichtsbarkeit in den deutschen Bischofsstädten überhaupt zu geben, und dabei die mannigfachen Lücken zu ergänzen sowie die zahlreichen Fehler zu berichtigen, die sich in der Literatur eingeschlichen haben und nun leider aus einer in die andere Darstelllung wandern. Das Thema der folgenden Untersuchungen heißt also, entsprechend dem Titel, nicht nur „das Burggrafenamt", sondern auch „die hohe Gerichtsbarkeit in den deutschen Bischofsstädten".

Endlich noch ein Wort über die Anordnung des Stoffes. Aus guten Gründen habe ich davon abgesehen, irgendwelche Klassifikation nach sachlichen Gesichtspunkten vorzunehmen, etwa erst die Burggrafen der Bischofsstädte, dann die der übrigen Städte, oder etwa gar erst die echten, dann die unechten Burggrafen zu behandeln. Jede derartige Anordnung bedeutet eine *petitio principii*, bringt eine gewisse Tendenz in die Untersuchung. Ebensowenig aber empfahl es sich, chronologisch nach der Zeit ihrer ersten Erwähnung die Burggrafschaften zu ordnen, denn die Zeit dieser ersten Erwähnung ist oft nicht sicher und andererseits beruht es vielfach auf bloßem Zufall, daß die eine Burggrafschaft früher als die andere in den Quellen bezeugt ist. So blieb denn die Einteilung übrig, die mir überhaupt für derartige Untersuchungen die beste zu sein scheint, die nach geographischen Gesichtspunkten, nach Stammesgebieten; fällt doch die Entstehung des Amtes in eine Zeit, in der noch durchaus der Stammesgegensatz in der Rechtsentwicklung seine Geltung bewahrt hat.

Erstes Kapitel.

Das schwäbisch-alemannische Gebiet.

§ 2.

Straßburg.

Werfen wir, vom Südwesten Deutschlands ausgehend, zunächst einen Blick auf das schwäbisch-alemannische Gebiet, so ist, rein äußerlich betrachtet, der Ertrag nicht gerade groß. Nur zwei von den fünf Bischofsstädten dieser Länder, Straßburg und Augsburg, kennen das Amt,[1] und zwar sind nach der herrschenden Lehre die Burggrafschaften dieser beiden Städte nicht einmal „echte" Burggrafschaften. Was sonst von Nachrichten über schwäbisch-alemannische Burggrafen vorhanden ist, fällt in so späte Zeit, daß wir für die Entstehung des Amtes nichts daraus entnehmen können. Das gilt schon von dem 1242/1243 erwähnten Burggrafen von Rheinfelden, einem offenbar mit der Beschützung der Burg Rheinfelden betrauten Reichsministerialen,[2] und von dem erst unter Rudolf von Habsburg bezeugten kaiserlichen Burggrafen von Hagenau,[3] sowie natürlich in noch viel höherem Grade von den zahlreichen den Burggrafentitel führenden landesherrlichen Burgkommandanten aus der zweiten Hälfte des 13. und aus dem 14. Jahrhundert.[4]

---

[1] Was Gfrörer, Gregor, VII S. 321 ff. über Burggrafen in Chur und Konstanz fabelt, verdient keine ernstliche Widerlegung.

[2] UB. Basel I, 168: *cum burgravio de Rinvelden et aliis ministerialibus imperii;* UB. Zürich II, 584: *sacri imperii ministerialis et burgravius de Rinvelden.* Vgl. Meyer, Burggrafentum, S. 26 ff.

[3] Schoepflin, Alsatia diplomatica 707 (1276).

[4] Als solche finde ich z. B. die Burggrafen von Ergersheim 1262 bis 1264 (UB. Straßburg I, 485, 506, 510, 526, 527, 532, 537, 557, 558), von

So gering also scheinbar die Ausbeute ist, die diese Länder des oberen Rhein- und oberen Donaugebietes liefern, so ist dies Wenige doch wichtig genug. Insbesondere verdient es Straßburg[1] sehr wohl, den Ausgangspunkt unserer Untersuchungen zu bilden. Mag auch die herrschende Theorie von der Straßburger „unechten" Burggrafschaft gering denken, darüber kommt sie doch nicht hinweg, daß diese „unechte" Burggrafschaft älter ist als manche „echte" und daß für sie zum ersten Male der deutsche Name „Burggraf" bezeugt ist. Vor allem aber ist es kaum für eine andere deutsche Stadt möglich, in so sicherer Weise über die Verfassungszustände vom 10. bis 13. Jahrhundert Klarheit zu gewinnen.

Darüber, wer in Straßburg seit dem 10. Jahrhundert die hohe Gerichtsbarkeit ausübte, kann nicht der geringste Zweifel sein: nicht der Burggraf war es, und ebensowenig ein Gaugraf, sondern der *advocatus*, der Vogt.[2] Es mag dahingestellt bleiben, ob das um die Mitte des 10. Jahrhunderts anders war, ob zwei 951 und 956 in der Stadt Straßburg ausgestellte Urkunden mit dem Datierungsvermerk *Utone praesule, Lutolfo duce, Hugone comite*,

---

Nideck 1266 (Schoepflin, Als. dipl. 639), von Dorlisheim 1302 (eod. 824). Über die Burggrafen von Bräunlingen im 14. Jahrhundert vgl. Gothein, Wirtschaftsgeschichte des Schwarzwaldes I (Straßburg 1892) S. 122; Tumbült in der Westdeutschen Zeitschrift XVI (1897) S. 149.

[1] Über Straßburg vgl.: Schoepflin, Alsatia illustrata, Pars II: Germanica Gallica (Colmariae 1761). — Arnold, Verfassungsgeschichte, 1 S. 85 ff. — Horn, Die Anfänge der Straßburger Stadtverfassung (Rostock 1868). — v. Maurer, Städteverfassung, III (1870) S. 400 ff. — Hegel, Die Chroniken der deutschen Städte, Bd. VIII: Straßburg I (Leipzig 1870), Allgemeine Einleitung. — Winter, Geschichte des Rates in Straßburg (Breslau 1878). — Kruse, Verfassungsgeschichte der Stadt Straßburg, in der Westdeutschen Zeitschrift, Erg.-Heft I (1884) S. 1 ff. — Baltzer, Ministerialität und Stadtregiment in Straßburg, in den Straßburger Studien II (1884) S. 53 ff. — Keutgen, Untersuchungen, S. 137 ff. — Levi, Zur Geschichte der Rechtspflege in der Stadt Straßburg i. Els. (Straßburg 1898). — Seeliger, Die soziale und politische Bedeutung der Grundherrschaft im früheren Mittelalter (Leipzig 1903) S. 162 f. — Die Schmollerschen Arbeiten über Straßburg enthalten nichts über die hier zu erörternden verfassungsgeschichtlichen Fragen.

[2] Darüber herrschte bis zum Erscheinen von Seeligers Buch in der Literatur völlige Einigkeit.

Hartzwigo advocato[1] beweisen, daß damals die Stadt noch der gaugräflichen Jurisdiktion unterworfen gewesen ist.[2] Im Jahre 982 jedenfalls wird es uns unzweideutig als bestehendes, auf älteren königlichen Verleihungen beruhendes Recht bezeugt, daß kein Herzog oder Graf noch irgend ein anderer Richter innerhalb der *civitas* Straßburg oder in ihrem *suburbium* Gericht halten darf, außer dem, den der Bischof sich zum Vogt erwählt hat.[3] Mit anderen Worten: die gesamte öffentliche Gerichtsbarkeit in Stadt und Vorstadt ist dem Bischof übertragen, ein besonderer das *suburbium* mitumfassender städtischer Hochgerichtsbezirk geschaffen worden. Diese hohe Jurisdiktion der Stadt kann aber der Bischof als Kleriker nicht selbst ausüben, sondern er betraut mit ihr den von ihm erwählten Vogt.[4]

Seitdem ist der bischöfliche Vogt, der *advocatus,* der höchste Richter in der Stadt geblieben.[5] Wir finden ihn in genau der-

---

[1] UB. Straßburg I, 38, 40.

[2] Dagegen spricht, daß sich das Privileg Ottos II. von 982 als eine Bestätigung der von Ottos Vorgängern verliehenen Privilegien darstellt.

[3] UB. Straßburg I, 45 und MG. DD. II, Otto II. 267: *iubemus, ne posthac, sicuti nostri praedecessores statuerunt, aliquis dux vel comes aut vicarius vel aliqua iudiciaria potestas infra praefatam Argentinam civitatem, quae rustice Straxburg vocatur alio nomine, vel in suburbio ipsius civitatis aliquod placitum vel districtum habere praesumat, nisi ille quem ipse eiusdem civitatis episcopus sibi* a d v o c a t u m *elegerit.* Ob man hier, wie es neuerdings wieder Seeliger, a. a. O., S. 119 tut, von einer erweiterten Immunität spricht, oder mit Keutgen, a. a. O., S. 23 Verleihung der Immunität und Verleihung der Gerichtsbarkeit in der Bischofsstadt streng scheidet, macht keinen Unterschied in der Sache. Darüber, daß der Bischof nicht Grundherr der ganzen Stadt war, sind beide Richtungen einig.

[4] Über die Erklärung dieser sog. ottonischen Privilegien vgl. vor allem Keutgen, a. a. O., S. 20 ff.; Seeliger, a. a. O., S. 109 ff.

[5] Wenn eine Urkunde von 1040 (UB. Straßburg I, 54) *in pago Alsatia ante portam Argentinae civitatis in eodem monasterio* s. Petri *in c o m i t a t u H u g o n i s* ausgestellt ist, so ergibt sich daraus nicht etwa, wie Arnold, a. a. O., I S. 85 und Heusler, a. a. O., S. 59 (anders wohl Kruse, a. a. O., S. 5) annehmen, daß Straßburg damals zur Grafschaft des Hugo gehörte, sondern daß das vor den Mauern Straßburgs liegende, erst ca. 1200 in den Mauerring einbezogene Kloster Jungen-St. Peter wohl damals noch nicht zur Vorstadt (*suburbium*) gerechnet wurde. Ebenso fehlt es natürlich an jedem Anhaltspunkt, Straßburg selbst als Bestandteil der 1243 erwähnten *comitia* anzusehen (UB. Straßburg I, 282).

selben Stellung am Ende des 12. Jahrhunderts[1] in der interessanten Rechtsaufzeichnung wieder, die unter dem Namen des ersten Straßburger Stadtrechtes allgemein bekannt ist, wenn sie auch richtiger wohl als „Straßburger Bischofsrecht" zu bezeichnen wäre.[2] Handelt das Bischofsrecht auch mehr nur gelegentlich vom Amte des Vogtes, so erfahren wir doch genug, um zu erkennen, daß seine Stellung in der Stadt der des Grafen auf dem Lande entspricht. Wie der Graf empfängt er den Bann vom Kaiser und verleiht ihn weiter an die unteren richterlichen Beamten[3], wie der Graf ist er Richter über Hals und Hand, Freiheit

[1] Auch gegenüber der Entgegnung Hegels im Neuen Archiv XXV (1900) S. 694 ff. halte ich an meiner in der Deutschen Zeitschrift für Geschichtswissenschaft, N.F. I (1897) Vierteljahrshefte, S. 24 ff. verteidigten Datierung (Ende, nicht Mitte des 12. Jahrhunderts) fest, da Hegel nicht das geringste Neue bringt, sondern einfach seine alten Argumente wiederholt. Inzwischen hat sich auch Keutgen mir angeschlossen; vgl. seine Urkunden zur städtischen Verfassungsgeschichte (Berlin 1901) S. 93, Anm. 1. Übrigens kann ich meine Beweisführung noch durch ein neues Argument ergänzen. Durchweg spricht die Rechtsaufzeichnung vom „Kaiser", nicht vom „König". Eine derartige Ersetzung des Wortes *rex* durch *imperator* war aber nur denkbar in einer Zeit, in der man seit langem daran gewöhnt war, daß der deutsche König die Kaiserwürde besaß. Das war der Fall am Ende des 12. Jahrhunderts (vor 1197), wo man auf eine vier Jahrzehnte lange, bis auf 10 Monate lückenlose Dauer der Kaiserwürde zurückblickte, aber nicht in der Mitte des Jahrhunderts, als allein die vierjährige Kaiserzeit Lothars 1133—37 im Gedächnis der Leute lebte.

[2] Wenn Hegel, a. a. O. und Keutgen, a. a. O. die Bezeichnung „Stadtrecht" vorziehen, weil es sich allein um Rechte des Bischofs in der Stadt handelt, so möchte ich darauf hinweisen, daß das auch für das Baseler „Bischofs- und Dienstmannenrecht" zutrifft. Was gerade dies erste Straßburger „Stadtrecht" von sonstigen Stadtrechten unterscheidet, ist, daß die Rechtsstellung der Bürger nur soweit erwähnt wird, als es sich um ihr Verhältnis zum Bischof und seinen Beamten handelt, während alle anderen sonst in Stadtrechten vorkommenden Materien ausgeschlossen sind. Über diese Verschiedenheit muß man sich unbedingt klar werden, selbst wenn man sich aus praktischen Gründen nicht entschließen kann, den einmal eingebürgerten Sprachgebrauch aufzugeben.

[3] Bischofsrecht § 11: (*Causidicus*) *habet autem potestatem cogendi et constringendi iudicatos, quam vocant bannum, non ab episcopo sed ab advocato. . . . . . postquam episcopus advocatum posuerit, imperator ei bannum, id est gladii vindictam in huiusmodi dampnandos et omnem potestatem*

und Eigen.[1] Als höherer Richter bezieht er ein Drittel aller Bußen,[2] jenen Anteil, den überall in Deutschland der mit der hohen Jurisdiktion betraute Vogt eines geistlichen Fürsten erhält.[3] Aber er steht nicht direkt unter dem Kaiser, sondern ist vom Bischof abhängig. Schon darin tritt diese Abhängigkeit zutage, daß

stringendi, *tribuit*. Vgl. auch § 12. Ich zitiere nach der Ausgabe UB. Straßburg I S. 467 ff., mit der die von Keutgen, Urkunden S. 93 ff. übereinstimmt, ohne aber die wichtigen Varianten des Schilterschen Textes zu bringen.

[1] Daran kann nicht der geringste Zweifel bestehen, trotz der von Seeliger, a. a. O., S. 162 f. erhobenen Einwendungen. Seeligers Behauptung, der Schultheiß habe zum Teil die hohe Gerichtsbarkeit gehabt, ist völlig unhaltbar. Daß er den Bann vom Vogt erhält, ist kein Beweis dafür; den Bann, die *potestas cogendi et constringendi iudicatos*, hat jeder Richter, nicht bloß der hohe Richter, in Straßburg neben dem Schultheißen auch der Münzmeister und der Zöllner, von denen wenigstens der letztere unmöglich eine hohe Gerichtsbarkeit ausgeübt haben kann (Bischofsrecht § 12). Die Kompetenz des Schultheißen wird uns genau in § 10 des Bischofsrechts beschrieben: *Causidicus iudicabit pro furto*, *pro frevela*, *pro geltschulda*. Das entspricht völlig der Kompetenz des Centgrafen; es sind die bürgerlichen Schuldklagen und diejenigen Strafsachen, in denen bloß auf Geldbuße oder auf eine Strafe an Haut und Haar erkannt wird. Auch § 40 des Bischofsrechts ergibt, daß „Diebstahl und Frevel" bloße Bußsachen, keine peinlichen Sachen sind; vgl. die folgende Anmerkung. Entzogen sind ihm demnach unter den Civilsachen die Prozesse um Freiheit und Eigen, unter den Strafsachen die Ungerichte, die an Hals und Hand gehen, m. a. W. alle die Sachen, die ausschließlich dem echten Ding, also auf dem Lande dem Grafending, vorbehalten sind; vgl. Schröder, Rechtsgeschichte, 4. Aufl., S. 171. Richter in allen diesen Sachen ist der Vogt, der ja den Blutbann vom Kaiser hat. Daß, wie § 40 des Bischofsrechts ergibt, auch Diebstähle und Frevel vor seinem Gerichte zur Aburteilung gelangen können, entspricht durchaus der Eigenart der mittelalterlichen Gerichtsverfassung, die nur eine obere, nie eine untere Kompetenzgrenze kennt. Volle Bestätigung erfahren diese Schlußfolgerungen durch die Sätze des Bischofsrechts §§ 19 bis 23 über die Vollstreckung. Danach hat der vom Schultheißen ernannte (Bischofsrecht § 9) *cipparius* allein die Strafen an Haut und Haar zu vollziehen, den Verurteilten bis zur Leiter am Galgen zu führen oder das Beil zu halten; das Hängen, Handabschlagen, Blenden, Köpfen etc. besorgt der *vicarius advocati*.

[2] Bischofsrecht § 40: *Omnium compositionum factarum pro furto et pro frevela due partes sunt causidici, tercia advocati.*

[3] Vgl. Waitz, Verfassungsgeschichte, VII S. 361; Brunner, Rechtsgeschichte, II S. 309.

sich seine Gerichtsstätte in der Pfalz des Bischofs befindet.[1] Vor allem aber beweist auch das Bischofsrecht ebenso wie die Urkunde von 982, daß der Bischof den Vogt einsetzt, und zwar können wir einer Urkunde von 1219 entnehmen, daß die Vogtei als bischöfliches Lehen vergeben wird.[3]

Aus dieser Lehnseigenschaft der Vogtei erklärt es sich wohl auch, daß wir schon seit dem 11. Jahrhundert das Vogtamt offenbar im erblichen Besitze ein und derselben Familie erblicken, deren Zusammengehörigkeit wir aus den sich immer wiederholenden Namen Heinrich und Anselm konstatieren können.[4] Ob aus den Plänen des letzten Angehörigen dieses Geschlechtes, die Vogtei seinen Verwandten, denen von Hundsfelden, zuzuwenden, etwas geworden ist, wissen wir nicht.[5] Jedenfalls begegnen wir seit dem Jahre 1249 als Straßburger Vögten den Herren von Lichtenberg.[6] Mit deren sämtlichen Besitzungen kam die Straßburger Vogtei 1480 an ihre Erben, die Grafen von Hanau, die man noch im 17. Jahrhundert als Vögte von Straßburg nachweisen kann.[7] Hervorgehoben

---

[1] Bischofsrecht § 42: *Advocatus autem non debet iudicare nisi in palacio episcopi.*

[2] Bischofsrecht § 11: *postquam episcopus advocatum posuerit.* § 12: *episcopus de quo tenet advocatiam.* Die Einsetzung darf nicht *sine electione et consensu canonicorum, ministerialium et burgensium* erfolgen (§ 43).

[3] UB. Straßburg I, 180: *advocatia .... iure feodali indifferenter investire.*

[4] Folgende Vögte kann ich aus der älteren Zeit nachweisen: Hartwig, 951—56 (UB. Straßburg I, 38, 40), Adalbert, 965—991 (ebenda I, 49, 52). Hermann, 1035 (ebenda IV A, 1), Heinrich I., 1061—89 (ebenda I, 57, 58, S. 48 Anm. 3), Anselm I., 1094—1100 (ebenda I, 59 [Nachtrag], 62, 63), Bruno, 1102 (ebenda I S. 54 Anm. 1), Anselm II., 1105—1109 (ebenda I, 65, 68, 90), Siegfried, 1116—19 (ebenda I, 69, 70, 71, 72, 73, IV A, 3), Heinrich II., 1119—48 (ebenda I, 74, 78, 79, 80, 82, 85, 88, 90, 91, 92, 94, 96, 97, 98, 100, 101, S. 66 Anm. 2), Anselm III., 1153—68 (ebenda I, 103, 105, 106, 107, S. 87 Anm. 11, S. 96 Anm. 2), Heinrich III., 1169 (ebenda I, 115), Anselm IV., 1183—89 (ebenda I, 120, 124, 127, S. 104 Anm. 4), Heinrich IV., 1215 (ebenda I S. 130 Anm. 1), Anselm V., 1219 (ebenda I, 180), Heinrich V., 1220 (ebenda I, 187).

[5] Vgl. UB. Straßburg I, 180 (1219).

[6] Zuerst UB. Straßburg I, 334.

[7] Über die späteren Schicksale der Vogtei vgl. Schoepflin, Als. illustr. II S. 329 ff.; v. Maurer, a. a. O., III S. 402 f.

zu werden verdient es aber, daß alle diese Vögte ohne Ausnahme, im Gegensatz zu den übrigen durchweg ministerialischen Stadtbeamten, dem Stande der freien Herren, der *nobiles*, angehören,[1] ja daß auch noch höhergestellten die Straßburger Vogtei als begehrenswert erschienen ist. Mußten doch mehrmals die Bischöfe versprechen, die *advocatia civitatis* nicht in die Hand der königlichen und herzoglichen Familie gelangen zu lassen.[2]

Dieser Vogt der Stadt Straßburg ist aber nun kein anderer als der Großvogt der Straßburger Kirche. Mag auch meist von einer *advocatia civitatis*, einem *advocatus civitatis* oder *urbis* die Rede sein,[3] so fehlt es doch nicht an Stellen, in denen genau derselbe Vogt *advocatus episcopi*[4] heißt oder sogar den absolut unmißverständlichen Titel *advocatus principalis ecclesiae* trägt,[5] während von sonstigen nicht rein lokalen Vögten[6] der Straßburger Kirche nirgends die Rede ist. Dieser Zustand ist durchaus begreiflich. War doch das Amt des *advocatus* aus dem Bedürfnis entsprungen, dem Geistlichen in rein weltlichen Geschäften einen Vertreter zu bestellen. Während aber der *advocatus* des

[1] Die Herren von Lichtenberg gehörten zu den angesehensten unterelsässischen Dynasten. Was die älteren Vögte betrifft, so müssen sie, da sie in den Zeugenreihen der Urkunden bisweilen selbst Grafen vorangehen (UB. Straßburg I, 57, 78), einem höchst vornehmen Geschlecht angehört haben. Vielleicht sind es Herren von Hunenburg, wenn *Heinricus advocatus de Huneburc* 1192–1209 (UB. Straßburg I, 130, 134, 152, S. 122 Anm. 3) mit dem Vogt Heinrich von Straßburg 1215 (ebenda S. 130 Anm. 1) identisch ist. Grandidier, Oeuvres historiques inédites II (Colmar 1865) p. 399 note 1 führt eine Notiz von 1143 an, nach der Heinrich II. aus dem Lützelburger Grafenhause stammt; doch ist diesem sonst nirgends bekannt gewordenen Zitat gegenüber wohl ein gewisses Mißtrauen berechtigt.

[2] Vgl. UB. Straßburg I, 181 (1220), 290 (1244), 312, 317 (1247). Im Jahre 1283 hat sogar König Rudolf einen allerdings nicht zur Erfüllung gekommenen Kaufvertrag über die Straßburger Vogtei abgeschlossen; vgl. Annales Colmarienses (MG. SS. XVII p. 210).

[3] UB. Straßburg I, 78, 85, 96, 106: *advocatus civitatis*; ebenda IV A, S. 207 Z. 14: *urbis advocatus*; ebenda I, 180: *advocatia civitatis*.

[4] UB. Straßburg I S. 54 Anm. 1: *advocatus episcopi*.

[5] UB. Straßburg I S. 48 Anm. 3: *principalis advocatus ecclesiae Argentinensis*; ebenda I, 62: *principalis advocatus*.

[6] Solch ein rein lokaler Vogt ist z. B. *Heinricus advocatus episcopalis in Bernstein* 1244 (UB. Straßburg I, 285).

einfachen Klerikers sich allein mit den prozeß- und privatrechtlichen Angelegenheiten seines Schützlings zu befassen hatte, erschien der Vogt eines Bischofs auch als berufen, alle die politischen Rechte, an deren Ausübung sein Herr verhindert war, für ihn wahrzunehmen. Dazu gehörte aber neben der sonstigen hohen Immunitätsgerichtsbarkeit seit den ottonischen Privilegien auch die oberste Jurisdiktion in der Bischofsstadt. So muß es durchaus als das Normale erscheinen, daß der Großvogt des Bischofs auch oberster Stadtvogt der bischöflichen Residenz ist. Selbstverständlich ist ja auch immer mit der Möglichkeit zu rechnen, daß der Bischof, ebenso wie er die ihm verliehenen Grafschaften an besondere Grafen weiter zu vergeben pflegte, auch die Ausübung dieser Stadtgerichtsbarkeit von den sonstigen Befugnissen des Vogtes trennte und einem anderen übertrug. In Straßburg jedenfalls ist dies letztere nicht der Fall.

Im Laufe der Zeit trat allerdings eine Änderung ein. Auf dem Lande gelang es den Bischöfen, ihr Gebiet, auf dem sie wohl meist zugleich Grundherren waren, von der Vogteigewalt zu befreien, so daß schließlich allein die hohe Gerichtsbarkeit in der Stadt als letzter Rest der Kirchenvogtei übrig blieb. Um das Jahr 1200 muß sich dieser Prozeß in Straßburg vollzogen haben. Während noch das Bischofsrecht den Vogt nicht eigentlich als Stadtbeamten betrachtet, ist bereits in der Lehnsurkunde des Straßburger Vogtes von 1219 nur noch von einer *advocatia Argentinensis civitatis* die Rede,[1] und wir erfahren seitdem auch nie mehr von irgend welchen Ansprüchen der Straßburger Vögte auf Rechte über das außerstädtische Gebiet. Dagegen nennt nicht nur das zweite Stadtrecht (1214—1219),[2] sondern auch das dritte Stadtrecht (1245—60)[3] neben dem Schultheißen als städtischen Richter den *advocatus*, womit übrigens, da dieser *advocatus* dem Schultheißen im Range nachsteht, nur der Untervogt des Großvogtes gemeint sein kann. Später ist in den Straßburger Urkunden von einem Vogtgericht nicht mehr die Rede. Es muß

---

[1] UB. Straßburg I, 180 (1219).
[2] Ebenda I S. 478 f. §§ 11, 12, 14, 25.
[3] Ebenda I S. 482 f. pr., § 14

schon am Ende des 13. oder spätestens am Anfang des 14. Jahrhunderts verschwunden sein und seine Befugnisse an die übrigen Straßburger Gerichte abgegeben haben, so daß seitdem den Lichtenbergern nichts weiter als der bloße Vogttitel verblieben ist.

Neben dem Amt des Vogtes erwähnen nun die Straßburger Quellen das Burggrafenamt. Seit dem Jahre 1095 tritt in den Straßburger Urkunden, insbesondere in den Zeugenreihen, neben den übrigen Stadtbeamten, vor allem dem Schultheißen, ein Beamter auf,[1] der zunächst *praefectus urbis* oder einfach *praefectus*, seit 1123 aber auch *burcgravius* heißt,[2] und, wie alle bischöflichen Beamten, mit Ausnahme des Vogtes, dem Ministerialenstande angehört.[3] Seine Befugnisse erfahren wir aus dem Bischofsrecht; spätere Quellen, insbesondere die aus der Mitte des 14. Jahrhunderts stammenden Aufzeichnungen über das Burggrafenamt, das sogenannte Burggrafenweistum[5] vermögen die älteren Nach-

[1] Der erste uns bekannte Burggraf ist Anselm, 1095 (UB. Straßburg I, 60), vielleicht dieselbe Person wie der gleichzeitige Vogt Anselm I. Die folgenden Burggrafen sind durchweg von den Vögten verschieden. Mir sind aus älterer Zeit bekannt: Siegfried I., 1116–32 (UB. Straßburg I, 69, 73, 76, 77, 78, 79, 80, 88, 90), Dietrich I., 1148—54 (ebenda I, 101, 103), Hugo, 1154 (ebenda I, 104), Dietrich II., 1155—62 (ebenda I, 105, 107, 108, 111, 112), Siegfried II., 1176—93 (ebenda I, 116, 118, 119, 120, 132, S. 100 Anm. 2; IV A, 7), Burchard, 1196—1211 (ebenda I, 134, 137, 139, 140, 142, 148, 156, S. 115 Anm. 1), Dietrich III., 1216—24 (ebenda I, 165, 166, 180, 181, 184, 187, 193), Sigelin, 1226—29 (ebenda I, 204, 216, S. 171 Anm. 1). Von da an finden sich mehrere Burggrafen nebeneinander: Dietrich IV., 1231—33 (ebenda I, 224, 236), Heinrich, 1233—44 (ebenda I, 236, 290), Johann von Ergersheim, 1231—42 (ebenda I, 222; UB. Basel I, 164). Unbekannt ist, in welche Zeit der im Anniversarverzeichnis des Domkapitels (UB. Straßburg IV A, 25, XXV) erwähnte Burggraf Gunther gehört.

[2] Vgl. Rietschel in der Deutschen Zeitschr. f. Geschichtswissenschaft N.F. I (1897) S. 29 f.

[3] Bischofsrecht § 6: *Nulli autem episcopus officium publicum committere debet, nisi qui sit de familia ecclesie sue.*

[4] Bischofsrecht § 7: *Quatuor autem officiatos, in quibus urbis gubernatio consistit, episcopus manu sua investit, scilicet scultetum, burcgravium, thelonearium et monete magistrum.* Noch im 16. Jahrhundert übt dies Recht der Bischof aus; vgl. Winckelmann in der Zeitschr. f. Gesch. d. Oberrheins, N.F. XVIII (1903) S. 496.

[5] Gedruckt in UB. Straßburg IV B, S. 200 ff.

richten eigentlich nur zu bestätigen und allein in nebensächlichen Punkten zu ergänzen.

Was nun seine Tätigkeit betrifft, so ergibt sich aus den Erörterungen über die Befugnisse des Vogtes zunächst ohne weiteres, daß er nicht die hohe Gerichtsbarkeit hat. Aber damit nicht genug: er hat überhaupt keine richterliche Zwangsgewalt. Während nicht nur der Schultheiß, sondern sogar der Zöllner und Münzer den Bann vom Vogt erhalten, ist von einer Bannleihe an den Burggrafen nicht die Rede.[1] Allerdings sitzt er in Handwerksangelegenheiten über die meisten Handwerker zu Gericht,[2] aber Strafen kann er nicht vollstrecken, nicht einmal Disziplinarstrafen. Leistet einer der Handwerker ihm nicht Gehorsam, so hat er sich an den Bischof zu wenden.[3]

Unter diesen Umständen hält es schwer, in dem Straßburger Burggrafen den Nachfolger der alten Gaugrafen anzusehen. Wenn trotzdem eine Anzahl von Forschern[4] in ihm einen Stadtgrafen erblickt, der bloß unter den Ottonen, vielleicht auch später, seine hochgerichtlichen Befugnisse an den Vogt hat abgeben müssen, so ist daran allein die herrschende Vorstellung vom Wesen des Burggrafenamtes schuld. Jeder Schein eines Beweises fehlt. Keine Spur deutet darauf hin, daß dieser nie als *comes civitatis* bezeichnete Burggraf je Grafenrechte in der Stadt ausübte. Vor allem aber scheitert die übliche Annahme, beim Übergang der Gerichtsrechte an den Bischof habe der königliche Graf wenigstens die übrigen königlichen Befugnisse in der Stadt als Burggraf behauptet, entschieden an der Tatsache, daß der Burggraf, wie oben ausgeführt wurde, kein königlicher, sondern ein bischöflicher Beamter ist.

[1] Bischofsrecht § 12: *Ut (advocatus) nulla ratione eam (gladii vindictam i. e. bannum) neget causidico, theloneario, monete magistro.* Vgl. auch § 24.

[2] Bischofsrecht § 44: *Et de eisdem habet potestatem iudicandi, si quid deliquerint in officiis suis.*

[3] Bischofsrecht § 46: *Si qui vero predictorum inobedientes facti fuerint burcgravio, ipse causam defert ad episcopum.* Vgl. Hegel, a. a. O., S. 19.

[4] Arnold, a. a. O., I S. 89; Heusler, Stadtverfassung, S. 59; Waitz, Verfassungsgeschichte, VII S. 50; Varges, Stadtverfassung, S. 491; Schröder, Rechtsgeschichte, 4. Aufl., S. 629 Anm. 40.

Ebensowenig ist es aber angängig, sich über das Problem so bequem hinwegzusetzen, wie KRUSE[1] es tut. KRUSE zählt, übrigens nicht einmal vollständig, die verschiedenen Funktionen des Burggrafen hintereinander auf, findet, daß sie sämtlich dem Verwaltungsgebiete angehören, und konstatiert, daß sie sich am besten in dem gemeinsamen Begriff eines städtischen Polizeimeisters zusammenfassen lassen. „Und gerade dies scheint uns der eigentliche Charakter des Burggrafenamtes von Anfang an gewesen zu sein. Der Straßburger Burggraf ist wie vielleicht kein anderer Beamter in den Städten des früheren Mittelalters das Symbol (?) der erleuchteten Fürsorge des Bischofs und Stadtmonarchen für die materielle Entwickelung der Bürgerschaft." Also ein Straßburger Bischof des 11 (!) Jahrhunderts (oder sollte es gar einer des 10. gewesen sein) hat neben die vorhandenen, auch sonst in allen Bischofsstädten bezeugten Ämter des Schultheißen, Zöllners und Münzmeisters das sonst nirgends bekannte Amt eines Polizeimeisters gesetzt und seltsamerweise diesem Polizeimeister den Namen „Burggraf" gegeben? Man kann KRUSE nur entgegen, daß seine Theorie zwar äußerst wohlfeil ist, aber einem Kenner der älteren Stadtverfassungsgeschichte auch durch die schönsten Phrasen nicht annehmbar gemacht werden kann.

Tatsächlich fehlt es nicht an Spuren dafür, daß das Amt nicht für neu auftauchende Bedürfnisse später geschaffen ist, sondern offenbar in ältere Zeiten zurückreicht. Wir können einerseits konstatieren, daß die Stellung des Burggrafen zur Zeit seines ersten Auftauchens angesehener war als zur Zeit des Bischofsrechts. Während er in den älteren Urkunden durchweg dem Schultheißen in den Zeugenreihen vorgeht, wird er seit 1148 demselben ebenso regelmäßig nachgestellt.[2] Die Vermutung liegt also nahe, daß auch das Amt früher eine größere Bedeutung hatte. Andererseits aber können wir feststellen, daß seit dem Bischofsrecht der Burggraf seine Befugnisse nicht mehr erweitert hat, daß seitdem in der Entwickelung des Amtes ein Stillstand eingetreten ist.[3]

[1] KRUSE, a. a. O., S. 17.

[2] Vgl. RIETSCHEL, a. a. O., S. 30 f.

[3] Die Aufzeichnungen über den Burggrafen aus dem 14. Jahrhundert bedeuten gegenüber dem Bischofsrecht nicht den geringsten Fortschritt.

Welchen Charakter hat aber dies in die ältere Zeit zurückreichende Amt? Mir scheinen entschieden die Forscher das Richtige getroffen zu haben, die im Burggrafen einen vorwiegend militärischen Beamten, den Kommandanten der Altstadt und später der Stadt Straßburg, erblicken.[1] Fassen wir diese militärische Bedeutung und daneben das besondere Verhältnis zur Altstadt ins Auge,[2] so gelingt es uns tatsächlich ohne große Mühe, die wichtigsten burggräflichen Funktionen zu einem einheitlichen Bilde zusammenzufassen.

Ohne weiteres weist auf diese Kommandanturbefugnisse die Bestimmung hin, daß Stadtmauer und Stadtgraben unter der besonderen Aufsicht des Burggrafen stehen.[3] Ungemein interessant ist aber, daß für die Verletzung dieser Anlagen dem Burggrafen die hohe Summe von 60 Schillingen zu zahlen ist: der alte Königsbann, der hier wie auch an anderen Stellen als Burgbann, als Buße für die Verletzung des Burgfriedens der ummauerten Stadt auftritt. Es ist bezeichnend und spricht für die alte Bedeutung des Amtes, daß der Burggraf gerade als Hüter dieses Burgfriedens erscheint.

Zu dem Bilde des Burgkommandanten paßt es weiter trefflich, wenn die baupolizeilichen Befugnisse in der Hand des Burggrafen liegen. Ausdrücklich wird erwähnt, daß er, sicher vor allem im Interesse der Stadtverteidigung, die Überbauten auf den Straßen zu verhindern und die deswegen zu zahlenden Bußen einzuziehen hat.[4] Ferner ist die Erlaubnis zur Neuanlage von

---

[1] Nitzsch, Ministerialität, S. 152; Horn, a. a. O., S. 17; Gothein a. a. O., S. 313.

[2] Auf dies Verhältnis hat vor allem Keutgen, a. a. O., S. 146 aufmerksam gemacht.

[3] Bischofsrecht § 80: *Quicunque muros vel vallum civitatis dissipaverit, componet 60 solidos burcgravio.* Die Schiltersche Lesart *sexaginta* verdient unbedingt den Vorzug vor der Grandidierschen *quadraginta*, die wohl auf einem Schreib- oder Lesefehler beruht. Vgl. Bloch in der Zeitschr. f. d. Gesch. d. Oberrheins, N.F. XIV (1899) S. 287; Keutgen in der Histor. Vierteljahrsschrift III (1900) S. 85. Über *vallum* = Graben vgl. Keutgen, ebenda S. 82.

[4] Bischofsrecht § 81: *Quicunque super stratam civitatis edificaverit, similiter dabit ad emendationem burcgravio. Nulli vero debet licenciam dare.*

Mühlen seine Sache.[1] Auch hier dürften gerade militärische Gesichtspunkte, die Frage der Verproviantierung während einer Belagerung, und die Gefahr, dem Feinde Deckungs- oder Angriffspunkte zu gewähren, entscheidend gewesen sein.[2]

Weiter noch gehen seine Befugnisse in der eigentlichen alten Burg Straßburg, der Altstadt (*vetus urbs*). Während in der Neustadt, die den Markt enthält, der Brückenbau vor allem den Handelsinteressen dient und deshalb dem Zöllner unterstellt ist, bleibt nach dem Bischofsrecht die Sorge für die alten Festungsbrücken dem Burggrafen überlassen.[3] Noch im 14. Jahrhundert ist es bei dieser altertümlichen Teilung geblieben.[4]

Selbst die Zölle, die der Burggraf als Einnahme bezieht, werden uns verständlich, wenn wir ihn uns in seiner Eigenschaft als Burgkommandanten der Altstadt vorstellen. Schwerter in Scheiden, die aus der Umgebung (nicht zu Schiff) auf den Markt gebracht werden, ferner Öl, Nüsse und Obst sind die Waren, von denen der Burggraf den Zoll erhält.[5] Daß der Schwerterzoll mit der militärischen Eigenschaft des Burggrafen zusammenhängt, ist ohne weiteres ersichtlich. Die übrigen Zölle aber gebühren

---

[1] Bischofsrecht § 84: *Quicunque molendinum facere voluerit, licentiam a burcgravio et consensum burgensium queret. Quibus duobus habitis, aureum nummum burcgravio dabit.*

[2] Möglicherweise hängt auch die Verpflichtung des Burggrafen, die Probedenare zu bewahren (Bischofsrecht § 74), mit seiner Kommandanteneigenschaft zusammen. Als Befehlhaber der Burg war er am besten in der Lage, diese Probemünzen geschützt von äußeren Einwirkungen zu halten. Auffallend ist jedenfalls, daß auch den Kölner Burggrafen die gleiche Verpflichtung trifft.

[3]) Bischofsrecht § 58: *Est item officium thelonearii omnes pontes de nova urbe, quotquot fuerint necessarii, et burcgravii omnes de veteri (urbe) construere.*

[4] Stadtrecht von 1322 § 419 (UB. Straßburg IV B, S. 149).

[5] Bischofsrecht § 47: *Item ad ius burcgravii spectat quedam thelonea accipere, ut gladiorum qui vaginis inclusi portantur in foro venales. Aliorum autem, qui in navibus de Colonia vel undecunque portantur, theloneum accipiet thelonearius.* § 48: *Item olei, nucum, pomorum, undecunque adducta fuerint et vendita pro nummis, theloneum accipiet burcgravius.* In den Aufzeichnungen des 14. Jahrhunderts (UB. Straßburg IV B, S. 209 ff.) sind sehr detaillierte Angaben über das Zollrecht des Burggrafen enthalten. Vgl. auch UB. Straßburg VI, 62 (1382).

ihm als Befehlshaber der Altstadt; es sind, worauf KEUTGEN[1] aufmerksam gemacht hat, Zölle von Waren, die nicht auf dem in der Neustadt gelegenen gewöhnlichen Markt, sondern auf dem altstädtischen Obstmarkt verkauft werden.

Weniger klar in ihrem Ursprung sind die Beziehungen des Burggrafen zu den städtischen Handwerken.[2] Nach dem Bischofsrecht[3] gehört zur Aufgabe des Burggrafen, *ponere magistros omnium officiorum fere in urbe*, und nun werden zehn Handwerke aufgezählt, die Sattler, Gerber, Handschuhmacher, Schuster, Schmiede, Müller, Küfer, Schwertfeger, Obsthändler und Schenkwirte.[4] Über

---

[1] KEUTGEN, a. a. O., S. 146 Anm. 1.

[2] Vgl. über dieselben GOTHEIN, Wirtschaftsgeschichte des Schwarzwaldes, I S. 312 ff.; KEUTGEN, Untersuchungen, S. 144 f., Ämter und Zünfte (Jena 1903) S. 74 ff.; EBERSTADT, Der Ursprung des Zunftwesens (Leipzig 1900) S. 40 ff.; DETTMERING, Beiträge zur älteren Zunftgeschichte der Stadt Straßburg (Berlin 1903) S. 12 ff., 33 ff.; LENEL in der Zeitschr. f. Gesch. d. Oberrheins, N.F. XIX (1904) S. 765 ff.

[3] Bischofsrecht § 44: *Ad officium burcgravii pertinet ponere magistros omnium officiorum fere in urbe, scilicet sellariorum, pellificum, cyrothecariorum, sutorum, fabrorum, molendinariorum et eorum qui faciunt vasa vinaria et picarios, et qui purgant gladios, et qui vendunt poma, et cauponum. Et de eisdem habet potestatem iudicandi, si quid deliquerint in officiis suis.* § 45: *Locus autem iudicationis et emendationis eorum est in palacio episcopi.* § 46: *Si qui vero predictorum inobedientes facti fuerint burcgravio, ipse causam defert ad episcopum.* Die *sellarii* sind, wie sich aus Bischofsrecht § 110 und UB. Straßburg I, 519, IV B, S. 213 ergibt, keine Sesselmacher (so GOTHEIN, a. a. O., S. 312), sondern Sattler. Die *pellifices* sind nicht Kürschner, sondern die später wiederholt (UB. Straßburg IV A, 264 (1278), V, 91 (1339), VI, 116 (1382) zu den burggräflichen Handwerken gerechneten Gerber. Daß die Handwerker *qui faciunt vasa vinaria et picarios* die späteren Küfer sind, ergibt das S. 21 Anm. 5 erwähnte Burggrafenweistum aus dem 14. Jahrhundert, das gerade die Herstellung von Fässern und Bechern als die Aufgabe des Küferamtes erscheinen läßt.

[4] Der Kreis der burggräflichen Handwerke hat sich später etwas verändert, aber in viel geringerem Maße, als DETTMERING, a. a. O., S. 18 f. annimmt. Von den im Schied von 1263 und im Burggrafenweistum (UB. Straßburg I, 519, IV B, S. 202 ff.) genannten Gewerbetreibenden sind die Ölleute identisch mit den Obsthändlern, die früher offenbar auch den Ölhandel hatten (vgl. Bischofsrecht § 48). Die Faßzieher und Becherer werden als besondere Gewerbe nur im Nachtrage des Burggrafenweistums erwähnt, und zwar in einer gewerblichen Tätigkeit, die sich mit der der früher genannten

diese Handwerke hat er eine Gewerbegerichtsbarkeit, allerdings ohne eigentlichen Bann, auszuüben und zwar ist seine Gerichtsstätte die Bischofspfalz.[1] Daß diese Befugnis aus der Aufsicht über den Marktverkehr zu erklären ist, unterliegt meines Erachtens keinem Zweifel, seit KEUTGEN in seinem trefflichen Buche „Ämter und Zünfte (Jena 1903)“ über das Wesen der älteren Handwerksämter Klarheit geschaffen hat. Ungewiß bleibt bloß, warum gerade diese und nur diese Handwerke dem Burggrafen unterstellt sind. Denn daß es nicht die einzigen Handwerke in Straßburg sind, lehrt nicht nur das Wörtchen *fere*, sondern es werden im Bischofsrecht ausdrücklich auch manche Handwerke genannt, die nicht dem Burggrafen unterstehen, die Bäcker, Metzger, Fischer und Zimmerleute. KEUTGENS Ansicht, daß tatsächlich alle Handwerksämter dem Burggrafen unterstanden haben, läßt sich nur mit einer Interpretation rechtfertigen, die mir gekünstelt erscheint; *omnium fere* heißt „fast aller“ und nicht, wie KEUTGEN will, „im Prinzip aller“. Es bleibt also die Frage offen: „Warum sind gerade diese Handwerke burggräflich und nicht andere?“ DETTMERING meint, zur Zeit der Entstehung des Bischofsrechtes seien wahrscheinlich nur die dem Burggrafen unterstellten Gewerbe organisiert gewesen. Ganz kann ich mich dieser Erklärung nicht anschließen; der Wortlaut spricht entschieden dafür, daß es zur Zeit des Bischofsrechts

---

Küfer zum Teil deckt. Sie haben sich demnach entweder vom Küferamte abgespaltet, oder das Küferamt hat sich in die beiden Ämter der Faßzieher und Becherer geteilt. Offenbar gab diese Veränderung den Anlaß zu dem Nachtrage. Die Gerber werden zwar im Burggrafenweistum nicht erwähnt, aber aus anderen Quellen (vgl. vorige Anmerkung) wissen wir von ihrer Zugehörigkeit zum Burggrafenamte. Das Verzeichnis im Burggrafenweistum ist also unvollständig. Deshalb können wir auch aus der Nichterwähnung der Handschuhmacher und Wirte nicht, wie DETTMERING meint, folgern, daß sie sich der Gerichtsbarkeit des Burggrafen entzogen haben. Neu hinzugekommen sind nur die Zimmerleute. Sie konnten natürlich unter die Gewerbegerichtsbarkeit des Burggrafen erst zu einer Zeit treten, in der dieselbe ihre ursprüngliche Beschränkung auf den Markt eingebüßt hatte; denn der Zimmermann hat nichts auf dem Markt zu verkaufen. Daß man aber später gerade dies Baugewerbe dem Burggrafen unterstellt hat, hängt wohl mit seinen baupolizeilichen Befugnissen zusammen.

[1] Über die Gewerbegerichtsbarkeit des Burggrafen vgl. vor allem DETTMERING, a. a. O., S. 33 ff.

auch Vorsteher *(magistri)* anderer nicht burggräflicher Handwerke gegeben hat. Damit mag allerdings Dettmering wohl im Recht sein, daß die burggräflichen Handwerkerverbände die ältesten sind. Nur wird mit diesen Erwägungen noch nicht die Frage gelöst, warum gerade der Burggraf und nicht ein anderer bischöflicher Beamter als die geeignete Persönlichkeit erschien, die Aufsicht über die Handwerke zu führen. Und da komme ich, trotz der von Keutgen und Dettmering geäußerten Bedenken, auf die Ansicht Gotheins zurück, der den Grund für die besonderen Beziehungen zum Burggrafenamt in der militärischen Bedeutung dieser Handwerke erblickt. Man braucht nur auf die Bestimmungen des Bischofsrechts über die Leistungen der Handwerke an den Bischof einen Blick zu werfen,[1] um die eminent militärische Bedeutung der Sattler, Gerber, Handschuhmacher, Schuster, Schmiede und Schwertfeger zu erkennen. Was aber die übrigen vier burggräflichen Handwerke betrifft, so ist die Erwähnung der Müller wohl aus dem burggräflichen Aufsichtsrecht über die Mühlen, die der Obsthändler aus dem Aufsichtsrecht über den altstädtischen Obstmarkt zu erklären, während die Zuweisung der Schenkwirte und Küfer vielleicht mit der bischöflichen Weinbannberechtigung im Zusammenhang steht. Nicht unterstehen dem Burggrafen die eigentlichen Lebensmittelgewerbe, die Bäcker, Metzger und Fischer.

Noch ein Umstand spricht für den militärischen Charakter des Amtes. Während das Schultheißenamt schon seit dem Jahre 1215 tatsächlich auch Nichtministerialen zugänglich geworden ist,[2] und 1263 ausdrücklich auch den Bürgern die Fähigkeit, das Amt zu bekleiden, zugesprochen wird,[3] während das Zöllneramt seit 1263 überhaupt nur noch mit Bürgern besetzt werden soll,[4] hält derselbe Vertrag von 1263 noch an der Bestimmung fest, daß der Burggraf aus den Ministerialen genommen sein muß.[5]

---

[1] Daß diese Leistungen einen militärischen Charakter tragen, erkennt auch Keutgen, Ämter und Zünfte, S. 85 f. an.

[2] Schultheiß Rudolf wird 1215 erst hinter den Ministerialen genannt (UB. Straßburg I, 162).

[3] UB. Straßburg I, 519 Z. 2.

[4] Ebenda Z. 4.

[5] Ebenda Z. 3: *unde sol der burcgrave sin ein gotzhusdienstman.*

Mag man nun die beiden zuletzt erwähnten Argumente für die militärische Bedeutung des Burggrafenamtes für zutreffend halten oder nicht, soviel steht fest, daß der militärische Charakter des Amtes selbst nicht zweifelhaft sein kann, und daß wir den Straßburger Burggrafen als den Kommandanten der Altstadt und später der Stadt Straßburg ansprechen können. Wieviel damit für die Erklärung des Burggrafenamtes überhaupt gewonnen ist, können erst die späteren Untersuchungen lehren.

Endlich noch einige Worte über die späteren Schicksale des Burggrafenamtes.[1] Dieselben sind zunächst ähnlich gewesen wie die Schicksale der übrigen bischöflichen Ämter; auch das Burggrafenamt hat infolge der Erstarkung der Bürgerschaft und der Abnahme der bischöflichen Stadtherrschaft im Laufe der Zeit immer mehr an Bedeutung eingebüßt. Seit der Mitte des 14. Jahrhunderts ist eigentlich nur noch von der Gewerbegerichtsbarkeit des Burggrafen die Rede. Im 16. Jahrhundert war dieselbe zu einer derartigen Bedeutungslosigkeit herabgesunken, daß Bischof Erasmus das Burggrafending im Jahre 1556 aufhob.[2] Das infolgedessen gegenstandslos gewordene Burggrafenamt wurde 1576 mit dem Schultheißenamt vereinigt.[3]

§ 3.

Augsburg.

Die andere schwäbische Bischofstadt, in der ebenfalls das Burggrafenamt vorkommt, Augsburg,[4] bietet zunächst hinsichtlich der hohen Gerichtsbarkeit durchaus ähnliche Verhältnisse wie

---

[1] Über die späteren Schicksale des Burggrafenamtes vgl. UB. Straßburg II, 49 (1276), 259 (1307), V, 123 (1344), 1108 (1374); Schoepflin, Als. illustr. II S. 330 f.

[2] Vgl. Levi, a. a. O., S. 53, 56, 71, 75 f.; Winckelmann, Straßburgs Verfassung und Verwaltung im 16. Jahrhundert, in der Zeitschr. f. d. Gesch. d. Oberrheins, N.F. XVIII (1903) S. 617.

[3] Vgl. v. Maurer, a. a. O., III S. 404.

[4] Über Augsburg vgl.: v. Stetten, Geschichte der reichsfreien Stadt Augsburg, 2 Teile (Frankfurt und Leipzig 1743, 1758). — Jäger, Geschichte

Straßburg. Auch in Augsburg ist der höchste Richter in der Stadt der Vogt, nicht der Burggraf. Das Stadtrecht von 1156[1] läßt darüber nicht den geringsten Zweifel, und das Stadtbuch von 1276[2] bringt diesen älteren Nachrichten nicht nur volle Bestätigung, sondern auch manche willkommene Ergänzung. Wie der Graf auf dem Lande hält er in der Stadt die drei echten Dinge ab;[3] wie der Graf und ebenso wie der Straßburger Vogt richtet er über Ungerichte,[4] über Eigen und Erbe;[5] wie in Straßburg ist seine Dingstätte die Pfalz des Bischofs.[6]

---

der Stadt Augsburg (Darmstadt 1837). — Gaupp, Deutsche Stadtrechte des Mittelalters II (Breslau 1852) S. 185 ff. — Arnold, a. a. O., I S. 107 ff. — Nitzsch, Ministerialität, S. 284 ff. — v. Maurer, a. a. O., III S. 411 ff. — Frensdorff in den Chroniken der deutschen Städte IV (Leipzig 1865) S. XI ff. — Chr. Meyer, Das Stadtbuch von Augsburg (Augsburg 1872) S. I ff., 317 ff. — Chr. Meyer, Beiträge zur Verfassungs- und Rechtsgeschichte der Stadt Augsburg, in der Zeitschr. d. histor. Vereins für Schwaben u. Neuburg IV (1877) S. 257 ff. — Berner, Zur Verfassungsgeschichte der Stadt Augsburg (Breslau 1879). — Nur als Materialsammlungen kommen in Betracht: v. Stetten, Geschichte der Geschlechter der Stadt Augsburg (Augsburg 1762). — Braun, Geschichte der Bischöfe von Augsburg I—IV (Augsburg 1813 bis 1815).

[1] Gedruckt am besten bei Keutgen, Urkunden S. 90 ff. Über die Geschichte dieses Stadtrechts vgl. Berner, a. a. O., S. 72 ff.

[2] Herausgegeben von Chr. Meyer (Augsburg 1872).

[3] Stadtrecht § 18: *Advocatus tria legitima placita Augustae in omni anno habere debet;* Stadtbuch, Art. 70 S. 134 f.: *Daz der vogt driu vogtesdinch in dem iare ze rihtenne hat*, nämlich Montag nach Walpurgis, Montag nach Michaelis und Montag nach Lichtmeß.

[4] Stadtrecht § 19: *Ad iusticiam advocati pertinet temeritas, iniusticia, monomachia;* vgl. Stadtbuch, Art. 28 ff. S. 79 ff. Daran, daß *iniusticia* einfach die wörtliche Übersetzung von „Ungerichte" ist, denkt, wenn auch zweifelnd, schon Osenbrüggen, das Alamannische Strafrecht (Schaffhausen 1860) S. 196 ff. Daß das Beweismittel des gerichtlichen Zweikampfes diesem höheren Gericht vorbehalten bleibt, ist ganz in der Ordnung; vgl. auch Stadtbuch, Art. 47 S. 112. Recht unklar Berner, a. a. O., S. 97 ff.

[5] Das Stadtrecht spricht nicht von der Zivilgerichtsbarkeit; vgl. dagegen Stadtbuch, Art. 5 (Zusatz) S. 13.

[6] Stadtbuch, Art. 70 § 3: *Unde sol auch den ersten tak rihten uf der phallenz.* Daß er an den anderen beiden Tagen auf dem *dinchhuse* richtet, kann erst auf späterer Einrichtung beruhen, da das Dinghaus kaum vor dem 13. Jahrhundert erbaut ist.

Auch in einem anderen wichtigen Punkte stimmen Straßburger und Augsburger Vogt völlig überein. Beide sind nicht in der Stadt wohnende Ministerialen oder gar Bürger, sondern außerhalb der Stadt ansässige freie Herren. Ausdrücklich bezeugt uns das Stadtrecht von 1156, daß der *advocatus* nicht in Augsburg wohnt, sondern allein zu den drei echten Dingen und außerdem nur, wenn er gerufen wird, in die Stadt kommen darf.[1] Die Herren von Schwabeck sind es, in deren Händen wir um die Mitte des 12. Jahrhunderts das Amt finden,[2] und deren Geschlecht wohl auch die älteren, seit der Mitte des 11. Jahrhunderts nachweisbaren Vögte angehören.[3] Seit dem Erlöschen dieser Familie allerdings nimmt die Geschichte der Augsburger Vogtei einen anderen Verlauf. Während die Straßburger Vogtei in den Händen einfacher Dynasten bleibt, treten als Erben und Nachfolger der Schwabecker die Hohenstaufen auf,[4] und von nun an finden wir die Augsburger Vogtei in hohenstaufischen

---

[1] Stadtrecht § 18: *Et nunquam iudicandi causa Augustam veniet nisi vocatus, exceptis suis tribus legitimis placitis.*

[2] Chron. Ursperg. (MG. SS. XXIII p. 356): *Adelgozo de Suabegge ..., qui fuit advocatus Augustensis.*

[3] Auch 1046 und 1071 heißt ein Vogt Adalgoz (MBo. XXXIIIa, 8, 11), was natürlich auf Familienzusammengehörigkeit deutet. Vgl. auch Frensdorff, a. a. O., S. XXI; Meyer, Stadtbuch, S. 319; Meyer, Verfassungsgeschichte, S. 257; Hegel, Städtewesen, S. 86. Die Einwände von Berner, a. a. O., S. 92 ff. halte ich nicht für begründet. Die mir bekannt gewordenen Vögte aus dem Hause der Schwabecker sind: Adalgoz I., 1046, 1071 (MBo. XXXIII, 8, 11), Werner, 1116—1130 (MBo. XXIXa, 443, XXII S. 22; Reg. Bo. I p. 131), Adalgoz II., 1143—1161 (MBo. XXIXa, 470, 502, VI p. 482, VII p. 349, X p. 42, XIII p. 133; UB. ob der Enns II, 191; Stadtrecht, Art. I). Welchem Hause der Vogt Engelbert (ca. 1040) angehört (Meichelbeck I B, 1220 S. 512), vermag ich nicht zu sagen. Die Schwabecker sind übrigens auch Vögte von St. Ulrich und Afra; vgl. die Zitate bei Berner, a. a. O., S. 47, Anm. 38.

[4] Chron. Ursperg. (MG. SS. XXIII p. 356): *Iisdem quoque temporibus* (ca. 1168) *mortuo Adelgozo de Suabegge sine herede, qui fuit advocatus Augustensis, iste imperator tam advocatiam quam alia predia ipsius sibi vendicavit sive ex concessione episcopi, qui tunc erat, sive successione fiscali aut hereditaria.*

Händen bis zu Konradins unglücklichem Ende.[1] Aber auch mit dem Jahre 1268 ist die Augsburger Vogtei nicht etwa erloschen oder an ein kleineres Dynastengeschlecht gelangt. Die Ansprüche des Bayernherzogs allerdings, dem sein Neffe Konradin die Vogtei verkauft hatte, hat Bischof Hartmann erfolgreich zurückweisen können.[2] Noch 1272 konnte er seinen Bürgern versprechen, die *advocatiam civitatis nostre* nur mit Zustimmung der Bürger zu verleihen.[3] Aber lange hat er sich des wiedererworbenen Rechtes nicht freuen können. Wenige Jahre später ist es Rudolf von Habsburg gelungen, die Vogtei an das Reich zu bringen.[4] Die *advocatia civitatis Augustensis,* obwohl ursprünglich allein staufisches Familienlehen,[5] ist den Revindikationen des Reichsgutes zum Opfer gefallen; sie bildet von nun an einen Hauptbestandteil der Reichslandvogtei Ausgburg, deren Landvogt den Augsburger Stadtvogt ernennt.[6]

So ist denn erst seit König Rudolf die Augsburger Vogtei zur Reichsvogtei[7] geworden, während sie früher vom Bischof abhängig war. Auch Konradin hat sie nur, wie der Lehnsbrief von 1266[8] zeigt, als bischöfliches Lehen, und, wie die späteren

[1] UB. Augsburg I, 2 (1167—91): Herzog Friedrich von Schwaben bestätigt den Besitz, den die Brüder von St. Georgen unter *tribus advocatis usque ad mea tempora* besessen haben; Quellen und Erörterungen V, 93 (1268): Konradin versetzt *advocatiam civitatis nostre in Augusta.* Auch das Bederecht König Heinrichs 1231 (MBo. XXX a, 702) findet wohl in der Vogtei seine Erklärung; vgl. Zeumer, Die deutschen Städtesteuern (Leipzig 1878) S. 30 f. A. A. Berner, a. a. O., S. 157 ff. ohne eigentliche Gegengründe.

[2] Vgl. darüber Frensdorff, a. a. O., S. XXVI ff.; Berner, a. a. O., S. 134 ff.

[3] MBo. XXXIII a, 114.

[4] Vgl. Frensdorff, a. a. O., S. XXVII f.

[5] Es wäre überhaupt interessant, zu untersuchen, wieviel Hohenstaufisches Hausgut in den Reichslandvogteien aufgegangen ist. Küster, Das Reichsgut in den Jahren 1273—1313 (Leipzig 1883) ist dieser Frage nicht näher nachgegangen.

[6] Zahlreiche Beispiele enthält UB. Augsburg. Über die späteren Schicksale der Vogtei vgl. v. Stetten, a. a. O., passim; v. Maurer, a. a. O., S. 412 f.

[7] Vgl. UB. Augsburg I, 190 (1303): *des chunges vogt.*

[8] MBo. XXX a, 810 p. 345: *Cuonradum . . . nobis eligimus advocatum . . . advocatiam nostre civitatis et villarum cum suis attinenciis eidem advocatie pertinencium in feudum conferentes.*

Ansprüche seines Schwiegervaters Ludwig von Bayern beweisen, als Hausgut gehabt. Wenn trotzdem in der Literatur die Ansicht früher allgemein war und auch noch heute vorgetragen wird, die Augsburger Vogtei sei von Anfang an Reichsvogtei gewesen,[1] so gründet sich diese Ansicht nicht auf die Quellen, sondern auf völlig aus der Luft gegriffene Phantasien des Humanisten GASSAR, die PAUL v. STETTEN ungeprüft übernommen und der späteren Forschung übermittelt hat. Es ist BERNERS[2] Verdienst, mit diesen Märchen aufgeräumt zu haben. Hat man sich aber von diesen falschen Nachrichten befreit und prüft unbefangen das Quellenmaterial des 12. Jahrhunderts, so kann gar kein Zweifel darüber sein, daß die Augsburger Vogtei des 12. Jahrhunderts ebensowenig wie die zur Zeit Konradins eine Reichsvogtei war.

Schon die oben erwähnte Stelle aus der Ursperger Chronik spricht dagegen: Nach Adelgoz' Tode nimmt der Kaiser sowohl die Vogtei wie die übrigen Güter desselben für sich in Anspruch *sive ex concessione episcopi, qui tunc erat, sive successione fiscali aut hereditaria.* Drei verschiedene Erwerbstitel sind es, auf Grund deren das Vermögen des letzten Schwabeckers auf den Kaiser übergeht: bischöfliche Verleihung, Erbrecht oder fiskalisches Heimfallsrecht an erblosem Gut. Als Erwerbsgrund für die Vogtei dürften wohl nur die beiden ersten Titel in Betracht kommen. Jedenfalls erwähnt die Stelle als Erwerbstitel aber nicht den Rückfall eines Reichslehens oder Reichsamtes. Dazu kommt aber eine Stelle aus dem Chartular des Domdekanates, die, wenn echt, es zur Gewißheit macht, daß damals der Bischof dem Kaiser die Vogtei geliehen hat.[3]

---

[1] Vgl. NITZSCH, a. a. O., S. 288; ARNOLD, a. a. O., S. 107; HEGEL, Allgem. Monatsschrift (Kiel 1854) S. 167; v. MAURER, a. a. O., S. 411. Vermittelnd HEUSLER, a. a. O., S. 76 ff. Zweifelnd FRENSDORFF, a. a. O., S. XXI, XXIV. GAUPP, Deutsche Stadtrechte II S. 191 hat dagegen richtig erkannt, daß der Vogt ein bischöflicher Beamter ist, ebenso MEYER, Verfassungsgeschichte, S. 257 und vor allem BERNER, a. a. O., S. 89 ff. Auch HEGEL, Städtewesen, S. 86 ist von seiner alten Ansicht abgekommen.

[2] BERNER, a. a. O., S. 87 ff.

[3] Vgl. BRAUN, a. a. O., II S. 141 Anm. Von Bischof Hartwig I. (1267 bis 1184) heißt es: *Hic primus advocatiam Friderico imperatori et filiis suis Friderico duci Sueviae, Conrado et Philippo concessit.*

Ferner schließt meines Erachtens die Art und Weise, wie der *advocatus* im Stadtrecht von 1156 erwähnt wird, jeden Gedanken an eine Reichsvogtei aus. Beschwerde über den Vogt ist beim Bischof zu erheben, und der Bischof hat ihn eventuell abzusetzen.[1] Schon dieser eine Satz liefert schlagenden Beweis dafür, daß das Amt ein bischöfliches ist; wie hätte der Bischof einen Reichsvogt absetzen können? Man hat sich daran gestoßen, daß wohl von der Einsetzung des Burggrafen, aber nicht von der des Vogtes im Stadtrecht die Rede ist, und daraus schließen wollen, das Amt könne kein bischöfliches gewesen sein.[2] Nichts ist falscher als das. Das Vogtamt war eben bischöfliches Lehen und ging auf den neuen Vogt genau so wie alle übrigen Lehen durch Lehnsfolge und Lehnserneuerung über. Eine Sonderbestimmung über die Besetzung des Amtes war also überflüssig, aber nicht überflüssig war eine Bestimmung, die dem Lehnsherrn ein Privationsrecht nicht nur in den gewöhnlichen Fällen der Felonie, sondern auch für den Fall der schweren Verletzung der Amtspflichten gab.[3]

Genau ebenso wie in Straßburg ist dieser bischöfliche *advocatus* nicht nur Stadtvogt, sondern auch Großvogt der Augsburger Kirche überhaupt. Derselbe Adalgoz, der im Stadtrecht von 1156 als Stadtrichter tätig ist, erscheint in einer Urkunde als *advocatus Augustensis ecclesiae*,[4] und noch mehr als hundert Jahre später, im Jahre 1269, bezeichnet Bischof Hartmann diese Vogtei als die *advocatia ecclesie tam in civitate quam extra nobis vacans et pertinens.*[5] Also in einer Zeit, in der die Straßburger Vogtei sich längst in eine bloße Stadtvogtei verwandelt hatte, reichte die Amtsgewalt des Augsburger Vogtes

---

[1] Stadtrecht § 30: *Si universalis querimonia domino episcopo fuerit facta ex culpa de advocato vel etiam de prefecto, et post legitimas inducias satisfacere neglexerint, potestate sua illos privabit.*

[2] Vor allem Frensdorff, a. a. O., S. XXI.

[3] Ich sehe ebenso wie Berner, a. a. O., S. 90 keinen zwingenden Grund, das Absetzungsrecht bloß auf den Untervogt zu beziehen, wie es Meyer in der Zeitschr. f. Schwaben IV S. 273 tut.

[4] MBo. VI p. 482 (1154).

[5] MBo. XXXIIIa, 107 p. 116 (1269). Vgl. auch MBo. XXXa, 810 (1266): *advocaciam nostre* (des Bischofs) *civitatis et villarum.*

noch über die Stadt auf das sonstige bischöfliche Gebiet hinaus. Aber ausgeblieben ist die Beschränkung des Amtes auf die Stadt darum doch nicht, wenn sie sich auch anders als in Straßburg vollzog. Seit der Okkupation Rudolfs ist von einer Kirchenvogtei nicht mehr die Rede. Was von derselben am Ende des 13. Jahrhunderts noch übrig war, ist der Reichslandvogtei Augsburg einverleibt worden, deren einen Bestandteil wohl die Stadtvogtei Augsburg bildete, während die außerstädtischen Rechte der alten Kirchenvogtei vermutlich in der eine Reihe von Dörfern umfassenden sogenannten Straßenvogtei fortlebten.[1]

Konnten wir demnach bisher allein, von den späteren Schicksalen abgesehen, eine völlige Übereinstimmung zwischen Augsburger und Straßburger Vogt feststellen, so müssen wir jetzt einen Unterschied konstatieren: Die Tätigkeit des Augsburger Vogtes ist eine ausgedehntere als die des Straßburger Vogtes, er versieht in Strafsachen in der Hauptsache auch die Funktionen, die in Straßburg dem Schultheißen obliegen. Am klarsten zeigt das das Stadtbuch von 1276. Nicht bloß die Jurisdiktion über Ungerichte, auch die gesamte Kriminalgerichtsbarkeit über Diebstähle, Frevel usw. (nur das Richten über unrechtes Maß und Gewicht ist ausgenommen) liegt in den Händen des Vogtes.[2] Und genau denselben Zustand finden wir auch in dem Stadtrecht von 1156; zu den Sachen, über die der Vogt richtet, gehört *temeritas*, was einfach die gewöhnliche Übersetzung für Frevel (also kleinere Vergehen) ist.[3] Es wäre auch gegen alle sonstige historische Entwicklung, wenn im 13. Jahrhundert der Vogt seine ausschließlichen Kompetenzen nach unten erweitert hätte. Eher könnte das Gegenteil der Fall sein. Dagegen ist in der Ziviljuris-

---

[1] Vgl. über die Straßenvogtei MBo. XXXIIIb, 62 (1336), 151 (1348), XXXIVb, 27 (1467), 81 (1487), 105 (1494).

[2] Vgl. Stadtbuch, Art. 28 ff. S. 79 ff.

[3] Vgl. Grimm, Rechtsaltertümer, 4. Aufl., II S. 177 ff.; Osenbrüggen, a. a. O., S. 199; E. Mayer, Deutsche und französische Verfassungsgeschichte I (Leipzig 1899) S. 142 Anm. 7. Vgl. auch das unten S. 45 für Basel gesagte. Von den Erklärern der Stelle des Augsburger Stadtrechts hat meines Wissens nur Osenbrüggen das Richtige erkannt; die übrigen bewegen sich entweder in allgemeinen Redensarten oder geraten wie Berner, a. a. O., S. 98 auf einen völligen Irrweg.

diktion[1] nach dem Stadtbuch die Tätigkeit des Augsburger Vogtes kaum größer als die des Straßburger Vogtes oder des Grafen.

Man hat die ausgedehnte Strafgerichtsbarkeit des Vogtes bezweifelt, weil die drei jährlichen Vogtsdinge unmöglich zu ihrer Bewältigung hätten ausreichen können. Ich halte diesen Einwand angesichts der sonstigen Quellenstellen nicht für begründet. Stand das Vogtding nahe bevor, so setzte man einen ergriffenen Übeltäter einfach bis dahin in Haft;[2] sonst rief man den Vogt zu einem außerordentlichen Ding in die Stadt, was ja das Stadtrecht ausdrücklich für zulässig erklärt. Vor allem aber bezog sich die Bestimmung, daß der Vogt nur bei Gelegenheit der drei echten Dinge die Stadt betreten dürfe, sicherlich nicht auf den Untervogt, den *subadvocatus*, den der Vogt mit seiner Vertretung beauftragte. Schon unter den Schwabeckern kommt ein solcher Stellvertreter im Vogtamt vor;[3] während der Vogtei der Staufer haben natürlich sämtliche Amtspflichten auf ihm gelastet. Eine Reihe solcher Untervögte ist uns vom Anfang des 13. Jahrhunderts an bis zu König Rudolfs Zeit dem Namen nach bekannt; sind es ursprünglich, soweit wir ihren Stand feststellen können, bischöfliche Ministerialen,[4] so kommen seit 1253 auch einfache Bürger als Träger des Amtes vor.[5] Wo wir aber den Vogt in amtlicher Tätigkeit in Urkunden nachweisen können, ist es immer dieser Untervogt.[6] Beim Vorhandensein eines der-

---

[1] Vgl. Stadtbuch, Art. 5 (Zusatz) S. 13, Art. 71 ff. S. 137 ff.

[2] Die Wurstmacher hatten ihn dann zu bewachen (Stadtrecht § 27).

[3] MBo. XXXIIIa, 43 (1162): Als erster der *ministeriales* erscheint *Arnolfus camerarius qui tunc temporis fuit in vice advocati.*

[4] Mir bekannt geworden sind: *Witogovus advocatus*, 1217 (Reg. Bo. IV p. 741), *Musekunc*, 1235 (eod. p. 744), Heinrich Fraß (*Gula*), 1237—51 (MBo. VI p. 523; UB. Augsburg I, 4, 6; Huillard-Bréholles VI p. 877; Reg. Bo. II p. 336, III p. 5). Ganz unvollständig Berner, a. a. O., S. 133 f. Von den späteren ist Ministeriale Konrad Spannagel, 1257 (UB. Augsburg I, 15).

[5] Otto, 1253, Leupold Stolzhirsch, 1260, Siboto Stolzhirsch, 1263—65, Friedrich Burggraf, 1268—69. Außer den Zitaten bei Berner, a. a. O., S. 134 Anm. 13 vgl. Reg. Bo. IV p. 27, 758; UB. Augsburg I, 37; MBo. XXXIIIa, 80.

[6] Vgl. UB. Augsburg I, 4 (1239), 37 (1268); Stadtbuch, S. 323 f. (1265); MBo. XXXIIIa, 105 (1269); Reg. Bo. III p. 257 (1265), IV p. 27 (wohl ca. 1260).

artigen ständigen Stellvertreters ist die umfassende Tätigkeit des Vogtes nicht weiter verwunderlich.

Übrigens ist diese ausgedehnte Strafgerichtsbarkeit des Vogtes nicht etwa eine Augsburger Besonderheit, sondern auch sonst in Schwaben üblich. Fehlt sie auch in dem stärker unter fränkischen Einflüssen stehenden Straßburg, so werden wir doch für Basel und Chur (für Konstanz fehlen Nachrichten) genau dieselben weiten Kompetenzen des Vogtes finden. Dagegen kann ich sie nirgends sonst in Deutschland nachweisen.

Neben dem Vogt erscheint als ein weiterer Stadtbeamter der Burggraf. Sehen wir zunächst von seinen Amtsfunktionen ab, so finden wir den Augsburger Burggrafen in einer ganz ähnlichen Stellung wie den Straßburger. Auch in Augsburg tritt uns seit dem 11. Jahrhundert, übrigens schon früher als in Straßburg, nämlich seit dem Jahre 1067,[1] ein Beamter entgegen, der den Namen *urbis prefectus* oder einfach *prefectus* führt, und für den später, zum ersten Male 1166,[2] häufiger erst im 13. Jahrhundert,[3] die deutschlateinische Bezeichnung *burggravius* vorkommt, einmal übrigens auch die Benennung *urbicomes.*[4] Wie der Straßburger Burggraf gehört er, wenigstens seit dem Anfang des 12. Jahrhunderts, dem Ministerialenstande an;[5] erst seitdem 1262 Bischof Hartmann dem Bürger Heinrich Schongauer und seinen drei Söhnen das Burggrafenamt auf 12 Jahre für 500 Pfund über-

---

[1] MBo. XXXIIIa, 90: *Hiltiprant urbis prefectus* als zwölfter unter den *nobiles viri nec non servientes.*

[2] MBo. XIV p. 134.

[3] Reg. Bo. IV p. 739 (1202—07); Boehmer, Acta imper. sel. I, 259 (1213) etc.

[4] Wirtemb. UB. II, 380 (1163).

[5] Das Verzeichnis der Burggrafen bei Berner, a. a. O., S. 51 Anm. 22, S. 145 Anm. 49 ist ungenügend. Bis zum Stadtrecht von 1156 scheint es mehrere Burggrafen gegeben zu haben, da § 3 ausdrücklich bestimmt, daß nur ein Burggraf zu bestellen ist. Tatsächlich finden sich bis dahin mehrere nebeneinander in den Urkunden erwähnt. Die bis 1156 genannten sind (undatierte Urkunden ziehe ich bloß vergleichsweise heran): Witigo, 1129—43 (MBo. X p. 452, XXXIIIa, 26; Braun, Bischöfe von Augsburg II S. 73, 92; vgl. auch MBo. XXII p. 28, 45, 50, 56, 57, 63, 68, 81, 85, 89, 96), sein Bruder Diepold I., 1154 (Reg. Bo. I p. 217; vgl. eod. IV p. 782; MBo. XXII p. 106, 107, 108, 111), wohl auch Heinrich (vgl. MBo. XXII

lassen hat,[1] treten auch bürgerliche Burggrafen auf. Und ebenso wie in Straßburg ist es auch in Augsburg der Bischof, der den Burggrafen ein- und eventuell abzusetzen hat.[2]

Fassen wir dagegen die Kompetenzen des Burggrafen ins Auge, so herrscht zwar insofern zwischen dem Straßburger und Augsburger Burggrafen Übereinstimmung, als sie beide nicht Grafen, nicht Träger der hohen Gerichtsbarkeit in der Stadt sind.[3] Aber im übrigen ist das Augsburger Bild von dem Straßburger recht verschieden. Vor allem fällt uns sofort auf, daß dem Augsburger Burggrafen, seinem Namen zum Trotz, eigentliche

---

p. 38) und Gerbold (vgl. eod. XXII p. 52). Von 1156 an finde ich Witigos Sohn Konrad I., 1156—71 (Stadtrecht, Art. I; Stumpf, Acta imper. ined. 180; Reg. Bo. I p. 225; MBo. XXXIIIa, 43, XIV p. 134, XXII p. 183; Wirtemb. UB. II, 380; vgl. auch Braun, Bischöfe, II S. 107 f.; MBo. VI p. 484, XXII, 57 f., 59, 72, 86, 87, 90, 92, 98, 101, 103), Diepold II., 1172 bis 1180 (Reg. Bo. IV p. 737; MBo. XXIII, 1), Konrad II., 1182—1203 (MBo. XXII p. 195; Zeitschr. f. Schwaben XI S. 73; Reg. Bo. IV p. 739; Braun, Bischöfe II S. 171; Gerbert, Cod. dipl. histor. Silvae Nigrae III, 77; vgl. MBo. XXII p. 120; Reg. Bo. IV p. 739), Liupold I., 1213 bis ca. 1225; Boehmer, Acta imp. sel. I, 259; vgl. MBo. XXII p. 125), Heinrich von Algishusen, 1230 (Reg. Bo. II p. 194), Liupold II., 1231—39 (MBo. XXIII, 4, XXII p. 210; UB. Augsburg I, 4), Otto, 1256—62 (Reg. Bo. III p. 75, IV p. 755, 756; MBo. XXIII, 8, XXXIIIa, 86, 87, 88, 89, 90; UB. Augsburg I, 21; v. Stetten, Geschlechter, S. 366 f. Nr. 7, 11). Die dem Geschlechte der Rechberg angehörige *prefectissa* Adelheid, eine Schwester Bischof Siegfrieds 1221 (Wirtemb. UB. V, 27; Reg. Bo. II p. 118, 124), ist wohl die Gemahlin Liupolds I.

[1] MBo. XXXIII a, 91. Die Überlassung wird 1264 um vier Jahre verlängert (eod. 97). Später (wahrscheinlich 1303) ist jedoch den Bürgern die Bekleidung des Burggrafenamtes verboten worden; vgl. Stadtbuch, Art. 7 (Zusatz) S. 14.

[2] Stadtrecht § 3: *Episcopus ministerialium, urbanorum et totius populi civitatis peticione prefectum unum tantum . . . . dare debet.* Über die Absetzung vgl. ebenda § 30.

[3] Auch für Augsburg hat man regelmäßig die Behauptung aufgestellt, der Burggraf habe früher die hohe Gerichtsbarkeit gehabt, sie aber an den Vogt abgeben müssen. Vgl. Arnold, a. a. O., S. 111; Heusler, a. a. O., S. 76 ff.; Meyer, Verfassungsgeschichte, S. 260; Berner, a. a. O., S. 42; Schröder, Rechtsgeschichte, S. 629 Anm. 40; Varges, Stadtverfassung, S. 491. In den Quellen findet sich dafür nicht der geringste Anhaltspunkt; die Behauptung gründet sich einzig und allein auf die herrschende Vorstellung vom Wesen des Burggrafenamtes.

militärische Befugnisse nicht zugeschrieben werden. Dem ins Feld ziehenden Bischof hat er allerdings einen Teil der Ausrüstung und ein *subsidium* zu gewähren;[1] von einer Tätigkeit als Befehlshaber der Burg Augsburg ist dagegen nirgends die Rede. Sollen wir daraus schließen, daß er eine derartige Tätigkeit niemals ausgeübt hat? Ich glaube, man muß sich unbedingt vor Augen halten, daß den anderen älteren Beamten, vor allem dem Vogt, ebenfalls derartige Befugnisse fehlen,[2] daß die Quellen über die Frage des Stadtkommandos überhaupt schweigen. Dies Stillschweigen im Stadtrecht und im Stadtbuch findet aber sofort seine Erklärung, wenn wir uns die Geschichte der Stadtbefestigung von Augsburg vor Augen führen. Bestimmungen wie die über die Beschädigung der Stadtmauer im Straßburger Bischofsrecht müssen im Augsburger Stadtrecht schon deshalb fehlen, weil Augsburg nach dem unglückseligen Jahre 1132 keine Stadtmauer mehr hatte, eine offene Stadt war.[3] Erst später, vielleicht am Ende des 12. Jahrhunderts, ist wieder eine neue, diesmal auch die große Handelsstadt im Süden einschließende Mauer gebaut worden.[4] Die Sorge für diese Stadtmauer ist aber seit 1251,

---

[1] Stadtrecht § 29: *Quocienscumque episcopus ad curiam vel (Romam) in expeditionem vel ad consecrationem ibit, prefectus ei duas cirotecas et pilleum et insuper suum subsidium dabit.*

[2] Allerdings richtet der Vogt nach Stadtbuch, Art. 70 (Zusatz II) S. 136, Art. 79 S. 162 über *ubergecimber* (Überbauten), aber als Inhaber der hohen Gerichtsbarkeit, nicht als Befehlshaber der Burg Augsburg. Das ergibt sich daraus, daß er nicht von Amtswegen vorgeht, sondern nur, wenn bei ihm klagen *der nachgebour den dax uebergezimmer irret oder die phleger die danne der stat phleger sint von der stat wegen oder die boumaister die danne der stat boumaister sint* (Stadtbuch, Art. 70 [Zusatz VII] S. 136 f.).

[3] Codex Udalrici 260 (Jaffé, Bibliotheca rer. German. V S. 447): *Regressusque (sc. rex) tercia die cum armatis in urbem munitiones urbis omnes diruit et confregit ..... omnis civitas nostra sine iudicio sine iusticia funditus destructa et inrecuperabiliter adnichilata est.* Auch Bernhardi, Lothar von Supplinburg (Leipzig 1879) S. 442 sagt: „Einer der bedeutendsten Plätze des Reiches wurde so auf die Stufe eines offenen Ortes herabgebracht.“ Diese Mauern dürften kaum vor der Stadterweiterung wieder aufgebaut worden sein.

[4] Was bei Hoffmann, Die Tore und Befestigungen der Stadt Augsburg von dem X. bis zum XV. Jahrhundert, in der Zeitschr. d. histor. Vereins

also vor der Niederschrift des Stadtbuches, der Bürgerschaft überlassen, den bischöflichen Beamten also entzogen worden.[1] So erklärt es sich völlig, daß von Kommandantenbefugnissen des Burggrafen weder in der einen noch in der anderen Rechtsquelle die Rede ist, und wenn wir auch nicht direkte Zeugnisse dafür haben, so spricht andererseits auch nichts dagegen, in ihm den alten Befehlshaber der Burg Augsburg zu erblicken.[2]

Die Funktionen, in denen wir tatsächlich vor allem den Burggrafen wahrnehmen, liegen auf einem ganz anderen Gebiet, nämlich auf dem gerichtlichen. Schon nach dem Stadtrecht von 1156 ist der Burggraf der gewöhnliche Richter; täglich hat er zu Gericht zu sitzen.[3] Welche Sachen er zu entscheiden hat, wird nicht ausdrücklich gesagt; doch können wir wohl annehmen: alle, über die nicht der Vogt zu richten hat, also hauptsächlich die Klagen um Gut und Schuld. Dem entsprechen auch die Bestimmungen des Stadtbuches, das ihm außer den Immobiliarprozessen alle Zivilsachen zuweist.[4] Insofern entspricht seine Gerichtsgewalt völlig der, die auf dem Lande der Centgraf und in Straßburg oder anderen Städten der Schultheiß ausübt. Daß ihm die Strafgerichtsbarkeit über Diebstahl und Frevel, anders als in Straßburg, entzogen ist, wurde schon oben als schwäbische Eigentümlichkeit gekennzeichnet. Nicht einmal die Gerichtsbarkeit über die kleinen Übertretungen, die an Haut und Haar gehen, können wir ihm mit Sicherheit zuweisen.[5]

für Schwaben und Neuburg XIII (1886) S. 5, 14 über die allmähliche Befestigung Augsburgs, insbesondere über die angebliche Erweiterung im 11. Jahrhundert gesagt wird, ist wertloses, aus Wittwers Äbtekatalog und Gassar abgeschriebenes Geschwätz. Dasselbe widerlegt sich schon dadurch, daß noch 1132 der Markt außerhalb der Mauern lag; vgl. unten S. 67 Anm. 2.

[1] UB. Augsburg I, 9: *ipsi cives portas urbis sen civitatis nostrae constructas et construendas in sua potestata teneant in futurum*; vgl. auch Stadtbuch, Art. 3 S. 11.

[2] Verschiedene Forscher weisen ihm deshalb auch ohne eigentliche Quellenbelege die Aufsicht über die Festungswerke und die „Wahrung des Burgfriedens" zu; vgl. Frensdorff, a. a. O., S. XX; Meyer, Verfassungsgeschichte, S. 250; Schröder, Rechtsgeschichte, 4. Aufl., S. 629 Anm. 40.

[3] Stadtrecht § 21: *Urbis prefectus cottidie in iudicio sedere debet.*

[4] Stadtbuch, Art. 125 ff. S. 204 ff.

[5] Allerdings läßt Schwabenspiegel (Lassberg) 1 den Burggrafen richten

Um so beachtenswerter scheint mir, daß ihm ausdrücklich eine Gerichtsbarkeit beigelegt wird, die eine gewisse Sonderstellung einnimmt, nämlich das Richten über unrecht Maß und Gewicht.[1] Gerade diese Jurisdiktion über unrecht Maß und Gewicht erscheint regelmäßig nicht als Sache des Centgrafen, sondern als die Hauptaufgabe des ländlichen Ortsvorstehers, des Heimburgen.[2] Die besondere Hervorhebung dieser Befugnisse im Stadtbuch dürfte die Annahme rechtfertigen, daß der Augsburger Burggraf nicht nur die Funktionen ausübte, die sonst in Schwaben der Schultheiß versah, sondern daß er zugleich der Ortsvorsteher der Ortschaft Augsburg war,[3] allerdings in Unterordnung unter den Bischof, der von Alters her immer als das eigentliche Haupt der Stadt gegolten hat und deshalb geradezu als „oberster Burggraf" bezeichnet wird.[4] Damit würde auch die Fünfschillingsbuße, die als höchste Buße des Burggrafen im Stadtbuch erwähnt wird,[5] nicht im Widerspruch stehen. Dieselbe Buße findet sich in dem Augsburg unmittelbar benachbarten Bayern gleichfalls als Maximalbuße im Dorfgericht.[6]

Erblicken wir demgemäß im Burggrafen den Ortsvorsteher der Ortschaft Augsburg, so läßt sich völlig mühelos auf dies

---

swaz ze hut und ze hare get. Aber Schwabenspiegel 174 weist dieselbe Gerichtsbarkeit dem Bürgermeister zu, und ebenso wenig weiß das Stadtbuch von dieser Funktion des Burggrafen. Darüber übrigens, daß der im Schwabenspiegel erwähnte Burggraf nur der Augsburger sein kann, ist jeder Zweifel ausgeschlossen.

[1] Stadtbuch, Art. 124 S. 203; vgl. auch Schwabenspiegel 1, 174.

[2] Vgl. vor allem v. Below, Entstehung der Stadtgemeinde, S. 57 ff.; Schröder, Rechtsgeschichte, S. 606. Auch Küntzel, Über die Verwaltung des Maß- und Gewichtswesens in Deutschland (Leipzig 1894) kann nicht bestreiten, daß vielfach die Gemeindebeamten die Jurisdiktion über unrecht Maß und Gewicht hatten, wenn er auch prinzipiell den öffentlichen Beamten die Sorge für Maß und Gewicht zuweist.

[3] Schon Schröder, Rechtsgeschichte, S. 629 Anm. 40 hat das richtig erkannt, allerdings daneben die weitergehende Zivilgerichtsbarkeit übersehen.

[4] Stadtbuch, Art. 126 S. 201.

[5] Stadtbuch, Art. 7 S. 13: *unde stat auch sin buzze niht hoher danne ze fiunf schillingen*; vgl. auch Schwabenspiegel (Lassberg) 174.

[6] Vgl. E. Mayer, Deutsche und französische Verfassungsgeschichte, I S. 144 Anm. 12. Schwäbisch-Alemannisch ist die Dreischillingsbuße; vgl. ebenda S. 143.

Gemeindeamt eine andere Funktion zurückführen, die mit besonderem Nachdruck bei der Schilderung des Burggrafenamtes hervorgehoben wird, die Sorge für die *lipnar*, die Lebensmittelpolizei. Nicht nur, daß er über *lipnar* zu richten hat, auch der Erlaß von Verordnungen über den Lebensmittelverkehr ist Sache des Burggrafen, wobei er sich allerdings nach dem Stadtbuch der Mitwirkung des Rates bedienen muß.[1] Aus dieser Sorge aber erklären sich ohne weiteres sämtliche übrige Befugnisse, die schon im Stadtrecht von 1156 erwähnt werden, die Sorge für die Probebrote,[2] die Beschlagnahme schlechten Bieres,[3] die Abgaben, die er von jedem *potus empticius*[4] und von bestimmten Lebensmittelgewerben, den Bäckern, Fleischern und Wurstmachern bezieht.[5] Auch manche Einzelbestimmungen des Stadtbuches dürften mit dieser Sorge für die *lipnar* in Verbindung stehen, so vielleicht das Recht des Burggrafen, die Weinschankgerechtigkeit zu erteilen,[6] vor allem aber seine Beziehungen zu gewissen Handwerken. Die Schenkwirte (*litgaeben*, *schenchen*), Bäcker, Metzger (*flaishaeckel*) und Höker unterstehen ihm und seinem Bann,[7] also (anders als in Straßburg) alle Gewerbe, die den Markt mit Lebensmitteln versorgen, während von sonstigen Handwerken

---

[1] Stadtbuch, Art. 7 S. 13: *ein ieglich burggrafe sol rihten .... unde sol auh niemen cheinen gewalt tun, ex si ...., umbe liepnar .... unde sol auch cheinen satz setzen uber di lipnar an die ratgeben noh auh si an in.* Vor der Entstehung des Rates dürfte der Burggraf diese Tätigkeit allein oder unter Mitwirkung der Gemeindeversammlung ausgeübt haben.

[2] Stadtrecht § 21: *Et semper in unoquoque mense precipiet decoqui probaticios panes secundum iudicium friquide aquae.* Über die Auslegung der Stelle vgl. die eingehenden, wenn auch kaum zutreffenden Ausführungen bei Berner, a. a. O., S. 101 ff. Anm. 55.

[3] Stadtrecht § 22.

[4] Stadtrecht § 24. Vgl. auch Stadtbuch, Art. 115 § 1 S. 193. Noch 1355 als *bodemrecht* (vgl. Schmeller, Bayer. Wörterbuch, 2. Aufl., I S. 211) unter den Rechten des Burggrafenamtes erwähnt (MBo. XXXIII b, 209).

[5] Stadtrecht §§ 23, 25, 26.

[6] Stadtbuch, Art. 142 S. 222; vgl. Art. 135 § 2 S. 218.

[7] Stadtbuch, Art. 114—123 S. 192 ff. Vgl. MBo. XXXIII b, 209 (1355): *Der Burggraf hat den großen Pan von schenchen, von Pechen, von flaischhaekeln und von den hukern.*

sich allein die Gerber (*wizmaler, ledrer*) in einer losen Verbindung mit dem Burggrafenamte befinden.[1] [2]

Halten wir uns noch einmal die gewonnenen Ergebnisse vor Augen. Ganz im Gegensatz zu dem einheitlichen Bilde, das uns der Straßburger Burggraf zeigt, gewahren wir bei seinem Augsburger Kollegen drei ganz verschiedene Arten von Tätigkeit. Die eine, die Befehlsgewalt über die Burg Augsburg, konnten wir allerdings mehr nur aus dem Namen und aus allgemeinen Erwägungen erschließen. Sicher bezeugt aber fanden wir für den Burggrafen einen Wirkungskreis, der völlig dem eines Heimburgen, eines Ortsvorstehers auf dem Lande entspricht. Und wir konstatierten drittens, daß auch die Funktionen, die sonst in den schwäbischen Städten der Ammann oder Schultheiß ausübt, in der Hand des Burggrafen liegen. Alle diese verschiedenen Tätigkeiten unter einen Gesichtspunkt zu bringen, dürfte schwer fallen, und so drängt sich wohl die Frage auf: Sollte nicht hier im Augsburger Burggrafenamte eine Kumulation verschiedenartiger Ämter stattgefunden haben? Ich glaube, wir können diese Frage unbedenklich mit ja beantworten.

---

§ 4.

Die übrigen schwäbischen Bischofsstädte.

Wenden wir uns nunmehr den drei anderen schwäbisch-alemannischen Bischofsstädten zu, den drei oberrheinischen Städten

---

[1] Nach Stadtbuch, Art. 117 S. 194 zahlen die *wizmaler* dem Burggrafen 25 Schillinge als Bann, nach dem Zusatz III S. 195 übrigens auch die *rintschuster und alle, die danne mit tischen ze strazze stant.* Sollte nicht der letztere Zusatz darauf deuten, daß die Abgabe nicht mit der Handwerkspolizei, sondern mit der Straßenpolizei des Burggrafen zusammenhängt? In dem interessanten Prozeß der Ledererzunft von 1324 (Stadtbuch, S. 334) scheint der Burggraf bloß als Zivilrichter tätig zu sein.

[2] Über die späteren Schicksale des Burggrafenamtes vgl. MBo. XXXIII b, 209, XXXIV a, 54, 95; von Stetten, a. a. O., I S. 402; Jäger, a. a. O., S. 57 f., 110; v. Maurer, a. a. O., III S. 414. Im Jahre 1546 ist der Burggraf endgültig aus dem Stadtgericht eliminiert worden, nachdem er schon früher jeden Einfluß in demselben verloren hattte.

Chur,[1] Konstanz[2] und Basel.[3] Daß in keiner der drei Ortschaften das Burggrafenamt bezeugt ist, war schon oben erwähnt; ob dasselbe etwa unter einem anderen Namen nachzuweisen ist, soll uns weiter unten beschäftigen.[4] Jedenfalls können wir in einem wichtigen Punkte eine völlige Übereinstimmung mit der Straßburger und Augsburger Verfassung konstatieren: In allen drei Städten liegt die hohe Gerichtsbarkeit in der Hand des *advocatus*, des Vogtes.

Am klarsten können wir diesen Zustand in Basel konstatieren,[5] wo das interessante Bischofs- und Dienstmannenrecht aus dem 13. Jahrhundert[6] uns völlig unzweideutige Auskunft

---

[1] Über Chur vgl.: Fetz, Die Schirmvogtei des Hochstifts Chur und die Reichsvogtei in der Stadt Chur, in den Katholischen Schweizerblättern für Wissenschaft und Kunst III (1861) S. 419 ff., 483 ff., 547 ff., 625 ff., 675 ff., 747 ff., IV (1862) S. 18 ff., 80 ff., 138 ff., 218 ff. — Kind, Die Stadt Chur in ihrer ältesten Geschichte (Chur 1862). — v. Moor, Geschichte von Currätien und der Republik Graubünden (Chur 1869) S. 326 ff. — Planta, Das alte Rätien (Berlin 1872) S. 431 ff. — Planta, Verfassungsgeschichte der Stadt Chur im Mittelalter (Chur 1879). — Kind, Die Vogtei Chur, im Jahrbuch f. schweizer. Geschichte VIII (1883) S. 89 ff. — Plattner, Die Entstehung des Freistaates der drei Bünde (Davos 1895) S. 17 ff.

[2] Über Konstanz vgl.: Lender, Beiträge zur Geschichte des bürgerlichen Lebens der Stadt Konstanz im Mittelalter (Konstanz 1838). — Marmor, Geschichtliche Topographie der Stadt Konstanz (Konstanz 1860) S. 157 ff., 237 ff. — Zell, Gebhard von Zäringen, Bischof von Konstanz, im Freiburger Diözesanarchiv I (1865) S. 305 ff. — Gothein, Wirtschaftsgeschichte des Schwarzwaldes I S. 70 ff. — Beyerle, Die Konstanzer Ratslisten des Mittelalters (Heidelberg 1898) S. 3 ff. — Beyerle, Zur Verfassungsgeschichte der Stadt Konstanz im 12. und 13. Jahrhundert, in den Schriften des Vereins für die Geschichte des Bodensees XXVI (Lindau 1897) S. 33 ff. — Wertlos ist Laible, Geschichte der Stadt Konstanz (Konstanz 1896).

[3] Über Basel vgl.: Ochs, Geschichte der Stadt und Landschaft Basel, 8 Bde. (Basel 1786—1822). — Heusler, Verfassungsgeschichte der Stadt Basel im Mittelalter (Basel 1860). — v. Maurer, Städteverfassung, III S. 414 ff. — Boos, Geschichte der Stadt Basel im Mittelalter (Basel 1877). — Hegel, Städtewesen, S. 84 f.

[4] Vgl. unten S. 57 ff.

[5] Vgl. Heusler, a. a. O., S. 44.

[6] Der neueste Druck bei Keutgen, Urkunden S. 113 ff. Nr. 132. Die Rechtsaufzeichnung wird gewöhnlich um 1260 angesetzt.

liefert. Während dem Schultheißen nur die gewöhnliche Zivilgerichtsbarkeit (Schuld und Geld) samt den kleineren Übertretungen überlassen ist und die kleinen Bußen unter drei Schilling zufallen,[1] ist der Vogt Richter über die schwereren Strafsachen, über Diebstahl und Frevel. Und zwar richtet er in Konkurrenz mit dem Bischof und teilt mit ihm die Bußen in der Weise, daß er ein Drittel, der Bischof zwei Drittel erhält. Nur die Strafen an Hals und Hand kann der Vogt allein verhängen[2], offenbar weil er ebenso wie der Straßburger Vogt den Königsbann hat. Sehen wir also von der eigentümlichen Anteilnahme des Bischofs an der Ausübung der Gerichtsbarkeit ab, so bietet der Baseler Vogt ein durchaus ähnliches Bild wie der Augsburger. Vollständig aber wird diese Ähnlichkeit, wenn wir uns vergegenwärtigen, daß diese mit der vogteilichen konkurrierende bischöfliche Jurisdiktion nichts ursprüngliches, sondern offenbar erst durch den Schied Bischof Heinrichs I. geschaffen worden ist.[3] Im übrigen vermag diese Schiedsurkunde nur die Bestimmungen des Bischofs- und Dienstmannenrechtes zu bestätigen. Auch nach ihr richtet der Vogt *furtum* und *temeritas*[4] und bezieht für sich ein Drittel der Bußen, während die übrigen zwei Drittel dem Bischof zufallen. Etwa gleichzeitig wird uns auch bezeugt, daß der Baseler Vogt unter Königsbann dingt; denn etwas anderes kann nicht gemeint sein, wenn es in einer Urkunde von 1190[5] heißt, daß er die *libertas* der Benefizien des Domkapitels *auctoritate domini regis, cuius vice in civitate nostra presidebat, confirmavit,* und daß

[1] Bischofs- und Dienstmannenrecht § 1: *Der scultheizze riehtet umbe scult unde umbe gelt unde unreht unde ander sache . . . Die cleinen buozen, die drige schillinge, sint dez sculteizzen.*

[2] Ebenda § 2: *Der vogt (riehtet) tiubde unde vrevel; unde sint die buoze von alten rehte (die gewanetheit lazzich liegen) die zwei teil des bischoves, daz tritteil des vogts.* § 14: *Swel sache der bischof selbe riehten wil, oder mit rehte vor in gezogen wirt, die richtet er. Get es aber ambluotich hant, so gat er dannen unde heizet den vogt rehte riehten. Da man vellic wirt, diu zwei teil sint sin, daz dritteil dez vogts.*

[3] UB. Basel I, 55 (1184—91). Über die Datierung vgl. Heusler, a. a. O., S. 100 ff.

[4] Über *temeritas* = Frevel s. o. S. 35 Anm. 3.

[5] Trouillat I, 273 (1190).

er nach Ausstellung und Besiegelung der Gerichtsurkunde *bannum domini imperatoris omnibus assensum prebentibus*[1] *confirmavit.* Zugleich zeigt uns diese Urkunde den Vogt auch als Richter in Immobiliarprozessen und gewährt uns so einen Einblick in seine zivilrichterliche Tätigkeit, für die wir auch sonst in den Urkunden des 13. Jahrhunderts zahlreiche Belege haben.[2]

Nicht so ausführlich sind die Nachrichten über die Befugnisse des Konstanzer Vogts. Der Konstanzer Richtebrief, der uns als Teil des Schaffhausener Richtebriefes erhalten ist,[3] verhält sich hinsichtlich der Stellung des Konstanzer Vogtes ungewöhnlich schweigsam. Aber erraten läßt sich immerhin aus den wenigen Stellen, die ihn erwähnen,[4] daß auch in Konstanz die *causae maiores,* für die sonst das Grafengericht zuständig ist, vor das Vogtgericht gehören. Eine spätere Quelle, die Stadtordnung von 1461, erwähnt ihn sogar ausdrücklich als Richter über das Blut,[5] und daß in früheren Jahrhunderten die Verhältnisse nicht anders lagen, können wir wohl daraus schließen, daß in dem nach Konstanzer Recht gegründeten Arbon im Jahre 1255 der Vogt *vulnerationes et violentias, que vulgariter dicuntur haimsuochi,* richtete.[6]

Auch in der dritten oberrheinischen Stadt, in Chur, finden

---

[1] So statt des sinnlosen *presentibus* im Drucke bei Trouillat.

[2] UB. Basel I, 71 (1202), 283 (1255), 329 (1257), 337 (1258), 341 (1258) usw.

[3] Gedruckt von Johannes Meyer, Der Schaffhauser Richtebrief (Schaffhausen 1857). Über den Konstanzer Richtebrief und seine Datierung vgl. vor allem Kirchhofer im Schweizerischen Geschichtsforscher VIII S 77 ff.; v. Wyss, Abhandlungen zur Geschichte des schweizerischen öffentlichen Rechts (Zürich 1892) S. 417 ff.

[4] Nach Art. 49 erhält der Vogt neben Rat und Bischof Anteil an einer Buße; in Art. 58 wird er neben dem Ammann als Richter genannt.

[5] Vgl Ruppert, Chroniken, S. 400: *Der vogt richt mit samt dem klainen rat über das blut*; vgl. auch die Urkunde von 1417 (Gengler, Cod. iur. municip. S. 646): *dass ein jegklicher des richs vogte ze Costentz umb solich sachen, die das hochgericht, stock und galgen antreffend . . . richten sollend und moegend.*

[6] Vgl. Beyerle, Grundherrschaft und Hoheitsrechte des Bischofs von Konstanz in Arbon I (Frauenfeld 1904) (Sonderabdruck aus den Schriften des Vereins für Geschichte des Bodensees XXXII) S. 55.

wir die gleichen Verhältnisse. Allerdings sind wir bei unseren Untersuchungen durchweg auf Quellen des 14. und 15. Jahrhunderts angewiesen, aber da diese nichts Neues bringen, sondern einfach das geltende Recht aufzeichnen wollen, können wir aus ihnen in der Hauptsache unbedenklich Rückschlüsse auf die frühere Zeit machen, wie es auch die bisherige Forschung ohne weiteres getan hat.[1] Am klarsten und vollständigsten ist die Stelle aus dem Ämterbuche von 1410, mit dem auch das andere etwa gleichzeitige Ämterbuch übereinstimmt.[2] *Es ist ze wissen, das ain vogt alle tag sol sitzen ze gericht, wenn es notdurftig ist, und sol richten uber das bluot, umb fraeflinen und umb all unzucht.* Genau ebenso wie in Augsburg und Basel ist also in Chur der Vogt der Strafrichter überhaupt, nicht bloß in den großen Sachen, die an Hals und Hand gehen. Die übrigen Quellen bestätigen und ergänzen diese Sätze. Auch der Schiedsspruch von 1422 kennt den Vogt als Richter in allen Strafsachen,[3] andere Urkunden lassen ihn als Gesetzgeber in Kriminalangelegenheiten[4] oder bei streitigen Verfassungsfragen als die entscheidende Gewalt erscheinen.[5] Daß er daneben auch in Immobiliarsachen als Richter fungierte, bezeugen die Urkunden,[6] wenn auch die

[1] Vgl. Planta, Chur, S. 22 ff.

[2] 27. Jahresbericht der hist. antiquar. Gesellschaft von Graubünden (1897) S. 26. Dieselbe Stelle spricht ihm auch von der Buße für Frevel drei Viertel (6 *ß mailesch*) zu. Die beiden Ämterbücher sind herausgegeben von J. C. Muoth. Vgl. über sie auch Kind, Beiträge zur rhätischen Geschichte, im Jahrbuch für schweizerische Geschichte XII (1887) S. 117 ff.

[3] Eichhorn, Episcopatus Curiensis, Cod. Prob. 118 p. 141: *einen vogt zu sexen . . . , der richten solle uber das Blut und alle Schulden klein und groß.* Das Wort Schulden ist hier offenbar im Sinne von „Verschuldungen, Vergehen" gemeint, denn die Klagen um Schuld gehören in Chur zur Zuständigkeit des Viztums; vgl. 27. Jahresber. d. hist. antiq. Gesellsch. S. 28. Als Inhaber der hohen Gerichtsbarkeit hat der Vogt auch den Nachrichter zu bestellen; vgl. Eichhorn, a. a. O., 118 p. 144. Das echte Vogtgericht dauert, wie in Augsburg, drei Tage (UB. Currätien III, 138 S. 210).

[4] Vgl. das Mandat des Vogts von 1297 bei Kind, Currätische Urkunden 2 S. 5 ff. (Beilage znm 11. Jahresber. d. hist. antiq. Gesellsch.).

[5] Vgl. die Vogtsordnung (1368—76) im UB. Currätien III, 138 S. 209 ff.

[6] UB. Currätien I, 275 (1274), II, 11 (1282), 232 (1331), 337 (1355), III, 107 (1363), 194 (1396), IV, 155 (1390), 261 (1400). Dagegen erscheint

bischöflichen Ämterbücher über diese Zivilgerichtsbarkeit sich ausschweigen.[1]

Ist also auch das Bild, das uns die Quellen von der Tätigkeit des Vogtes in den drei genannten Städten gewähren, nicht lückenlos, so stimmt doch das uns bekannte im ganzen mit der Tätigkeit des Augsburger Vogtes überein. Aber auch die **äußere Geschichte** der Vogtei in den drei oberrheinischen Städten verläuft in ähnlicher Weise. Auch in Basel, in Konstanz, in Chur befindet sich, ebenso wie in Straßburg und Augsburg, die *advocatia* während des 12. Jahrhunderts im Besitze freier Herrengeschlechter der Nachbarschaft. In Basel sind es die Grafen von Honberg, die spätestens seit 1120, wahrscheinlich aber schon seit viel früherer Zeit bis in die 80er Jahre des 12. Jahrhunderts hinein das Vogtamt bekleidet haben;[2] ihnen scheinen bis in die ersten Jahrzehnte des 13. Jahrhunderts ihre Verwandten,[3] die Thiersteiner Grafen, gefolgt zu sein.[4] Konstanzer Vögte sind sicher seit 1100, wahrscheinlich aber schon seit der Mitte des 11. Jahrhunderts bis ins 13. Jahrhundert die angesehenen Grafen

---

in der Gerichtsurkunde von 1149 (Zeitschr. f. d. Gesch. d. Oberrheins XX S. 140 Nr. 1) der Vogt nicht als Stadtrichter, sondern als Richter über die Eigenleute der bischöflichen Kirche.

[1] Nach den Ämterbüchern (27. Jahresbericht der hist. antiq. Gesellsch. S. 28) ist der Viztum der Zivilrichter auch *umb aigne gueter und umb lehen.* Damit ist natürlich nicht gesagt, daß diese Angelegenheiten dem Vogt entzogen seien; das Mittelalter kennt nur eine obere, keine untere sachliche Zuständigkeitsgrenze.

[2] Vogt Werner, Graf von Honberg, wird erwähnt von 1120—84 (Trouillat I, 163, 166, 186; UB. Basel I, 26, 28, 34, 41, 53; MG. Constitutiones I, 280). Daß der von 1098—1102 (UB. Basel I, 12, 13, 14) genannte Rudolf ein Honberger ist, wie Heusler, a. a. O., S. 42 f. annimmt, scheint mir nicht völlig sicher.

[3] Die Honberger sind die ältere Linie der Thiersteiner; vgl. Freivogel, Die Landschaft Basel I (Basel 1893) S. 13.

[4] Anders kann ich mir die Tatsache nicht erklären, daß 1213 ein Graf Rudolf von Thierstein, der im gleichen Jahre die Vogtei von Metzerlen dem Bischof aufläßt (Trouillat I, 302), für die *advocacia Basiliensis* 67 Mark dem Bischof schuldet (UB. Basel I, 83). Der 1202 als *advocatus* erwähnte Hugo Mönch (UB. Basel I, 71) würde danach bloß ein Untervogt des Thiersteiners sein, wofür auch entschieden der Umstand spricht, daß er 1187

von Heiligenberg,[1] und als Vögte von Chur lassen sich um die Mitte des 12. Jahrhunderts Graf Rudolf von Bregenz und nach ihm Graf Rudolf von Pfullendorf nachweisen.[2]

Ebenso wie in Augsburg und Straßburg sind diese Vögte sowohl Großvögte der bischöflichen Kirche wie Stadtvögte. Genau wie in den beiden anderen schwäbischen Bischofsstädten hat auch hier der Bischof die ihm verliehene Gerichtsbarkeit über die Stadt seinem dem Herrenstande angehörigen *advocatus ecclesiae* übertragen. Gewiß haben diese gräflichen Vögte ihre hochgerichtlichen Befugnisse in der Stadt ebenso wie in Augsburg schon im 12. Jahrhundert vielfach durch Stellvertreter ausüben lassen; als solche begegnen uns in Basel der einem Dienstmannengeschlecht entstammende *vicecomes* oder *advocatus* Hugo Mönch um das Jahr 1200[3] und in Konstanz der gleichfalls ministerialische *subadvocatus* Heinrich im Jahre 1192.[4] Aber das ändert nichts

als *vicecomes Basiliensis* aufgeführt wird (UB. Basel III, Nachtr. 12). A. A. Heusler, a. a. O., S. 103, dem aber die letztgenannte Urkunde noch unbekannt war.

[1] Ob der *Heinricus advocatus de s. Monte* in den Cas. Mon. Petersh. IV, 5 (1051—69) (MG. SS. XX p. 661) Vogt von Konstanz gewesen ist, mag dahingestellt bleiben. Sicher als Konstanzer Vögte sind bezeugt: Heinrich, 1100—27 (UB. Allerheiligen b. Schaffhausen 34; MG. SS. XX p. 656; Dümgé 79 p. 129; Thurg. UB. II, 21), Konrad I., 1150—76 (Thurg. UB. II, 30, 51, 53; Neugart II, 873; Zeitschr. f. Gesch. d. Oberrh. XXXI S. 308; Cod. dipl. Salem. I, 8, 9, 12, 13, 15, 20; Reg. ep. Constant. I, 1037), Ulrich, 1179 (Fürstenb. UB. V, 107), Konrad II., 1181—92 (Cod. dipl. Salem. I, 20, 26, 32, 34, 45; Dümgé 106 p. 151; Fürstenb. UB. I, 120; Thurg. UB. II, 64), Berthold, 1213 (Thurg. UB. II, 96). Das Verzeichnis bei Beyerle, Ratslisten, S. 37 ist unvollständig.

[2] UB. Currätien I, 142 (1170): Als bisherige Inhaber der Vogtei werden *comes Rodulfus de Bregenze et postmodum comes Rudolfus de Phullendorf* genannt. Plattner, a. a. O., S. 23 nimmt an, daß schon im 10. Jahrhundert die Churer Vogtei in den Händen der unterrhätischen Grafen, die sich später nach Bregenz nennen, gewesen ist. Graf Rudolf von Bregenz scheint als Vogt der Churer Kirche in drei Urkunden von 1139 zu fungieren (UB. Currätien I, 117, 118, 119).

[3] Vgl. oben S. 48 Anm. 4. Übrigens läßt die Bezeichnung *maior civitatis advocatus* für Werner von Honberg im Jahre 1180 darauf schließen, daß es schon damals einen städtischen Untervogt gab.

[4] Thurg. UB. II, 64. Nicht ganz sicher ist es allerdings, ob dieser *subadvocatus* der städtische Untervogt ist.

daran, daß eigentlicher Stadtvogt der kirchliche Großvogt ist. Für Basel und Konstanz kann darüber gar kein Zweifel bestehen: Die Honberger und die Heiligenberger Grafen werden in den Urkunden ebenso gut als *advocati ecclesiae* oder *episcopi*[1] wie als *advocati civitatis* oder *urbis*[2] angeführt.[3] Für Chur fehlt es zwar an direkten Zeugnissen; aber da neben den Bregenz-Pfullendorfern nirgends von einem besonderen Stadtvogt die Rede ist, haben wir nicht den geringsten Grund daran zu zweifeln, daß auch hier die für alle schwäbischen Bischofsstädte bezeugte Identität von Kirchenvogtei und Stadtvogtei bestanden hat.

Ist aber der Stadtvogt niemand anders als der Großvogt der bischöflichen Kirche, so ergibt sich daraus auch ohne weiteres, daß er trotz seines Königsbanns ein bischöflicher, kein königlicher Beamter, kein Reichsvogt ist. Dazu stimmt es auch durchaus, wenn im Jahre 1170 die *advocatia Curiensis* ausdrücklich als bischöfliches Lehen *(feodum)* vergeben wird,[4] wenn es im Jahre 1213 heißt, daß Graf Rudolf für die Baseler Vogtei dem Bischof 67 Mark schuldet,[5] und wenn noch das Baseler Bischofs- und Dienstmannenrecht unmittelbar vor die Erörterung der Gerichtsbarkeit des Vogtes den Satz stellt: *Ze Basil ist rehtis bischoves. Twinch unde alle gerichte (sint) siu unde der, die si von im hant.*[6] Es kann nur auf einer völligen Unkenntnis der älteren Quellen beruhen, wenn sowohl für Konstanz[7] wie für Chur[8] immer noch

---

[1] In Basel: *advocatus ecclesie* 1125, 1141 (Trouillat I, 166, 186), *advocatus* des Bischofs 1135, 1139, 1141 (UB. Basel I, 26, 28; Trouillat I, 186). — In Konstanz: *advocatus ecclesie* 1169 (Cod. dipl. Salem. I, 12), *advocatus* des Bischofs 1158 (ebenda I, 8). Meist heißt er einfach *advocatus Constantiensis*.

[2] In Basel: *advocatus civitatis* 1180, 1185—90 (MG. Constitutiones I, 280; UB. Basel I, 55). — In Konstanz: *advocatus civitatis* 1127, 1150, 1175, 1176 (Thurg. UB. II, 21, 30, 51, 53; Reg. ep. Constant. I, 1037), *advocatus urbis* 1176 (Reg. ep. Constant. I, 1037).

[3] Die unrichtigen Behauptungen Gotheins, a. a. O., S. 81 hat schon Beyerle, Verfassungsgeschichte, S. 87 berichtigt.

[4] UB. Currätien I, 142.

[5] UB. Basel I, 83.

[6] Bischofs- und Dienstmannenrecht § 1.

[7] Vgl. Marmor, a. a. O., S. 158.

[8] Vgl. v. Moor, a. a. O., S. 328; v. Planta, Das alte Rätien, S. 432; v. Planta, Cur, S. 22 ff.; Kind, Vogtei, S. 98 ff.

die Behauptung aufgestellt wird, die dortige Vogtei sei von Anfang an eine Reichsvogtei gewesen. Und ebenso befinden sich FETZ und BEYERLE[2] auf unrichtiger Fährte, wenn sie für Chur und Konstanz zwischen einer das gesamte Immunitätsgebiet umfassenden bischöflichen Vogtei und einer städtischen Reichsvogtei unterscheiden wollen, die wenigstens in Konstanz tatsächlich in einer Hand gewesen seien. Die gleichzeitigen Quellen liefern für diese Unterscheidung keinen Anhaltspunkt. Hätten diese Forscher einen Blick auf die Verfassungsverhältnisse der übrigen schwäbischen und — wie ich gleich hinzufügen will — der übrigen deutschen Bischofsstädte geworfen, so hätten sie nie in diesen Irrtum verfallen können.

Was diesen Irrtum tatsächlich hervorgerufen hat, ist zweierlei. Einmal hat man sich das lückenhafte Bild, das die Konstanzer und Churer Verfassungsverhältnisse boten, durch Analogieschlüsse aus der Züricher Verfassung ergänzt, ohne sich den fundamentalen Unterschied zwischen der königlichen Pfalzstadt und den beiden bischöflichen Städten zu vergegenwärtigen.[3] Ferner hat man aber den späteren Zustand in eine zu frühe Zeit zurückübertragen. Das ist nämlich richtig, daß im Laufe der Zeit die Vogteien in allen drei Städten, ebenso wie in Augsburg, an das Reich gelangt sind. Am frühesten hat diese Änderung in Chur stattgefunden, und hier können wir sie auch im einzelnen verfolgen. Nach dem Tode Rudolfs von Pfullendorf verlieh Bischof Egino dem Sohne Friedrichs I., Herzog Friedrich von Schwaben, *feodum advocatie Curiensis cum ipsa advocatia.*[4] Nach Friedrichs Tod haben dann, wie die Urkunden Ottos IV.[5] und Friedrichs II.[6] beweisen, Heinrich VI., Philipp von Schwaben, Otto IV. und Friedrich II. dieselbe Vogtei besessen, und zwar

[1] FETZ, a. a. O., III S. 423 ff., 430 ff. Was dort auf S. 423 von einer Reichsvogtei über die Provinz Rhätien berichtet wird, ist reine Phantasie.

[2] BEYERLE, Verfassungsgeschichte, S. 36.

[3] Dieser Fehler tritt z. B. bei BEYERLE, a. a. O., S. 37 hervor.

[4] UB. Currätien I, 142.

[5] Ebenda I, 173 (1209).

[6] Ebenda I, 179 (1213) (vgl. die Verbesserungen S. VII). Die Urkunde nennt — wohl infolge einer Verwechslung — auch Friedrich Barbarossa unter den früheren Inhabern der Churer Vogtei.

immer auf Grund bischöflicher Verleihung.[1] Natürlich haben die schwäbischen Herzöge und deutschen Könige ihre Vogteirechte nicht selbst ausgeübt, und so kann es uns nicht Wunder nehmen, daß wir seit etwa 1170 einfache in Kurrätien angesessene freie Herren als Churer Vögte finden.[2] Es sind in der ersten Zeit bloße Stellvertreter des Königs, in späterer Zeit, vor allem während des Interregnums, sicherlich vom Bischof eingesetzte Vögte, die wieder ihre Stellvertreter oder Untervögte amtieren lassen.[3]

Unmittelbar nach dem Regierungsantritt Rudolfs von Habsburg ändert sich dieser Zustand. Noch Ende Mai 1274 finden wir den Vogt Arnold tätig;[4] bereits sechs Wochen später ist er aus dem Amt geschieden, und an seine Stelle ist der Ritter Diethelm Meier von Windeck getreten, der sich selbst als *vicarius incliti regis Romanorum Rodulfi in advocatia Curiensi* bezeichnet.[5] Wir sehen also, daß König Rudolf genau ebenso wie in Augsburg und mit dem gleichen glücklichen Erfolge die Churer Vogtei ans Reich gezogen hat. Seitdem hat man die Churer Vogtei einfach als Reichsgut angesehen; daß sie ursprünglich ein bischöfliches Lehen gewesen ist, scheint vergessen worden zu sein. Sonst wäre es nicht erklärlich, daß Rudolf in seinen späteren Regierungsjahren die Vogtei ohne jeden Widerspruch an

---

[1] Ebenda I, 178: *cum reciperem a venerabili .... episcopo .... vacantem Curiensem advocatiam*; ebenda I, 179: *cum reciperemus ab eodem* (Bischof Arnold) *pheuda et Curiensem advocatiam, que et quam progenitores nostri* (Friedrich I., Heinrich VI.) *ab eadem ecclesia obtinuerant.*

[2] Aus den Urkunden sind mir bekannt: Heinrich von Matsch, ca. 1170 (UB. Currätien I, 144), Egino von Matsch, ca. 1170—91 (Hidber, Urk. 52; UB. Currätien I, 151, 160), Goswin von Ems, 1210 (UB. St. Gallen III, 840), Hartwig von Matsch, 1239—58 (UB. Currätien I, 216, 219, III, 8), Walther von Vaz, 1260—68 (UB. Currätien I, 237, 253), Arnold, 1270—74 (UB. Currätien I, 256, 258, 274). Bei dem letzteren ist es möglich, daß er ein bloßer Untervogt war. Vgl. auch Kind, Vogtei, S. 99 ff.

[3] Zuerst Dedalrich von Feldkirch, *qui vice advocati fungebatur*, 1220 (UB. Currätien I, 189), ferner Siegfried, 1258—65 (ebenda I, 232, 233, 237, 250).

[4] UB. Currätien I, 274. Im Jahre 1282 erscheint er wieder als *Arnoldus quondam advocatus* (ebenda II, 11).

[5] UB. Currätien I, 275.

die Herren von Vaz verpfänden konnte.[1] Vor allem aber ist bezeichnend, daß, als im Jahre 1299 Bischof Siegfried von Chur die Vogtei durch Zahlung der Pfandsumme von 300 Mark einlöste, in der darüber berichtenden Urkunde König Albrechts[2] nicht mit einem Worte des alten Lehnsverhältnisses gedacht, sondern einfach statuiert wurde, die Vogtei solle im Pfandbesitze der Bischöfe bis zur Wiedereinlösung durch die deutschen Könige bleiben.[3] So ist denn der merkwürdige Zustand geschaffen, daß seit 1299 die alte bischöfliche Vogtei wieder in den Händen der Bischöfe ist, aber nicht als heimgefallenes Lehen, sondern als verpfändetes Reichsgut. Nicht nur in den Königsurkunden,[4] sondern auch in den Quellen bischöflichen Ursprungs[5] wird die Churer Vogtei von nun an als Reichsvogtei angesehen; der Bischof hat es absolut nicht hindern können, daß im Jahre 1489 die Stadt Chur mit Ermächtigung des Kaisers die Vogtei vom Bischof einlöste.[6]

Haben wir schon in der Geschichte der Augsburger und nunmehr auch in der der Churer Vogtei beobachten können, wie die Verwandlung dieser Vogteien in wirkliche Reichsvogteien erst durch die erfolgreichen Usurpationen König Rudolfs vollzogen

---

[1] UB. Currätien II, 92. Die Verpfändung dürfte nach 1282 erfolgt sein, da in diesem Jahre noch Kuno von Reichenstein als Vogt erscheint (ebenda II, 11). Johann von Vaz begegnet 1297 als *vogt zu Chur an des Künigs statt* (Kind, Urkunden 2 S. 5).

[2] UB. Currätien II, 92. Im Jahre 1302 sind weitere 100, im Jahre 1349 weitere 300 Mark auf die Pfandsumme geschlagen worden (UB. Currätien II, 104, III, 38).

[3] *Quam quidem advocaciam memoratus episcopus suique successores et ecclesia Curiensis tenebunt et pacifice possidebunt, donec ei aut alicui successorum suorum vel ecclesie Curiensis a nobis aut succedentibus in imperio dicte 300 marce integre fuerint persolute, quibus traditis et solutis ipsa advocacia ad nos aut ad successores imperii libere revertetur.*

[4] In den Königsurkunden heißt sie durchweg „Des Reichs Vogtei zu Chur" (UB. Currätien III, 38, 40; Kind, Urkunden 6 S. 15).

[5] In den Ämterbüchern des Bistums (27. Jahresber. d. hist. antiq. Gesellsch.) S. 26 heißt es: *Die vogt in der statt ze Chur hat ain byschoff von ainem kaiser, als die brief wol wisent, so darumb ligent in der Sacristi.*

[6] Vgl. die Urkunden bei Kind, Urkunden 6, 7, 8, 9, 10, 11, 14, 15 (1464—92). Über die langwierigen Kämpfe um die Vogtei handeln ausführlich v. Planta, Chur, S. 52 ff.; Kind, Vogtei, S. 116 ff.

worden ist, so wird es uns nicht überraschen, wenn wir genau die gleiche Wahrnehmung[1] für Basel machen. Nachdem die Baseler Vogtei den gräflichen Inhabern verloren gegangen ist, können wir etwa ein halbes Jahrhundert lang Angehörige des Baseler Stadtadels als Inhaber der offenbar vom Bischof besetzten Vogtei nachweisen.[2] Sofort mit König Rudolfs Regierungsantritt ändert sich das Bild. Während noch im Jahre 1273 Hugo Mönch als Vogt fungiert, tritt mit einem Male im Januar 1275 ein königlicher Dienstmann, der Burggraf von Rheinfelden Hartmann von Baldegg, als Baseler Vogt auf.[3] Die Vogtei ist königlich geworden. Worauf der König seine Ansprüche auf die Vogtei gegründet hat, wie er sie hat durchsetzen können, das alles wissen wir nicht. Tatsache ist, daß seit dieser Zeit die Baseler Vögte, die sich übrigens seit 1275 immer mehr durch Untervögte vertreten lassen,[4] ihr Amt vom König erhalten und als des Reiches Vögte bezeichnet werden,[5] bis endlich nach dem Tod des letzten königlichen Vogtes, Herzog Leopolds, und seines Stellvertreters, Lütolds von Bärenfels, bei Sempach König Wenzel die Vogtei dem Rate von Basel als Pfandlehen gegen ein Darlehen von 1000 Gulden übertragen hat. Sie ist wie so vieles Reichsgut nicht wieder eingelöst worden,

---

[1] Es wäre interessant festzustellen, ob auch anderwärts Rudolf in dieser skrupellosen Weise bei der Revindikation von Reichsgut vorgegangen ist.

[2] Chrafto, 1225 (vgl. Heusler, a. a. O., S. 103 Anm. 2); Albert von Straßburg, 1236 (UB. Basel I, 136); Peter Schaler, 1238—41 (UB. Basel I, 148, 157); Rudolf, 1242 (UB. Basel I, 165); Peter Schaler, 1244—53 (UB. Basel I, 173, 199, 221, 226, 251, 260, III, Nachtr. 29, 34); Rudolf Reich, 1255, April (UB. Basel I, 283); Hugo Mönch, 1255, Okt. — 1260 (Trouillat I, 441; UB. Basel I, 329, 337, 343, 350, 351, 359, 371, 375, 386, III, Nachtr. 40, 55); Gottfried von Eptingen, 1262 (UB. Basel I, 409, 412); Hugo Mönch, 1263—65 (UB. Basel I, 420, 438, 459, 461); Burchard Viztum, 1268—69, Febr. (UB. Basel II, 12, 17, 19); Hugo Mönch, 1269—73 (UB. Basel II, 24, 27, 28, 98; Trouillat II, 180). Alle Genannten gehören zu den *milites*.

[3] UB. Basel II, 153; vgl. auch ebenda II, 253, 272, 273, 462 usw. Vgl. Heusler, a. a. O., S. 157.

[4] Zuerst Gottfried von Eptingen *presidens iudicio loco advocati* 1275 (UB. Basel II, 159), dann der Bürger Peter Gabler, der zuerst 1284 als *viceadvocatus* erscheint (UB. Basel II, 434).

[5] Die Belegstellen bei Heusler, a. a. O., S. 199 f.

sondern bis zu ihrer 1672 erfolgten Aufhebung der Stadt verblieben.[1]

Dagegen ist die Umwandlung der Konstanzer Vogtei in eine Reichsvogtei nicht auf das Konto Rudolfs von Habsburg zu schreiben, sondern reicht in eine frühere Zeit zurück. Seitdem 1213 zum letzten Male ein Heiligenberger Graf als Konstanzer Vogt aufgetreten ist, hören wir 36 Jahre von der Vogtei nicht das Geringste. Ein Diplom Wilhelms von Holland von 1249[2] bringt plötzlich eine überraschende Kunde: Der König verspricht *advocaciam Constanciensis civitatis nostre* niemals *a nobis vel imperio* zu veräußern, sei es durch Schenkung, Verkauf, Verlehnung oder Verpfändung. Welche einzelnen Vorgänge sich in der Zwischenzeit abgespielt haben, wissen wir nicht. Sicher ist nur, daß die Konstanzer Vogtei seit dieser Zeit eine Reichsvogtei ist,[3] und daß die Konstanzer Ritter- und Bürgerfamilien entnommenen Konstanzer Vögte, die wir seitdem in den Urkunden nachweisen können,[4] Reichsbeamte sind[5] und von den königlichen Landvögten in Oberschwaben mit ihrem Amte belehnt werden.[6] Im Jahre 1375 ist es der Stadt gelungen, die Vogtei durch Pfandschaft für sich zu erwerben.[7]

Noch eine andere Wandlung innerhalb der Vogtei können wir um die Wende des 12. und 13. Jahrhunderts beobachten. Während ursprünglich in allen drei oberrheinischen Bischofs-

---

[1] Vgl. Heusler, a. a. O., S. 281 f., 206. Die Beleihungsurkunde von 1386 jetzt in UB. Basel V, 74.

[2] Hugo, Mediatisierung, Urk. 11 S. 224. Bestätigt 1254 (Winkelmann, Acta imp. I, 554; Ruppert, Chroniken der Stadt Konstanz, S. 300).

[3] Vgl. z. B. die Urkunde des Burggrafen von Nürnberg von 1371 (Ruppert, a. a. O., S. 319 f.): *ainen rychsvogten, den das rych und ain römischer künig und kaiser da hat.*

[4] Die Liste der Vögte bei Beyerle, Ratslisten, S. 244 ff.

[5] Ritter Albrecht von Klingenberg nennt sich z. B. 1294 *richsvogt zu Constanz* (Ruppert, a. a. O., S. 270).

[6] So belehnt 1384 Herzog Leopold von Österreich als Landvogt von Oberschwaben Konrad Mangolt mit der Vogtei (vgl. Ruppert, a. a. O., S. 301; Gengler, Cod. iur. munic. I S. 643).

[7] Über die späteren Schicksale der Konstanzer Vogtei vgl. die Regesten bei Ruppert, a. a. O., S. 301; Gengler, a. a. O., I S. 642 f., 648; ferner Lender, a. a. O., S. 31 f.; Marmor, a. a. O., S. 159 f.

städten die Stadtvogtei, die *advocatia civitatis*, nur ein Bestandteil der kirchlichen Großvogtei, der *advocatia maior ecclesiae* überhaupt, war, hat sich seit 1200 der Wirkungskreis der Vögte immer mehr auf die Stadt beschränkt. Die alte Schutz- und Vertretungsbedürftigkeit der Bischöfe in weltlichen Angelegenheiten, die einst das Institut der Vögte ins Leben gerufen hatte, hat längst aufgehört. Die Bischöfe betrachten im Gegenteil die Kirchenvögte hier wie anderwärts in Deutschland als eine Last, deren sie sich je eher je besser zu entledigen versuchen. Auf dem Lande, wo sich die gerichtliche Tätigkeit des Vogtes auf ein Gebiet beschränkt, auf dem ihm der Bischof wohl meist auch als Grundherr entgegentritt, ist es dem letzeren fast durchweg gelungen, die Vogtei zu beseitigen und so die Grundlage zu einer bischöflichen Territorialherrschaft zu legen. Anders in den Städten, wo die bischöfliche Gewalt in den Sonderbestrebungen der Bürgerschaft ein nicht zu unterschätzendes Gegengewicht fand; hier hat sich die Vogtei behauptet. So ist es zu erklären, daß, während die übrigen Teile der Kirchenvogtei von Basel und Konstanz verloren gegangen sind und deshalb im 13. Jahrhundert von einer *advocatia ecclesiae* für beide nicht mehr die Rede ist, doch die *advocatia civitatis*, die Blutsgerichtsbarkeit in der Stadt, als letzter Bestandteil der alten Vogteigewalt zurückgeblieben ist.[1] Die Vögte von Konstanz und Basel im 13. Jahrhundert sind einfache Stadtvögte; von Befugnissen, die sie außerhalb der Stadt ausüben, erfahren wir nicht das geringste. Anders liegen die Verhältnisse in Chur, wo noch 1239 Hartwig von Matsch als *advocatus Curiensis ecclesie* bezeichnet wird,[2] und wo sogar noch König Albrecht im Jahre 1302 die an den Bischof verpfändete Vogtei *advocatia ipsius ecclesie Curiensis* nennt.[3] Gewiß ist auch hier im Laufe der Zeit der räumliche Wirkungskreis des Vogtes eingeschränkt worden, aber immer haben zu dem Gerichtsbezirk

[1] Die Urkunden Wilhelms von Holland für Konstanz von 1249 und 1254 (vgl. S. 55 Anm. 2) sprechen z. B. nur von einer *advocacia Constanciensis civitatis*.

[2] UB. Currätien I, 216.

[3] UB. Currätien II, 104.

des Vogtes von Chur mehrere in der Nachbarschaft gelegene Dörfer gehört,[1] so dass die Churer Vogtei wenigstens während des Mittelalters nie eine reine Stadtvogtei im engeren Sinne gewesen ist.

Nachdem wir im vorhergehenden die hochgerichtlichen Verhältnisse in den drei oberrheinischen Bischofsstädten dargestellt haben, scheint es, als könnten wir jetzt, da den drei Orten das Burggrafenamt fehlt, von ihnen Abschied nehmen. Das ist nun tatsächlich nicht der Fall. Wenn auch nie von einem Burggrafen von Basel, Konstanz oder Chur die Rede ist, so findet sich doch in einer dieser Städte ein Beamter, der zwar einen anderen Namen trägt, aber eine gewisse Ähnlichkeit mit einem Burggrafen aufweist. Es ist der Proveid von Chur,[2] der seit dem Ende des 13. Jahrhunderts in den Churer Urkunden nachweisbar ist.[3] Sein lateinischer Name ist *provida*, dem der gewöhnliche deutsche Name *Proveid*[5] nachgebildet ist; eine Verstümmelung dieses deutschen Namens ist das im 15. Jahrhundert mehrfach, sogar in Königsurkunden, bezeugte Wort „Prophet".[6] In der Neuzeit endlich tritt auch die Bezeichnung „Präfekt" auf.[7] So verlockend es auf den ersten Blick scheint, möchte ich aus dem letztgenannten Titel, der ja auch der gewöhnliche Titel des Burggrafen ist, keine Schlüsse ziehen, da diese Bezeichnung offenbar ganz jungen Ursprungs und wohl bloß durch ein Mißverständnis des Wortes „Proveid" entstanden ist.

---

[1] Vgl. PLANTA, a. a. O., S. 24. Welche Dörfer zur Churer Vogtei gehört haben, wird in den Quellen verschieden angegeben. Die Vogturkunde von 1368—76 nennt Maladers, Malix, Sayes mit Trimmis und Zizers (UB. Currätien III, 138 S. 210), die Urkunde Friedrichs III. von 1489 nennt Vaz, Igis, Trimmis und Zizers (KIND, Urkunden 11). Auch die Bündnisurkunden von 1440 und 1455 sprechen von den letzterwähnten vier Dörfern (JECKLIN, Urk. 24).

[2] Vgl. über ihn v. PLANTA, Chur, S. 35 ff.

[3] Zunächst UB. Currätien II, 10 (1282), 16 (1283). Seltsamerweise scheint nach der erstgenannten Urkunden der *Riverius provida* zu den Domherrn zu gehören.

[4] UB. Currätien II, 10, 16, 76 S. 114.

[5] UB. Currätien III, 138 S. 209, 214, 215, IV, 253; Ämterbücher, S. 28.

[6] UB. Currätien III, 80; KIND, Urkunden 11; v. PLANTA, Chur, S. 36 Anm. 2.

[7] Vgl. v. PLANTA, Chur, S. 36.

Fehlt es demnach auch an einem sprachlichen Anhaltspunkte, den Churer Proveid mit den deutschen Burggrafen in Parallele zu setzen, so ist doch unverkennbar eine gewisse Ähnlichkeit in den Kompetenzen. Zwar die älteste Quelle, das Einkünfteregister aus dem Ende des 13. Jahrhunderts, redet bloß von den Einkünften des Proveiden,[1] dagegen bringt schon die alte Stadtordnung recht Interessantes über die Kompetenzen,[2] und die Ämterbücher bestätigen und ergänzen diese Nachrichten.[3] Der Proveid hat zusammen mit den Eidschwörern die Aufsicht über „Wege, Gassen, Straßen, Weide", er hat vor allem dafür zu sorgen, daß die Straßen nicht überbaut und abgesperrt werden, er richtet in Baustreitigkeiten.[4] Mit anderen Worten, er übt eine Aufsicht über das Straßenwesen aus, die eine unverkennbare Ähnlichkeit mit der Tätigkeit des Straßburger Burggrafen hat. Damit aber noch nicht genug; die Ämterbücher enthalten Bestimmungen, die zweifellos auf enge Beziehungen des Proveiden zur alten Burg Chur hinweisen. Er soll *teckan den turn der vesti ze Chur. Item er sol och die stegan zu demselben turn machen und behehen wenn dz nodurftig ist. Item wenn man das vach ze Chur schlecht, so sol er 30 stekan schlachen in siner kost. Item zu allen schaltjaren sol er geben in die vesti ze chur 32 fueder kalch.* Zeigen diese Sätze nicht deutlich, daß als eine seiner Hauptaufgaben die Instandhaltung der *vesti ze Chur* erscheint? Diese Veste zu Chur[5] oder, wie sie in Urkunden des 12. und 13. Jahrhunderts heißt, das *castrum* Chur[6] ist aber nichts anderes als die alte Burg, die alte *civitas* Chur, die uns in Merowinger- und Karolingerzeit

---

[1] UB. Currätien II, 76 S. 114 (1290—98).

[2] UB. Currätien III, 138 S. 209, 214, 215 (1368—76).

[3] Ämterbücher, S. 28 f.

[4] Als Richter in Bausachen finde ich den Proveid mit den Eidschwörern auch in den Urkunden UB. Currätien III, 80 (1359), IV, 253 (1400). Die erste betrifft den Bau der Chorherrenmühle, die zweite einen Streit um eine Mauer und Dachtraufe zwischen den Besitzern zweier benachbarter Häuser.

[5] UB. Currätien II, 85 (1299): *veste ze Kur.*

[6] UB. Currätien II, 78 (1266), 10 (1282), 53 (1291); MG. Necrologia I p. 640 (12. Jahrh.).

bezeugt ist[1] und die auch im 10. und 11. Jahrhundert als Gegenstand königlicher Schenkung an den Bischof erwähnt wird.[2]

So sehr aber auch alle diese Befugnisse des Proveiden an die Tätigkeit des Straßburger Burggrafen erinnern, so dürfen wir doch nie vergessen, daß er einen durchaus anderen Amtsnamen trägt, und vor allem, daß er erst am Ende des 13. Jahrhunderts in den Urkunden nachzuweisen ist. Gewiss ist es möglich, daß das Amt viel weiter zurückreicht und das Fehlen früherer Erwähnungen aus der Dürftigkeit der rhätischen Quellen zu erklären ist. Jedenfalls reichen unsere Quellennachrichten nicht aus, um eine Gleichsetzung des Proveiden- mit dem Burggrafenamte rechtfertigen zu können; wir müssen uns mit dem Hinweis auf die bisher nie bemerkte unverkennbare Ähnlichkeit begnügen.

---

§ 5.

Ergebnisse.

Die vorausgehenden Untersuchungen haben uns gezeigt, daß die hohe Gerichtsbarkeit in den fünf schwäbischen Bischofsstädten im ganzen genau dasselbe Bild bietet. In allen fünf ist es nicht der Burggraf, sondern der Vogt, den wir im Besitz des Königsbannes und der hohen Gerichtsbarkeit finden. Überall ist diese Stadtvogtei ursprünglich nichts anderes als ein Teil der allgemeinen Kirchenvogtei, so daß immer dieselbe Person *advocatus ecclesiae* und *advocatus civitatis* ist. Überall liegt diese Vogtei noch im 12. Jahrhundert in den Händen eines in der Nachbarschaft angesessenen Herrengeschlechtes. Überall ist dieser Vogt bischöflicher Lehnsmann. Kurz, wenn wir die Rechtsverhältnisse der Vogtei ansehen, so finden wir im allgemeinen eine völlige Übereinstimmung und eigentlich nur insofern eine Verschiedenheit, als der Straßburger und vielleicht auch der Konstanzer Vogt

---

[1] Vgl. Rietschel, Die Civitas auf deutschem Boden (Leipzig 1894) S. 44. Vgl. auch unten S. 68.

[2] MG. DD. I, Otto I. 191 (958), II, Otto III. 48 (988), III, Heinrich II. 114 (1006); UB. Currätien I, 83 (1036), 88 (1040), 95 (1061). Vgl. darüber unten S. 68.

sich auf die wirkliche hohe Jurisdiktion beschränken, während die Vögte der anderen Städte auch die mittlere Kriminalgerichtsbarkeit ausüben, über Diebstahl und Frevel richten. Daß in der Folgezeit Verschiedenheiten sich geltend machen, daß vier dieser Vogteien an das Reich gelangen und nur die fünfte, die Straßburger, sich in den Händen einfacher Herren- und Grafengeschlechter erhält, daß vier dieser Vogteien zu reinen Stadtvogteien werden, während die Churer Vogtei noch länger Spuren der allgemeinen *advocatia ecclesiae* aufweist, daß Untervögte hier früher, dort später auftauchen, das alles sind Verschiedenheiten, die in dem verschiedenartigen Gang der Entwickelung in den einzelnen Städten ihre Erklärung finden, aber unsere Überzeugung von der — abgesehen von der mittleren Strafgerichtsbarkeit — ursprünglich vorhandenen Gleichartigkeit der Vogtei in den fünf Städten nicht zu erschüttern vermögen.

Eine andere Frage ist es allerdings, ob diese einheitlichen Verfassungszustände auch in allen fünf Städten auf einen einheitlichen Ursprung zurückweisen. Nur für Straßburg haben uns die Urkunden volle Aufklärung gebracht. Das Diplom Ottos II. von 982 lehrte uns, daß diese städtische Gerichtsbarkeit nicht etwa bloß in der dem gesamten bischöflichen Grundbesitz verliehenen Immunität ihren Grund hatte, daß vielmehr die Stadt durchaus nicht bloß bischöfliches Eigentum war, und daß die hohe Gerichtsbarkeit in ihr durch besondere königliche Verleihung dem Bischof und seinem Stellvertreter, dem *advocatus*, übertragen worden ist. Für Augsburg, Basel und Konstanz sind leider die älteren Urkunden der Domkirche verloren gegangen, und wir sind deshalb darauf angewiesen, aus späteren Quellen Rückschlüsse zu machen, die naturgemäß zu einem völlig gesicherten Resultat nicht führen können. Immerhin dürfen wir, glaube ich, für Konstanz einen ähnlichen Gang der Entwickelung annehmen, nachdem Beyerle[1] den Nachweis geführt hat, daß neben bischöflichem Grund und Boden zahlreiches freies Eigen in der Stadt gelegen war, und der Gedanke, die Stadt sei

[1] Beyerle, Grundeigentumsverhältnisse und Bürgerrecht im mittelalterlichen Konstanz I (Heidelberg 1900) S. 5 ff.

ursprünglich nichts anderes als ein bischöflicher Fronhof gewesen, unbedingt zurückzuweisen ist. Aber auch für Basel und Augsburg möchte ich Ähnliches annehmen. Eine gewisse Schwierigkeit macht ja der Hausstättenzins, der in beiden Städten zu gewissen Zeiten im Jahre, in Basel zu Martini, in Augsburg zu Michaelis, von allen Hausstätten in der Stadt erhoben wurde,[1] und den man gewöhnlich als einen Beweis dafür ansieht, daß der Bischof Grundherr der ganzen Stadt war. Aber der früher durchaus geläufige Gedanke, daß ursprünglich diese Städte nichts anderes als große bischöfliche Fronhöfe waren und erst allmählich zur Freiheit emporgestiegen sind, scheint mir doch unannehmbar; vor allem würde die gleichmäßige Verteilung dieses Zinses auf die einzelnen verschieden großen Hausstätten, wie wir sie in Basel nachweisen können, bei dieser Annahme ebenso unerklärlich bleiben, wie der Umstand, daß in Augsburg der Zins in seiner Gesamtsumme fixiert ist. Andererseits aber geht es doch wohl nicht an, bei diesen alten, in römische Zeit zurückreichenden Städten an völlige Neugründungen auf kirchlichem Boden nach Art der späteren Marktansiedelungen zu denken. Ich halte auch heute noch entschieden an meiner früheren Ansicht fest, daß diese Martins- und Michaeliszinse keine eigentlichen Leihezinse, sondern eine auf alle Hausstellen gelegte Grundsteuer sind, die möglicherweise eine Ablösung alter öffentlichrechtlicher persönlicher Fronden, wie sie ja im Straßburger Bischofsrecht vorkommen, darstellt.

Anders steht es mit der urkundlichen Überlieferung von Chur, die gerade für die ältere Geschichte der bischöflichen Kirche ziemlich reichlich fließt. Trotzdem vermögen wir leider keine völlige klare Auskunft darüber zu erlangen, auf Grund welches Rechtstitels der bischöfliche Vogt von Chur die hohe Jurisdiktion in der Stadt erlangt hat. Die Immunitätsurkunde für das Bistum ist uns wenigstens in der Bestätigung Ottos III. erhalten,[2] und in ihr auch das *placitum advocati* erwähnt, aber

---

[1] Über den Martinszins in Basel und den Michaliszins in Augsburg vgl. Rietschel, Markt und Stadt, S. 134 f.; Meerwein, Die gerichtliche Fertigung im Basler Stadtrecht (Basel 1903) S. 3 ff.

[2] MG. DD. II, Otto III. 48 (988).

kein Wort deutet an, daß etwa die Ortschaft Chur auch zu diesem immunen Gebiete gehörte. Die Urkunden der deutschen Könige des 10. und 11. Jahrhunderts über die Schenkung der *civitas* Chur (ursprünglich bloß der halben *civitas*)[1] betreffen bloß die Burg, nicht den damaligen *locus* oder *vicus*, die spätere Stadt Chur, und auch die Schenkung des Königshofes in *vico Curia* mit allen seinen Einkünften durch Otto I. an das Bistum[2] läßt ungewiß, ob etwa auch die hohe Gerichtsbarkeit im ganzen Ort mit vergeben wurde. Am ehesten scheint uns noch Aufschluß das im Original erhaltene Diplom Ottos I. von 951[3] zu geben, das der Domkirche *omnem fiscum de ipso Curiense comitatu . . . cum districtione iusta* verleiht. Man könnte glauben, daß zugleich mit den Einkünften der Grafschaft das oberrhätische Grafenamt selbst und mit ihm die hohe Gerichtsbarkeit in der Stadt Chur an das Hochstift gelangt ist. Dagegen aber spricht entschieden, daß noch im Jahre 960 König Otto I. von seinem *comes noster ipsius loci Adalbertus* spricht,[4] daß diese Grafschaft Oberrhätien noch später in den Urkunden in den Händen Adalberts und seiner Nachfolger erscheint,[5] ja daß sie sich noch bis Ende des Mittelalters völlig unabhängig von der Vogtei zu Chur und, wie es scheint, ohne jede Beziehung zum Bistum als freie Grafschaft Lags erhalten hat.[6] Und so

---

[1] Vgl. unten S. 68.

[2] MG. DD. I, Otto I. 209 (960). Bestätigt ebenda II, Otto II. 124 (976).

[3] MG. DD. I, Otto I. 139 (951).

[4] MG. DD. I, Otto I. 209 (960).

[5] Vgl. MG. DD. I, Otto I. 276 (965): *in comitatu Adelberti Retia vocata*; ebenda 285 (965): *in pago Curiorum in comitatu Adelberti comitis*; ebenda II, Otto II. 131 (976): *in pago Rhaetia in comitatu Adalberti comitis.*

[6] Über die unzweifelhaft den letzten Überrest der alten Grafschaft Oberrhätien darstellende Grafschaft Lags vgl. Mohr im UB. Curràtien II S. 181; Anzeiger für schweiz. Gesch. und Altertumskunde 1862 S. 41 ff.; v. Juvalt, Forschungen über die Feudalzeit im kurischen Rätien (Zürich 1871) S. 99 ff.; v. Planta, Die kurrätischen Herrschaften in der Feudalzeit (Bern 1881) S. 447 ff.; v. Wyss, Abhandlungen zur Geschichte des schweizerischen öffentlichen Rechts (Zürich 1892) S. 224 ff.; Maag, Das habsburgische Urbar I (Basel 1894) S. 522 ff. Anm. 1; Tuor, Die Freien von Laax (Chur 1903). Die älteste und beste Quelle über diese Grafschaft Lags ist das habsburgische Urbar I Nr. 66 S. 522 ff. Von den beiden Gerichtsstätten der Grafschaft

sind wir trotz der scheinbaren Reichhaltigkeit der älteren Quellen nicht in der Lage, über den Ursprung der vogteilichen Gerichtsbarkeit in Chur Sicheres berichten zu können, da uns die historische Überlieferung gerade hinsichtlich des wichtigsten Punktes im Stich läßt.

Während hinsichtlich der hohen Gerichtsbarkeit Übereinstimmung zwischen den fünf Städten herrscht, fehlt diese Übereinstimmung, wenn wir das Burggrafenamt ins Auge fassen. Sehen wir von dem schwerlich als Burggrafen zu bezeichnenden Proveid in Chur ab, so können wir von zwei Bischofsstädten, Basel und Konstanz, mit voller Bestimmtheit sagen, daß das Amt des Burggrafen ihnen fehlt. Nur in Straßburg und Augsburg ist es bekannt, und zwar sind die Straßburger und Augsburger Burggrafen die einzigen älteren alemannisch-schwäbischen Burggrafen. Die Frage tritt an uns heran: wie ist es zu erklären, daß nur an diesen beiden Orten ein Burggrafenamt zur Entwickelung gekommen ist? Es fällt schwer, auf eine derartige Frage eine bestimmte Antwort zu geben; wer wollte alle die verschiedenen Zufälligkeiten ergründen, die hier ein Amt hervorbringen, dort es nicht zur Entwickelung gelangen lassen oder ersticken. Immerhin wird man eine Vermutung wohl wagen dürfen. Überblickt man nämlich das schwäbische Gebiet, so wird man wohl sagen dürfen, daß in ihm Straßburg und Augsburg während der Ottonen- und beginnenden Salierzeit die einzigen wirklichen ummauerten Städte gewesen sind.

Nur wenige der Munizipien und Kastelle, die in römischer Zeit das spätere Alemannengebiet bedeckten, haben die Stürme der Völkerwanderung überdauert. Die meisten sind spurlos verschwunden, ohne auch nur ihren Namen irgend einem deutschen Dorfe zu vererben; von anderen, wie *Campodunum* (Kempten), *Brocomagus* (Brumat), *Tabernae* (Zabern), *Vindonissa* (Windisch),

lag eine auch später noch in Chur unter dem zerbrochenen Turm Spininöl; vgl. Habsb. Urbar I S. 526; UB. Currätien II, 253, 257 (1338). Über eine Gerichtssitzung, die Graf Johann von Werdenberg, offenbar als Inhaber der Grafschaft Lags, 1379 *ze Cur in der statt vor sant Martins kilchen an ofner riches strasse* abhielt, vgl. UB. Currätien IV, 10, 11.

[1] Vgl. Rietschel, Civitas, S. 44 ff.

lebt der Name wohl fort, aber nichts deutet darauf, daß die alten Befestigungen weitere Benutzung fanden. Andere allerdings finden sich als *castra* oder *castella*, also als ummauerte Orte, in der fränkischen Zeit wieder. Zweifelhaft ist die Fortdauer der römischen Befestigung in Augst, das in karolingischer Zeit nur einmal als *civitas*, dagegen zweimal als *villa* erwähnt wird.[1] Dagegen können wir wohl das *Bregantia castrum* (Bregenz) und das *Arbonense castrum* (Arbon)[3] der St. Gallener Geschichtsquellen, das *castellum Guntionis* (Günzburg)[4] der St. Emmeramer Annalen und das *castrum Solodurum* (Solothurn) des 10. und beginnenden 11. Jahrhunderts unbedenklich mit dem alten Munizipalort *Brigantium* und mit den alten Römerkastellen *Guntia*, *Arbor Felix* und *Salodurum* identifizieren. Aber wenn auch die nachmaligen Städte[6] Bregenz,[7] Günzburg,[8] Arbon[9] und Solothurn[10] sich auf den römischen Fundamenten aufbauen, an eine wirkliche Kontinuität zwischen dem römischen *castrum* und der späteren um-

[1] Vgl. die Belegstellen bei Rietschel, Civitas, S. 35 Anm. 1.

[2] Vgl. die Belegstellen ebenda S. 37 f. Anm. 4.

[3] Vgl. die Belegstellen ebenda S. 38 Anm. 2.

[4] Vgl. die Belegstelle ebenda S. 38 Anm. 3.

[5] Vgl. die Belegstellen bei Schuppli, Geschichte der Stadtverfassung von Solothurn (Basel 1897) S. 17 Anm. 1.

[6] Augst ist nie Stadt geworden.

[7] Das römische Bregenz nimmt etwa den vierten Teil der heutigen Oberstadt ein. Vgl. über dasselbe Jenny, Topographie von Brigantium, in den Mitteilungen der k. k. Zentralkommission, Neue Folge XXIV (1898) S. 157 f.

[8] Die Günzburger Pfarrkirche stand auf der Stelle des alten Kastells; vgl. v. Raiser, Guntia, und merkwürdigere Ereignisse der Donau-Stadt Günzburg (Augsburg 1823) S. 38.

[9] Über das römische Arbon vgl. F. Keller, Die römischen Ansiedelungen der Ostschweiz I, in den Mitteilungen der histor. antiquar. Gesellschaft in Zürich XII (1860) S. 314 ff.; Rahn, Die mittelalterlichen Architektur- und Kunstdenkmäler des Kantons Thurgau (Frauenfeld 1896) S. 16 ff. Die spätere Entwicklung der Stadt ist trefflich dargestellt von Beyerle, Grundherrschaft und Hoheitsrechte des Bischofs von Konstanz in Arbon (Frauenfeld 1904).

[10] Über das römische Solothurn vgl. Fr. Meisterhans, Älteste Geschichte des Kantons Solothurn bis zum Jahre 687 (Solothurn 1890) S. 43 ff.; Rahn, Die mittelalterlichen Kunstdenkmäler des Kantons Solothurn (Zürich 1893) (Beilage zum Anzeiger für schweizerische Altertumskunde) S. 141 ff. Über die spätere Stadtentwicklung vgl. das Anm. 5 zitierte Buch von Schüppli.

mauerten Stadt, ein einfaches Übergehen des einen in die andere kann nicht gedacht werden. Für jeden dieser Orte liegen zwischen der letzten Erwähnung des Kastells und der ersten der ummauerten Stadt mehrere Jahrhunderte; keine von ihnen läßt sich vor der Mitte des 13. Jahrhunderts als *civitas* nachweisen.[1] Die spätere Stadt ist trotz der räumlichen Beziehungen etwas vom alten Kastell grundverschiedenes.

Nur drei Kastellen, *Basilea, Constantia* und *Turicum*, ist ein besseres Geschick beschieden gewesen. Die beiden ersten haben als Bischofsstädte, das letztere als königliche Pfalz eine Entwickelung genommen, die viel früher als in den eben genannten Orten zur Ausbildung städtischen Lebens führte. Aber doch würde man irren, wollte man dies städtische Leben in den alten Römerkastellen suchen. In Basel[2] sowohl wie in Konstanz[3] hat das alte Römerkastell jeden Charakter einer weltlichen Burg abgestreift und fällt vollkommen mit der Domimmunität zu-

[1] Am frühesten wird von den vier Orten Solothurn *civitas* genannt, nämlich 1245 (Fontes rer. Bern. II, 250). Zehn Jahre später heißt auch Arbon *civitas* in dem von Beyerle entdeckten Stadtrecht von 1255. Bregenz wird in diesem Jahre noch *oppidum* genannt (Cod. dipl. Salem. I, 308). Günzburg endlich kommt noch im ganzen 13. Jahrhundert nicht als Stadt vor; vgl. v. Raiser, a. a. O., S. 38 ff.

[2] Über das alte Römerkastell zu Basel vgl. (Fechter,) Das Münster zu Basel (Baseler Neujahrsblatt XXVIII, 1850) S. 5 ff.; (Fechter,) Das alte Basel, dargestellt nach seiner allmählichen Erweiterung (Baseler Neujahrsblatt XXX, 1852) S. 4 ff. Fechters Behauptung, im Jahre 1016 müsse es schon eine befestigte, bürgerliche Stadt Basel gegeben haben, läßt sich aus der Stelle Thietmari Chron. VIII, 29, auf die er sich offenbar bezieht, nicht rechtfertigen. *Urbs* ist nach Thietmars Sprachgebrauch jeder befestigte Ort; vgl. Hegel im Neuen Archiv XVIII (1893) S. 216 f.

[3] Die Arbeit von Leiner, Die Entwickelung von Konstanz, in den Schriften des Vereins für die Geschichte des Bodensees XI (1882) S. 73 ff. ist wenig wert, der Stadtplan ebenda hinter S. 92 ein Produkt freier Phantasie. Daß das alte Kastell Konstanz mit der Domimmunität zusammengefallen ist, kann man daraus schließen, daß die wenige Schritte vom Dome gelegene Stephanskirche im 9. Jahrhundert noch außerhalb der *civitas* lag; vgl. UB. St. Gallen II, 433 (854); Vita s. Galli 28 (Mitteil. z. vaterl. Gesch. XII S. 35). Auch Beyerle, Arbon, S. 50 bekennt sich zu der Ansicht, daß die Stadt Konstanz als Marktansiedlung neben der Bischofsburg Konstanz gegründet ist.

sammen; das gesamte bürgerliche Leben spielt sich außerhalb seiner Mauern in einer Ansiedlung ab, die in Basel erst am Ende des 11. Jahrhunderts,[1] in Konstanz schwerlich früher durch eine Befestigung eingeschlossen worden ist. In Zürich dagegen ist das auf dem heutigen Lindenhof gelegene alte Römerkastell[2] nichts weiter als ein von einer abhängigen Bevölkerung bewohnter königlicher Fronhof;[3] wann die erste Erweiterung der Mauern erfolgte, ist äußerst zweifelhaft.[4] Was sonst noch in fränkischer Zeit, im 10. und beginnenden 11. Jahrhundert von befestigten Orten entstand, sind unter dem Eindruck feindlicher Einfälle erfolgte Ummauerungen von Klöstern oder einfache Ritterburgen, die die Grafen und mächtigen Dynasten des Landes sich als Herrensitze erbauten, in denen sie ihre Wohnung aufschlugen, die aber für die eigentliche Landesverteidigung ohne Bedeutung waren. Als Beispiele für das erstere nenne ich die Befestigung von St. Gallen,[5] für das letztere die Stammburgen der Habsburger,

---

[1] Über die um 1080 erfolgte erste Stadtummauerung Bischof Burchards vgl. UB. Basel I, 14 (1102/03), II S. 519; Boos, a. a. O., S. 24; Fechter im Neujahrsblatt XXX S. 9 ff. Was Fechter ebenda S. 6 ff. über die Erweiterung der Burg berichtet, ist ganz unsicher.

[2] Über das römische Zürich vgl. F. Keller, a. a. O., S. 285 ff., Tafel III; Vögelin, Das alte Zürich, 2. Aufl., II (Zürich 1890) S. 43 ff. Mit v. Wyss, Abhandlungen, S. 342 (auch bei Vögelin, a. a. O., II S. 105) einen größeren Umfang des älteren mittelalterlichen *castrum* anzunehmen, sehe ich keinen Grund.

[3] Vgl. v. Wyss, a. a. O., S. 343, 348.

[4] Was Vögelin, a. a. O., II S. 426 ff. und v. Wyss, a. a. O., S. 360, 364 ff. darüber sagen, ist völlig problematisch. Daß im 9. Jahrhundert von dem *monasterium in castello Turego* die Rede ist, kann nicht als Beweis dafür angeführt werden, daß Fraumünster innerhalb der Mauer lag; vgl. Rietschel, Civitas, S. 60 f. Auch daraus, daß in den Urkunden seit 929 von einer *Turicina civitas* statt von einem *castellum* reden, läßt sich angesichts des Sprachgebrauchs des 10. Jahrhunderts, der zuweilen die kleinsten Befestigungen *civitas* nennt, gar nichts schließen.

[5] Ekkeh. casus s. Galli 71 (Mitteilungen z. vaterl. Gesch. XV, XVI S. 254): *Abt Anno vallos urbis, sicut per secula videre est, miro conatu effoderat; muros ipsos cum turribus tredecium fundans, supra terram ultra genu altos obiens reliquit.* Die lokale Forschung sieht darin irrtümlich eine Befestigung der späteren Altstadt St. Gallen; vgl. Meyer von Knonau in

Lenzburger, Kiburger, Nellenburger, den Hohentwiel, den Hohenzollern und andere mehr.

Wie ganz anders war es mit den beiden Bischofsstädten Straßburg und Augsburg bestellt. So klein auch nach unseren Begriffen in ihnen die von der alten römischen Mauer umgebene Altstadt, die *urbs*, war,[1] eine bloße Domimmunität ist sie nie gewesen. Neben der Bischofskirche und den zu ihr gehörigen Gebäuden gab es in ihr auch Grund und Boden, der in anderem Eigentum stand, neben der bischöflichen *familia* beherbergte sie auch eine bürgerliche Bevölkerung. Und vor ihren Mauern, dort wo der Markt lag,[2] dehnte sich eine volkreiche gewerbliche Ansiedlung, für deren Bewohner diese Mauern nicht bloß wie in Basel und Konstanz eine allen weltlichen Gewalten verschlossene Domfreiheit bedeuteten, sondern der sie in schweren Zeiten willkommene Zuflucht vor feindlichen Einfällen boten. Mochten auch diese Befestigungen der Altstadt bisweilen schadhaft werden und zum Teil verfallen, in kriegerischen Zeitläuften sorgte man, wie das Beispiel von Augsburg lehrt,[3] schon dafür, daß sie wieder hergestellt wurden. Bei dieser Bedeutung beider befestigten Orte ist es aber auch leicht begreiflich, daß das Bedürfnis sich geltend machte, einen Burgkommandanten für sie zu bestellen. Wann dies Bedürfnis aufkam und wer demselben abhalf, mag vorläufig dahingestellt bleiben. Nur die Vermutung können wir wohl wagen, daß dieser Befehlshaber niemand anders als der spätere Burggraf, der *praefectus urbis*, gewesen ist.

---

seiner Ausgabe S. 254 f. Anm. 878; Wartmann im Neujahrsblatt d. hist. Ver. 1867 S. 12 f. u. a. Richtig Dümmler, Kaiser Otto der Große (Leipzig 1876) S. 225.

[1] Vgl. die Pläne am Schlusse der Chroniken der deutschen Städte V (1866), IX (1871).

[2] Udalrici Codex 260 (Jaffé, Bibliotheca V S. 445 f.): *orta est machinante diabolo subito inter vendentes et ementes .... sedicio per scutarios regis in surburbio. Deinde clamor ingens tollitur, forenses campanae pulsantur. .... Interea extra portam civitatis inter forenses et regis milites regnabat similiter cedes.*

[3] Vita s. Oudalrici 3 (MG. SS. IV p. 390): *qualiter civitatem, quam ineptis valliculis et lignis putridis circumdatam invenit, muris cingere valuisset* (nämlich Bischof Ulrich).

Was endlich die letzte der fünf Bischofsstädte, Chur, betrifft, so kann dieselbe nicht mit Straßburg oder Augsburg, sondern am ehesten mit Basel verglichen werden. Auch in Chur ist das alte römische Kastell, der hochragende „bischöfliche Hof", Sitz der Bischofskirche geworden.[1] Nichts anderes als dies Kastell ist mit der *civitas* Chur gemeint, die wiederholt in den Urkunden aus der Zeit der Karolinger und Ottonen erwähnt[2] und ausdrücklich von dem schon in römischer Zeit vorhandenen *vicus* oder *locus Curia*, der heutigen Stadt Chur, unterschieden wird.[3] Es ist unbegreiflich, daß die bisherige Forschung nie zu dieser einfachen Erkenntnis gelangt ist, daß sie entweder die *civitas Curia* für die eigentliche Stadt Chur erklärte und nun den *vicus Curia* nicht unterzubringen wußte, oder sogar die *civitas* zum Range einer mehrere Herrschaften und Täler umfassenden Hundertschaft erhob.[5] Dies Kastell ist ursprünglich zwischen Bischof und König geteilt gewesen, und zwar war der königliche Anteil der Verwaltungsmittelpunkt für die gesamten Fiskalrechte in der oberrhätischen Grafschaft. Seitdem im Jahre 958 auch die königliche Hälfte zusammen mit den dazugehörigen Rechten an den Bischof übergegangen war,[6] dürfte dies älteste befestigte Chur

---

[1] Vgl. F. Keller, Ansiedelungen der Ostschweiz, I S. 318 ff., sowie Tafel VI. Über den daneben gelegenen römischen *vicus Curia* vgl. ebenda S. 324 f.

[2] Vgl. Rietschel, Civitas, S. 44; ferner MG. DD. I, Otto I. 148, 191.

[3] MG. DD. I, Otto I. 191: *in loco et civitate Curia.* In der Urkunde von 958 (MG. DD. I, Otto I. 273) wird die Schenkung der halben *civitas* streng von der Schenkung der offenbar also nicht in der *civitas* gelegenen Churer Kirchen St. Hilarius und St. Martin unterschieden. Auch die Schenkung der *curtis regalis in vico Curia* vom Jahre 960 (MG. DD. I, Otto I. 289) geht neben der Schenkung der halben *civitas* her.

[4] Vgl. Planta, Das alte Rätien, S. 411 ff.

[5] Vgl. Kind, Vogtei, S. 93 f.

[6] König Otto I. schenkt dem Bischof *dimidiam partem ipsius civitatis cum tali districtione et iure, sicut hactenus ad nostram pertinebat potestatem et sicut homines ipsius totius provinciae censuales ac liberi debitores sunt cum aedificiis, muro et assiduis vigiliis et custodiis et structuris et aecclesia s. Laurentii et cum omnibus legitimis ad eandem civitatem pertinentibus* (MG. DD. I, Otto I. 191). Daß die andere Hälfte der *civitas* dem Bischof schon früher gehörte, ist aus der Urkunde MG. DD. II, Otto III. 48 (988) zu schließen, durch die der König dem Bischof *ipsam Curiensem civitatem cum tali districtione et iure etc.* bestätigt.

als reine bischöfliche Immunität in keiner Weise sich von den Altstädten in Basel uud Konstanz unterschieden haben. Zwar nennt die Urkunde Ottos noch die *assiduae vigiliae et custodiae* dieser *civitas*, legt ihr also eine militärische Bedeutung bei, doch wird sich dieselbe kaum lange erhalten haben.

So bleiben Straßburg und Augsburg bis zum Ende des 11. Jahrhunderts in unserem Gebiet die einzigen Orte, die wirklich als ummauerte Städte angesehen werden können. Nur in diesen beiden ältesten Städten ist es zur Ausbildung jener Stadtkommandanturen gekommen, die den Namen des Burggrafenamtes erhalten haben. Keine der später befestigten Städte hat einen Burggrafen als militärischen Befehlshaber erhalten, auch nicht in späterer Zeit. Denn die seit dem 13. Jahrhundert auftauchenden den Burggrafentitel führenden Personen sind sämtlich Vorsteher einer einfachen Burg.

Zweites Kapitel.

Das bayerische Gebiet.

§ 6.

Die kleineren Burggrafenorte und Bischofsstädte.

Überschreiten wir, Schwaben verlassend, den Lech und wenden wir uns den vom bayerischen Stamme bewohnten Gebieten zu, so liefern die westlichen Distrikte für unsere Untersuchungen über das Burggrafenamt zunächst nichts. Sehen wir von den Regensburger Burggrafen, auf die wir später ausführlich zu sprechen kommen, vorläufig ab, so finden wir in der niederbayerischen Ebene bis zu den Abhängen des bayerischen Waldes und in Oberbayern bis dicht an den Inn heran vor dem 13. Jahrhundert auch nicht einen einzigen Beamten, den wir sicher als Burggrafen anzusprechen in der Lage sind. Am ehesten könnte ein solcher noch der zwischen 1050 und 1073 im Traditionskodex von Obermünster in Regensburg erwähnte *quidam prefectus nomine Aeskwin*[1] sein. Aber seinen deutschen Titel erfahren wir ebenso wenig wie seinen Amtssitz, so daß diese vereinzelte Quellenstelle nur geringen Wert für uns hat. Wohl kommen die Namen „Burggraf von Stauf", „Burggraf von Riedenburg" und „Burggraf von Rohrbach" im 12. Jahrhundert vor, aber sie sind nichts anderes als bloße Titel, die sich der Regensburger Burggraf nach ihm gehörigen Besitzungen beilegt.[2] Ihnen entsprechende Burggrafschaften hat es nie gegeben.

Das alles ändert sich in dem Augenblicke, wo wir uns dem bayerischen Walde und dem Inn nähern. Dicht an jener Stelle, wo gegenüber der Isarmündung die Ausläufer des Gebirges in das Donautal sich verlaufen, finden wir, durch den Donaufluß getrennt, im 12. Jahrhundert den *prefectus* von Deggendorf[3] und den *statutus preses castro* von Natternberg.[4] Im Innthale und in den unmittelbar links des Inns gelegenen Distrikten tauchen im gleichen Jahrhundert *castellani* in Mühldorf[5] und Vallai[6] auf. Und je weiter wir nach Osten fortschreiten, um so größer wird die Zahl der Orte, an denen schon im 12. Jahrhundert Beamte unter dem Titel *castellani, praefecti* oder *burggravii* vorkommen. Noch den bayerischen Grenzdistrikten gehören der *burcravius* von Lebenau,[7] der *prefectus* von Burghausen,[8] die *castellani* von Hadmarsberg,[9] von Marquartstein[10] und von Reichen-

---

[1] Quellen z. Bayer. und Deutschen Gesch. I S. 157 f. Nr. 5, 6. Der geschenkte Besitz liegt in *Stoufa* (Donaustauf oder Regenstauf).

[2] Vgl. Riezler, Geschichte Bayerns I S. 873; M. Mayer, Burggrafen von Regensburg, S. 35 Anm. 189, S. 37 ff., 43 Anm. 228; ferner Ried, Cod. dipl. I, 210: *prefectus de Stauff*; cod. I, 224: *preses de Stoufen.*

[3] MBo. XIII p. 96 n. 30.

[4] Verhandlungen d. hist. Ver. f. Niederbayern XXIII S. 147 Nr. V.

[5] Zuerst als *castellanus de Muldorf* 1197 (MBo. III p. 556 n. 21); vgl. auch Reg. archiep. Salisb. S. 166 Nr. 124, 126, 130.

[6] *castellanus de Valai* 1191 (UB. Steiermark I, 725).

[7] *burcravius de Liubno* ca. 1190 (UB. Salzburg I S. 716 Nr. 276).

[8] *prefectus de Purchusen* ca. 1140 (UB. Steiermark I, 287).

[9] *castellanus de Hademarsperch* ca. 1150 (MBo. II p. 325 n. 139). Der Ort lag am Chiemsee; vgl. Reg. archiep. Salisb. S. 469 Nr. 82.

[10] *castellanus de Marchwarsteine* ca. 1160 (MBo. II p. 334 n. 165).

hall,[1] der *castellanus* oder *burcgravius* von Plain[2] an. Das Salzburger Land beherbergt außer dem Burggrafen von Salzburg[3] den Burggrafen von Werfen[4] sowie den *castellanus* von Mattsee,[5] Steiermark die Burggrafen von Leibnitz[6] und Graz,[7] während Niederösterreich die Heimat der Kastellane von Mödling,[8] Gars[9] und Pütten,[10] Kärnthen die der Burggrafen von Friesach,[11] Straßburg,[12] Gurnitz,[13] Hohenburg[14] und Kindberg[15] ist. In

---

[1] *castellanus Hallensis* 1159 (Reg. archiep. Salisb. S. 85 Nr. 146, 147; vgl. UB. Salzburg I S. 666 Nr. 174).

[2] *Chunradus purcgravius de Plein* 1180 (Koch-Sternfeld, Salzburg und Berchtesgaden II Nr. 10); *castellanus* (Hund, Metropolis, ed. 3., III p. 350; MBo. III p. 557 n. 22; Quellen z. bayer. Gesch. I S. 299, 328, 334, 354).

[3] Siehe unten S. 73 f.

[4] *castellanus de Werven* 1123 (Reg. archiep. Salisb. S. 10 Nr. 55; vgl. eod. S. 21 Nr. 125, S. 38 Nr. 212, S. 50 Nr. 264 etc.), *praefectus* 1139/40 (eod. S. 40 Nr. 216), *burgravius* 1201 (eod. S. 172 Nr. 14). Die der Belegstellen entbehrenden Angaben über die Burggrafen von Werfen bei M. Mayr, Veste Hohenwerfen (Innsbruck 1903) S. 41 f. scheinen mir nicht einwandfrei, so vor allem die Behauptung, daß schon 1098 ein Burggraf Kuno von Werfen genannt werde. Sollte nicht hier eine Verwechslung mit dem 100 Jahre später lebenden Burggrafen Kuno vorliegen?

[5] *castellanus de Mathsee* 1189 (Reg. Boica I p. 350).

[6] *castellanus de Libenix* 1136 (UB. Steiermark I, 172; vgl. ebenda I, 178, 221, 604; MBo. II p. 306); *ipsius urbis prefectus* 1172 (UB. Steiermark I, 549; vgl. ebenda I, 589, II, 20).

[7] *prefectus urbis* 1136 (UB. Steiermark I, 172; vgl. ebenda I, 484), *burgravius* 1185 (ebenda I, 462), *castellanus* 1190 (ebenda I, 701.)

[8] *Medelichensis castellanus* 1114 (Fontes rer. Austr. B. IV S. 27 Nr. 124; vgl. eod. IV S. 25 Nr. 118, XI, 12, XVIII, 2, 3, 5), *prefectus urbis* 1137 (Reg. Babenb. S. 24 Nr. 1; vgl. eod. S. 39 Nr. 36).

[9] *Gorzensis castellanus* 1114 (Fontes rer. Austr. B. IV S. 32 Nr. 149).

[10] *castellarius de Buotine* ca. 1150 (UB. Steiermark I, 287).

[11] *castellanus* 1137 (UB. ob der Enns I S. 282 Nr. 3; vgl. Reg. archiep. Salisb. S. 64, 88, 90 etc.; UB. Steiermark I, 391; Mon. Hist. duc. Carinthiae I, 199, 200, 214), *praefectus* 1155 (Reg. archiep. Salisb. S. 75 Nr. 98; UB. Steiermark I, 368), *purchravius* 1170 (Mon. Hist. duc. Carinthiae I, 265; vgl. ebenda I, 374; Reg. archiep. Salisb. S. 156, 168 etc.).

[12] *castellanus* 1162 (UB. Steiermark I, 468; vgl. Mon. Hist. duc. Carinthiae I, 255).

[13] *castellanus de Gurnocia* 1160 (UB. Steiermark I, 403).

[14] *castellanus de Hoenburch* 1162 (ebenda I, 469).

[15] *chastellanus domini Rudolfi de Chindeberch* ca. 1185 (ebenda I, 664).

den Alpentälern Südtirols finden wir neben den Burggrafen von Brixen[1] die von Säben[2] und den *praefectus urbis de Tyrolis.*[3]

Nicht alle genannten Personen lassen sich in den Quellen als Träger des deutschen Burggrafennamens nachweisen; vielfach heißen sie bloß *praefecti* oder *castellani.* Aber da ein großer Teil von ihnen sowohl die deutsche Bezeichnung *burcgravius* wie die erwähnten lateinischen Bezeichnungen führt, können wir wohl auch die meisten anderen nicht nur als Burgmannen, sondern als Burggrafen ansprechen, zumal die äußere Stellung dieser Beamten durchweg dieselbe ist. Ausnahmslos gehören sie dem Ministerialenstande an. Zum Teil sind es Dienstmannen größerer Fürsten, der Salzburger Erzbischöfe (so die Burggrafen von Werfen, Leibnitz, Friesach, Mühldorf, wohl auch der von Reichenhall), der Brixener Bischöfe (so der Burggraf von Säben), der steirischen Markgrafen (so der Burggraf von Graz), der österreichischen Herzöge (so der Burggraf von Mödling). Aber auch einfache Grafen wie die von Falkenstein, Vallai, Wasserburg, Lebenau, Burghausen, Plain und Pütten, ja sogar einfache Edele wie die Herren von Kindberg haben auf ihrer Stammburg einen Burggrafen sitzen.

Über die Aufgaben dieser Burggrafen kann wohl nicht der geringste Zweifel sein. Daß sie keine „Stadtgrafen" sind, widerlegt zunächst ihr ministerialischer Stand, dann aber auch der Umstand, daß es an ihren Amtssitzen entweder überhaupt nicht oder erst in einer sehr viel späteren Zeit befestigte Städte gegeben hat. Sie sind natürlich einfache Burgkommandanten, Befehlshaber der landesherrlichen Burgen, die hier an der von den Feinden im Osten viel mehr bedrohten Grenze in besonders hervorragender Weise Stützpunkte der Landesverteidigung waren.[5]

---

[1] Siehe unten S. 75 f.

[2] *Sevensis castellanus* 1140—47 (Acta Tirol. I, 455; vgl. eod. I, 501, 507a), *burcravius* 1170—74 (eod. I, 507a).

[3] 1163 (UB. Currätien I, 139).

[4] In einigen, sämtlich von dem Gurker Notar Kaplan Albert verfaßten Urkunden von 1197—99 (Mon. Hist. duc. Carinthiae I, 369, 373, 374) wird das Wort *purcravius* gleichbedeutend mit „Burgmann" verwendet, ein ganz singulärer Sprachgebrauch.

[5] Vgl. Luschin von Ebengreuth, Österreichische Reichsgeschichte I (Bamberg 1895) S. 200 f., 216.

Von fast allen burggräflichen Orten ist es uns auch sonst bekannt, daß an ihnen fürstliche Burgen gestanden haben. Deren Kommandant ist natürlich der Burggraf gewesen. Besonders klar tritt uns dieser Zusammenhang zwischen Burgenbau und Gründung des Burggrafenamtes in den Salzburger Quellen entgegen. Wenn die Lebensbeschreibung Erzbischof Konrads I. (1106—47) von ihm berichtet,[1] daß er die Burgen Werfen und Friesach vollendete und den Bau der Burg Leibnitz begann, ihn zwar nicht zu Ende führte, aber doch die Burg mit Besatzung versah, so bildet zu diesen Nachrichten geradezu eine Ergänzung die Tatsache, daß unter Konrads Regierung zuerst Burggrafen von Werfen (1123), Leibniz (1136) und Friesach (1137) in den Urkunden auftauchen.

Von allen diesen Burggrafschaften nicht im geringsten verschieden sind die Burggrafschaften der beiden Bischofsstädte Salzburg und Brixen. Auch sie sind nichts weiter als einfache Burgkommandanturen. Unter Bischof Gebhard (1060—1088) ist der Bau der über der Stadt Salzburg[2] ragenden Burg Hohensalzburg begonnen worden, Konrad I. (1106—1147) hat ihn zu Ende geführt.[3] Schon zum Jahre 1085 von den Regensburger Annalen[4] und zum Jahre 1106 von der Lebensbeschreibung Konrads erwähnt,[5] spielt das *castellum* oder *castrum* Salzburg von nun an als erzbischöfliche Veste in den Salzburger Urkunden eine ganz erhebliche Rolle.[6] Im Jahre 1111 tritt zum ersten Male sein Befehlshaber, ein erzbischöflicher Ministerial Friedrich von Haunsberg, der auch sonst häufig in erzbischöflichen Urkunden als Zeuge erwähnt wird, unter dem Titel *castellanus* auf.[7] Von etwa 1138 an finden wir

---

[1] Vita Chunradi archiep. 20 (MG. SS. XI p. 74 f.).

[2] Über Salzburg vgl. Zillner, Geschichte der Stadt Salzburg II (Salzburg 1890).

[3] Vita Chunradi 20 (MG. SS. XI p. 74): *Castrum siquidem, quod civitati Salzpurgensi supereminet, ab archiepiscopo Gebehardo inceptum, ab isto ita consummatum est, ut . . . inexpugnabile videatur.*

[4] MG. SS. XIII p. 50: *castellum vero munitissimum iuxta eandem urbem situm.*

[5] Vita Chunradi 6 (MG. SS. XI p. 66).

[6] Vgl. z. B. Reg. archiep. Salisb. S. 76 Nr. 109, S. 106 Nr. 242, S. 151 Nr. 51, S. 179 Nr. 43; UB. Steiermark I, 224 etc.

[7] Vita Chuonradi 10 (MG. SS. XI p. 69): *castellanus Fridericus de Hounsperch* tötet den Propst Albwin *rebellem domini sui.*

in zahlreichen Urkunden ein Jahrhundert lang eine ununterbrochene Reihe von *castellani*, die ausnahmslos erzbischöflichen Ministerialenfamilien angehören.[1] Seit dem Ende des 12. Jahrhunderts wird für sie der Name *burggravius* üblich,[2] vereinzelt finde ich auch die Benennung *prefectus* oder *prefectus urbis*.[3] Mit Heinrich (von Zaisberg), der 1236 noch einen Vergleich mit St. Peter abschließt[4] und 1238 schon als verstorben genannt wird,[5] schließt die Reihe; seitdem kann ich keinen Salzburger Burggrafen mehr nachweisen. Daß diese Kastellane ihren Titel von dem *castellum*, nicht von der Stadt Salzburg führten, daß sie keine „Stadtgrafen" der Stadt Salzburg, sondern allein Befehlshaber der Burg waren, kann nicht bezweifelt werden. Möglich ist es ja, daß sie außer diesem Burgkommando mit gerichtlichen Funktionen in der Stadt betraut gewesen sind. Aber in den Quellen finden wir von dieser Tätigkeit nichts. Was darüber gelehrt wird,[6] beruht einzig und allein auf einer unrichtigen Auffassung des Burggrafenamtes, die wir ablehnen müssen. Im ganzen ist es wenig wahrscheinlich, daß der Burggraf auch Richter in der Stadt Salzburg gewesen ist. Die hohe Gerichtsbarkeit werden wir ihm als einem Angehörigen des Dienstmannenstandes kaum zuschreiben, die niedere Gerichtsbarkeit aber ruhte in den Händen eines von ihm durchaus verschiedenen städtischen *iudex*.[7] Sicher nachweisen können wir ihn bloß als Schloßkommandanten.

Auch in Brixen[8] gehören die zuerst in den vierziger Jahren

---

[1] Vgl. die Reihe bei Zillner, a. a. O., II S. 128 ff.

[2] Zuerst 1189 (Meiller, Reg. archiep. Salisb. S. 151 Nr. 50); vgl. UB. Salzburg I S. 499, 501, 723, 734, 736 f. Nr. 454, 459, 289, 312, 314, 315, 317 u. ö.; MBo. XI p. 188.

[3] UB. Salzburg I S. 367 Nr. 220: *Heinrich prefectus*, Nr. 221 (1139): *Henrici urbis prefecti.*

[4] Meiller, Reg. archiep. Salisb. S. 271 Nr. 464 (1236).

[5] Ebenda S. 271 Nr. 464 (1238).

[6] Vgl. Richter in den Mitteilungen d. Inst. f. österr. Geschichtsforsch., Erg.-Bd. I (1885) S. 618; Zillner, a. a. O., II S. 120.

[7] Über diese Stadtrichter vgl. Zillner, a. a. O., II S. 134 ff.

[8] Über Brixen vgl.: Sinnacher, Beyträge zur Geschichte der bischöflichen Kirche Säben und Brixen in Tirol I—IX (Brixen 1821—35). — Mairhofer, Die Voitsberger (Brixener Programm 1857). — von Zingerle in den

des 12. Jahrhunderts[1] sicher nachweisbaren Burggrafen dem Stande der bischöflichen Dienstmannen an. Das Geschlecht der Voitsberger ist es, in dem sich das Amt oder wenigstens der Amtstitel forterbte,[2] bis es 1277 alle seine Rechte und Besitzungen in der Stadt an die Bischöfe verlor.[3] Daß die Voitsberger keine Stadtgrafen gewesen sind, kann als feststehend angenommen werden. Wenn sie trotzdem Gerichtsrechte und zwar die niedere Gerichtsbarkeit in der Stadt ausübten, so hat das seinen Grund nicht in ihrem Burggrafenamte, sondern darin, daß sie, anders als in Salzburg, wo beide Funktionen getrennt sind, auch das Amt eines *iudex*, eines Stadtrichters, bekleidet haben.[4] Hier interessieren sie uns nur in ihrer Stellung als Burggrafen. Als solche finden wir sie unter den gewöhnlichen Amtsbezeichnungen *urbis*

Österreichischen Weistümern V (Wien 1888) S. 376 ff. Anm. — Rietschel, Markt und Stadt, S. 106 f.

[1] Zuerst 1140/47 (Acta Tirolensia I, 455): *Gotescalh Brixinensis castellanus.* Vielleicht identisch mit *Gotscalh urbanus* 1110/22 (eod. I, 422).

[2] Vgl. von Zingerle, a. a. O., S. 377. Als Burggrafen nachweisen kann ich: Gotschalk, 1140/47 (Acta Tirol. I, 455), Albert I., 1147—88 (Acta Tirol. I, 470, 478, 505, 507 a, b; Sinnacher III S. 660 Nr. 27 h; von Hormayr, Beyträge II, 33, 115, 116; Fontes rer. Austr. B. XXXIV, 75, 84, 105, 127, 143, 149, 157, 159, 165), Ernst, 1191—1218 (Fontes rer. Austr. B. XXXIV, 170, 177, 178, 186; Sinnacher IV S. 373 Nr. 12 c; von Hormayr, Geschichte Tirols I, 2 Nr. 36; MBo. VIII p. 133; Acta Tirol. I, 531, 537, 546), auch sein Bruder Heinrich wird Acta Tirol. I, 537 und MBo. VIII p. 133 als Burggraf neben ihm erwähnt. Für die spätere Zeit ist das Urkundenmaterial so gut wie gar nicht erschlossen. Die Angaben bei Mairhofer, a. a. O. sind äußerst dürftig.

[3] Vgl. die Angaben bei Sinnacher, a. a. O., IV S. 562 ff.; Mairhofer, a. a. O., S. 21 ff.; v. Zingerle, a. a. O., S. 377 Anm. Die bei Sinnacher, a. a. O., IV S. 588 f. abgedruckte Urkunde von 1277, in welcher die Voitsberger eine Anzahl von Rechten und Besitzungen in und außerhalb der Stadt auflassen, betrifft bloß die Gerichtsbarkeit außerhalb der Stadt. Dagegen ergibt eine andere von v. Zingerle erwähnte Urkunde aus demselben Jahre, daß die Voitsberger damals auch die innerstädtische Gerichtsbarkeit an den Bischof verloren haben.

[4] Burggraf Albert findet sich auch als *iudex* erwähnt (Acta Tirol. I, 489, 492, 494, 496 a, 497, 498, 499, 500). Vor allem erfahren wir näheres über diese Gerichtsbarkeit aus dem Vertrag der voitsbergischen Erben von 1256, den Sinnacher, a. a. O., IV S. 567 f. und Mairhofer, a. a. O., S. 18 f.

prefectus,[1] *castellanus*,[2] seit 1147 auch *burcgravius*,[3] und zwar sind sie, genau ebenso wie in Salzburg, keine eigentlichen Stadtkommandanten, sondern Befehlshaber der burgähnlich gebauten bischöflichen Residenz gewesen.[4]

Das Burggrafenamt in Salzburg und Brixen ist also seinem ganzen Charakter nach mit dem Burggrafenamte in den kleinen bayerisch-österreichischen Kastellen identisch. Hier wie dort sind die Burggrafen bloße Schloßkommandanten; der einzige Unterschied ist, daß die Schlösser in Salzburg und Brixen bischöfliche Residenzen sind. Für ein wirkliches Stadtkommandantenamt, wie wir es in Straßburg und Augsburg gefunden haben, und wie es uns demnächst in Regensburg entgegentreten wird, fehlt es in den kleinen bayerischen Bischofsstädten an allen Vorbedingungen. In allen vier Städten ist eine befestigte bürgerliche Ansiedelung erst in relativ späterer Zeit entstanden; was uns als *civitas* oder *urbs* in den älteren Urkunden entgegentritt, ist nichts anderes als die befestigte Domimmunität. Das gilt für Brixen,[5] dessen angebliche Ummauerung durch Bischof Hartwig um das Jahr 1030[6] nichts weiter als eine Befestigung der Domimmunität gewesen sein kann. Denn der Markt liegt noch am Ende des

---

in der Übersetzung mitteilen. Auch der Teilungsvertrag von 1277 erwähnt diese Gerichtsbarkeit der Voitsberger in der Stadt; vgl. Mairhofer, a. a. O., S. 21.

[1] Acta Tirol. I, 505 (1170—74); Fontes rer. Austr. B. XXXIV, 75 (1160), 84 (1161), 105 (1163), 127 (1174), 143 (1181), 149 (1182), 156 (1185).

[2] Acta Tirol. I, 455 (1140—47), 478 (1147—60). Später finde ich diese Bezeichnung nicht mehr.

[3] Acta Tirol. I, 470 (1147), 507a (1170—74), 507b (1173), 531 (1189 bis 1196) etc.

[4] Vgl. Sinnacher, a. a. O., II S. 206 f. Diese bischöfliche Residenz wird als *summitas palatii episcopalis* 1212 (Acta Tirol. I, 547), als *castrum* 1268, 1298 (eod. I, 680b) oder als *turris episcopi* 1280 (Reg. Boica IV p. 128) erwähnt.

[5] Als *urbs* Acta Tirol. I, 149, 150 (1050—65), 385 (1085—97) bezeichnet; vgl. Rietschel, a. a. O., S. 106.

[6] Vgl. Sinnacher, a. a. O., II S. 206. Wie weit die von Sinnacher einem alten Domkatalog entnommene Nachricht von der Ummauerung Brixens durch die Bischöfe Herward und Hartwig überhaupt richtig ist, mag dahingestellt bleiben.

11. Jahrhunderts außerhalb der *urbs*;[1] auch hebt der Biograph des Bischofs Anselm von Lucca ausdrücklich hervor, daß die Synode von Brixen von 1080 in einem Orte stattfand, der keine *civitas*, sondern ein bloßer *vicus* war.[2] Ähnlich liegen die Verhältnisse in Passau, wo eine in der zweiten Hälfte des 10. Jahrhunderts entstandene Urkunde die Einwohner der Ortschaft Passau als *suburbani* der die *urbs* bewohnenden bischöflichen *familia* gegenüberstellt,[3] also die *urbs* als Domimmunität schlagend nachweist. In Freising läßt sich dieser Sprachgebrauch noch viel länger verfolgen. Bis in das 12. Jahrhundert hinein werden die Einwohner der Ortschaft Freising als *suburbani*[4] oder *huius villae cives*[5] von den Bewohnern der befestigten Domimmunität, der *urbs*,[6] unterschieden. Erst seit der Mitte dieses Jahrhunderts wird das anders. Von *suburbani* und von einer *villa* Freising ist seitdem nicht mehr die Rede; die Ortschaft heißt jetzt *civitas*, und für die befestigte Domimmunität wird in den Urkunden im Gegensatze dazu die Bezeichnung *mons* eingeführt.[7] Daß endlich unter

---

[1] Acta Tirol. I, 385 (1085—97): *in Brixinensi mercato foris urbem*; vgl. Rietschel, a. a. O., S. 106.

[2] Vita Anselmi 19 (MG. SS. XII p. 19): *locus ipse vicus est pro civitate, qui Brixanerium vocatur.*

[3] UB. ob der Enns II, 30: *familiam aut suburbanos*; vgl. Rietschel, Markt u. Stadt, S. 36 Anm. 1. Über die Ortsbezeichnungen Passaus in fränkischer Zeit vgl. Rietschel, Civitas, S. 56.

[4] Abhandlungen der kgl. bayer. Akademie, Histor. Cl. XIVb S. 83 Nr. 29c, f (1090—1100), S. 86 Nr. 46a, b (1110—20), S. 93 Nr. 77b (ca. 1135); Meichelbeck Ib Nr. 1288 (1098—1137).

[5] Meichelbeck Ib Nr. 1303 (1098—1137); vgl. auch eod. Nr. 1278 (1098—1137): *Werinheri de hac villa.* Ein Hof *in villa Frising* kommt auch in den Abhandlungen der kgl. bayer. Akad. histor. Cl. XIVb S. 87 Nr. 3 (1053—78) vor.

[6] Vom 8. bis 11. Jahrhundert heißt sie *castellum*, *civitas* oder *urbs*; vgl. Rietschel, Civitas, S. 56; MG. SS. IX p. 219, XII p. 254; MBo. XXIXa, 337, XXXIa, 165, 184; Meichelbeck Ib Nr. 1077, 1078, 1177; Cod. dipl. Austr. Fris. I, 57, 75.

[7] Zuerst Meichelbeck Ia S. 340 (1158). Auch die 1140 und 1142 erwähnte *civitas* ist wohl bereits die Stadt Freising (Cod. dipl. Austr. Fris. I, 100; MBo. IX p. 563). Wenn der Freisinger Bischof sich 1231 das Recht erwirkte, eine Stadt zu ummauern (MG. Constitutiones II, 306), so kam wohl bloß eine Erneuerung der früheren Befestigungen in Frage.

der *urbs* Salzburg noch in der ersten Hälfte des 12. Jahrhunderts allein die Domfreiheit (vielleicht einschließlich der Immunität von St. Peter) zu verstehen ist, lehren die Urkunden Erzbischof Konrads I., die dem Petersstift *ecclesiam s. Michaelis in porta urbis sitam* bestätigen.[1] Denn die Michaelskirche liegt an der Domseite des Brotmarktes dicht am Eingange zur Immunität, aber nicht in der Nähe irgend eines Stadtthores.[2] Überall also ist der Dombezirk die älteste ummauerte Ortschaft, die *urbs*; die eigentliche spätere Stadt hat man erst später mit einer Mauer umgeben. Diese Stadt aber ist, wenigstens in Brixen, Freising und Salzburg,[3] offenbar als Marktansiedlung von den Bischöfen auf ihrem Grund und Boden gegründet worden. Für Brixen habe ich das schon an anderer Stelle ausgeführt.[4] Für Freising und Salzburg erinnere ich an die fast gleichlautenden Privilegien Ottos III., die dem Freisinger Bischof und dem Salzburger Erzbischof die Errichtung eines *mercatum omni die legitimum in loco Frigisinga dicto* (bez. *in loco Salzburc dicto*) gestatten.[5] Von diesem Markt, der in Salzburg (ähnlich wie in Halberstadt)[6] unmittelbar neben der Mauer des Domhofes angelegt wurde, hat die Stadt Salzburg ihren Ausgang genommen, während die am Fuße des Domberges völlig auf bischhöflichem Grund und Boden

[1] Noviss. Chron. s. Petri p. 218 (1134), 219 (1141), 221 (1144).

[2] Vgl. den alten Stadtplan bei Zillner, a. a. O., II am Schluß. Noch später heißt die Gegend der Michaelskirche die Pforte; vgl. Zillner, a. a. O., I S. 25 f. Daß mit der *porta urbis* ein Immunitätstor gemeint sein könnte, ist Zillner nicht eingefallen, der deshalb a. a. O., S. 277 vergeblich nach einem in Betracht kommenden Stadttor sucht.

[3] In Passau wird der bereits vorhandene Markt vom König dem Bischofe 999 geschenkt (MG. DD. II, Otto III. 306).

[4] Über die Marktansiedelung Brixen vgl. Rietschel, Markt und Stadt, S. 106 f. Die dort gemachten Angaben erhalten ihre Bestätigung durch die Tatsache, daß der Ort Stufels gegenüber der Stadt am linken Eisackufer noch im 14. Jahrhundert „Alt-Brichsen“ hieß; vgl. Mairhofer, Die Voitsberger, S. 3. Wir haben also offenbar in ihm das alte Dorf Brixen zu erblicken, das der daneben errichteten Marktansiedelung den Namen gegeben hat; vgl. Rietschel, a. a. O., S. 128.

[5] MG. DD. II, Otto III. 197, 208 (996).

[6] Vgl. Rietschel, a. a. O., S. 68.

erbaute[1] Stadt Freising schon durch ihre ganze bauliche Anlage ihre Gründung als Marktansiedlung verrät.

In welchen Händen liegt aber in diesen vier Bischofsstädten ursprünglich die hohe Gerichtsbarkeit? Das ist die Frage, die uns zuletzt beschäftigen wird und deren Beantwortung nicht ganz einfach ist. Zwar können wir in ihnen allen seit dem 12. Jahrhundert einen Stadtrichter nachweisen, der den einfachen Titel *iudex* führt und dem Ministerialenstande angehört.[2] Mag aber dieser dem Schultheißen oder Ammann der schwäbischen Bischofsstädte entsprechende Richter später, in Passau wenigstens seit 1225,[3] auch die hohe Gerichtsbarkeit in der Stadt ausüben, so kann das doch unmöglich der ursprüngliche Zustand gewesen sein, wir müssten denn für diese bayerischen Bischofsstädte eine von dem übrigen Deutschland völlig abweichende Entwickelung annehmen. Die Frage kann sich bloß darum drehen, ob diese Bischofsstädte bis zur Auflösung der Graftschaftsverfassung Teile einer Grafschaft geblieben oder von der Grafschaft eximiert und unter die Jurisdiktion des bischöflichen Vogtes gestellt worden sind, ob vom 10. bis zum 12. Jahrhundert der Graf oder der bischöfliche Vogt in ihnen der höchste Richter war. Für eine der Städte, Passau, läßt sich eine sichere Antwort geben. Die gefälschte, aber doch die Rechtsverhältnisse des 10. Jahrhunderts, in dem sie entstanden ist,[4] richtig wiedergebende Urkunde Arnulfs bestätigt dem Bischof nicht nur *areas et mercatum* und allen Besitz *in eadem urbe vel circa eam,* sondern bestimmt auch:

[1] Noch im 13. Jahrhundert hat Bischof Gerold *civitatem Frisingensem ad ius et proprietatem Frisingensis ecclesiae dotis titulo pertinentem* dem bayerischen Herzog zu Lehen geben wollen (Mon. Wittelsbac. I, 18).

[2] Über Salzburg vgl. oben S. 74 Anm. 7, über Brixen S. 75 Anm. 4. Den Freisinger *iudex* finde ich zuerst unter Bischof Otto I. (1138—58) erwähnt (Meichelbeck Ib Nr. 1337; MBo. IX p. 537, 538); der erste sicher nachweisbare Passauer *iudex* ist Rüdiger 1147—59 (UB. ob der Enns II, 155, 156, I S. 562, 565 Nr. 124, 125, 138; MBo. XXVIIIb p. 231, 237 Nr. 17, 23).

[3] Vgl. das Passauer Stadtrecht von 1225 §§ 8, 20, 27 (Gengler, Stadtrechte, S. 344 ff.).

[4] Vgl. Uhlirz in den Mitteilungen des Instituts für österr. Geschichtsforschung III (1882) S. 217 ff.; Böhmer-Mühlbacher, Regesta imperii I, 2. Aufl., 1942.

Ut in prememorata urbe amodo nullus iudex publicus vel quislibet vir ex curiali dignitate placitum aut comitatum habere presumat vel omnino super familiam aut suburbanos aliqua secularia sive iudiciaria in ea exerceat negotia, sed advocatus atque patronus sanctae dei casae sub ditione illius sedis episcopi constitutus, quaecumque illic sunt disponenda, ipse et non alius ordinet et examinet.[1]

Also der Vogt des Bischofs ist am Ende des 10. Jahrhunderts Richter nicht nur über die *familia*, sondern auch über die Einwohner der späteren Stadt, die *suburbani*, und ist es auch sicher in der Folgezeit geblieben, bis sein Amt entweder erlosch oder zur Bedeutungslosigkeit herabsank. Für Passau hätten wir demnach den Vogt als höchsten Richter der Stadt festgestellt; sollen wir für die anderen drei Städte Brixen, Salzburg und Freising etwas anderes annehmen? Ich glaube nicht, zumal da es sich um Städte handelt, die als Marktansiedelungen einfach auf bischöflichem Grund und Boden erbaut und deshalb wohl von Anfang an infolge der Immunität[2] der Jurisdiktion des Vogtes unterstellt gewesen sein dürften. Allerdings ist das Vogtamt gerade hier im Südosten Deutschlands ziemlich früh verschwunden oder seines Einflusses auf die Stadt beraubt worden, so daß es durchaus verständlich ist, wenn von der Gerichtsbarkeit des Vogtes über diese Städte keine direkte Kunde zu uns dringt. Daß die Grafen von Beilenstein Vögte des Erz-

---

[1] UB. ob der Enns II, 30 (angeblich 898).

[2] Die von E. Richter in den Mitteilungen des Instituts für österr. Geschichtsforschung, Ergänzungsband I (1885) S. 612 ff. vertretene Ansicht, die Immunität habe seit der Mitte des 12. Jahrhunderts im südöstlichen Deutschland der Gewalt der weltlichen Landesherren gegenüber ihre ursprüngliche Stellung nicht mehr behaupten können, halte ich, in dieser Allgemeinheit ausgesprochen, für falsch. Nur für das Gebiet der Markgrafschaft Österreich trifft sie, wie schon Brunner, Das gerichtliche Exemtionsrecht der Babenberger (Wien 1864) gezeigt hat, zu, auch für Steiermark und Kärnthen mag sie richtig sein; für das Herzogtum Bayern vermisse ich den Beweis. Daß aber in den Marken die markgräfliche Gewalt sich dem Kirchengut gegenüber besonders kräftig erweist, ist eine Beobachtung, die wir auch in Norddeutschland machen können.

stifts Salzburg,[1] daß die Neuburg-Formbacher Grafen[2] und nach ihnen Graf Berthold von Bogen[3] Domvögte von Passau gewesen sind, würden wir überhaupt nicht wissen, wenn es uns nicht zufällig einige Urkunden verrieten. In den letzten Jahrzehnten des 12. Jahrhunderts ist von ihnen nicht mehr die Rede; nur eine erzbischöflich Salzburger Urkunde von 1226 weiß zu berichten, daß die Salzburger Vogtei zu existieren aufgehört hat.[4] Etwas mehr hören wir in den Urkunden von der Freisinger Domvogtei, die offenbar von Alters her dem Hause Scheiern-Wittelsbach gehörte,[5] aber dürftig bleiben die Quellen auch hier. Genaueres über die Befugnisse des Vogtes bietet allein ein Diplom von 1164,[6] aus dem wir, da es von Rechten der Grafen über die Stadt Freising nichts zu berichten weiß, wohl schließen können, daß damals schon die Stadt der vogteilichen Jurisdiktion entzogen war. Am längsten hat sich die Vogtei von Brixen erhalten. Ursprünglich im Besitze der Grafen von Morit (Mareit?),[7] ist sie Ende der sechziger Jahre des 12. Jahrhunderts an den mächtigen Berthold III. von Andechs gefallen.[8] Von den Andechsern kam sie nach der Ächtung des Markgrafen Heinrich im Jahre 1214 an die Grafen

---

[1] MBo. III p. 427 (1154): *Chounradi de Pilstaine Juvavensis ... advocati.* Vgl. Riezler, Geschichte Baierns I S. 861.

[2] MBo. IV p. 127 f. (1122): Die beiden vom Passauer Bischof als *advocati nostri* erwähnten Vögte Ulrich und Hermann sind Grafen von Formbach. Vgl. Riezler, a. a. O., S. 866 f.

[3] Graf Berthold von Bogen ist Passauer Vogt ca. 1150 und 1155 (MBo. III p. 423, IV p. 417). Vgl. Riezler, a. a. O., S. 870. Die Vogtei über das Domkapitel ist mit der übrigen Formbacher Erbschaft an die Andechser gefallen; vgl. MBo. XXVIIIb p. 190.

[4] MBo. IV p. 430 n. 29 (1226): *Salzburgensis ecclesia nostris temporibus habere desiit advocatum.*

[5] Vgl. Huschberg, Älteste Geschichte des Durchlauchtigsten Hauses Scheiern-Wittelsbach (München 1834); Heigel und Riezler, Das Herzogtum Bayern (München 1867) S. 256 f.

[6] Meichelbeck I b S. 360 f.

[7] Vgl. Sinnacher, a. a. O., II S. 478; Huber im Archiv für österr. Geschichte LXIII (1882) S. 645 ff.

[8] Der letzte Graf Arnold von Morit und Graf Berthold von Andechs erscheinen in einer Urkunde aus der Zeit 1165/70 noch beide als *advocati* (Acta Tirol. I, 496). Seitdem kommt allein Berthold von Andechs als Vogt

von Tirol,[1] die sie zwar 1241 Otto II. von Andechs für den Rest seiner Lebenszeit ausliefern mußten,[2] aber 1248 nach Ottos Tod wieder in ungestörten Besitz nehmen konnten. Mochten aber auch die Tiroler Grafen sich in ihren Urkunden noch lange stolz Vögte der Kirche von Brixen nennen,[3] eine praktische Bedeutung dürfte der Titel längst nicht mehr gehabt haben. Jedenfalls wird uns in den Urkunden von einer gerichtlichen Tätigkeit der Vögte in Brixen nicht das geringste berichtet.

Nur einen kurzen Blick werfen wir noch auf die übrigen bayerischen Städte. Konnten wir schon von den vier erwähnten bayerischen Bischofsstädten keine als ummauerte Stadt vor dem 12. Jahrhundert nachweisen, so gilt das in erhöhtem Maße von den in Bayern sehr unbedeutenden Klosterstädten und in gleicher Weise von den landesherrlichen Städten. Geht doch selbst die älteste unter den herzoglich bayerischen Landstädten, München, auf eine Marktgründung Heinrichs des Löwen um die Mitte des 12. Jahrhunderts zurück.[4] Noch weniger ist natürlich vor dieser Zeit an die Gründung von befestigten Städten in den Marken Österreich und Steiermark zu denken. Die Zeiten, in denen man die Geschichte des Städtewesens in Österreich mit den *urbes* und *civitates* des 9. bis 11. Jahrhunderts ihren Anfang nehmen ließ, sind heute doch wohl endgültig vorbei. Heute kann als feststehend gelten, daß die Städte der südöstlichen Marken als Marktansiedlungen gegründet und sicher nicht vor dem 12. Jahr-

---

vor (Acta Tirol. I, 498b, 501, 507b, 508a; Fontes rer. Austr. B. XXXIV, 127, 135, 149). Vgl. Oefele, Geschichte der Grafen von Andechs (Innsbruck 1877) S. 63.

[1] Lehnsurkunde von 1214 (v. Schwind und Dopsch, Ausgewählte Urkunden 27); vgl. Huber, a. a. O., S. 629; Egger in den Mitteilungen des Instituts für österr. Geschichtsforschung, Ergänzungsband IV (1893) S. 402. Als Vogt wird Albert von Tirol mehrfach erwähnt (Fontes rer. Austr. B. XXXIV, 204, 211, 212; v. Hormayr, Beyträge, II Nr. 124).

[2] Vgl. den Vertrag von 1241 bei v. Hormayr, Beyträge, II Nr. 141: die Vogtei erhält Otto von Meran als lebenslängliches Lehen, nach seinem Tode fällt sie an die Tiroler Grafen.

[3] Vgl. z. B. Fontes rer. Austr. B. XXXIV, 312 (1277), 332 (1279), 343 (1282), 395 (1302), 406, 407, 408 (1305) etc.

[4] Vgl. statt aller anderen Gengler, Beiträge, I S. 151 f. Anm. 35.

hundert ummauert worden sind.[1] Nur eine *civitas* gibt es im Sprachgebiete des bayerischen Stammes, die seit der Römerzeit ununterbrochen ummauerte Stadt gewesen und bis ins 12. Jahrhundert die einzige ummauerte Stadt des ganzen bayerischen Gebietes geblieben ist, nämlich Regensburg. Mit ihr haben wir uns im folgenden näher zu beschäftigen.

§ 7.
Regensburg.

Aus zwei Gründen fesselt Regensburg[2] unser besonderes Interesse. Einmal ist es die einzige ältere bayerische *civitas* und, wie eben bemerkt wurde, bis in den Beginn des 12. Jahrhunderts

[1] Eine Geschichte der Entstehung des Städtewesens in diesen südöstlichen Marken wäre eine ungemein lohnende Aufgabe. Was bisher darüber geschrieben ist, erschöpft das Thema bei weitem nicht und entbehrt meist jedes wissenschaftlichen Wertes. Hier kann ich nur andeuten, was ich als sicheres Ergebnis von Einzelstudien gefunden habe; ein näheres Eingehen würde über das Thema meines Buches hinausgehen.

[2] Über Regensburg vgl.: Gemeiner, Reichsstadt Regensburgische Chronik I—IV (Regensburg 1800—24). — Gemeiner, Über den Ursprung der Stadt Regensburg (Regensburg 1817). — Nitzsch, Ministerialität, S. 258 ff. — Hirsch, Jahrbücher des deutschen Reichs unter Heinrich II., I (Berlin 1862) S. 26 ff. — Langoth, Skizze einer Entwicklungsgeschichte der freistädtischen Verfassung Regensburgs im Mittelalter I (Stadtamhof 1866). — F. Gfrörer, Verfassungsgeschichte von Regensburg von der germanischen Ansiedlung bis zum Jahre 1256 (Stadtamhof 1882) (Separatabdruck aus den Verhandlungen des histor. Vereins von Oberpfalz und Regensburg XXXVII [1883] S. 1 ff.). — Janner, Geschichte der Bischöfe von Regensburg I—III (Regensburg 1883—86). — Rosenthal, Geschichte des Gerichtswesens und der Verwaltungsorganisation Baierns I (Würzburg 1889) S. 185 ff. — Gengler, Die altbayerischen Rechtsquellen aus der vorwittelsbachischen Zeit (Erlangen u. Leipzig 1889) (Beiträge zur Rechtsgeschichte Bayerns I) S. 214 ff. — Gengler, Die Quellen des Stadtrechtes von Regensburg aus dem XIII., XIV. und XV. Jahrhundert (Erlangen u. Leipzig 1892) (ebenda III). — Graf Walderdorff, Regensburg in seiner Vergangenheit und Gegenwart, 4. Aufl. (Regensburg 1896). — Über die Regensburger Burggrafen insbesondere vgl.: Th. Mayer, Fundatio monasterii in Walderbach nebst Vorerinnerungen über die Familie der Regensburger Burggrafen, im Archiv f. Kunde österr. Geschichtsquellen XIII (1854) S. 247 ff. — Wittmann, Die Burggrafen von Regensburg, in den Abhandlungen der kgl. bayer. Akademie, Histor.

die einzige ummauerte bayerische Stadt. Ferner aber nimmt unter den bayerischen Burggrafschaften die Regensburger schon dadurch eine Sonderstellung ein, daß sie nicht bloß ins 12. Jahrhundert, sondern in weit frühere Zeit zurückreicht, ja daß sie die älteste bekannte Burggrafschaft überhaupt ist, da die Nachrichten über sie sich bis etwa zum Jahre 970 zurückverfolgen lassen. Sollten diese beiden Tatsachen auch hier, ähnlich wie bei Straßburg und Augsburg, im Zusammenhang miteinander stehen? Die folgende Untersuchung soll uns darüber Auskunft geben.

Für Regensburg steht zunächst eins unbedingt fest: Die hohe Gerichtsbarkeit in der Stadt hat der Burggraf.[1] Aber nicht etwa als Stadtgraf, sondern als Graf der Gaugrafschaft, in der Regensburg gelegen ist.[2] Ungleich anderen Städten ist Regensburg nicht aus dem Grafschaftsverbande ausgeschieden worden, sondern hat immer nur einen Teil einer Grafschaft des Donaugaues gebildet.

Seit dem Ende des 10. Jahrhunderts finden wir die westliche der Grafschaften, in welche der Donaugau sich geteilt hat, im mehr als zweihundertjährigen Besitz ein und derselben Familie, die wir nach ihrem Ahnherrn Pabo als die Pabonen bezeichnen können.[3] Auf Pabo, der seit etwa 970 am Ende des 10. und am Anfang des 11. Jahrhunderts wiederholt in Urkunden bezeugt ist, folgte der gewöhnlich als Pabos Sohn bezeichnete[4] Rudolf, dann Heinrich I., Heinrich II., Otto I., Heinrich III., Friedrich,

---

Kl. VII, 2 (1854) S. 863 ff. — M. Mayer, Geschichte der Burggrafen von Regensburg (München 1883). — M. Mayer, Regesten zur Geschichte der Burggrafen von Regensburg, in den Verhandlungen des histor. Vereins von Oberpfalz und Regensburg XLIII (1889) S. 1 ff. — Arnold, Verfassungsgeschichte, I S. 94 ff. — Riezler, Geschichte Bayerns I (Gotha 1878) S. 365 ff., 871 ff. — Gengler, Die altbayerischen Rechtsquellen, S. 148 ff.

[1] Vgl. Rietschel, Civitas, S. 54.

[2] Darüber besteht unter den Forschern kein Zweifel. Vgl. Gfrörer, a. a. O., S. 31; Gengler, altbayer. Rechtsquellen, S. 148; Riezler, a. a. O., S. 365 f.; M. Mayer, Burggrafen, S. 13; Rodenberg im Neuen Archiv XXV (1900) S. 483 Anm. 1 u. a.

[3] Die Regesten der Pabonen hat M. Mayer herausgegeben (vgl. S. 83 f. Anm. 2), leider so unpraktisch, daß niemand aus dem Regest ersehen kann, unter welchem Titel der Burggraf in der betreffenden Urkunde vorkommt.

[4] Vgl. dagegen v. Oefele in der Histor. Zeitschr. LII (1884) S. 369.

bis endlich mit des letzteren Brüdern Heinrich IV. und Otto III. um das Jahr 1185 das Geschlecht ausstarb, nachdem vorher ein jüngerer Bruder Heinrichs III., Otto II., die Nebenlinie der Landgrafen von Steffling gegründet hatte. Über den Umfang der Grafschaft unterrichten uns verschiedene Quellen, vor allem Urkunden des 11. Jahrhunderts, die wiederholt die Lage einer Ortschaft durch die Angabe *situm in pago* Donaugau *in comitatu Pabonis* oder *Ruodberti* oder *Heinrici* näher charakterisieren[1] und uns bis zu einem gewissen Grade eine Rekonstruktion des Grafschaftsbezirkes ermöglichen. Danach muß dieser ein ganz ansehnliches Gebiet, wohl etwa 20 bis 25 Quadratmeilen, am rechten Donauufer und zwischen Donau und Regen umfaßt haben.[2] Eine der Örtlichkeiten, die zu dieser Grafschaft gehörten, war auch Regensburg. Wiederholt wird Regensburg, genau ebenso wie irgend eine andere Ortschaft, im ausgehenden 10. und im 11. Jahrhundert als im Donaugau und in der Grafschaft Pabos, Rudberts oder Heinrichs gelegen erwähnt,[3] ein schlagender Beweis, daß die Stadt keine gerichtliche Sonderstellung einnahm, sondern einfach ein zu einer beträchtlichen Gaugrafschaft gehöriger Ort war.

So viel geht nun aus dem Ebengesagten ohne weiteres hervor, daß von einer Stadtgrafschaft Regensburg nicht die Rede sein kann.[4] Ist Regensburg Teil einer Gaugrafschaft gewesen,

---

[1] Pez, Thesaurus I, 3 p. 93 f. n. 22 (ca. 970); MG. DD. II, Otto II. 293, 296 (983), Otto III. 370 (1000); DD. III, Heinrich II. 23, 27 (1002), 56 (1003), 116 (1006), 145 (1007), 192, 196 (1009), 211, 213 (1010), 432 (1020), 455 (1021); MBo. XXIXa, 320 (1025), 332 (1029), 379 (1052), 395 (1057), XXXIa, 159 (1025); Ried, Cod. chron. dipl. episc. Ratisbon. I, 152 (1026), 179 (ca. 1090).

[2] Über Umfang und Größe der Grafschaft vgl. v. Lang, Baierns alte Grafschaften und Gebiete (Nürnberg 1831) S. 174; Wittmann, a. a. O., S. 378; Hirsch, a. a. O., S. 27 f.; v. Oefele, a. a. O., S. 368 f. M. Mayer, Burggrafen, S. 55 f., schreibt zwar aus Lang und Wittmann getreulich sämtliche dort als zur Burggrafschaft gehörig genannte Orte ab, verlegt aber trotzdem die ganze Burggrafschaft auf das rechte Donauufer.

[3] MG. DD. II, Otto II. 293, 296 (983), Otto III. 370 (1000); DD. III, Heinrich II. 23, 27 (1002), 116 (1006), 196 (1009), 455 (1021); MBo. XXIXa, 320 (1025), 379 (1052), 395 (1057); Ried I, 152 (1026).

[4] Es ist deshalb vom Standpunkte der herrschenden Lehre aus ganz konsequent, wenn Rodenberg, a. a. O., S. 483 Anm. 1 die Regensburger

so kann es keine besondere Stadtgrafschaft gebildet haben. Sollte es auch möglich sein, daß eine Stadtgrafschaft ein wenig über den Umfang des Stadtgebietes hinausreichte, so hätte es doch keinem Menschen einfallen können, eine viele Quadratmeilen zählende Gaugrafschaft bloß deshalb, weil auch eine größere Stadt in ihr lag, als Stadtgrafschaft zu bezeichnen. Wenn wir also in den Regensburger Quellen eine Burggrafschaft Regensburg erwähnt finden, so werden wir durchaus nicht geneigt sein, sie mit der Gaugrafschaft der Pabonen zu identifizieren.

Eine solche Burggrafschaft können wir nun tatsächlich in den Quellen nachweisen, und zwar sind es wiederum die Pabonen, die nicht nur als Gaugrafen im Donaugau, sondern auch als Burggrafen von Regensburg erscheinen. Schon vor dem Auftreten Pabos tritt in einer Regensburger Quelle ein *prefectus Ratisbonensis* Burchard auf, von dem wir allerdings nur wissen, daß er zugleich Markgraf der Ostmark, nicht aber, ob er Gaugraf im Donaugau war.[1] Nach ihm erscheint als *prefectus* Pabo, und seitdem finden wir alle dieselben Pabonen, die als *comites* im Donaugau auftreten, zugleich auch mindestens ebenso häufig unter dem Titel *prefectus, prefectus urbis, prefectus civitatis, prefectus Radisbonensis*,[2] vereinzelt auch *praeses urbanus*,[3] *praeses Radisbonensis*[4] oder *pretor urbis*.[5] Daß diese lateinischen Bezeichnungen nichts anderes als das Wort „Burggraf" wiedergeben, kann als feststehend angenommen werden. Seit den 30er oder

---

Burggrafschaft nicht als echte Burggrafschaft ansieht. Unbegreiflich bleibt nur, daß er lieber die älteste bekannte Burggrafschaft für unecht erklärt, statt die Unterscheidung zwischen echten und unechten Burggrafen überhaupt preiszugeben.

[1] Arnoldus St. Emmeram. I, 16 (MG. SS. IV p. 553): *vir ingenuus Burchardi marchicomitis et prefecti Ratisbonensis vasallus*. Die herrschende Ansicht (Wittmann, a. a. O., S. 370; Th. Mayer, a. a. O., S. 8 f.; Riezler, a. a. O., I S. 365; M. Mayer, Burggrafen, S. 8) macht ihn ohne weiteres auch zum Grafen im Donaugau.

[2] Die Titel sind im 11. und im Beginn des 12. Jahrhunderts durchaus die gewöhnlichen.

[3] Ried I, 173 (1070—89).

[4] MBo. VI p. 163 (ca. 1060).

[5] Ried I, 172 (1070—89).

40er Jahren des 12. Jahrhunderts (zuerst zwischen 1132 und 1143)[1] taucht auch die deutsch-lateinische Bezeichnung *burcgravius* (einmal auch *burgicomes*)[2] in den Urkunden auf, um schließlich die ältere Benennung *prefectus* fast zu verdrängen. Daneben finde ich nach 1150 auch einige Male den Regensburger Burggrafen als *castellanus* erwähnt.[3] Dagegen fehlt in den hunderten von Urkunden, die den Burggrafen nennen, fast ganz die Bezeichnung, die, wenn Burggraf einfach „Stadtgraf" bedeutete, die natürlichste hätte sein müssen, nämlich *comes urbis*, *civitatis*, *urbanus etc.* Während des ganzen 11. Jahrhunderts sucht man vergebens nach einer ähnlichen Benennung, und auch im 12. Jahrhundert gibt es meines Wissens nur zwei vereinzelte, nicht aus Regensburg, sondern aus Berchtesgaden stammende Quellenstellen, die vom *urbanus comes de Ratispona* reden.[4] Selbst der ziemlich farblose Titel *comes Ratisponensis*[5] kommt nicht vor dem 12. Jahrhundert vor. Hätte man wirklich im Regensburger Burggrafen den Grafen der Stadt Regensburg erblickt, so wäre es entschieden das Gegebene gewesen, seinen Titel mit *comes civitatis* zu übersetzen; daß man es nicht getan hat, gibt zu denken. Es zeigt, daß man weit entfernt war, in der Burggrafschaft eine Art Grafschaft zu sehen. Überhaupt machen wir aber in den Urkunden der älteren Zeit die Beobachtung, daß trotz der Vereinigung in ein und derselben Hand zwischen dem Grafenamte

---

[1] Ried I, 233: *Ottho purggravius.* Die Urkunde ist nach dem Regierungsantritt Bischof Heinrichs (1132), aber vor dem Tode des Burggrafen Otto (1142/43) geschrieben, so daß die Datierung bei Ried ca. 1147 falsch ist. Es ist bezeichnend für die Oberflächlichkeit M. Mayers, daß er in derselben Monographie über die Regensburger Burggrafen, in der er 1142 oder 1143 als Ottos Todesjahr nachweist, doch einfach S. 11 aus Gfrörer abschreibt, der deutsche Name Burggraf komme erst seit 1147 vor. In Mayers Regesten fehlt die Urkunde überhaupt.

[2] Verhandlungen des hist. Ver. f. Niederbayern XXIII S. 146 Nr. 1 (1158) (Windberger Traditionsurkunde).

[3] Stumpf, Acta imp. ined. 120 (1152), 154 (1174); Drei bayerische Traditionsbücher S. 30 (vor 1178).

[4] Quellen und Erörterungen I S. 239 Nr. 3 (1124—43); Koch-Sternfeld, Salzburg und Berchtesgaden II Nr. 1 (ca. 1106).

[5] MG. SS. VI p. 221 (1101); Cod. dipl. Sax. reg. A. II, 10 (1108), 35 (1112); MBo. XXIXa, 445*(1121) etc.

im Donaugau und der *praefectura*, der Burggrafschaft Regensburg. streng geschieden wird. Wenn Urkunden des 10. und 11. Jahrhunderts die Grafschaft im Donaugau erwähnen, sprechen sie ausschließlich vom *comitatus Pabonis* (bzw. *Ruodberti* oder *Heinrici) comitis*, nie von einem *comitatus Pabonis prefecti*, obwohl sonst gerade auch in dieser Zeit der Titel *prefectus* von den Pabonen überaus häufig geführt wird. Ebenso wird nie dieser *comitatus* im Donaugau als Burggrafschaft, als *burcgraviatus* oder *prefectura* bezeichnet. Allerdings ist den Quellen der Ausdruck *Radasponensis praefectura* sehr wohl bekannt, aber nicht im Sinne von Grafschaft, sondern von Burgkommando: eine St. Emmeramer Tradition aus den ersten Jahrzehnten des 11. Jahrhunderts spricht von einem *nobilis de militia Radasponensis praefecturae*,[1] also wohl einem Edlen von der Besatzung der Burg Regensburg.

Nach alledem scheint mir ein Schluß unabweisbar: die Burggrafschaft Regensburg ist nicht mit der Grafschaft im westlichen Donaugau identisch, sie ist auch kein Teil derselben, sondern sie ist ein selbständiges Amt, das nur in Personalunion mit der Grafschaft steht, mit ihr zufällig in der Hand ein und derselben Familie vereinigt ist. Und zwar hat diese Burggrafschaft Regensburg mit dem gewöhnlichen Grafenamte nicht das geringste zu tun, sondern ist nichts anderes als die Befehlsgewalt über die Reichsburg Regensburg. Daß mit dieser Befehlsgewalt dieselbe Person betraut worden ist, die in der Grafschaft, der Regensburg angehörte, die Grafenrechte ausübte, ist sehr begreiflich; immerhin werden trotz dieser tatsächlichen Vereinigung in den Urkunden, wenigstens während des 11. Jahrhunderts, beide Funktionen scharf getrennt. Erst im 12. Jahrhundert legt man auf diese Scheidung nicht mehr das gleiche Gewicht. Die alten Gaunamen und Grafschaftsbezeichnungen sind verschwunden, der Graf im westlichen Donaugau nennt sich jetzt bisweilen nach dem Hauptorte seines Gaues *comes Ratisponensis*, und wenn man auch in den lateinisch geschriebenen Urkunden noch immer dem alten Titel *praefectus urbis* den Vorzug giebt, so hat man sich doch entschieden an die dauernde Verbindung zwischen der Komman-

---

[1] Pez, Thesaurus I, 3 p. 108 n. 75 (1007—28).

dantur der Stadt Regensburg, der Burggrafschaft, und dem Grafenamte in den umliegenden Bezirken gewöhnt. Diese Verbindung ist auch geblieben, nachdem die Hauptlinie der Pabonen um 1185 erloschen war. Ob, wie MUFFAT[1] meint, nach ihrem Aussterben eine interimistische Verwaltung der von ihnen besessenen Rechte durch das Reich eingetreten ist, wissen wir nicht, auch nicht, ob die landgräfliche Nebenlinie der Stefflinger bis zu ihrem 1196 erfolgten Erlöschen in die Grafschaft oder Präfektur gefolgt ist. Wir wissen nur, daß um 1200 der Wittelsbacher Herzog als Erbe des untergegangenen Geschlechtes beide Ämter in Besitz genommen[2] und den Ansprüchen des Bischofs gegenüber siegreich behauptet hat.[3] So ist denn der bayerische Herzog Regensburger Burggraf und Inhaber der hohen Gerichtsbarkeit in der alten pabonischen Grafschaft geworden. *Purcravius* heißt er 1244 im Innungsbrief der Schuhmacher,[4] *nomen purchgravii Ratisponensis* erhält Herzog Ludwig bei der Landesteilung des Jahres 1255,[5] und im folgenden Jahre nimmt derselbe Herzog Ludwig in Ansehung der Dienste, die ihm die Bürger *iure purk-*

---

[1] MUFFAT, Beiträge zur Lebensgeschichte Herzog Ludwigs I. von Bayern, in den Abhandlungen der kgl. bayer. Akad., Histor. Kl. VII, 2 (1854) S. 424.

[2] Vgl. WITTMANN, a. a. O., S. 397 ff.; MUFFAT, a. a. O., S. 421 ff.; HEIGEL u. RIEZLER, Das Herzogtum Bayern zur Zeit Heinrichs des Löwen und Ottos I. von Wittelsbach (München 1867) S. 216; GFRÖRER, a. a. O., S. 52; GENGLER, Stadtrecht von Regensburg, S. 1; M. MAYER, Burggrafen, S. 44. Daß das Grafen- und Burggrafenamt, wie RIEZLER vermutet, als herzoglich bayerisches Lehen an die Herzöge zurückgefallen sei, ist mir sehr zweifelhaft. Jedenfalls haben die Herzöge später sich einfach als Erben der Pabonen betrachtet; vgl. Mon. Wittelsbac. I, 61 (1256): *pro iure purkgravie, quod ad iurisdictionem nostram ex hereditaria successione in Ratispona pertinere dinoscitur.* Die älteste Aussage über den Anfall der Burggrafschaft enthält die Altaicher Genealogie Ottos II. von Bayern (MG. SS. XVII p. 377): *Isti sunt quorum hereditas cum castris et prediis ad Ludwicum ducem et filium eius Ottonem sunt devoluta: . . . . Tres fratres purchgravii de Rietenpurch vel Ratispona.*

[3] In dem Schiedsvertrag mit Bischof Konrad 1205 (Mon. Wittelsbac. I, 2), erneuert 1213 (eod. I, 5).

[4] v. FREYBERG, Sammlung histor. Schriften V S. 92: *predictorum dominorum videlicet purcravii et advocati.* Die *predicti domini* sind der Herzog von Bayern und der Bischof von Regensburg.

[5] Annal. Hermanni Altah. 1255 (MG. SS. XVII p. 397).

gravie zu leisten haben, sie *sub consuetudine et statuto iuris ipsius purkgravie* unter seinen Schutz.[1] Auch das niederbayerische Urbar aus dem Ende des 13. Jahrhunderts kennt den Herzog als Inhaber der Burggrafschaft.[2]

Mit der Ausübung eines Teils dieser burggräflichen Rechte aber betraute er einen niederen Beamten, der dann gelegentlich wohl auch den Burggrafentitel führte. Ein solcher Stellvertreter ist wohl der *Albertus in Ratispona prefectus urbis*, der nach dem Erlöschen der Pabonen um das Jahr 1200 erscheint und offenbar einem Regensburger Dienstmannengeschlechte angehört.[3] Denselben Unterbamten des Herzogs meint auch das Stadtrecht von 1230, wenn es von den drei echten Dingen spricht, die *ex parte ducis burggravius* in der Stadt abhält.[4] Auch die bayerischen Urbare von etwa 1280 kennen ihn.[5] Bezeichnend ist jedenfalls, daß dieser subalterne Burggraf nur bei der Verwaltung solcher Rechte beteiligt erscheint, die durch den Anfall der burggräflichen Erbschaft an die Wittelsbacher gelangt sind, während die Verwaltung des Herzogshofes in Regensburg, der wohl schon früher den bayerischen Herzögen gehörte, nicht dem Burggrafen, sondern dem sogenannten *hofgaemel* übertragen ist.[6]

Was nun die doppelten Befugnisse der Regensburger

---

[1] Mon. Wittelsbac. I, 61 (1256).

[2] MBo. XXXVI a p. 529: *Ex sol auch der hertzog deu purgrafschaft ze Regenspurch leihen.*

[3] Erwähnt kurz vor dem Plattlinger Landtage von 1192 oder 1210 (MBo. XII p. 62). Vgl. Wittmann, a. a. O., S. 398; Riezler, a. a. O., II S. 30 Anm. 1; Gfrörer, a. a. O., S. 54. M. Mayer in den Verhandlungen des histor. Vereins für Oberpfalz und Regensburg LI (1899) S. 101 ff. weist ihn der Regensburger Familie Nothafft zu.

[4] Stadtrecht von 1230 (bei Keutgen, Urkunden 160 S. 197 ff.): *Item maior advocatus, qui tumbvogt vulgariter appellatur et potestatem habet iudicandi ex parte episcopi, et ex parte ducis burggravius in nullum civem proscriptionis sentenciam promulgabunt, nisi quando publicum habent placitum ex antiquo statuto, quod utrique illorum habere debent tantummodo ter in anno.*

[5] MBo. XXXVI a p. 364, 530.

[6] MBo. XXXVI a p. 530: *Ex sol auch nieman dheinen marcht an dex hertzogen hof haben an dex hofgaemels willen noch dheinen mist daran schueten noch dhein holtz darauf legen.* Über *hofgaemel* = Hofaufseher vgl. Schmeller I S. 913.

Burggrafen einerseits als Gaugrafen, andererseits als Präfekten angeht, so werden unsere Untersuchungen dadurch etwas erschwert, daß wir eigentliche Rechtsquellen aus der Zeit der Pabonen nicht besitzen. Aber meines Erachtens dürfen wir die Rechte, die später die bayerischen Herzöge in Regensburg ausüben, fast alle unbedenklich aus der vereinigten Burg- und Gaugrafschaft erklären. Außer einem einzigen Gebäude in der Stadt, dem sogenannten Herzogshofe, der bis heute ohne Unterbrechung herzoglich (bezw. königlich) bayerischer Besitz geblieben ist,[1] haben vor der pabonischen Erbschaft die bayerischen Herzöge oder wenigstens die Wittelsbacher irgendwelche Gerechtigkeiten in Regensburg nicht besessen. Wenn sie in den folgenden Jahrhunderten als Inhaber zahlreicher Befugnisse in der Stadt erscheinen, so spricht alles entschieden dafür, daß diese Befugnisse aus der genannten Erbschaft herrühren. Innerhalb dieser Befugnisse aber gilt es, die gräflichen von den burggräflichen zu trennen. Mit den ersteren wollen wir beginnen.

War bereits im 11. Jahrhundert die Stadt Regensburg nichts weiter als ein Teil der Grafschaft im westlichen Donaugau,[2] so hat auch das 12. Jahrhundert daran nichts geändert. Das Gericht, das der Graf und Burggraf in der Stadt Regensburg in dem aus einem Königshofe hervorgegangenen[3] Burggrafenhofe bei St. Egidien abhält,[4] ist kein bloßes Stadtgericht, sondern auch

[1] Über den noch um die Mitte des 11. Jahrhunderts als Königspalast erwähnten Herzogshof vgl. Rietschel im Neuen Archiv XXIX (1904) S. 648 ff. Einer mir anläßlich dieses Aufsatzes zugekommenen Äußerung Striedingers, daß der Übergang des Gebäudes an die Herzöge erst mit dem Erlöschen der Burggrafschaft erfolgt sei, kann ich nicht beistimmen. Ebenso wie Riezler (vgl. Heigel u. Riezler, a. a. O., S. 180 f.) möchte ich aus den wiederholt in Regensburg abgehaltenen Landtagen und aus der von Otto von Freising für die Stadt verwandten Bezeichnung *metropolis et sedes ducum Bawariae* schließen, daß schon die welfischen Herzöge eine Residenz in der Stadt besaßen. Das kann aber nur der Herzogshof gewesen sein.

[2] Vgl. oben S. 84 f.

[3] Vgl. Gfrörer, a. a. O., S. 11, 36 f.; Graf Walderdorff, a. a. O., S. 96 f., 371 ff. Der Hof ist von Kaiser Arnulf erbaut (MG. SS. IV p. 551).

[4] Ried I, 282 (1183): *in placito Heinrici iunioris burcgravii Ratisponensis . . . . actum est hoc Ratispone in atrio eiusdem* (sc. *prefecti*) *in absida ecclesie s. Egidii.*

zuständig für die übrige Grafschaft.[1] Andererseits erhalten wir auch Kunde von einem Gericht des Burggrafen, das in der Grafschaft außerhalb der Stadt am „Grafeneck“ stattfindet.[2] Vielleicht am klarsten aber verrät diese gräfliche Tätigkeit des Burggrafen im ganzen Gaubezirk eine Urkunde, die nicht weniger als fünf *exactores* (Fronboten) *prefecti* in verschiedenen Orten der Grafschaft aufzählt.[3] Unter den Wittelsbachern mag es zunächst bei der alten Einheit der Grafschaft geblieben sein, bis auch hier wie überall im 13. Jahrhundert die Auflösung der Grafschaftsverfassung dadurch sich vollzog, daß die alten Grafengerichte ihre Bedeutung einbüßten und ihre Befugnisse an die niederen Gerichte, auf dem flachen Lande an die Landgerichte, in Regensburg an das Schultheißengericht abgaben.[4] Noch nach dem Stadtrecht von 1230 hält der herzogliche Burggraf seine drei echten Dinge ab;[5] ob bloß für die Stadt oder die ganze alte Grafschaft, läßt sich aus der kurzen Stelle nicht ersehen.[6] Aber schon am Ende des Jahrhunderts scheint er mit der Justiz nichts mehr zu

---

[1] Unter einer Schenkung eines *prepotens vir* betreffend Güter in Kläham und Haid an St. Emmeram (1101—43) (Quellen z. bayer. Gesch. I S. 58 Nr. 130) stehen als erste Zeugen *Otto prefectus* und sein Schultheiß. Ein Tausch zwischen Kloster Ensdorf und St. Emmeram über Güter in Thanheim und Willsdorf vollzieht sich um 1178 *Ratispone in iudicio Friderici burgravii* (v. Freyberg, Sammlung II S. 236 Nr. 130). Ein Prozeß über ein Gut in Wiesendorf spielte sich 1143—77 ab *coram Heinrico urbis prefecto cunctis audientibus qui erant in concilio iudiciali*, ein anderer über ein Gut in Diettenhofen 1177—85 *in iudicio Ratisponensis prefecti* (MBo. XIII p. 70; Quellen z. bayer. Gesch. I S. 132 Nr. 255).

[2] Pez, Thesaurus I, 3 p. 181 n. 197 (1143—77): *in placito Heinrici purgravii Ratisponensis in loco Graveneche dicto.*

[3] Quellen z. bayer. Gesch. I S. 100 f. Nr. 204 (1171): *Richer exactor prefecti de Mecing, Chunradus de Grasolving exactor prefecti, Hertuicus de Erling exactor . . . . Lampertus exactor prefecti, Oudalricus exactor.*

[4] Vgl. für Bayern besonders Riezler, a. a. O., II S. 178 f.; Rosenthal, a. a. O., S. 49 ff., 54 ff., 185.

[5] Vgl. oben S. 90 Anm. 4.

[6] Jedenfalls sind 1230 die Bürger schon seit längerer Zeit davon befreit, außerhalb der Stadt in der übrigen Grafschaft Recht nehmen zu müssen (Stadtrecht v. 1230 § 18).

tun zu haben.[1] Aufgehört hat darum das Burggrafengericht nicht; es lebt, was bisher niemand bemerkt hat, fort in dem herzoglichen „Friedgericht“, das seit dem Jahre 1279 als besonderes Gericht für Friedebrüche nachweisbar ist[2] und im 14. Jahrhundert unter einem besonderen Friedrichter steht.[3] Daß dies Friedgericht nicht, wie GENGLER[4] annimmt, ein Ausläufer des Schultheißengerichts ist, ergibt sich schon daraus, daß es in den Quellen des 13. Jahrhunderts durchweg dem Schultheißengericht vorangestellt wird,[5] also offenbar einen höheren Rang als dasselbe einnimmt. Dagegen scheint mir sein Zusammenhang mit dem alten Burggrafengericht unbedingt daraus hervorzugehen, daß im niederbayerischen Urbar von ca. 1280 unter den Rechten, die zur Burggrafschaft gehören, an erster Stelle das Friedgericht erwähnt wird,[6] ferner daraus, daß genau derselbe Dualismus, der noch 1230 zwischen dem Burggrafengericht und dem Gericht des bischöflichen Vogtes besteht,

---

[1] In dem Urbar von ca. 1280 wird der Burggraf nie in gerichtlicher Tätigkeit erwähnt.

[2] Vgl. GENGLER, Stadtrecht von Regensburg, S. 73 f. Erwähnt wird es zuerst 1279, in welchem Jahre es Herzog Ludwig zugleich mit dem Schultheißenamt an ein aus dem Bischof und mehrerern Patriziern bestehendes Konsortium verpfändete (RIED I, 589). Seitdem hat es die wechselnden Schicksale des Schultheißenamtes geteilt (vgl. GEMEINER, Chronik I S. 535, II S. 55, 108 ff., 114 ff, 140, 211 f. etc.), bis es endlich 1496 zugleich mit dem Schultheißenamt definitiv von der Stadt erworben wurde. Vgl. darüber GENGLER, Stadtrecht von Regensburg, S. 11 f.; ROSENTHAL, a. a. O., S 186 f.; STRIEDINGER, Der Kampf um Regensburg 1486—92, in den Verhandlungen des histor. Vereins für Oberpfalz u. Regensburg XLIV (1890).

[3] Herwig von Au wird 1306—31 als Friedrichter erwähnt (RIED, Genealogisch-Diplomatische Geschichte der Auer, in den historischen Abhandlungen der kgl. bayer. Akademie V (1823) S. 248, 249, 259 Nr. 100, 103, 130; RIED, Cod. dipl. II, 863).

[4] GENGLER, Stadtrecht von Regensburg, S. 74.

[5] RIED I, 589 (1279): *iudicium pacis, camere et sculteti*; MBo. XXXVI a p. 365 (ca. 1280): *item de iudicio pacis, item de iudicio sculteti.* Siehe auch die folgende Anmerkung.

[6] MBo. XXXVI a p. 529 (ca. 1280): *deu purgrafschaft ze Regenspurch . . . . unde allen den reht, di darzuo gehoernt, daz ist daz fridgeriht, daz schulthaitzampt etc.*

sich noch nicht 50 Jahre später in dem Gegensatz zwischen herzoglichem und bischöflichem Friedgerichte wiederholt.[1]

Liegt auch in Regensburg, anders als in den übrigen bayerischen und den schwäbischen Städten, die öffentliche hohe Gerichtsbarkeit in der Stadt nicht in den Händen des Bischofs und seines Vogtes, so ist damit doch nicht gesagt, daß dem Domvogte jede Gerichtsbarkeit in der Stadt fehlte. Unbedingt gab es in Regensburg zahlreiche Personen, die, sei es als Eigenleute, sei es als Immunitätsleute, der Regensburger Kirche und der vollen Gerichtsbarkeit des Domvogtes unterstanden. War auch der Kreis dieser Personen kleiner, als der Kreis der unter dem Burggrafending stehenden Bürger, ganz unbedeutend kann er nicht gewesen sein.[2] So verstehen wir es durchaus, wenn im Fridericianischen Stadtrecht von 1230 dem Burggrafengericht das Gericht des Domvogtes in der Stadt gewissermaßen als gleichstehendes Gericht gegenübergestellt wird.[3] Während das Burggrafengericht im herzoglichen Friedgericht weiterlebt, ist aus diesem bischöflichen Domvogteigericht das bischöfliche Friedgericht hervorgegangen. Ursprünglich im Besitze eines einheimischen Grafengeschlechtes, der Grafen von Bogen,[4] die nur

[1] Vgl. Gengler, Stadtrecht, S. 74.

[2] Wahrscheinlich dürften dem bischöflichen Vogtgericht auch die Eigenleute von St. Emmeram, Mittelmünster, St. Veit im Brühl, St. Mang in Stadtamhof, Paring und Unser Frauen in Rohr unterstanden haben, da dieselben später unter die Gerichtsbarkeit des Propstes, nicht des Schultheißen gehören (älteste Statuten bei v. Freyberg, Sammlung V S. 56). Dagegen genossen Nieder- und Obermünster volle Immunität (MG. DD. III, Heinrich II. 29 [1002]; MBo. XXXa, Dipl. fals. 5 = Fälschung des 11. Jahrhunderts) und haben ihre eigenen *prepositi* (MBo. XIII p. 70, 95, 119; Ried I, 293, 391, 393, 398, 402, 403, 406; v. Freyberg, Sammlung V S. 92). Dafür, daß die Tätigkeit des Domvogtes in der Stadt nicht unbeträchtlich war, spricht der Umstand, daß die Weingartener Welfengeschichte 17 (MG. SS. XI p. 464) von einem *cottidianus questus* redet, den Domvogt Friedrich *in civitate* bezog.

[3] Vgl. oben S. 90 Anm. 4; ferner Gengler, Rechtsquellen, S. 217, Stadtrecht von Regensburg, S. 71.

[4] Über die Grafen von Bogen als Vögte von Regensburg vgl. Braunmüller in den Verhandlungen des histor. Vereins für Niederbayern XVII S. 155 ff. Die Ausführungen bei M. Mayer, Burggrafen, S. 16 f. und Gfrörer, a. a. O., S. 42 f. sind recht mangelhaft.

vorübergehend 1129—1132 Herzog Heinrich dem Stolzen weichen mußten,[1] ist die Regensburger Domvogtei nach dem Tode des letzten Grafen Friedrich von Bogen im Jahre 1148 erst an Graf Gebhard von Sulzbach,[2] dann 1188 an die Herren von Lengenbach,[3] endlich 1235 nach dem Tode des letzten Lengenbachers in unbekannte Hände gelangt,[4] bis endlich im Jahre 1245 Bischof Siegfried die bisher immer an Magnaten als Lehen gegebene *advocatia nostre ecclesie Ratisponsis* einzog und bestimmte, daß sie untrennbar bei der Kirche bleiben solle.[5] Seitdem hören wir von der Vogtei nichts mehr; dagegen taucht plötzlich am Ende der fünfziger Jahre ein vorher nie erwähntes, vom herzoglichen Friedgericht verschiedenes bischöfliches Friedgerichts auf,[6] das wir nach dem oben Gesagten als den letzten Überrest des alten Vogtdinges ansprechen dürfen.

Wenden wir uns nach dieser Feststellung wieder den gräflichen Befugnisse der Regensburger Burggrafen zu. Zu denselben gehört zweifellos die Einsetzung des eigentlichen Stadtrichters, des Schultheißen.[7] Wird doch geradezu das Schultheißenamt als ein zur Burggrafschaft gehöriges Recht bezeichnet.[8] Daß der Burggraf aber als Graf, nicht als Burgkommandant den Stadtrichter eingesetzt hat, versteht sich ohne weiteres. Übrigens zeigt sich genau derselbe Dualismus, der zwischen Burggrafen-

---

[1] Vgl. Braunmüller, a. a. O., S. 167; Janner, a. a. O., II S. 28 f., 37 ff.

[2] Vgl. Moritz, Stammreihe und Geschichte der Grafen von Sulzbach I, in den Abhandlungen der histor. Kl. der kgl. bayer. Akademie I, 2 (1833) S. 169 ff.

[3] Vgl. Moritz, a. a. O., I S. 173; v. Meiller, Regesta archiep. Salisb. S. 537 ff.; Braunmüller, a. a. O., S. 83 Anm. 1; Janner, a. a. O., II S. 202 Anm. 4, S. 412. Belegstellen vor allem in v. Meiller, Regesten der Babenberger S. 67 ff. Nr. 43, 53, 75, 82, 83, 100, 104, 134, 141, 146, 162, 169, 182, 192, 218, 239, S. 148 ff. Nr. 2, 5, 30.

[4] Wir wissen nur, daß der letzte Vogt Konrad hieß.

[5] Ried I, 418, 422 (1245). Aber schon das Jahr vorher erscheint Bischof Siegfried selbst als *advocatus*; vgl. S. 89 Anm. 4.

[6] Nach Gemeiner, Chronik I S. 380 im Jahre 1257, nach Janner, a. a. O., II S. 462 eher 1258 oder 1259. In diesem Jahre wird das Schultheißenamt dem Stadtrat verpfändet. Über seine späteren Schicksale vgl. Gemeiner, Chronik, I S. 24, 47, 99, 196 etc.

[7] Vgl. Gfrörer, a. a. O., S. 33; Gengler, Rechtsquellen, S. 217;

[8] Vgl. S. 93 Anm. 6.

und Vogtding, zwischen herzoglichem und bischöflichem Friedegericht besteht, auch in der niederen Instanz zwischen dem Schultheißengericht und dem Gerichte über die Eigenleute der Regensburger Kirche, das der vom Vogte, später vom Bischof eingesetzte, dem Laienstande angehörige *praepositus*[1] abhält. Weitere gräfliche Rechte des Burggrafen und später des Herzogs sind Zollrecht[2] und Geleite,[3] alles Rechte, die meist mit dem Grafenamte verbunden zu sein pflegen, während das Münzrecht der Herzöge in Regensburg aus einer älteren Zeit stammt.[4]

---

[1] Über den *praepositus* und sein Gericht vgl. Gfrörer, a. a. O., S. 43; Gengler, Rechtsquellen, S. 217, Stadtrecht von Regensburg, S. 72 f. Das Amt dieses *praepositus* kommt nicht erst, wie Gfrörer behauptet, 1135, sondern schon im 11. Jahrhundert vor (Quellen z. bayer. Gesch. I S. 35, 41, 42 Nr. 78, 95, 97). Auch die von Gfrörer, a. a. O., S. 55 ff. aufgestellte Behauptung, das Schultheißengericht sei später mit dem Propstgericht kombiniert worden, ist falsch; vgl. Gengler, Stadtrecht von Regensburg S. 71, 75 Anm. 3; Rosenthal, a. a. O., S. 186 Anm. 3. Daß der Propst vom Domvogt ernannt wurde, ergibt die ca. 1148 erfolgte Erwähnung eines *Gewolf prepositus comitis Gebhardi* (Ried I, 235), denn Gebhard von Sulzbach ist damals Domvogt.

[2] Zu den Rechten der Burggrafschaft rechnet das niederbayerische Urbar von etwa 1280 auch *di chleinen zolle, dax ist saltx, eysen, chorn und swax chleines dinges ist* (MBo. XXXVIa p. 529).

[3] In der Urkunde von 1256, in der Herzog Ludwig den Bürgern das Geleitgeld erläßt, nimmt er vorher auf seine burggräflichen Rechte Bezug (Mon. Wittelsbac. I, 61).

[4] Über das Münzrecht der bayerischen Herzöge in Regensburg vgl.: Cappe, Die Münzen der Herzöge von Bayern, der Burggrafen von Regensburg und der Bischöfe von Augsburg aus dem X. und XI. Jahrhundert (Dresden 1850); Dannenberg, Die deutschen Münzen der sächsischen und fränkischen Kaiserzeit I (Berlin 1876) S. 392 ff., II (1894) S. 681 ff., III (1898) S. 811 ff.; Schratz, Die Konventionsmünzen der Herzöge von Bayern und der Bischöfe von Regensburg, in den Verhandlungen des histor. Vereins für Oberpfalz u. Regensburg XXXIV (N.F. XXVI) S. 153 ff.; Muffat, Beiträge zur Geschichte des bayerischen Münzwesens unter dem Hause Wittelsbach, in den Abhandlungen der kgl. bayer. Akademie, Histor. Kl. XI, 1 (1868) S. 211 ff. Die von Koehne, Zeitschrift für Münz-, Siegel- und Wappenkunde III (1843) S. 191; Cappe, a. a. O., S. 48; Wittmann, a. a. O., S. 377 Anm. 42; Gfrörer, a. a. O., S. 35 vertretene Ansicht, es habe in Regensburg burggräfliche Münzen gegeben, ist heute abgetan; vgl. Grote, Münzstudien, VIII S. 56; Dannenberg, a. a. O., I S. 421; Riezler, a. a. O., I S. 367 Anm. 2.

Über die spezifisch burggräflichen, nicht gaugräflichen Rechte des Regensburger Burggrafen erfahren wir vor dem 13. Jahrhundert nur wenig. Daß es eine unter dem Kommando des Burggrafen stehende militärische Besatzung von Regensburg, eine *militia Radasponensis praefecturae* gab, haben wir schon oben[1] gesehen. Schon diese Nachricht läßt uns über die militärischen Befugnisse des Burggrafen keinen Zweifel. Mit dem Oberbefehl über die Burg Regensburg und nicht mit den gräflichen Rechten im Donaugau dürfte es aber auch zusammenhängen, wenn zu der Errichtung eines Wochenmarktes in dem jenseits der Donau dicht unter den Mauern Regensburgs gelegenen Flecken Stadtamhof die Genehmigung des *urbis prefectus* erforderlich ist.[2] Denn wir wissen genau, daß Stadtamhof überhaupt nicht zum Donaugau und zur Grafschaft der Pabonen gehört hat;[3] nur als Befehlshaber der Burg, unter deren Mauern der Marktverkehr sich abspielte, nicht als Gaugraf kann der Burggraf seine Erlaubnis erteilt haben. Unzweifelhaft aber ist ein Ausfluß des Stadtkommandos das sogenannte „Stangenrecht", das uns zwar erst im niederbayerischen Urbar am Ende des 13. Jahrhunderts bezeugt wird, aber zweifellos viel älter ist. Der Burggraf soll danach, wenn er vor dem Herzog reitet, einen recht gemessenen Speer quer vor den Sattel legen und, soweit der Speer reicht, die Straße räumen.[4] Aus der Fassung, in der die Stelle erhalten ist, wird uns allerdings nicht völlig klar, was unter dem Räumen der Straße gemeint ist, ein Zurückdrängen der Umherstehenden oder das Beseitigen der die Straße sperrenden Überbauten. Mag man aber selbst zur Zeit der Abfassung des Urbars die Stelle in

[1] Vgl. S. 88.

[2] Verhandlungen des histor. Vereins v. Oberpfalz u. Regensburg XLVI S. 288ff. Nr. 3 (1156): *rex .... cum consilio fratris sui H. ducis Bavariae et huius urbis praefecti publicam mercaturum in villa sive civitate Riparia omnia feria tertia instituit.* Die *fratres Ripenses* haben dafür jährlich *metretam de semine porri urbis praefecto* zu zahlen.

[3] Es gehörte zum Nordgau; vgl. MG. DD. II, Otto II. 247 (981).

[4] MBo. XXXVIa p. 530: *Ex sol auch der prukgraf* (sic!) *vor dem hertzogen reiten alle êstrasze di er wil und sol ein recht gemezzen sper fuer sich in den satel legen und als weit sol man in umb und umb di strazze raumen.*

ersterem Sinne mißverstanden haben, so lassen doch die Nachrichten, die wir über das vollkommen gleichartige Stangenrecht in Dinant[1] und Worms[2] haben, darüber nicht den geringsten Zweifel, daß wir es hier ursprünglich mit einer Befugnis des Burggrafen, Beseitigung der Überbauten verlangen zu dürfen, zu tun haben, einer Befugnis, deren militärischer Charakter unzweifelhaft ist, die wir schon beim Straßburger gefunden haben,[3] und die uns auch beim Wormser und Kölner begegnen wird.[4]

Ferner aber steht der Burggraf in Regensburg ebenso wie in Straßburg und Augsburg in besonderen Beziehungen zu den Handwerken der Stadt; vor allem bezieht er von ihnen gewisse Abgaben. Zwar aus der alten burggräflichen Zeit sind Nachrichten über diese Leistungen der einzelnen Gewerbe nicht vorhanden; erst das bayrische Urbar aus dem Ende des 13. Jahrhunderts[5] und das Urbar des Viztumamtes Lengenfeld von 1326[6] zählen als die Einnahmen des sogenannten Kammeramtes *(officium camerae)* die Abgaben auf, die eine Anzahl von Regensburger Handwerken zu entrichten hat. Da nun die Wittelsbacher schwerlich vor der Erwerbung der Burggrafschaft in rechtlichen Beziehungen zu den Regensburger Gewerben gestanden haben, aber schon die Verträge von 1205 und 1213[7] von einer Gesetzgebung des Herzogs *de omnibus unionibus quarumlibet venditionum* reden, so dürfte der Schluß nicht von der Hand zu weisen sein, daß diese Einnahmen alte Rechte des Burggrafenamtes darstellen. Wahrscheinlich sind sie auch mit den *obsequia* gemeint, die nach der Urkunde von 1256[8] die Bürger *pro iure purkgravie* dem Herzog zu leisten haben. Jedenfalls spricht für den Zusammenhang dieser Rechte mit dem Burggrafenamt der Umstand, daß seit 1279 das Kammeramt immer mit dem Friedgericht ver-

---

[1] Waitz, Urkunden, 2. Aufl., 9 S. 21.
[2] Vgl. unten S. 130 f.
[3] Vgl. S. 24.
[4] Vgl. unten S. 130 f., 147 f.
[5] MBo. XXXVIa p. 363 f.
[6] MBo. XXXVIa p. 593 f.
[7] Mon. Wittelsbac. I, 2 (Z. 9), 5 (Z. 13).
[8] Mon. Wittelsbac. I, 61.

bunden erscheint und alle die verschiedenen Verpfändungen und Auslösungen dieses Amtes hat mitmachen müssen.[1]

Im einzelnen sind es die Bäcker, Fleischer, Brauer, Gerber, Chuderwaner (Feinschuster), Metgeben (Schenkwirte), Kürschner, Hutmacher, *fragenarii bise* (Höker), Schwertfeger, Krämer, die Abgaben zu entrichten haben; von den *ziecharii* (Bettziechen) heißt es nur, daß sie *ad voluntatem purchgravii debent instituere magistrum,* eine Leistung wird nicht erwähnt. Am höchsten und zwar durchweg in Geld angesetzt sind die Abgaben der Lebensmittelgewerbe; was die übrigen Handwerke zu leisten haben, ist nur wenig mehr als eine Scheinleistung. Auch hier finden wir, ebenso wie in Straßburg, daß lange nicht alle Gewerbe mit derartigen Abgaben belastet sind; der Grund dürfte hier wie dort darin zu finden sein, daß nur solche Handwerke, die schon in älterer Zeit eine Organisation gefunden haben, in diese engen Beziehungen zum Burggrafenamte getreten sind, während zur Zeit, als die jüngeren Verbände entstanden, der alte Charakter des Amtes sich schon völlig gewandelt hatte.

Daß aber die Rechte, die die Herzöge den alten Handwerkerverbänden gegenüber besaßen, sich nicht auf die Erhebung von Abgaben beschränkten, erfahren wir aus einer Urkunde des Jahres 1384. Die Herzöge leisten darin ausdrücklich auf alle die Einungen, die sie in der Stadt gehabt haben, und von denen das Brauamt, Bäckeramt, Fleischhaueramt und Fragenamt ausdrücklich aufgezählt werden, Verzicht; nur die in das Kammeramt fallenden Abgaben behalten sie sich zurück.[2] Wir sehen also, daß diese Abgaben nur einen Teil und sicher nicht einmal den bedeutendsten der Verpflichtungen darstellten, die den älteren Handwerksvereinigungen gegenüber den Burggrafen bezw. Herzögen oblagen. Wahrscheinlich dürfte, ebenso wie in Straßburg, auch die Jurisdiktion in Handwerkssachen und, was ja für die Bettziechen ausdrücklich bezeugt wird, die Einsetzung des *magister,* des Amtsvorstandes, in den Bereich der burggräflichen Amtsgewalt gefallen sein. Fragen wir aber, was der Anlaß zu diesen be-

[1] Ried I, 589; Gemeiner, Chronik, I S. 498, II S. 55 etc.

[2] Gemeiner, Chronik, II S. 210; Gengler, Stadtrecht von Regensburg, S. 34 Anm. 2.

sonderen Beziehungen zwischen Handwerksämtern und Burggrafschaft gewesen ist, so werden wir wohl nicht fehlgehen, wenn wir hier, ebenso wie in Straßburg, auf die militärische Bedeutung der Handwerkerverbände das Hauptgewicht legen.[1]

Ein ganz besonders festes Band verbindet endlich das Burggrafenamt mit dem Brauereigewerbe, dem *officium braxatorum*. Unter den Rechten der Burggrafschaft im niederbayerischen Urbar wird der übrigen Handwerke nicht gedacht, die *prewen* werden aber ausdrücklich erwähnt,[2] und auch in den vom Kammeramt handelnden Stellen unterscheidet sich das *officium braxatorum* dadurch von den anderen Verbänden, daß nicht nur das Amt als ganzes, sondern auch jeder einzelne Brauer eine Abgabe zu entrichten hat. Diese Sonderstellung erklärt sich offenbar aus dem burggräflich-herzoglichen Brauereibann. Das Braugewerbe ist kein freies Gewerbe; nur der darf es ausüben, dem das Amt verliehen worden ist.[3] Die 12 Pfennige aber, die jeder Brauer zwischen Georgen und Johannis von jedem Gebräude Bier zu zahlen hat, sind nichts weiter als Entgelt für diese Amtsverleihung.

Wir sind am Schluß und werfen noch einmal einen Blick zurück. Gerade die Burggrafschaft, die auf das ehrwürdigste Alter zurückblickt, und die so oft zum Beweise der herrschenden Theorie hat herhalten müssen, hat sich uns nicht als Stadtgrafschaft, sondern als Stadtkommandantur offenbart; nur die rein äußerliche Verbindung mit einem Gaugrafenamte hat den trügerischen Anschein erwecken können, als sei für Regensburg tatsächlich die Gleichsetzung „Burggraf = Stadtgraf" gerechtfertigt. Ferner ist aber das Ergebnis, das wir für das alemannisch-schwäbische Gebiet gewonnen hatten, auch für das bayerische Gebiet bestätigt worden; nur in der einen ummauerten Stadt, die in diesem Gebiete von altersher bestand, nicht in den später

---

[1] Dafür sprechen auch die wenigen nicht in Geld oder Viktualien angesetzten Abgaben des Urbars, nämlich ein Schwert, das die Schwertfeger, ein Messer, das die Krämer zu entrichten haben.

[2] MBo. XXXVI p. 529.

[3] Stadtrecht von 1230 § 19: Jeder Regensburger Bürger darf für seinen Hausbedarf, nur nicht für den Verkauf Bier brauen *illorum contradictione, qui officium habent braxandi cerevisiam, non obstante.*

gegründeten Städten ist es zur Errichtung einer solchen über ein bloßes Burgkommando hinausreichenden Stadtkommandantur gekommen.

§ 8.

Die bayerisch-fränkischen Grenzdistrikte.

Ob man Nürnberg, die Stadt, die in einer Geschichte des Burggrafenamtes ganz besondere Beachtung verdient, zu Bayern oder zu Franken zu rechnen hat, ist schwer zu entscheiden; vereinigt doch der Nürnberger Dialekt fast in gleichem Maße bayerische und fränkische Sprachelemente, so daß über seine Zugehörigkeit noch heute keine zweifellose Entscheidung getroffen ist.[1] Wenn wir trotzdem entschlossen sind, das Nürnberger Burggrafenamt unter Bayern zu erörtern, so bestimmt uns die Tatsache, daß im früheren Mittelalter das Nürnberger Gebiet als Territorium nahe der Slawengrenze in militärischer Hinsicht ähnliche Verhältnisse wie Bayern aufweist. Und dasselbe gilt von dem Gebiete der beiden Bistümer, deren Grenzen sich in der Stadt Nürnberg berühren, Eichstätt und Bamberg. So mag es denn gestattet sein, auch das vorwiegend fränkische Gebiet Bambergs zugleich mit dem Eichstätter Gebiet im Anschluß an das eigentliche Bayern einer näheren Untersuchung zu unterziehen.

Werfen wir zunächst einen Blick auf die hohe Gerichtsbarkeit der beiden Bischofsstädte Eichstätt[2] und Bamberg,[3] so

---

[1] Vgl. Riezler, Geschichte Baierns I S. 6; Weinhold, Bayrische Grammatik (Berlin 1867) S. 11ff.

[2] Über Eichstätt vgl.: F. H. Lang, Topographische Beschreibung und Geschichte der k. bayer. Kreishauptstadt Eichstätt (Eichstätt 1825) — Sax, Versuch einer Geschichte des Hochstifts und der Stadt Eichstädt (Nürnberg 1858). — Gengler, Die Verfassungszustände im bayerischen Franken bis zum Beginne des XIII. Jahrhunderts (Erlangen u. Leipzig 1894) S. 101ff. (Beiträge zur Rechtsgeschichte Bayerns IV).

[3] Über Bamberg vgl.: Schuberth, Historischer Versuch über die geistliche und weltliche Staats- und Gerichtsverfassung des Hochstifts Bamberg (Erlangen 1790), Nachträge (Erlangen 1792). — Zoepfl, Das alte Bamberger Recht als Quelle der Carolina (Heidelberg 1839). — Gengler, Verfassungszustände, S. 155ff. — Rietschel, Markt und Stadt, S. 107f.

können wir dem Quellenmateriale, das in unserer Frage für diese Orte glücklicherweise ziemlich ausgiebig ist, unbedingt das eine entnehmen, daß hier genau dieselben Verhältnisse vorliegen, die wir für alle fünf schwäbischen Bischofsstädte sicher nachweisen, für die bayerischen, außer Regensburg, wenigstens vermuten konnten. Nicht ein Burggraf ist in diesen Städten Inhaber der hohen Jurisdiktion, sondern der bischöfliche Vogt.

In beiden Orten liegt die Vogtei in der Hand eines angesehenen Grafengeschlechtes. In Eichstätt sind es die Grafen von Hirschberg, die wir schon im 11. Jahrhundert als bischöfliche Vögte feststellen können, und die diese Vogtei bis zu ihrem 1305 erfolgten Ableben behauptet haben;[1] erst in diesem Jahre ist die *advocatia* dem Hochstift zurückgefallen.[2] Früher ist in Bamberg den Bischöfen die Erwerbung der Vogtei geglückt. Hier finden wir seit den ersten Jahren des 12. Jahrhunderts als Vögte die Grafen von Abenberg oder Frensdorf,[3] von denen Graf Friedrich im Jahre 1189 die Vogtei über die Stadt, die *advocatia fori*, zusammen mit der Vogtei über andere Ortschaften gegen 400 Mark Silbers durch Vermittlung Bischof Ottos II. dem Domkapitel verpfändet hat.[4] Ottos Nachfolger, Bischof Tiemo, hat dann 1201 diese Stadtvogtei, die bei ihm schon *advocatia civitatis* heißt, der

---

[1] Vgl. Sax, a. a. O., S. 27 ff., 40, 91, 94; Gengler, a. a. O., S. 107.

[2] Auf Grund einer Zuwendung des letzten Hirschbergers, Gebhards VI., von 1296 (v. Falckenstein, C. d. Nordg. 117; vgl. Lefflad, Regesten der Bischöfe von Eichstätt II, 780). Die Teilung der Hinterlassenschaft erfolgte 1305 (Mon. Wittelsbac. II, 222).

[3] Vgl. Rietschel, a. a. O., S. 108 Anm. 3. Als Vögte finde ich Wolfram, 1108 (Österreicher, Geschichte der Herrschaft Banz II, Anmerkungen S. 8 Beil. 1), Rapoto, 1122—1160 (UB. Allerheiligen 62, in Quellen zur Schweizer Geschichte III S. 106; Österreicher, Denkwürdigkeiten, III S. 85 Nr. 5, Banz, II, 18; 16. Bericht des hist. Ver. zu Bamberg 1853 S. 29, 31; MBo. XXIXa, 500); Friedrich, 1189 (Österreicher, Banz, II, 30). Über die Grafen von Abenberg und Frensdorf vgl. Stein, Geschichte Frankens I S. 232 f., II S. 345. — Darüber, daß 1154 einmal Bischof Eberhard *per manum domini nostri regis Friderici ecclesie nostre advocati* tätig wird (MBo. III p. 428) vgl. unten S. 103 Anm. 3.

[4] Österreicher, Banz, II, 30.

Bamberger Kirche dauernd übertragen und versprochen, sie nie wieder auszuleihen.[1]

Darüber, daß diese Vogtei ein bischöfliches Lehen ist, lassen die Urkunden nicht den geringsten Zweifel. Als Graf Gebhard VI. von Hirschberg im Jahre 1296 für den Fall seines unbeerbten Todes der Eichstätter Kirche seine Vogtei überträgt, bezeichnet er sie ausdrücklich als das *ius advocaticium, quod nos et progenitores nostri ab ipsa ecclesia nomine feudi tenuimus et tenemus.*[2] Und als Graf Friedrich von Frensdorf die verschiedenen Vogteien dem Domkapitel verpfändet,[3] geschieht das *per manum episcopi,* von dem er offenbar dieselben zu Lehen trägt. Auch wird die obengenannte Urkunde von 1201 uns erst dann völlig verständlich, wenn wir die Vogtei als bischöfliches Lehen auffassen.

Genau ebenso unzweifelhaft ist aber auch, daß diese Stadtvogteien von Eichstätt und Bamberg nur Bestandteile der Kirchenvogteien der beiden Hochstifter sind. In der obengenannten Urkunde von 1296 spricht Graf Gebhard von dem *ius advocaticium quod super civitate Eystettensi, oppido in Berchingen nec non super omnibus ac singulis possessionibus aliisque ad mensam episcopalem seu ad capitulum ipsius ecclesiae pertinentibus nobis competit*; die Vogtei über die Stadt Eichstätt und den Flecken Berching wird also nur als besonders wichtiger Spezialfall der Vogtei über alle Besitzungen der Eichstätter Kirche hervorgehoben.

---

[1] Höfler, Friederichs von Hohenlohe Rechtsbuch, S. XCVIf. Beil. III, 1; vgl. auch Reg. Boica II p. 51; 7. Bericht des hist. Ver. zu Bamberg S. 271.

[2] v. Falckenstein, C. d. Nordg. 117.

[3] Österreicher, Banz, II, 30: *depositis sibi per manum episcopi omnibus que predictus comes F. ad mensam et manum suam libere tenuit, scilicet advocatia fori in civitate Babenberc.* Allerdings scheint es, daß eine Zeitlang als der eigentliche Vogt der deutsche König gegolten hat und der Abenberger die Vogtei von ihm als Lehen erhielt; eine Urkunde von 1154 (vgl. S. 102 Anm. 3) läßt Friedrich Barbarossa als Vogt tätig werden, in einer anderen von 1160 (MBo. XXIXa, 500) spricht derselbe Herrscher von dem *fidelis imperii nostri Rapoto de Abenberc advocatus burgi Babenberc idemque Babenbergensis aecclesiae beneficio comes in Rangowe*, scheint also die Vogtei als Reichslehen im Gegensatz zu der Grafschaft, die Bamberger Kirchenlehen ist, bezeichnen zu wollen. Im Jahre 1189 jedenfalls ist von irgend welchen Rechten des Reichs an der Bamberger Vogtei nichts zu spüren.

Noch deutlicher ist eine Urkunde Bischof Philipps von 1307, die von den Rechten redet, die die Hirschberger Grafen in der Stadt hatten von der *vogtey wegen, dy sy lange über unser gotzhaus in nutz und in gewer herpracht hetten.*[1] Ebenso erscheinen in Bamberg die Abenberg-Frensdorfer nicht nur als *advocati burgi Babenbere*[2] oder als Inhaber der *advocatia forri,*[3] sondern auch schlechthin als die *advocati Babenbergensis ecclesiae,*[4] deren Mitwirkung der Bischof sich bei wichtigen Rechtsgeschäften zu bedienen pflegen.[5] Auch die Verpfändungsurkunde von 1189 zeigt, in wie vielen Orten der Bamberger Kirche Graf Friedrich Vogteirechte ausgeübt hat.[6]

Daß endlich die Vogtei die hohe Gerichtsbarkeit und die oberste Gewalt in der Stadt in sich schloß, kann nicht bezweifelt werden. Für Eichstätt deutet darauf zudem der interessante Vertrag, den 1291 Graf Gebhard von Hirschberg mit seinen geliebten Getreuen, den Eichstätter Bürgern, abgeschlossen hat.[7] In Bamberg fehlen zwar aus der Zeit der Abenbergischen Vogtei, abgesehen von der Erwähnung der *advocatia fori*, Nachrichten über den Blutbann in der Stadt, dagegen sprechen spätere Rechtsquellen[8] dem Bischof die *iudicatus sen iudicia causarum civitatis Babenbergensis et etiam iudicia sanguinis mortis super civitatis emunitatibus*, die *plenam iurisdictionem super ipsam civitatem Babenberch* zu, offenbar als dem Nachfolger der alten Vögte.

Fragen wir aber, welchen Ursprung diese hohe Gerichtsbar-

---

[1] Sammelblatt des historischen Vereins in Eichstätt I (1886) S. 6.

[2] MBo. XXIXa, 500.

[3] Österreicher, Banz, II, 30.

[4] Österreicher, Banz, II, Anm. S. 8 Beil. 1, Denkwürdigkeiten, III S. 85 Nr. 5.

[5] Quellen zur Schweizer Geschichte III S. 106; 16. Bericht des hist. Ver. zu Bamberg 29, 31; Österreicher, Banz, II, 18.

[6] *advocatia fori in civitate Babenberc, Halstat, Gisvelt cum suis attinentiis, advocatia in Chranatia, advocatia in Grenza, advocatia in Banza, advocatia in Tharissa, et carradis vini in Othwineshusen, advocatia in Rostal, advocatia in Rota.*

[7] Abgedruckt im Sammelblatt des histor. Ver. in Eichstätt I S. 2ff. Vgl. auch die Urkunde von 1307, ebenda S. 6ff.

[8] Höfler, Rechtsbuch, S. 28, 18.

keit des Vogtes gehabt hat, so dürfen wir wohl die Immunität als die Grundlage derselben annehmen. Auf Grund von Marktprivilegien Ludwigs des Kindes und Konrads I.[1] haben die Eichstätter Bischöfe ihre Stadt als Marktansiedlung auf ihrem Grund und Boden erbaut;[2] dieser Grund und Boden genoß aber schon unter Konrads I. Vorgängern volle Immunität.[3] Dagegen ist die ursprünglich königliche Marktansiedlung Bamberg erst im Anfang des 12. Jahrhunderts in das Eigentum der Bamberger Kirche[4] und damit unter die Jurisdiktion des Bamberger Kirchenvogtes gelangt, die derselbe seit Konrads II. Immunitätsurkunde[5] über das gesamte Gut des Hochstiftes ausübte.

Daß es in Eichstätt nicht zur Entstehung eines Burggrafenamtes gekommen ist,[6] begreift sich leicht, wenn man die geschichtliche Entwicklung der Stadt ins Auge faßt. Allerdings haben Ludwig das Kind und Konrad I. schon im Anfang des 10. Jahrhunderts dem Eichstätter Bischof nicht nur das Marktrecht, sondern auf seine Bitte, *ut ei liceret ... in suo episcopatu aliquas munitiones (et firmitates) contra payanorum incursus moliri,* auch das Recht verliehen, *urbem construere.*[7] Aber diese *urbs* ist nicht etwa die spätere Stadt Eichstätt,[8] die damals noch gar nicht bestand und erst dem neubewilligten Marktrecht ihre Entstehung verdankt, sondern die befestigte bischöfliche Residenz. Sie ist es und schwerlich die spätere Stadt Eichstätt, die vom Herriedener

---

[1] MBo. XXXIa, 90 (908); MG. DD. I, Konrad I. 36 (918): *ut ei liceret ad suum coenobium Eihsteti dictum ...... publice negotiationis mercatum constituere.* Von einer vom Kloster verschiedenen Ortschaft Eichstätt ist nicht die Rede.

[2] Die Bischöfe betrachten sich als Eigentümer der Stadt; vgl. Sammelblatt des histor. Ver. in Eichstätt I S. 6 (1307): *in unser vorgenanter stat zu Eystett, dye unsers gotzhaws eigen ist.* Die Stadt aber ist ihrer ganzen Anlage nach eine Marktansiedlung.

[3] MG. DD. I, Konrad I. 4 (ca. 912).

[4] Vgl. darüber RIETSCHEL, a. a. O., S. 107f.

[5] MBo. XXIXa, 339.

[6] Was GFRÖRER, Gregor, VII S. 320f. über Eichstätter Burggrafen sagt, ist völlig kritiklos.

[7] MBo. XXXIa, 90 (908); MG. DD. I, Konrad I. 918 (918).

[8] Das nehmen LANG, a. a. O., S. 83; SAX, a. a. O., S. 30; GENGLER, a. a. O., S. 117 fälschlich an.

Anonymus als *urbs*[1] und von einer Königsurkunde des Jahres 1080 als *civitas* bezeichnet wird.[2] Von der ummauerten Stadt Eichstätt ist sicher erst 1180 die Rede;[3] bei der minimalen Bedeutung des Ortes dürfen wir kaum annehmen, daß der Bau der Stadtmauer sehr viel weiter zurückreicht.

Dagegen wird uns, was bisher fast ganz unbeachtet geblieben ist,[4] vorübergehend einmal ein Burggraf von Bamberg bezeugt. Auf dem Reichstage, den im Herbst 1151 König Konrad III. in Würzburg abhält, erscheint in zwei Urkunden[5] als Zeuge unmittelbar hinter den Burggrafen (*prefecti*) von Mainz und Würzburg ein *Guichardus prefectus Babenberg*, den wir schon wegen dieser Nachbarschaft unbedingt als Bamberger Burggrafen ansehen müssen. Da dieser Wichard oder irgend ein anderer Bamberger Burggraf sonst nirgends nachweisbar ist, hält es schwer, über sein Amt sicheres festzustellen. Stadtkommandant war er nicht, da Bamberg noch im Jahre 1180 nur ein *burgum*, 1189 nur ein *forum*, also ein offener Burg- und Marktflecken war.[6] Ehemaliger Kommandant der Burg Bamberg, der in der bekannten Urkunde Ottos II. von 973 erwähnten *civitas Papinperc*, dürfte er ebensowenig gewesen sein, denn diese ist seit der Gründung des Bistums einfach zur Domfreiheit geworden.[7] Am nächsten liegt es, in ihm den Befehlshaber einer bei Bamberg gelegenen Burg,

---

[1] Anon. Haser. 30 (MG. SS. VII p. 261f.): *Volebat quippe ipsum templum ex parte transferre, ita ut pars monasterii, quae nunc orientalis est, occidentalis fieret, sicque monasterium in editiori urbis loco consisteret.* Wenn später von einem *monasterium in monte veteris urbis* die Rede ist, so hat man unter der *vetus urbs* die Willibaldsburg zu verstehen.

[2] MBo. XXXIa, 194 (1080).

[3] Lefflad, Regesten I, 283 (1180). Daß in einigen Handschriften der Notitia Galliarum aus dem 11. Jahrhundert (von Mommsen zum Teil, trotzdem sie Bamberg als Bischoftsstadt erwähnen, ins 10. Jahrhundert gesetzt) die *civitas Egestetensis* genannt wird (MG. Auct. antiq. IX p. 594), will nichts besagen, da dieselben jede Bischofsstadt *civitas* nennen.

[4] Nur Waitz, Verfassungsgeschichte, VII S. 44 macht eine Ausnahme. Die von Gfrörer, a. a. O., S. 315 ff. für Bamberg entdeckten Burggrafen sind Produkte seiner Phantasie.

[5] Cod. dipl. Saxon. A. II, 227, 231.

[6] Vgl. Rietschel, Markt und Stadt, S. 108.

[7] Vgl. Gengler, a. a. O., S. 18 Anm. 7.

vielleicht der sogenannten Altenburg, zu sehen.[1] Auch sonst begegnen in dem der Slawengrenze benachbarten Bistum Bamberg derartige Burgkommandanten, die wohl den Titel Burggraf geführt haben könnten, so der *urbis comes* Adalbert der Burg Burgkunstadt (*urbis Chuonstat*), der 1096 als verstorben erwähnt wird,[2] und 1124 der *Poppo vir ingenuus praefectus castelli Gozwinesten*[3] (Gösweinstein bei Pottenstein). Aber irgend welche größere Bedeutung haben diese wohl in Bambergischen Diensten stehenden Burgkommandanten schwerlich gehabt.

Ganz anders ist die Stellung der berühmtesten Burggrafen, die die Geschichte kennt, der königlichen Burggrafen von Nürnberg.[4] Die Burg, das *castrum* Nürnberg, zu deren Füßen die gewerbreiche Stadt an der Pegnitz entstanden ist, scheint in der ersten Hälfte des 11. Jahrhunderts von den Saliern erbaut worden zu sein.[5] Oft hat sie den letzten Königen dieses Hauses als Aufenthaltsort gedient.[6] Nach Heinrich V. Tod vorübergehend von den Staufern okkupiert, ist sie von Lothar als Reichsgut in Anspruch genommen worden und um das Jahr 1131 auch in die

---

[1] Ob bischöflicher oder königlicher Kommandant, mag unerörtert bleiben.

[2] Oesterreicher, Denkwürdigkeiten, IV S. 18 Nr. 1.

[3] Fink, Die geöffneten Archive I, 10 S. 174 Nr. 2 (1124).

[4] Über Nürnberg vgl.: Hegel, Einleitung, in den Chroniken der deutschen Städte I (Leipzig 1862) S. XIII ff. — v. Maurer, Städteverfassung, III S. 314 ff. — Gengler, Verfassungszustände, S. 26 ff., 30 ff. — Reicke, Geschichte der Reichsstadt Nürnberg (Nürnberg 1895). — Rösel, Alt-Nürnberg I (Nürnberg 1895). — Mummenhoff, Altnürnberg (Bamberg 1890). — Mummenhoff, Der Reichsstadt Nürnberg geschichtlicher Entwicklungsgang. — Über die Nürnberger Burggrafen insbesondere vgl.: v. Stillfried-Rattonitz, Generalogische Geschichte der Burggrafen von Nürnberg (Berlin 1845). — Riedel, Die Ahnherren des Preußischen Königshauses bis gegen das Ende des 13. Jahrhunderts, in den philolog. und histor. Abhandlungen der Berliner Akademie 1854 S. 13 ff. — Riedel, Über den Ursprung und die Natur der Burggrafschaft Nürnberg, ebenda 1854 S. 365 ff. — L. Schmidt, Die älteste Geschichte des erlauchten Gesamthauses der Hohenzollern III (Tübingen 1888) S. 64 ff.

[5] Vgl. Gengler, a. a. O., S. 27; Reicke, a. a. O., S. 12.

[6] Heinrich III. hat 1050 und 1051, Heinrich IV. 1061, 1077, 1079, 1080, Heinrich V. 1108 hier geweilt (Stumpf 2390 (?), 2410, 2593, 2802—4, 2817, 2823, 3027).

Hände des Königs gelangt,[1] um von nun an dauernd mit dem Reiche verbunden zu bleiben.[2] Seit dem Anfang des 12. Jahrhunderts erfahren wir auch näheres über die Befehlshaber dieser Burg, die Burggrafen von Nürnberg. Stammt auch die Nachricht, Heinrich IV. habe im Jahre 1105 *tutelam castri prefecto Gottefrido et Cuonrado de Ragaza* befohlen, erst aus ziemlich später Zeit,[3] so paßt sie doch trefflich zu dem Bilde, das uns die Urkunden des 12. Jahrhunderts liefern. Etwa seit dem Jahre 1113[4] finden wir in den Zeugenreihen der Urkunden Edle, die sich ursprünglich bloß „von Nürnberg" (*de Norinberg*), später auch *prefecti, castellani, burggravii etc.* von Nürnberg nennen und, worüber heute nicht der geringste Zweifel mehr besteht, dem in Niederösterreich angesessenen vornehmen Geschlecht der Herren von Raabs angehören.[5] In dieser Familie, in der die Namen Gottfried und Konrad wechseln,[6] ist das Burggrafenamt bis zu ihrem Aussterben geblieben, um dann an das Geschlecht zu fallen, das dem Namen der Burggrafen von Nürnberg ein bleibendes Denkmal in der Geschichte gesetzt hat, an die Hohenzollern.

---

[1] Über die Vorgänge vgl. Bernhardi, Lothar von Supplinburg (Leipzig 1879) S. 125 ff., 264, 266 f.; Gengler, a. a. O., S. 27; Reicke, a. a. O., S. 28 f.; Mummenhoff, Altnürnberg, S. 7.

[2] Die Behauptung, Nürnberg sei nach seiner Übergabe an den König Herzog Heinrich dem Stolzen als Lehen bis zu Lothars Tod übertragen worden (Mummenhoff, Altnürnberg, S. 7; Gengler, a. a. O., S. 27; Reicke, a. a. O., S. 29) ist unbegründet. Über die einzige Stelle, die als Beweis dafür angeführt wird, die Historia Welforum Weingart. 16 (MG. SS. XXI p. 463 f.), vgl. Bernhardi, a. a. O., S. 126 Anm. 21.

[3] Sie stammt aus der am Ende des 15. Jahrhunderts geschriebenen Nieronbergensis cronica Sigmund Meisterlins (Chroniken der deutschen Städte III S. 207; vgl. auch S. 86), der die Nachricht aber älteren Quellen entnommen hat.

[4] MG. SS. XXI p. 420 (ca. 1113).

[5] Vgl. Gruber in den österr. Blättern f. Litteratur IV Nr. 168; Hegel in den Chroniken der deutschen Städte III (1864) S. 86 Anm. 3; Gengler, a. a. O., S. 28 u. a.

[6] Die Regesten dieser Burggrafen vgl. bei Stälin, Württembergische Geschichte II (Stuttgart und Tübingen 1847) S. 528 ff. und besser bei Wendrinsky in den Blättern des Vereins für Landeskunde von Niederösterreich XIII (1879) S. 118 ff.

1190 wird noch einmal der letzte Burggraf aus dem Raabser Geschlechte erwähnt, 1192[1] finden wir schon Friedrich von Zollern im Besitze der Burggrafschaft, und von nun an ist sie bei den Hohenzollern geblieben, die allerdings 1386 und 1427 den größten Teil der burggräflichen Rechte dem Rate der Stadt Nürnberg käuflich überlassen haben.[2]

Die Amtstitel, die der Nürnberger Burggraf trägt, sind die üblichen; *prefectus*[3] oder *castellanus*[4] *de Nurimberg* finde ich im Anfang als die gewöhnlichen Bezeichnungen, neben denen zuerst 1154 der deutsche Name *burggravius*[5] auftaucht, um schon ein Jahrzehnt darauf durchaus der gewöhnliche zu werden. Ganz vereinzelt erscheinen daneben die Ausdrücke *comes de Norimberg*,[6] *comes urbis de Nurenberg*,[7] und in einer bischöflich würzburgischen Urkunde von 1170 der wohl aus dem würzburgischen Herzogtum zu erklärende auffallende Titel *vicecomes de Nurenberg*.[8] Eine ziemlich alte Urkunde spricht auch von einem *advocatus de Nuernberg*.[9]

Über die lateinischen und deutschen Amtstitel erhalten wir also in ziemlich früher Zeit Bescheid, leider nicht über die burggräflichen Gerechtsame. Erst die Lehnsbriefe, die König Rudolf 1273 und 1281[10] dem Nürnberger Burggrafen erteilt hat, gewähren uns in die Befugnisse des Amtes einen Einblick; noch spätere Urkunden, wie die Schiedsurkunden in dem Streite zwischen

---

[1] Zuerst am 9. Juni 1192 (Mon. Zollerana VIII, 12).

[2] Mon. Zollerana V, 183 (1386), 185 (1387); v. Wölckern, Historia Norimbergensis diplomatica Nr. 304—309 (1427).

[3] Zuerst 1138 (Wendrinsky 69, 91, 94, 118, 122, 153, 154, 155, 169).

[4] Zuerst 1138 (Wendrinsky 71, 72, 73, 76, 78, 82, 84, 85, 86, 90, 93, 95, 97, 111, 125, 127, 128, 139, 149, 150, 156, 160, 163).

[5] Wendrinsky 110, 115, 119, 120, 123, 124, 126, 129, 131, 132, 133, 135, 138, 141, 143, 144, 145, 147, 148, 151, 157, 158, 159, 161, 162, 165, 166, 167, 168.

[6] Wendrinsky 92 (1144).

[7] Wendrinsky 107 (ca. 1150).

[8] MBo. XLV, 20 (1170) (Wendrinsky 130). Vgl. E. Mayer, Das Herzogtum des Bischofs von Würzburg und die fränkischen Landgerichte S. 195 Anm. 4, in der deutschen Zeitschrift für Geschichtswissenschaft N.F. I (1897).

[9] Wendrinsky 74 (1139).

[10] Mon. Zollerana II, 129, 246.

Stadt und Burggraf von 1362 und die Verkaufsurkunden von 1386 und 1427, bringen manche dankenswerte Ergänzung.[1] Daß diese Quellen einer Zeit angehören, in der das Amt schon manche Wandlungen erfahren hat, steht fest; fraglich ist nur, welche Schlüsse man aus ihnen für die ursprüngliche Bedeutung der Burggrafschaft ziehen kann.

Zunächst kann darüber nicht der geringste Zweifel bestehen, daß die Burggrafschaft ein Reichslehen war. Als Lehen, wie sie seine Vorfahren von den früheren Königen erhalten hatten, empfing sie Burggraf Friedrich III. 1273 aus der Hand Rudolfs von Habsburg;[2] als Reichslehen besaß sie schon 1200 der erste zollerische Burggraf;[3] als salisches Familienlehen und später als Reichslehen war sie, wie die Vererbung in ein und derselben Familie zeigt, offenbar schon von den Saliern und später von Lothar und den ersten Staufern den Herren von Raabs verliehen worden.[4] Die Hauptaufgabe des Burggrafen, um deretwillen überhaupt das Amt geschaffen worden ist, war zweifellos ursprünglich die Bewachung und Verteidigung der königlichen Burg,[5] der er überhaupt seinen Amtstitel verdankt. Die Quellen des 12. Jahrhunderts zeigen, welche hohe Bedeutung diese mannigfach belagerte Festung als militärischer Stützpunkt besessen hat.[6] Kein Wunder, daß ihr Kommandant zu den angesehensten Reichsvasallen gezählt wurde. Im Laufe der Zeit hat die Burg immer

---

[1] Mon. Zollerana III, 507, 508 (1362), 517 (1363), V, 183 (1386), 185 (1387), VIII, 360 (1386); v. Wölckern, Hist. Nor. 304—309 (1427).

[2] Mon. Zollerana II, 129 (1273): *universa bona infra scripta, videlicet comiciam burcgravie in Nurenberch etc. cum reliquis feodis, que idem et sui progenitores a nostris antecessoribus habuisse dinoscuntur titulo feodali, concessimus in feodo.*

[3] Mon. Zollerana I, 65 (1200): *fidelis noster Fridericus burgravius de Nurenberc ipsum predium .... ad dignitatem feudi sui in Nurenberc pertinere debere comprobavit.*

[4] Vgl. auch Riedel, Ursprung, S. 370 f.

[5] Darüber besteht unter allen Forschern völlige Einmütigkeit. Vgl. Riedel, Ursprung, S. 375 ff.; Hegel, a. a. O., S. XV; Gengler, a. a. O., S. 27; Reicke, a. a. O., S. 41; L. Schmid, a. a. O., III S. 156 ff.; Mummenhoff, Altnürnberg, S. 10 etc.

[6] Bezeichnend ist der heftige Widerstand der Burg bei den Belagerungen von 1127 und 1130—31; vgl. Bernhardi, a. a. O., S. 126, 266, 268 f.

mehr diese Bedeutung eingebüßt und ist zu einer bloßen königlichen Residenz geworden. So ist es zu erklären, daß im 13. Jahrhundert, jedenfalls vor 1273, die Burggrafen das Kommando über die Königsburg verloren haben.[1] Nur ihre eigene, neben der Königsburg errichtete und ihnen zum Wohnsitze dienende Burggrafenburg haben sie 1273 behauptet,[2] außerdem als letzten Rest der alten Burghut die *custodia portae sitae prope idem castrum*, womit entweder der östliche Eingang zur Reichsburg oder eine an der Stelle des heutigen Vestnertores gelegene Pforte gemeint sein kann.[3] Mit dem alten militärischen Kommando hängt wohl auch der Zins von einem Schilling zusammen, den jährlich jede Schmiedewerkstatt in Nürnberg, später bloß jede auf der Lorenzer Seite gelegene, bis zum Jahre 1386 an den Burggrafen entrichten mußte.[4] Auch der Mühlenbann, den in Nürnberg der Burggraf wenigstens früher besessen hat,[5] dürfte, ebenso wie der Mühlen-

[1] Vgl. Hegel, a. a. O., S. XIX; Mummenhoff, Altnürnberg, S. 12; Reicke, a. a. O., S. 46, 130 f. Daß die Burggrafen schon 1138 das Kommando über die königliche Burg verloren haben, wie Riedel, Ursprung, S. 375 ff. und Gengler, a. a. O., S. 27 f. annehmen, ist unbewiesen.

[2] Mon. Zollerana II, 129 (1273): *castrum quod tenet ibidem, custodiam porte site prope idem castrum.* Über diese östlich von der Reichsburg gelegene Burggrafenburg vgl. Riedel, Ursprung, S. 378 ff.; Essenwein im Anzeiger für Kunde der deutschen Vorzeit XXV (1878) S. 265 ff.; Reicke, a. a. O., S. 46 ff.; Mummenhoff, Altnürnberg, S. 11 f.; L. Schmidt, a. a. O., III S. 151 ff.

[3] Vgl. Reicke, a. a. O., S. 54; Mummenhoff, Altnürnberg, S. 98 f. Anm. 31.

[4] Mon. Zollerana II, 129 (1273), 246 (1281): *Dicto quoque burcgravio queque fabrica in Nurenberch solvet unum solidum annuatim.* Erst 1362 erreichen die Nürnberger eine Beschränkung dieser Abgabe auf die Lorenzparochie (Mon. Zollerana III, 507, 508), 1386 wird die lästige Abgabe überhaupt abgelöst (Mon. Zollerana V, 183, 185 VIII, 360).

[5] Vgl. Riedel, Ursprung, S. 383. Die Lehnsbriefe von 1273 und 1281 erwähnen zwar den burggräflichen Mühlenbann nicht; daß derselbe aber früher bestanden hat, kann man daraus schließen, daß die Mühlen in Nürnberg, soweit ich feststellen kann, durchweg burggräflich sind; vgl. Mon. Zollerana I, 156 (1234), II, 423 (1289), 428 (1299), 468 (1307), 541 (1319), IV, 262 (1374), VII, 207 (1413), 365, 476 (1414), VIII, 182 (1318), 188 (1326), 202 (1334), 206 (1336), 216 (1343), 417 (1396). Im Jahre 1374 werden nicht weniger als fünf, 1413 und 1414 ebensoviele burggräfliche Mühlen erwähnt; als die Stadt 1427 das Burggrafenamt erwarb, gehörten dazu noch vier Mühlen (v. Wölckern, Hist. Nor. 304, 305). Während die älteren Urkunden

bann des Straßburger Burggrafen,[1] seine Erklärung in militärischen Rücksichten finden.

Mit diesem Burgkommando aber haben sich andere wichtige Verwaltungs- und Jurisdiktionsbefugnisse verbunden, wie das bei der Stellung des angesehensten unter den ostfränkischen Reichsvasallen sich eigentlich von selbst verstand. Nach den späteren Quellen bezieht er noch den dritten Baum, das dritte Stück Wild und alles Fallholz im Reichsforst,[2] was wohl darauf deutet, daß einst die Verwaltung des gesamten Waldes in seiner Hand lag. Vor allem dürfte der Burggraf früher oberster Richter und ursprünglich wohl auch oberster Verwalter des gesamten um Nürnberg liegenden Reichsdomanialgutes gewesen sein.[3] Aus dieser hohen Domanialgerichtsbarkeit,[4] und nicht, wie manche Forscher[5] annehmen, aus den Grafschaftsrechten im alten Nordgau, ist wohl das kaiserliche Landgericht in Nürnberg hervorgegangen, das *iudicium provinciale in Nurenberch, cui etiam, vice imperatoris, omne iudicium iudicans presidebit*, wie es in den Privilegien von 1273 und 1281 heißt.

---

korrekterweise diese Mühlen als Reichslehen bezeichnen, da ja der Mühlenbann ein Teil des ja auch nur als Reichslehen vergebenen Burggrafenamtes ist (Mon. Zollerana I, 156, II, 423), nennen 1413 die Burggrafen die Gleißmühle ihr Eigen und Erbe (Mon. Zollerana VII, 207).

[1] Vgl. oben S. 24 f.

[2] Mon. Zollerana II, 129 (1273), 246 (1281): *terciam feram, terciam arborem de foresto ac omnia ligna iacencia in eodem.* Vgl. auch Mon. Zollerana III, 507, 508 (1362).

[3] Auch darüber herrscht in der Wissenschaft wohl Einstimmigkeit. Vgl. Hegel, a. a. O., S. XV; Reicke, a. a. O., S. 43; L. Schmid, a. a. O., III S. 158 ff.

[4] Darin scheint mir E. Mayer, a. a. O., S. 223 ff. durchaus das richtige getroffen zu haben.

[5] Vgl. Riedel, Ursprung, S. 366 ff.; Reicke, a. a. O., S. 42 f. Unter der in den Lehnsbriefen von 1273 und 1281 genannten *comicia burcgravie in Nurenberch*, die, was E. Mayer, a. a. O., S. 223 richtig hervorhebt, nicht mit dem kaiserlichen Landgericht identifiziert wird, verstehe ich nicht mit E. Mayer, a. a. O., S. 228 eine in Rangau gelegenen Gaugrafschaft, sondern allein eine Kollektivbezeichnung für das Burggrafenamt und die damit verbundenen Rechte, die im folgenden dann in der Hauptsache einzeln aufgezählt werden.

Seit 1246[1] können wir die Burggrafen wiederholt als Vorsitzende dieses königlichen Landgerichts nachweisen; ich zweifle aber nicht, daß sie auch schon lange vorher eine quasi-gräfliche Jurisdiktion in den ostfränkischen Domanialbezirken ausgeübt haben.[2]

Aus dieser Gerichtsbarkeit über das Reichsgut aber erklären sich auch ohne weiteres die übrigen Befugnisse, die der Burggraf außer den schon obengenannten in der Stadt ausübt. Nürnberg ist auf königlichem Grund und Boden erbaut,[3] es muß also auch einmal unter der Gerichtsbarkeit dieses obersten Reichsdomanialrichters gestanden haben. In der Zeit, in der wir über die Nürnberger Gerichtsverhältnisse näheren Aufschluß erhalten, im 13. Jahrhundert, hat sich das allerdings geändert. Während auf dem Lande die Burggrafen in der Reichsdomanialverwaltung spätestens seit Rudolf von Habsburg durch abhängige königliche Landvögte, vielleicht aber schon früher durch die *buticularii* abgelöst worden sind,[4] ist die Stadt mindestens seit 1219[5] auch in

---

[1] Mon. Zollerana II, 47. Vgl. über dies kaiserliche Landgericht Riedel Ursprung, S. 386ff.; E. Mayer, a. a. O., S. 223ff. und die dort angeführte Literatur. Schröder, Rechtsgeschichte, 4. Aufl., S. 574 bringt es irrtümlich mit der Reichslandvogtei in Zusammenhang.

[2] Der Beweis E. Mayers, a. a. O., daß vor 1246 der *buticularius* das kaiserliche Landgericht in Nürnberg geleitet habe, scheint mir nicht gelungen. Die von E. Mayer angeführten Urkunden von 1228 und 1236 zeigen uns meines Erachtens den *buticularius* nicht als kaiserlichen Landrichter, sondern als Stellvertreter des Königs im Reichshofgericht. Überhaupt scheint es mir unwahrscheinlich, daß der *buticularius* Befugnisse an den Burggrafen abgegeben haben sollte, vielmehr schließe ich mich durchaus der herrschenden Ansicht (Mummenhoff, Altnürnberg, S. 71, Entwicklungsgang, S. 12f.; Reicke, a. a. O., S. 157) an, die im *buticularius* den Beamten erblickt, dem die staufischen Könige an Stelle des ihnen zu selbständig gewordenen Burggrafen die Verwaltung ihrer Reichseinkünfte (vielleicht auch den Befehl über die Reichsburg) übertrugen.

[3] *Annales Altahenses* 1050 (MG. SS. XX p. 805): *in Nuorenberc suo fundo Heinricus tertius convocat principes Boioariae totius.*

[4] Vgl. Küster, Das Reichsgut in den Jahren 1273—1313 (Leipzig 1883); Reicke, a. a. O., S. 131ff. Über den *buticularius* vgl. Anm. 2.

[5] Stadtprivileg von 1219 § 9 (Keutgen, Urkunden 157 S. 194): *Item quicquid aliquis Nurembergensis delinquit, pro quo delicto puniendus esset in persona aut in rebus, si satisfecerit sculteto nostro, nulli amplius respon-*

schwereren Kriminalfällen völlig eximiert und der alleinigen Jurisdiktion des Reichschultheißen unterstellt, der nicht mehr vom Burggrafen, sondern vom König ernannt wird.[1] Aber noch immer sind deutliche Spuren der alten Gerichtsbarkeit des Burggrafen vorhanden: noch nach den Privilegien von 1273 und 1281 soll neben dem Schultheißen der Amtmann des Burggrafen den Vorsitz im Stadtgericht führen und zwei Drittel der Bußen für den Burggrafen einkassieren, auch sind jährlich zehn Pfund vom Schultheißenamt an den Burggrafen zu entrichten.[2] Ist also auch das Recht, selbst über die Stadtbewohner in schweren Fällen zu richten und den unteren Stadtrichter zu ernennen, dem Burggrafen verloren gegangen, so hat er doch von seinen Einnahmen aus der Gerichtsbarkeit nichts eingebüßt, denn die zwei Drittel der Strafgelder sind der Anteil, den auch sonst vielfach der niedere an den höheren Richter abzuliefern hat. Auch die Einnahmen, die der Burggraf aus dem Zoll bezieht,[3] dürften ihre Erklärung in der alten Gerichtsgewalt über die Stadt finden.

Endlich erwähnen die Quellen noch ein wichtiges Recht, das dem Burggrafen als Reichslehen gebührt und erst im Jahre 1386 abgelöst wird.[4] Von allen Hausstätten jenseits der Pegnitz auf der Lorenzer Seite (nicht auf der Sebalder Seite) ist dem Burg-

---

dere debet de hoc delicto. Der *sculteius noster* des Königs in Nürnberg wird zuerst 1199 erwähnt (MBo. XXIXa, 564).

[1] Über den Schultheißen vgl. Histor.-Diplomatisches Magazin I (Nürnberg 1781) S. 14ff.; Stromer, Geschichte und Gerechtsame des Reichsschultheisenamts zu Nürnberg (Nürnberg 1787); Hegel, a. a. O., S. XVIII; Reicke, a. a. O., S. 91. Schon vor 1323 ist aber das Schultheißenamt an den Burggrafen verpfändet worden; vgl. Hegel, a. a. O., S. XXII; Stromer, a. a. O., S. 28f.

[2] Privileg von 1273 (Mon. Zollerana II, 129): *Officialis eiusdem burcgravii una cum sculteto nostro in civitate Nurenberch iudicio presidebit. Et quicquid emolumenti de ipso iudicio vel per homicidium vel quemcumque casum alium provenerit, idem officialis duas partes eiusdem victus per se tollet.* Ferner bezieht der Burggraf *decem libras denariorum de officio sculteti in Nurenberch.* Vgl. auch Mon. Zollerana III, 517; ferner Stromer, a. a. O., S. 24ff.

[3] Privileg von 1273 (Mon. Zollerana II, 129): *decem libras de theloneo ibidem.*

[4] Mon. Zollerana V, 183 (1386), 185 (1387), VIII, 360 (1386).

grafen ein Wortzins zu zahlen und jährlich zur Erntezeit ein Schnitter zu stellen.[1] Läßt sich auch aus dieser Notiz für das Wesen des Burggrafenamtes kaum etwas entnehmen, so ist sie doch für die Entstehung der Stadt Nürnberg von höchstem Interesse. Sie zeigt, daß dieser Stadtteil jenseits des Flusses als selbständige Marktansiedlung gegründet worden ist, ein Ergebnis, daß durch einen Blick auf die bauliche Anlage der Lorenzerstadt eine geradezu unwiderlegliche Bestätigung erfährt.[2] Ob diese Gründung durch die deutschen Könige erfolgt[3] und der Hausstättenzins erst später den Burggrafen übertragen worden ist, oder ob vielleicht selbst die Burggrafen auf dem ihnen als Lehen gegebenen Reichsgute eine Marktgründung ins Leben gerufen haben, muß unentschieden bleiben. Dagegen werde ich weiter unten zeigen, wie durch diese Tatsache auf die Entstehung der Stadt Nürnberg ein völlig neues Licht fällt.[4]

Fassen wir die gewonnenen Ergebnisse noch einmal zusammen. In der Nürnberger Burggrafschaft haben sich zwei Amtstätigkeiten vereinigt, das eigentliche Burggrafenamt, das allein den Oberbefehl über die Reichsburg Nürnberg bedeutet, und eine aus-

[1] Privileg von 1273 (Mon. Zollerana II, 129): *censumque tollet ab omnibus areis ab altera parte pontis et de qualibet tempore messis unum messorem.* Genaueres erfahren wir aus den Urkunden von 1362 (Mon. Zollerana III, 507, 508). Der Burggraf beansprucht von jeder *hofstat in sant Laurencien Pfarr einen snyter.* Die Bürger bestreiten dies Recht, aber geben zu, *dax in sant Laurentxen Pfarr ye die hofrait alle jar xwen haller geben hett.* Das Schiedsgericht bestimmt: *Ex sal igliche hofstad bynnen sant Laurencien pfarre dem burggrafen eynen tag in dem jar in der Erne lihen einen sneder und einen pfenning.*

[2] Man vergleiche den Stadtplan bei Reicke, a. a. O., zwischen S. 158 und 159, oder in den Chroniken der deutschen Städte XI (Leipzig 1874) am Schluß. Die regelmäßige Bauart verrät deutlich, daß die Lorenzstadt planmäßig gegründet ist. Auch die Gleichmäßigkeit des Wortzinses, der von den einzelnen Hausstellen entrichtet wird (vgl. Anm. 1), spricht dafür, daß dieser Stadtteil als Marktansiedlung angelegt ist. Über derartige Marktansiedlungen vgl. Rietschel, Markt und Stadt, S. 129ff., 135f.

[3] Mit der im 11. Jahrhundert vorübergehend erfolgten Verlegung des Fürther Marktes nach Nürnberg (MBo. XXIXa, 406) dürfte die Gründung dieser Marktansiedelung kaum in Zusammenhang stehen.

[4] Vgl. unten S. 116 ff.

gedehnte Gerichts- und Verwaltungstätigkeit über das ostfränkische Reichsgut, wie sie anderwärts durch Reichsvögte ausgeübt wird.[1] Leicht möglich, daß deshalb der Burggraf auch einmal *advocatus* von Nürnberg heißt. Soviel steht aber ohne weiteres fest: mit einer Stadtgrafschaft Nürnberg hat das Amt nicht das geringste zu tun. Das hat auch die frühere Forschung in der Hauptsache erkannt und darum diesen berühmtesten aller Burggrafen zum unechten Burggrafen gemacht.

Aber wenn der Burggraf auch kein Stadtgraf ist, können wir ihn nicht etwa wie den Regensburger Burggrafen als Stadtkommandanten ansehen? Sollte er wirklich bloß Befehlshaber der Burg und nicht auch der ummauerten Stadt Nürnberg gewesen sein? Wir müssen auf diese Frage antworten, daß allerdings in den Quellen gelegentlich von näheren Beziehungen des Burggrafen zur Stadtbefestigung die Rede ist, aber solchen Beziehungen, die gerade zeigen, daß die Ummauerung der Stadt ganz ohne Mitwirkung des Burggrafen, ja gegen seinen Willen seitens der Bürger erfolgte. Sowohl 1362 wie 1367 beklagt sich der Burggraf beim Kaiser über den städtischen Mauerbau, zuerst, weil man ihm den Eingang zu seiner Burggrafenburg verbaue,[2] das andere Mal, weil man auf sein Terrain die Stadtmauer führe.[3] Der Burggraf stützt sich bei seinen Beschwerden ausschließlich auf die Freiheit seiner Burggrafenburg, denkt aber nicht daran, sich als Stadtkommandanten zu gerieren. Aber auch aus einem anderen Grunde müssen wir die Stadtkommandantur des Burggrafen ablehnen, nämlich weil die Befestigung der Stadt Nürnberg erst in eine Zeit fällt, in der die militärische Bedeutung des Burggrafen schon so gut wie verschwunden ist.

Schlagen wir allerdings die Darstellungen der Nürnberger Stadtgeschichte,[4] ja sogar die Monographien über die Nürnberger

---

[1] Vgl. Schröder, Rechtsgeschichte, 4. Aufl., S. 506 f.

[2] Mon. Zollerana III, 507.

[3] Ulman Stromer 1367 (Städtechroniken I S. 26 f.); Mon. Zollerana III, 341 (1376). Vgl. Bach in den Mitteilungen des Vereins für die Geschichte der Stadt Nürnberg V S. 53 ff.

[4] Vgl. z. B. Mummenhoff, Altnürnberg, S. 15 f.; Reicke, a. a. O., S. 26 f., 30 ff.

Befestigung[1] nach, so finden wir überall mehr oder weniger deutlich ausgesprochen oder angedeutet die Ansicht, der älteste Teil Nürnbergs, der Stadtteil um St. Sebaldus, sei spätestens am Anfang des 12. Jahrhunderts, wahrscheinlich aber schon im 11. Jahrhundert eine ummauerte Stadt gewesen. Ja man versucht sogar, die Mauer dieser alten Sebaldusstadt genau festzustellen, wobei natürlich die Ansichten recht auseinandergehen.[2] Prüfen wir aber, worauf sich diese Meinung aufbaut, so versagen die Beweise vollständig. Nicht ein einziger Bauwerksrest hat sich erhalten, den man auch nur mit annähernder Wahrscheinlichkeit auf diese erste Ummauerung zurückführen könnte;[3] nicht eine einzige Quellenstelle gibt es, die sich einigermaßen sicher auf diese alte Mauer der Sebaldusstadt deuten ließe.[4] Daß trotz alledem an dieser

---

[1] Vgl. M. Bach, Die Mauern Nürnbergs, in den Mitteilungen des Vereins für Geschichte der Stadt Nürnberg V (1884) S. 47 ff., XIII (1899) S. 245 ff.; K. Schäfer, Das Hieronymus Braun Prospekt der Stadt Nürnberg, ebenda XII (1898) S. 3 ff.; Mummenhoff, ebenda XIII (1899) S. 251 ff. und schon früher im Fränkischen Kurier 1896 Nr. 584.

[2] Man vgl. vor allem die Polemik zwischen Schäfer, Bach u. Mummenhoff in den Mitteilungen des Vereins für Geschichte der Stadt Nürnberg XII und XIII.

[3] Daß es nicht an Versuchen gefehlt hat, irgend ein Mäuerchen auf der Sebaldusseite dieser ersten Stadtbefestigung zuzuweisen, versteht sich. Über einen solchen Versuch vgl. Mummenhoff, Mitteilungen XIII S. 256 f. Ich vermute, kein Mensch wäre auf den Gedanken gekommen, das daselbst erwähnte 5 m lange und 1 m tiefe Mauerrestchen, das natürlich von jedem beliebigen Steingebäude herrühren kann, mit der ersten Ummauerung der Stadt in Zusammenhang zu bringen, wenn man nicht fest daran geglaubt hätte, von dieser alten Mauer müßten sich noch Reste finden.

[4] Schäfer und Bach haben die in einer Urkunde von 1401 erwähnte Stadtmauer fälschlich auf diese erste Ummauerung bezogen, während Mummenhoff, Mitteilungen XIII S. 255 f. den Nachweis führt, daß darunter nur die spätere Stadtbefestigung verstanden werden kann. Aber Mummenhoff verfällt in denselben Fehler, den er den beiden anderen vorwirft, wenn er die in den Stiftungsurkunden des Katharinenspitals von 1339 und 1341 erwähnte Stadtmauer auf die erste Stadtummauerung deutet (Altnürnberg, S. 99 Anm. 33; Fränkischer Kurier 1896 Nr. 584; Mitteilungen XIII S. 253 f.). Für jeden Unbefangenen ist es geradezu selbverständlich, daß, wenn in diesen Urkunden vom *murus dicte ville* oder von *unser statmaur* die Rede ist, darunter nur die derzeitige Stadtmauer und nicht ein längst seiner Eigenschaft als Stadtmauer entkleideter Mauerrest einer älteren Befestigung

alten Ummauerung nie gezweifelt worden ist, erklärt sich aus mancherlei Ursachen. Einerseits wirkt die alte, auf den Ratsschreiber MÜLLNER zurückgehende Tradition noch nach. Wenn man auch heute mit der früheren Überschätzung des im 17. Jahrhundert geschriebenen MÜLLNERschen Annalenwerkes gebrochen hat, so sind doch manche Angaben desselben, und darunter auch das, was er über die allmähliche Stadterweiterung sagt,[1] von allen Späteren im wesentlichen ungeprüft übernommen worden. Dazu kam, daß man ohne genügende Kenntnis des Sprachgebrauches des beginnenden 12. Jahrhunderts einige Quellenstellen, die von der Burg (*urbs*) Nürnberg sprachen,[2] vielfach auf die Stadt bezog. Und endlich könnte als Stütze der herrschenden Ansicht eine Urkunde von 1209 dienen, welche die Jakobskirche als *in ipsa civitate Nurenberg* gelegen bezeichnet.[3] Diese Jakobskirche, die

---

gemeint sein kann. Die Urkunden können höchstens für eine Feststellung des späteren Ummauerungszuges verwertet werden, der offenbar an dieser Stelle eine wohl durch das Terrain bedingte Einbuchtung zeigte, auf die möglicherweise die rätselhaften Worte *cava intermedia* der Urkunde von 1339 zu beziehen sind. MUMMENHOFFS Deutung der in den Stadtrechnungen erwähnten „Mauer bei unser Frauen" und „Mauer bei dem Neuenspital" auf die älteste Stadtmauer schwebt endlich völlig in der Luft, ebenso wie so manche anderen Deutungsversuche. Man wollte eben absolut die älteste Stadtmauer finden, und wo der Wille vorhanden war, da fand sich natürlich auch der Weg; schade nur, daß dieser Weg ein Irrweg war, da man etwas suchte, was nie vorhanden gewesen ist.

[1] Vgl. JOH. MÜLLNERS Rathsschreibers Annalen der Stadt Nürnberg I bis 1350), herausgeg. von M. M. MAYER (Nürnberg 1836) S. 296 f.

[2] Es handelt sich um die Stelle der Annales Hildesheim. 1127 p. 67: *rex Norinberch urbem munitissimam obsidione premit*, und die daraus entnommene gleichlautende Stelle des Annalista Saxo (MG. SS. VI p. 766). Daß unter *urbs* nur die Burg zu verstehen ist, beweisen andere das gleiche Ereignis betreffende Quellenstellen, die von einer Belagerung des *castrum* Nürnberg reden; vgl. Annal. Erphesford., Continuat. Cosmae, Annales Palid., Annales s. Disibodi (MG. SS. VI p. 537, IX p. 133, XVI p. 78, XVII p. 23). Überhaupt sprechen alle anderen Schriftsteller des 11. und 12. Jahrhunderts, die Nürnberg erwähnen, immer nur von einem *castrum* Nürnberg; seltener gebrauchen sie den absolut nichtssagenden Ausdruck *oppidum* (Gesta Frider. I, 37 p. 59; MG. SS. XII p. 278). Erst die im 13. Jahrhundert geschriebene Ursperger Chronik nennt Nürnberg *civitas* (MG. SS. XXIII p. 341).

[3] HENNES, UB. Deutschorden II, 1.

übrigens noch im Jahre 1284 nicht in den Mauerring eingeschlossen war,[1] lag unmittelbar neben der alten Stadtmauer, die den Stadtteil um St. Lorenz jenseits der Pegnitz umschloß. Man hat aus der Urkunde mit Recht geschlossen, daß damals schon dieser Stadtteil ummauert gewesen sein müsse, und da es als feststehend galt, daß der unmittelbar unterhalb der Burg gelegene Stadtteil um St. Sebaldus die älteste Stadt Nürnberg sei, während man die Lorenzerstadt erst später in den Mauerring einbezogen habe, so sah man sich genötigt, die Ummauerung der Sebaldusstadt erheblich hinaufzurücken.

An dieser ganzen Argumentation ist nur richtig, daß im Jahre 1209 der Stadtteil um St. Lorenz, den wir schon oben als typische Marktansiedlung gekennzeichnet haben, ummauert gewesen sein muß. Aber daß diese Mauer auch die Sebaldusstadt damals umfaßt habe, halte ich für schlechthin ausgeschlossen. Nürnberg wäre sonst um diese Zeit eine der größten deutschen Städte gewesen, während tatsächlich die spärlichen gleichzeitigen Quellennachrichten, die Nürnbergs gedenken, darauf schließen lassen, daß die später so mächtige Handelsstadt damals fast bedeutungslos war. Die herrschende Lehre hat mit einer Möglichkeit absolut nicht gerechnet, nämlich mit der, daß die am linken Pegnitzufer gelegene Lorenzerstadt die älteste ummauerte Stadt Nürnberg ist, und daß der unmittelbar unterhalb der Burg gelegene Stadtteil um St. Sebald erst später in den Mauerring einbezogen wurde. Diese Möglichkeit ist mir aber zu voller Gewißheit geworden. Der Stadtteil um St. Lorenz ist, wie der regelmäßige Hausstättenzins und die regelmäßige Anlage beweist, eine systematisch gegründete Marktansiedlung; der Stadtteil um St. Sebald ist ein allmählich am Fuße der Burg entstandener Burgflecken. Solche Fälle, in denen am Fuße einer Burg zunächst ein dorfartig gebauter Burgflecken allmählich entsteht und später daneben eine Marktansiedlung gegründet wird, sind in der Geschichte des deutschen Städtewesens nicht nur häufig, sondern sogar typisch. In diesen Fällen pflegt dann nach einiger Zeit die Marktansiedlung befestigte Stadt zu werden; der alte Burgflecken bleibt un-

[1] Reg. Boica IV p. 778.

befestigte Vorstadt oder pflegt bestenfalls bei einer späteren Stadterweiterung in den Mauerring einbezogen zu werden. Das geschieht auch, wie das Beispiel von Quedlinburg[1] lehrt, in solchen Fällen, in denen dieser Burgflecken sich, wie es bei Nürnberg der Fall ist, zwischen Burg und Marktansiedlung einschiebt. Dagegen kenne ich keinen Fall, in dem man zuerst den dorfartig gebauten Burgflecken befestigt und dann erst die Marktansiedlung in die Ummauerung einbezogen hätte. Nürnberg wäre also, wenn die herrschende Lehre recht hätte, ein Unikum in der Geschichte des deutschen Städtewesens. Dazu kommen aber zwei Quellenstellen, die entschieden dafür sprechen, daß in der zweiten Hälfte des 12. Jahrhunderts die Sebaldusstadt noch nicht ummauert war. Völlig unabhängig voneinander sprechen eine Urkunde von 1163[2] und ein um das Jahr 1200 geschriebener Wunderbericht[3] vom *burgum* oder *burgus* Nürnberg. Das Wort *burgum* oder *burgus* bedeutet nun nicht etwa eine Burg, sondern ist in jener Zeit technischer Ausdruck für eine am Fuße einer Burg liegende Ansiedlung, für das *suburbium* einer Burg.[4] Mit diesem *burgus* kann aber keine andere Ortschaft als die Ansiedlung um St. Sebaldus gemeint sein, die also damals noch nicht als *civitas* angesehen wurde. So komme ich zu dem der bisherigen Lehrmeinung widersprechenden, aber meines Erachtens völlig zweifellosen Resultate, daß die älteste ummauerte Stadt Nürnberg die Marktansiedlung am linken Pegnitzufer ist; der rechts des Flusses gelegene Stadtteil um St. Sebald ist erst später, vermutlich erst bei Gelegenheit des großen Mauerbaues am Ende des 13. Jahrhunderts,[5] in die Ummauerung einbezogen worden. Die erste Ummauerung der Lorenzerstadt mag in der zweiten Hälfte

---

[1] Vgl. Rietschel, Markt und Stadt, S. 74.

[2] Ediert von Höfler im Archiv f. österr. Geschichtsquellen IV S. 590: *filias Eberhardi nigri de burgo Nurenbergensi.*

[3] Miracula s. Cunegundis 14 (MG. SS. IV p. 825): *quedam puella de burgo qui dicitur Nurenberc.*

[4] Vgl. Rietschel, a. a. O., S. 108 Anm. 2. Die dort zitierten Belegstellen lassen sich reichlich vermehren.

[5] Über diese zweite Ummauerung vgl. Bach, Mitteilungen V S. 51 ff; Reicke, a. a. O., S. 158 ff. u. a.

des 12. oder den ersten Jahren des 13. Jahrhunderts erfolgt sein; sie früher anzusetzen, liegt nicht der geringste Grund vor.

So viel steht sicher fest: vor dem 12. Jahrhundert hat es in diesem bayerisch-fränkischen Grenzgebiet keine ummauerten Städte gegeben. So ist es nach unseren bisherigen Ausführungen begreiflich, daß es hier auch nicht zur Ausbildung von Burggrafschaften im Sinne von Stadtkommandanturen gekommen ist.

Drittes Kapitel.

Das fränkisch-thüringische Gebiet.

§ 9.

Die Bischofsstädte am mittleren Rhein und Main.

Unsere bisherigen Untersuchungen sind der herrschenden Lehre vom Burggrafenamte wenig günstig gewesen. Weder in Schwaben noch in Bayern hat sich die Definition des Burggrafen als Stadtgrafen bestätigt; in den Bischofsstädten dieser Länder war der höchste Richter in einem Falle der Gaugraf, in allen übrigen der bischöfliche Vogt. Wo wir aber innerhalb oder außerhalb der Bischofsstädte Burggrafen fanden, waren dieselben militärische Burgkommandanten ohne jede stadtgräfliche Funktion. Aber jetzt betreten wir das Gebiet, in dessen Bischofsstädten nach der Theorie vor allem das echte Burggrafenamt zu Hause ist, das fränkische Rheinland. Wird sich auch hier die Unhaltbarkeit der herrschenden Ansicht erweisen?

Beginnen wir mit den drei mittelrheinischen Bischofsstädten,[1] die, nahe beieinander liegend und von einer stammes-

---

[1] Über Mainz, Worms und Speier vgl.: Arnold, Verfassungsgeschichte, I S. 42 ff., 76 ff., 83 ff., 112 ff. — Gfrörer, Gregor, VII S. 304 ff. — v. Maurer, Städteverfassung, III S. 395 ff., 404 ff. — Heusler, Stadtverfassung, S. 57 f. — Koehne, Der Ursprung der Stadtverfassung in Worms, Speier und Mainz (Breslau 1890). — Schaube, Zur Entstehung der Stadtverfassung von Worms, Speier und Mainz (Breslau 1892) (Programm). —

verwandten, im Volkscharakter gleichartigen Bevölkerung bewohnt, im früheren Mittelalter ungefähr die gleichen politischen Schicksale erfahren haben, mit Mainz, Worms und Speier. Gerade auf sie hat sich bisher vor allem die Lehre von den besonderen Stadtgrafschaften gestützt, und allerdings scheinen sie auf den ersten Blick die Richtigkeit dieser Lehre zu bestätigen. In allen drei Städten kommt das Burggrafenamt vor, und in allen drei Städten ist der Burggraf der oberste Richter der Stadt. Es fragt sich nur, ob in seiner Eigenschaft als Burggraf oder in einer anderen Eigenschaft.

Hatte man bisher die erste Erwähnung des Wormser Burggrafen in einer Urkunde des Jahres 1016[1] gefunden, die den *comes civitatis* nennt, so ist heute mit Sicherheit nachgewiesen, daß diese Urkunde ein Machwerk des 12. Jahrhunderts ist.[2] Ganze 90 Jahre später, in zwei Urkunden des Jahres 1106,[3] wird zuerst der Wormser Burggraf unzweifelhaft genannt. Auch den Speierer Burggrafen können wir nicht über den Anfang des 12. Jahrhunderts zurückverfolgen.[4] Damit ist natürlich nicht gesagt, daß das Amt erst damals entstanden ist. Aber das müssen wir uns immer vor Augen halten, daß die Nachrichten,

---

Hegel, Städtewesen, S. 80 ff. — Über Mainz vgl. außerdem: Bockenheimer, Beiträge zur Geschichte der Stadt Mainz (Mainz 1874). — Hegel, Verfassungsgeschichte der Stadt Mainz (Leipzig 1882) (auch in den Chroniken der deutschen Städte XVIII Abt. 2). — Hegel, Die Grafen von Rieneck und Looz als Burggrafen von Mainz, in den Forschungen zur deutschen Geschichte XIX (1879) S. 569 ff., XX (1880) S. 215. — Wieland, Beiträge zur Geschichte der Grafen, Grafschaft, Burg und Stadt Rieneck, im Archiv des histor. Ver. von Unterfranken XX, 1 (1876) S. 61 ff. — Stein, Die Reichslande Rieneck und die übrigen Besitzungen ihres Dynastengeschlechtes, ebenda XX, 3 (1876) S. 1 ff. — Über Worms vgl.: Boos, Geschichte der rheinischen Städtekultur, 2. Ausg., I, II (Berlin 1897). — Über Speier vgl.: Lehmann, Chronika der Reichsstadt Speier, 4. Aufl. (besorgt von Fuchs) (Franckfurth 1711). — Rau, Regimentsverfassung von Speier I, II (Speier 1884, 45).

[1] UB. Worms I, 43: *nec comes civitatis nec aliquis iudex.*

[2] Vgl. Rodenberg im Neuen Archiv XXV (1900) S. 489 ff.

[3] UB. Worms I, 58, 59.

[4] Remling, UB. 78 (1104): *Henricus praefectus urbis.* Vgl. auch UB. Speier 13 (1101): *prefectus vel tribunus.*

die wir von dem Burggrafenamte in diesen Städten haben, an Alter durchaus hinter den Nachrichten über das Regensburger Burggrafenamt zurückstehen. Besser steht es mit unserer Kenntnis des Burggrafenamtes in Mainz; schon unter Erzbischof Bardo (1031—51) vermögen wir einen *urbis Maguntinensis prefectus* nachzuweisen,[1] und auch in der zweiten Hälfte des 11. Jahrhunderts fehlt es nicht an Quellenbelegen für die Existenz des Amtes in Mainz.[2]

Ausnahmslos gehören die uns erwähnten Burggrafen den vornehmsten Geschlechtern an. Burggraf Erkenbald von Mainz wird in einer Urkunde von 1028 schlechthin als Graf bezeichnet,[3] seine Nachfolger Sigiboto[4] und Gebeni[5] stehen regelmäßig an der Spitze der Laienzeugen, letzterer geht sogar wiederholt Grafen voran. Seit Gerhard I., der 1085 zum ersten Male uns begegnet, befindet sich die Burggrafenwürde bei den Grafen von Rieneck und Looz, von denen zuletzt Ludwig II. 1221 sich *burcgravius* nennt.[6] Seitdem ist von Mainzer Burggrafen nicht mehr die Rede. Auch die Burggrafen Heinrich und Ekbert, die uns in der Zeit von 1104 bis 1164 in Speier begegnen,[7] sind hoher Abkunft und stehen in den Zeugenreihen bisweilen sogar hinter Grafen nicht

---

[1] Vulculdi vita Bardonis (Jaffé, Monumenta Moguntina p. 526 f.): *urbis Maguntinensis prefectus*; Monachi Fuldensis vita Bardonis (Jaffé, a. a. O., p. 549): *pretoris urbis Mogontinae.*

[2] Wenck II, UB. 35 (1057); Nass. UB. I, 127 (1069), 128 (1071), 133 (1085), 139 (1091), 141 (1092), 143 (1096); Joannis II p. 737 (1083); van den Bergh, UB. I, 92 (1094).

[3] Wenck III, UB. 50: *Erkanbaldi comitis.*

[4] Wenck II, UB. 35 (1057); Gudenus I p. 938 (1064).

[5] Nass. UB. I, 127 (1069), 128 (1071); Böhmer-Will, Regesten S. 214 Nr. 149 (1081); Joannis II p. 737 (1083).

[6] Vgl. über sie Hegel in den Forschungen zur deutschen Geschichte XIX S. 569 ff., XX S. 215. Im 13. Jahrhundert führen die Rienecker den Burggrafentitel nur selten. Gerhard II. nennt sich 1213 *burgravius Maguntine civitatis* (Joannis II p. 758), aber auch einmal *burcgravius de Renecken* (UB. Eberbach I, 85). Ludwig III. nennt sich dann 1221 noch einmal *burcgravius* ohne weiteren Zusatz (Nass. UB. I, 377).

[7] Vgl. Koehne, a. a. O., S. 181 f., wo wahrscheinlich gemacht ist, daß wir zwei Burggrafen Ekbert, Vater und Sohn, zu unterscheiden haben.

zurück.[1] Von den Wormser Burggrafen ist der erste, Werner, zugleich Graf von Neckarau und Maden gewesen[2]; nach seinem Tode hat bis 1166 Graf Simon von Saarbrücken die Burggrafschaft innegehabt.[3] Bei seiner Familie ist das Amt eines Wormser Burggrafen geblieben. Zwar führen seine Nachkommen, die Zweibrückener Grafen, den Titel „Burggraf" nicht weiter, aber noch im 13. und 14. Jahrhundert beanspruchen sie auf Grund des ihnen zustehenden Burggrafenamtes gewisse Rechte in der Stadt Worms.[4]

Alle diese Burggrafen begegnen aber zugleich als Stiftsvögte der betreffenden bischöflichen Kirche. Schon Burggraf Erkenbald von Mainz hat beide Ämter, das Burggrafen- und Vogtamt, in seiner Person vereinigt.[5] Das Gleiche wissen wir von seinem Nachfolger Sigebodo[6] und Gerhard[7] im 11. und Arnold[8] im 12. Jahrhundert.[9] In Worms ist der einzige im 12. Jahrhundert erwähnte *advocatus maioris ecclesiae* der Stadtpräfekt Simon von Saarbrücken,[10] und in Speier sind die einzigen uns bekannten Burggrafen Heinrich[11] und Egbert[12] auch zugleich als

---

[1] Mittelrhein. UB. I, 543 (1147).

[2] Vgl. Schenk zu Schweinsberg im Korrespondenzblatt des Gesamtvereins 1875 S. 49 ff.

[3] Vgl. Koehne, a. a. O., S. 166.

[4] Vgl. unten S. 130.

[5] Wenck III, UB. 50 (1028): Es erfolgt eine Abtretung an Erzbischof Aribo *in manum Erkanbaldi comitis.*

[6] Wenck II, UB. 35 (1057): *advocatus ecclesiae nostrae Sigebodo.*

[7] Nass. UB. I, 139 (1091): *Gerardus urbis praefectus et advocatus;* Gudenus I, 145 (1102): *Gerhardo eiusdem sedis advocato.*

[8] Gudenus I, 24 (1123): *comes urbis et ecclesie advocatus Arnoldus.* Nass. UB. I, 172 (1124): *Arnoldus comes et advocatus Mogontinae aecclesiae.*

[9] Daß auch Burggraf Ludwig Vogt der Mainzer Kirche war, können wir daraus schließen, daß die Gattin eines zur *familia* der Mainzer Kirche gehörigen Mann ihm als ihrem Vogt Gebühren zu entrichten hat; vgl. Gudenus I, 151 (1144).

[10] Mittelrhein. UB. I, 606 (1158): *comiti Symoni advocato Wormatiensis aecclesiae ..... comitis Symonis advocati maioris domus;* ebenda I, 610 (1158): *Symonis comitis de Sarabrucka ipsius maioris ecclesiae Wormaciensis advocati.*

[11] Remling, UB. I, 76 (1103): *Heinrich advocatus.*

[12] Ebenda I, 81 (1113): *Ekbert advocatus in vice Egenonis pueri advocati;* ebenda I, 99 (1164): *advocati Eckeberti comitis consilio.*

die einzigen bekannten Speierer Domvögte des 12. Jahrhunderts bezeugt. An der Personalunion beider Ämter besteht demnach kein Zweifel.

Und ebenso besteht nicht der geringste Zweifel, daß dieser Vogt-Burggraf die hohe Gerichtsbarkeit in der Stadt sowohl in Mainz wie in Worms und Speier ausübte.[1] Es fragt sich nur, in welcher Eigenschaft, ob als Vogt der Domkirche oder als Burggraf.

Die Bezeichnungen, die zur Titulatur des Burggrafen verwandt werden, sind die auch in anderen Städten üblichen. Zwar ist uns der deutschlateinische Name *burcgravius* nur für das 13. Jahrhundert und nur für Mainz und Worms bezeugt,[2] aber die gewöhnliche Amtsbezeichnung ist der auch sonst gebräuchliche Titel *praefectus urbis, civitatis etc.*,[3] während die Ausdrücke *comes urbis, urbanus, civitatis etc.* seltener und erst etwas später vorkommen.[4] Vereinzelt findet sich in Mainz der Name *praetor*

---

[1] Vgl. Arnold, a. a. O., I S. 76ff., 83ff., 112ff.; Koehne, a. a. O., S. 155ff.; Schaube, a. a. O., S. 57f. u. a.

[2] Für Mainz vgl. Joannis II p. 758 (1213); Nass. UB. I, 377 (1221). Für Worms vgl. Quellen Worms III S. 197f. (1261).

[3] Für Mainz vgl. Jaffé, Mon. Mog. p. 526f. (1031—51); Nass. UB. I, 127 (1069), 128 (1071), 139 (1091), 141 (1092), 143 (1096), 149 (1102), 176 (1128), 187 (1132), 234 (1156), 246 (1162); Joannis II p. 737 (1083), p. 805 (1102), p. 744 (1122); Gudenus I, 26 (1124), 29 (1128), 44 (1135), 146 (1108), 151 (1144), 153 (1160), p. 938 (1064), II p. 22 (1187), III p. 1061 (1160); MBo. XLV, 1 (1099); Dronke, Cod. dipl. Fuld. 769 (ca. 1100); Baur, Hess. Urk. II, 3, 4 (1112); Wenck II, UB. 55 (1133), III, UB. 63 (1106); Forschungen zur deutschen Geschichte XX S. 443 (1118, 1135); Mittelrhein. UB. I, 458 (1127), 480 (1135); Sauer, Die ältesten Lehnsbücher der Herrschaft Bolanden S. 79 (1157); Wolf, Eichsfeld Ib, 8 (1162). Für Worms vgl. UB. Worms I, 68, 69, 70, 71 (1141), 73 (1156) 82 (1166), II, Nachtr. S. 716 (1123). Für Speier vgl. Remling, UB. I, 78 (1104); UB. Speier 13 (1101); Cod. Hirsaug. p. 57, 72 (ca. 1130).

[4] Für Mainz vgl. Wenck II, UB. 35 (1057); Remling, UB. I, 69 (1099); Cod. Hirsaug. p. 45, 74 (bald nach 1100); Gudenus I, 18 (1108), 24 (1123); Mittelrhein. UB. I, 413 (1107), 543 (1147); MG. SS. XVI p. 253 (1116); Nass. UB. I, 188 (1132); Joannis II p. 465 (1139). Für Worms vgl. UB. Worms I, 43 (Fälschung des 12. Jahrhunderts), 59 (1106); Stumpf, Acta imperii 328 (1116). Für Speier vgl. Cod. Hirsaug. p. 49 (1109); Mittelrhein. UB. I, 543 (1147); Wirtemb. UB. II, 374 (1160).

urbis[1] und in Speier der ganz seltsame Ausdruck *Spirensis ecclesiae praefectus*,[2] der wohl einer unklaren Vermischung des Burggrafenamts mit dem Großvogtamte seine Entstehung verdankt. Als Vogt trägt der Burggraf die auch sonst bei Domvögten gebräuchlichen Titulaturen *advocatus maioris ecclesiae etc*;[3] immerhin verdient Beachtung, daß auch einmal in Mainz die Bezeichnung *advocatus urbis* bezeugt ist,[4] die auf besondere Beziehungen des Vogtes zur Stadt hindeutet. Und weiter verdient Beachtung, daß die Mainzer Burggrafen, die ja zugleich Grafen von Rieneck und Looz sind, die Titel *comes* und *praefectus* wiederholt nebeneinander führen,[5] also den letzteren nicht für identisch mit dem ersteren halten. Aber sichere Anhaltspunkte dafür, ob die richterliche Gewalt in der Stadt dem Vogt- oder dem Burggrafenamte entspringt, gewährt die Terminologie nicht.

Auch die Nachrichten des 12. Jahrhunderts, die von der richterlichen Tätigkeit des Vogt-Burggrafen sprechen, lassen darüber Zweifel. Offenbar hatte man sich damals so an die Personalunion beider Ämter gewöhnt, daß man kaum unterschied, welche Funktionen dem einen, welche dem anderen Amte entsprangen. Zwar wissen wir nicht, ob an einen Gerichtsbezirk oder vielleicht an den mauerbaupflichtigen Bezirk gedacht werden soll, wenn in einer Wormser Urkunde die etwa 10 Kilometer von Worms entfernte Ortschaft Kriesheim als *in comitatu praefecturae civitatis* gelegen bezeichnet wird.[6] Und ebenso unsicher ist, was

---

[1] Jaffé, Mon. Mag. p. 549 (1031—51); Dronke 803 (ca. 1100).

[2] Mone, Anzeiger VII (1838) S. 447 Nr. 13 (1120—49).

[3] Vgl. oben S. 130 Anm. 6 bis 10.

[4] Nass. UB. I, 173 (1124).

[5] Nass. UB. I, 176 (1128): *prefecto urbis Mogontinae comite Arnoldo*; ebenda I, 234 (1156): *comite Ludewico civitatis nostre prefecto.*

[6] Schannat, Codex probationum 74 (1137): *curtim nostram in Origesheim et quicquid in eadem villa habuimus in comitatu praefecturae civitatis nostrae sitam, curtim dominicalem cum terra salica, cum omnibus appenditiis in una celga campestris agri 70 iurnales, in altera 32 et 8 iugera vinearum.* Schenk zu Schweinsberg in der Westdeutschen Zeitschrift VII S. 86 und ihm folgend Boos, a. a. O., I S. 297 setzen das Komma statt hinter *sitam* hinter *habuimus*, ziehen den gesperrt gedruckten Passus zum Folgenden und unterscheiden dann also von dem Hof in Kriesheim

damit gemeint sein soll, wenn Mainzer Urkunden von Grundstücken reden, die im *pagus Magociacensis*[1] oder *infra muros civitatis in comitatu Arnoldi*[2] oder *iuxta Maguneiam et* (*in?*) *eiusdem civitatis comitatu*[3] liegen.[4] Andere Urkunden sind etwas deutlicher. Ich erinnere an das bekannte Speierer Privileg von 1101,[5] in dem neben dem Schultheißen *(tribunus)* der *urbis praefectus* als Stadtrichter erscheint, gegen den die Immunität des Domkapitels schützt, und vor allem an die Mainzer Urkunde von 1147,[6]

den Hof in der Burggrafschaft. Ist das richtig, so kann die Burggrafschaft nur die Stadt und ihre nächste Umgebung umfaßt haben. Welche von den beiden Erklärungen die richtige ist, läßt sich schwer entscheiden. Ansprechender scheint mir die oben im Text vertretene, von der auch Arnold, a. a. O., S. 116 und Koehne, a. a. O., S. 159 ausgehen. Nur gehen die letzteren zu weit, wenn sie, ohne besondere Gründe anzuführen, den *comitatus praefecturae civitatis* sowohl als Gerichtsbezirk als auch als Mauerbaubezirk auffassen.

[1] Lacomblet I, 201 (1064). Der im Mainzer Gau gelegene Ort Arenheim ist nicht zu bestimmen.

[2] Mittelrhein. UB. I, 422 (1122).

[3] Joannis II, p. 463. Für das sinnlose *et* ist wohl *in* zu lesen.

[4] Ganz unbegründet ist die Behauptung von Arnold, a. a. O., S. 80 und Koehne, a. a. O., S. 191, die Orte Elzheim und Esenheim hätten zur Mainzer Burggrafschaft gehört. Sie stützt sich auf eine Urkunde Erzbischof Siegfrieds II. von 1213 (am besten gedruckt UB. Eberbach I, 242), nach der das Kloster Eberbach von Graf Gerhard von Rieneck sein Gut in den genannten Dörfern gekauft hat *ipso comite bona eadem resignante in comitia cuius iurisdictione fuisse noscuntur.* Eine Ergänzung dazu bildet die von Koehne nicht erwähnte Urkunde des Grafen selbst über den Verkauf (UB. Eberbach I, 85), die den Passus enthält: *quod tamen ante fuerat resignatum coram domino Sifrido archiepiscopo Maguntino et in cometia, cuius iurisdictioni noscebatur subiectum.* Die Urkunden sagen nur, daß der Rienecker, der übrigens in ihnen garnicht Burggraf von Mainz genannt wird, die Güter in der Grafschaft, zu der sie gehörten, aufgelassen habe, aber nicht, daß er selbst Graf dieser Grafschaft gewesen, oder gar, daß darunter die Mainzer Burggrafschaft zu verstehen sei.

[5] UB. Speier 13 (Keutgen, Urkunden 11).

[6] Ussermann, Episcop. Bamb., Cod. prob. 111 und Spiess, Aufklärungen in der Geschichte und Diplomatik (Bayreuth 1791) S. 222 Nr. 7: *In concione quoque populi, cum presidente iudice civilia iura tractarentur, sicut tribus vicibus in anno fieri solet, contractus ille ter publicatus et absque ullius contradictione prefectorio edicto ecclesie Babenbergensi ter confirmatus est.*

nach der ein Vertrag zwischen dem Mainzer Petersstift und dem Bamberger Michaeliskloster im echten Ding *prefectorio edicto* bestätigt wird. Scheinen diese beiden Urkunden dafür zu sprechen, daß die hohe Gerichtsbarkeit zum Zubehör des Burggrafenamtes gehört, so fehlt es auch nicht an Zeugnissen, die im Gegenteil darauf hindeuten, das nicht das Burggrafenamt, sondern das Vogtamt mit der hohen Jurisdiktion ausgestattet ist. Das Wormser Stadtfriedensprivileg von 1156[1] teilt von der Siebenpfundbuße zwei Pfund *advocato et sculteto et officiatis eorum qui vulgo ambitman vocantur* zu. Auch ist es bezeichnend, daß im 13. Jahrhundert die Zweibrückener Grafen, die als Prätendenten für das Burggrafenamt auftreten, gerichtliche Befugnisse in der Stadt nicht in Anspruch nehmen.[2]

Wären wir allein auf die Schlüsse aus der Terminologie und aus den Quellen des 12. und 13. Jahrhunderts angewiesen, wir könnten nur konstatieren, daß die Personalunion zwischen Vogt- und Burggrafenamt dazu geführt hat, daß die burggräflichen und die vogteilichen Funktionen in diesen späteren Jahrhunderten nicht mehr schroff auseinandergehalten werden, und wir müßten die Frage, zu welcher Art von Funktionen in den drei mittelrheinischen Bischofsstädten die hohe Gerichtsbarkeit gehört, mit einem *non liquet* beantworten. Dabei werden allerdings die Ergebnisse, die wir für andere Bischofsstädte gewonnen, uns nahe legen, im Vogt und nicht im Burggrafen den höchsten Richter der Stadt zu erblicken.

Aber wir brauchen uns nicht mit dieser Vermutung zu be-

---

[1] UB. Worms I, 73. Die Urkunde ist zwar in der vorliegenden Fassung vielleicht unecht, erweckt inhaltlich aber nicht die geringsten Bedenken. Gegen die Echtheit haben sich vor allem Stumpf in den Sitzungsberichten der Wiener Akademie. Histor. phil. Kl. XXXII (1859) S. 603 ff. und Koehne, a. a. O., S. 285 ff. erklärt, während Schaube in der Zeitschrift für die Geschichte des Oberrheins, N. F. III (1888) S. 276 ff. und a. a. O., S. 31 ff., sowie Schulte in den Gött. gel. Anzeigen 1887 S. 926 und wohl auch Uhlirz in den Mitteilungen des Instituts XVI (1895) S. 533 die Urkunde für echt halten, und Boos, a. a. O., I S. 419 ff. wenigstens für die Richtigkeit ihres Inhalts eintritt. Selbst wenn sie falsch ist, muß sie spätestens im Anfang des 13. Jahrhunderts entstanden sein.

[2] Vgl. unten S. 130 f.

gnügen. Für Worms und Speier haben wir sichere Beweise, daß nicht der Burggraf, sondern der Vogt der oberste Richter war. Im Jahre 979 schenkte Kaiser Otto II. dem Wormser Bischof, der schon infolge früherer Verleihungen zwei Drittel der Friedensgelder und Bannbußen in der Stadt und Vorstadt besaß, das letzte bisher dem Grafen gebührende Drittel und bestimmte zu gleicher Zeit:

„*Nullaque iudiciaria persona in predicta civitate ullam deinceps exerceat potestatem preter ipsam, quam pastoris dignitatis sollertia prefecerit advocatum.*“ [1]

Ganz ähnlich lagen die Verhältnisse in Speier. Erregt auch die nur in einem Kopialbuche uns erhaltene Urkunde Konrads des Roten von 946,[2] in welcher dieser dem Bischof *omnem potestatem intra civitatem et extra*, die er besessen, zum Geschenke macht, ganz erhebliche Bedenken, und läßt sie auch ungewiß, welches der Inhalt dieser *potestas* war, so ist doch das zweifellos echte, von einer Reihe von Nachfolgern bis auf Heinrich IV. bestätigte Privileg Ottos I. von 969 um so klarer. Dort heißt es:

„*Ut nullus comes vel ullus publicus iudex ex iudiciaria potestate aut aliqua cuiuslibet potestatis ignota persona nisi solus advocatus familie s. dei genitricis Marie in civitate Spira vel Nemeta vocata aut foris murum eiusdem civitatis, id est in villa Spira, que eidem urbi adiacens est, nullus ex iussione et concessione nostra deinceps publicus placitus presumat habere.*“ [3]

Beide Urkunden schaffen völlige Klarheit. Sowohl in Worms wie in Speier lag danach die Gerichtsbarkeit in der Stadt in den Händen des bischöflichen Vogtes. Aus dem Vogtamte, nicht

---

[1] MG. DD. II, Otto II. 199 (Keutgen, Urkunden 2), bestätigt von Otto III. 985 (MG. DD. II, Otto III. 12). Die Schlüsse, die Koehne, a. a. O., S. 158 aus der etwas abweichenden Fassung der Bestätigung zieht (statt *nulla iudiciaria persona* steht *nullus comes vel iudex*), sind völlig unbegründet.

[2] UB. Speier 4.

[3] MG. DD. I, Otto I. 379 (Keutgen, Urkunden 1) bestätigt von Otto II. ca. 975 (MG. DD. II, Otto II. 94), Otto III. 989 (MG. DD. II, Otto III. 57), Heinrich II. 1003 (UB. Speier 8), Konrad II. 1027 (ebenda 9), Heinrich IV. 1061 (ebenda 10). Auch in den Bestätigungen ist immer nur vom Vogt, nie vom Burggrafen die Rede.

aus dem Burggrafenamte hat der spätere Vogt-Burggraf seine gerichtlichen Befugnisse entnommen. Für Mainz fehlt es an einem direkten Beweis, da die älteren Privilegien der Domkirche verloren sind. Aber bei der ausgesprochenen Ähnlichkeit der Verfassungsverhältnisse in den drei mittelrheinischen Bischofsstädten dürfen wir auch wohl hier eine ähnliche Entwicklung annehmen, zumal da die Wormser Urkunde von 979 bei Gelegenheit der Verleihung der Regalien ausdrücklich auf Mainzer Verhältnisse bezug nimmt.[1]

Aber wenn die hohe Gerichtsbarkeit nicht dem Burggrafen als solchem zustand, welche Befugnisse enthielt dann das Burggrafenamt? Für Worms erhalten wir eine klare Antwort. Schon oben war angedeutet worden, daß die Nachkommen Simons von Saarbrücken noch im 13. und 14. Jahrhundert die burggräflichen Rechte in der Stadt Worms in Anspruch genommen haben. Unter diesen burggräflichen Rechten wird nicht die hohe Gerichtsbarkeit genannt, ein deutliches Zeichen, daß dieselbe nicht dazu gehörte; denn sonst wäre es unerklärlich, warum diese wichtigste Befugnis unerwähnt geblieben wäre. Dagegen wird als hauptsächlichstes Recht neben anderen das *ius iudicandi super edificiis solius* (*totius?*) *civitatis, quod dicitur uberzimbere,*[2] oder, wie es an einer anderen Stelle heißt, das Recht *eyne stange durch die stat zu Wormeszen zu furende*[3] erwähnt. Was darunter zu verstehen ist, unterliegt keinem Zweifel. Es ist genau dasselbe Recht, das uns in Straßburg und Regensburg[4] als das Recht des Burggrafen

---

[1] MG. DD. II, Otto II. 199: *ut omnes cuiuscumque negotiationis utilitates toletis videlicet et bannis sive ex ipsa urbe vel ex suburbio villeve adiacentis confinio provenientes idem Hildiboldus episcopus suique successores ut reliquarum ecclesiarum Mogontiensis atque Coloniensis presules pleno iure possideant.* Allerdings erfolgt gerade bei der Übertragung der Gerichtsbarkeit in der Stadt die Bezugnahme nicht.

[2] Chronicon Wormatiense 1261 (Quellen Worms III S. 197f.): *dominus antiquus comes Geminipontis civitatem Wormatiensem multis annis retro impetivit et impulsavit omnibus modis, asserens se esse burggravium Wormatiensem et de iure iudicandi super edificia solius (?) civitatis, quod dicitur uberzimbere, et alia multa et magna iura ibidem affirmabat se habere.*

[3] UB. Worms II, 665 S. 429 (1370).

[4] Vgl. oben S. 24, 97 f.

begegnete, das Recht, die Überbauten an den Häusern abzubrechen und für die Freihaltung der Straßen in der durch die Länge einer Stange bestimmten Breite zu sorgen. Und ebenso besteht darüber kein Zweifel, daß dies Recht mit der militärischen Bedeutung des Burggrafen, mit seiner Funktion als Stadtkommandant, zusammenhängt. So haben wir denn auch in Worms den Burggrafen als das nachgewiesen, als was ihn sein Name Burggraf oder *praefectus urbis* kennzeichnet, als Befehlshaber der *urbs*, der ummauerten Stadt, der Burg. Auch in Speier und Mainz ist dies Recht, Überbauten zu brechen, bekannt,[1] aber wir erhalten davon erst in einer Zeit Kenntnis, als das Burggrafenamt bereits erloschen ist, so daß sich nicht mehr feststellen läßt, ob dies Recht zu seinen Kompetenzen gehörte oder nicht. Für Speier jedenfalls verrät den Burggrafen als Befehlshaber der ummauerten Stadt die älteste historische Nachricht, die uns von ihm berichtet.[2] Nur aus Mainz haben wir keine direkten Beweise für, aber auch keine gegen die Stadtkommandantenschaft des Burggrafen.

Von sonstigen Befugnissen des Vogt-Burggrafen in den drei mittelrheinischen Städten sind die Quellen stumm. Nur für Worms erfahren wir aus der berühmten Fischhändlerordnung von 1106/07, daß der Bischof auf Bitten des Burggrafen Werner die Fischhändlerinnung gestiftet hat, sowie, daß von den drei Talenten Strafgeldern zwei dem Bischof, eins dem Burggrafen gebührten.[3] Man könnte zwar daran denken, daß auch hier wie in Straßburg und Regensburg der Burggraf als solcher zu den gewerblichen Verbänden in besonders engen Beziehungen stand. Aber die Dreiteilung der Strafgebühr legt doch wohl den Gedanken näher, daß der Vogt-Burggraf hier als Träger der hohen Gerichtsbarkeit in Betracht kam.

---

[1] Vgl. unten S. 132 Anm. 1, 134 Anm. 3.

[2] Annales Hildesheimenses 1105 (MG. SS. III p. 109): Heinrich V. gewinnt den *praefectus* von Speier durch Bestechung, daß er ihm die Stadt ausliefert.

[3] UB. Worms I, 58 (Keutgen, Urkunden 253). Auch von den in der Fastenzeit geschuldeten Lachsen gebühren zwei dem Bischof, einer dem Burggrafen.

Wie schon oben bemerkt wurde, ist das Amt in den mittelrheinischen Städten früh verschwunden. In Speier ist nach dem Jahre 1164 von dem edelfreien Vogt-Burggrafen nicht mehr die Rede; offenbar ist die Familie ausgestorben oder hat das Amt an den Bischof verloren. Ein Nachfolger in den burggräflichen Funktionen läßt sich nicht nachweisen. Vielleicht hat sie der bischöfliche Kämmerer übernommen, der wenigstens im 14. Jahrhundert die Überbauten zu brechen und für Freihaltung der Straßen zu sorgen hat.[1] Dagegen erscheint im 13. Jahrhundert ein dem Ministerialenstande angehörender Vogt (*advocatus*), der zusammen mit dem Schultheißen im Auftrage des Bischofs die Gerichtsbarkeit in der Stadt ausübt,[2] und in dem man unschwer den Nachfolger des alten *advocatus* erkennt. In Worms haben die Nachkommen des zuletzt 1176 genannten Burggrafen Simon von Saarbrücken, die Grafen von Zweibrücken, sich zwar niemals, so viel wir sehen können, Burggrafen genannt, aber noch im 13. Jahrhundert mit großer Zähigkeit an den Rechten der alten Burggrafschaft, insbesondere dem Stangenrecht, festgehalten und es nur gegen eine an vier Terminen des Jahres zu zahlende Geldsumme von 12 ℔ abgetreten.[3] Dagegen verlautet nichts davon, daß sie auch das Vogtamt usurpiert hätten; irgend einen An-

---

[1] Zollweistum des 14. Jahrhunderts (UB. Speier S. 490): *Jus camerarii est iudicare de iniuriosis edificiis conmunibus et privatis et de strata conmuni impedita per fimum, per ligna, per lapides vel per terram seu per alia impedimenta qualiacumque sint illa.*

[2] Als erster erscheint Vogt Anselm 1202—1220 (Baur, Hess. Urk. II, 22; Zeitschr. f. d. Gesch. d. Oberrheins XIII S. 58f., 34; Remling, UB. I, 123; UB. Speier 24, 28, 29, 31, 32, 33; Mittelrh. UB. III, 122). Im Jahre 1241 wird er als *quondam Spirensis advocatus* erwähnt (Würdtwein, Nova Subsidia XII, 58). Was Koehne, a. a. O., S. 182 und Schaube, a. a. O., S. 61 Anm. 266 über einen gleichzeitigen bürgerlichen Vogt Gottfried sagen, ist grundlos; das *advocatus* scheint bei Gottfried bloß Beiname, nicht Amtstitel zu sein. Daß dieser Vogt die Gerichtsbarkeit hat, ergibt sich aus der Urkunde von 1294 (UB. Speier 183); dort heißt es vom Bischof, *ipsum exhercere iurisdictionem suam temporalem per advocatum et scultetum ab ipso deputandos.* Vgl. auch den Eid des Vogtes in UB. Speier S. 477.

[3] Chronicon Wormatiense 1261 (Quellen Worms III S. 198). 1370 verzichteten die Zweibrückener Grafen auch auf diese Geldsumme (UB. Worms II, 665).

spruch auf die hohe Gerichtsbarkeit haben sie nicht erhoben. Dieselbe scheint schon früher an den Bischof zurückgefallen und von diesem dem bischöflichen Kämmerer zur Ausübung übertragen worden zu sein; jedenfalls hält letzterer im 13. Jahrhundert die drei echten Dinge in der Stadt ab.[1] Endlich begegnet seit dem Ende des 12. Jahrhunderts ein dem Ministerialen- oder Bürgerstande angehöriger *greve* oder *comes*[2] als Gerichtsbeisitzer und als Exekutivbeamter für die Vollstreckung von peinlichen Urteilen und Verhaftung von Verbrechern.[3] Daß sein Amt mit dem des alten Burggrafen in Zusammenhang stand, ersehen wir nicht nur aus seinem Namen, sondern auch daraus, daß er die 12 ℳ Ablösung für die Burggrafenrechte an die Zweibrückener Grafen zu zahlen hatte.[4] Ob er aber ein alter Unterbeamter des Burggrafen war, oder ob sein Amt im Gegensatz zu den

---

[1] Vgl. das Weistum des Kämmerers aus dem 13. Jahrhundert (Quellen Worms III S. 226): *Camerarius domini Wormatiensis possidebit tria placita super curia, quod dicitur dinck. Et quodlibet placitum sequitur aliud post quatuordecim dies, quod vocatur ungeboden dingk.* Im übrigen ist die Gerichtsbarkeit an den Schultheißen gelangt; vgl. Weistum des Schultheißen (ebenda S. 227).

[2] Als erster erscheint ein ministerialischer *Albertus comes* 1190—1216 (UB. Worms II, Nachtr. 719; ebenda I, 98, 99, 100, 101, 103, 109, 113, 120; Joannis, Spicilegium p. 138). Arnold, a. a. O., I S. 117 und Schaube, a. a. O., S. 62 Anm. 268 haben schwerlich Recht, wenn sie schon in dem *prefectus* des Stadtfriedensprivilegs von 1156 den Greven und nicht den Burggrafen sehen.

[3] Als Beisitzer im Gericht erscheint der Greve in UB. Worms II, 592, 641, 642, 646, 684. Über seine Vollstreckungs- und Verhaftungstätigkeit berichtet das Gerichtsweistum aus dem 13. Jahrhundert (Quellen Worms III S. 231): Der Schultheiß soll die zum Tode Verurteilten *comiti praesentabit, qui super hoc iudicium edictum supplebit vel perficere continuo procurabit. ... Si aliquis malefactor in civitate repertus fuerit in domo alicuius, illum potest comes civitatis excipere et educere, exceptis domibus et curiis clericorum, ministerialium, monetariorum et wiltwerker husgenosz.* Der Greve wird, wie die anderen städtischen Richter, am Martinstag gewählt; vgl. Quellen Worms III S. 198: *comes qui eligitur in festo sancti Martini*, und ebenda S. 231. Von den Heimburgen bezieht er jährlich zwei Pfund (Quellen Worms III S. 225).

[4] Quellen Worms III S. 198.

Burggrafen aus dem Hause Zweibrücken vom Bischof geschaffen wurde, können wir nicht feststellen.[1]

Auch in Mainz sind die Jurisdiktionsbefugnisse des Vogt-Burggrafen auf den erzbischöflichen Kämmerer übergegangen. Seit dem Anfange des 13. Jahrhunderts erscheint derselbe als Vorsitzender des Stadtgerichtes,[2] und zwar zu einer Zeit, in der die Rienecker zwar als Vögte längst nicht mehr erwähnt werden, den Burggrafentitel aber immer noch führen, ein neuer Anhaltspunkt dafür, daß diese gerichtlichen Funktionen dem Vogtamte und nicht dem Burggrafenamte entsprangen. Was aus den Befugnissen des letztgenannten Amtes geworden ist, läßt sich nicht mit Sicherheit sagen. Vielleicht sind sie im 13. Jahrhundert dem Erzbischof angefallen und dann von ihm preisgegeben worden. Wenigstens verzichtet im Jahre 1244 Erzbischof Siegfried auf das *ius super edificiis, que uberzimber vulgariter appellantur,*[3] also auf ein Recht, das in Worms und anderwärts dem Burggrafen zustand. Am Ende des 13. Jahrhunderts taucht ein subalterner Beamter auf, der den Burggrafentitel führt, und zwar als Aufseher über das Gerichtshaus.[4] Aber ein Zusammenhang zwischen seinem und dem alten Burggrafenamte ist wenig wahrscheinlich, jedenfalls absolut unerweislich.

---

[1] Für einen alten Unterbeamten des Burggrafen halten ihn Arnold, a. a. O., I S. 117 und Schaube, a. a. O., S. 62.

[2] Als Vorsitzender des Stadtgerichts zusammen mit dem Schultheißen und den vier Richtern erscheint der Kämmerer 1206 (Joannis II p. 652), 1209 (UB. Eberbach I, 70), 1210 (Schaab, Geschichte der Erfindung der Buchdruckerkunst II S. 349), 1216 (UB. Eberbach I, 97) und öfter. Allein aus dem 13. Jahrhundert sind mir über 40 Beispiele bekannt. Vgl. auch das Kämmererweistum aus dem 15. Jahrhundert, herausgegeben von v. Wyss im Archiv des histor. Vereins für das Großherzogtum Hessen XV S. 146 ff.

[3] Gudenus I, 240 p. 580: *nec aliquod ius requiremus super edificiis que uberzimber vulgariter appellantur.*

[4] Als erster erscheint Burggraf Johannes 1289 (Baur, Hess. Urk. II, 512), dann Voltzo 1294 und 1295 (ebenda II, 512, V, 163; Gudenus II p. 447). Über seine Befugnisse vgl. das Kämmererweistum im Archiv des histor. Vereins für das Großherzogtum Hessen XV S. 159 f., wo übrigens noch ein anderer vom Rat als Gefangenenwärter eingesetzter Burggraf erscheint.

Von den drei mittelrheinischen Städten wenden wir uns zu Würzburg,[1] nicht bloß, weil die Bischofsstadt am Main während des ganzen Mittelalters mit den so leicht erreichbaren Städten am Mittelrhein in engsten Beziehungen gestanden hat, sondern vor allem, weil ihre älteren Verfassungszustände vollkommen mit denen von Mainz, Worms und Speier übereinstimmen.

Ein Würzburger Burggraf begegnet zuerst im Jahre 1069 als *Eberhardus prefectus*, in anderen gleichzeitigen Urkunden erscheint derselbe Eberhard als Graf.[2] Welchem Hause er angehört hat, wissen wir nicht. Dagegen sind seine sämtlichen Nachfolger, die beiden Godebold I. und II. (1087—1144), Poppo I. (1144—1156), Berthold I. (1156—1158), Poppo II. (1161—1190), Berthold II. (1192—1212), Berthold III. (1212—1214), zugleich Grafen von Henneberg.[3] Sie alle werden uns häufig als Zeugen, noch häufiger aber im Eschatokoll der Würzburger Urkunden

---

[1] Über Würzburg vgl.: Wegele, Einleitung, bei: Stahel, Historisches Album der Stadt Würzburg (Würzburg 1876). — Wegele, Würzburg im 12. Jahrhundert, in der Zeitschrift für deutsche Kulturgeschichte, N. F. II (1873) S. 65 ff. — v. Maurer, Städteverfassung, III S. 423 ff. — Oegg, Entwicklungsgeschichte der Stadt Würzburg, herausgegeben von Schäffler (Würzburg 1880). — Gramich, Verfassung und Verwaltung der Stadt Würzburg vom 13. bis zum 15. Jahrhundert (Würzburg 1882). — Brass, Verfassung und Verwaltung Würzburgs vom Beginne der Stadt bis zur Mitte des XIII. Jahrhunderts (Würzburg 1886). — Gengler, Beiträge zur Rechtsgeschichte Bayerns IV (Erlangen und Leipzig 1894) S. 59 ff. — Hegel, Städtewesen, S. 88 f. — Über die Würzburger Burggrafen speziell vgl.: (v. Gottberg) in der Sammlung vermischter Nachrichten zur Sächsischen Geschichte XI (1776) S. 1 ff. — Schultes, Diplomatische Geschichte des gräflichen Hauses Henneberg II (Hildburghausen 1791) S. 48 f., 274 ff. — v. Bibra im Archiv des historischen Vereins von Unterfranken und Aschaffenburg XXV (1881) S. 257 ff. — Füsslein in der Zeitschrift des Vereins für thüringische Geschichte, N. F. XI (1899) S. 81 ff., 151 ff.

[2] Vgl. über ihn v. Bibra, a. a. O., S. 265, 283 f. Daß derselbe mit dem aus dem Schweinfurter Markgrafenhause stammenden Bischof Eberhard von Eichstädt (1100—12) identisch sei, ist eine phantastische Vermutung v. Bibras.

[3] Vgl. über sie v. Bibra, a. a. O., S. 286 ff. Daß Poppo I. noch in einer Kaiserurkunde vom 6. April 1157 (MG. Constitutiones I, 162) als Zeuge genannt wird, erklärt sich wohl daraus, daß der in der Urkunde bestätigte Reichstagsbeschluß schon im Vorjahre ergangen war.

genannt; denn in Würzburg war es seit der zweiten Hälfte des 11. Jahrhunderts üblich, die Urkunden nach dem derzeitigen Burggrafen zu datieren. Poppo III.,[1] der schon bei Lebzeiten Bertholds III. seit 1212 als Burggraf erwähnt wird (wahrscheinlich war er sein Oheim und Vormund),[2] nennt sich zuletzt noch einmal *burgravius Herbipolensis* in einem mit Bischof Hermann abgeschlossenen Vertrage von 1230.[3] Seitdem kommt noch vereinzelt bis zum Jahre 1240 in der Actumzeile der Urkunden des Würzburger Stephansklosters die Formel *acta .... Boppone urbis praefecto* vor.[4] Nach 1240 wird der Burggrafentitel von den Henneberger Grafen nicht mehr geführt. Aber aufgegeben haben sie ihre Rechte nicht. Vom Anfange des 14. bis zum Ende des 15. Jahrhunderts sind uns Urkunden bekannt, die die Henneberger noch im Besitze des Burggrafenamtes erscheinen lassen.[5] Zwar hat einmal ein Henneberger 1310 den Versuch gemacht, seinen Anteil an den Würzburger Bischof zu verkaufen,[6] aber der Verkauf scheint am Widerspruch des anderen Anteilhabers gescheitert zu sein; wenigstens finden wir später (1317) diesen Anteilhaber als alleinigen Inhaber des *officium burcgravii in Herbipoli,* das von diesem Jahre an bis tief ins 16. Jahrhundert als hennebergisches Lehen den Rittern von Stein geliehen wurde,[7]

---

[1] Vgl. die Regesten der Burggrafen bei v. BIBRA, a. a. O., S. 309ff. Einige unwesentliche Ergänzungen lassen sich aus dem seitdem erschienenen Bd. XLV der Monumenta Boica und aus dem im Archiv des historischen Vereins für Unterfranken XLI (1900) S. 209ff. im Auszug publizierten Rotulus von St. Stephan entnehmen.

[2] Vgl. v. BIBRA, a. a. O., S. 296ff.

[3] MBo. XXXVII, 219.

[4] Vgl. FÜSSLEIN, a. a. O., S. 158.

[5] Wie FÜSSLEIN, a. a. O., S. 157f., 175 angesichts dieser Zeugnisse das Burggrafentum seit 1230 als erloschen ansehen kann, verstehe ich nicht.

[6] Vgl. SCHULTES, a. a. O., S. 48f., 279.

[7] Vgl. die Lehnsbriefe bezw. Lehnsreverse von 1317 (Henneberg UB. V, 68, 69), 1429 (Archiv des histor. Ver. für Unterfranken V, 2 S. 18), 1456 (ebenda S. 18), 1497 (ebenda S. 22f.) und die Urkunden Henneberg UB. V, 296 (1377), 356 (1393); SCHULTES, a. a. O., II, UB. 205 (1456). Noch 1534 erscheinen die Herren von Stein als Lehnsinhaber (Archiv des histor. Ver. für Unterfranken V, 2 S. 107).

während es die Henneberger selbst als bischöfliches Lehen besaßen.[1]

Genau dieselben Personen, die wir als Burggrafen nachweisen können, finden wir ebenso wie in den mittelrheinischen Bischofsstädten auch in Würzburg als Domvögte.[2] Das gilt schon von Eberhard, der als *prefectus* nur einmal, als Domvogt dagegen dreimal bezeugt ist[3]. Das gilt auch von den beiden oder wenigstens von dem jüngeren Godebold,[4] von Poppo I.,[5] von Berthold I.[6] und von Poppo II.[7] Seit dem Jahre 1167 allerdings ist von dieser Vogtei nicht mehr die Rede;[8] sie dürfte in den letzten Jahrzehnten des 12. oder in den ersten des 13. Jahrhunderts von den Bischöfen zurückerworben sein. Wenigstens verspricht Bischof Hermann 1225 in seiner Wahlkapitulation, die *advocacias super possessionibus episcopalibus et canonicorum Herbipolensium* zurückzubehalten und nicht zu veräußern.[9]

---

[1] Archiv des histor. Ver. für Unterfranken V, 2 S. 21 (1348): Bischof Albrecht gibt dem Grafen Johann von Henneberg als Lehen *das Marschalck-Ampt und das Burggrafen-Ampt unsers Bistums und Fürstenthums zu Würtzburg.*

[2] Vgl. Brass, a. a. O., S. 15f., 27ff.; Gengler, a. a. O., S. 60; v. Bibra, a. a. O., S. 267ff.; Füsslein, a. a. O., S. 88ff. Nur vorübergehend unter Bischof Emehard (1084—1104) erscheint 1091—96 dessen Bruder, Graf Heinrich von Rotenburg, als Vogt der Würzburger Kirche (Wirt. UB. I S. 393, 399; MBo. XXXVII, 70).

[3] MBo. XXXVII, 67 (1057): *Eberhardo quoque aecclesiae domusque nostrae advocato .... Eberhardus comes nostraeque advocatus ecclesiae;* vgl. ferner v. Bibra, Regesten 10 (1057), 13 (1058).

[4] v. Bibra Regesten 34 (1103), 36 (1103), 61 (1128), 65 (1131), 87, 88, 89 (1140).

[5] v. Bibra, Regesten 93 (1141), 99, 101 (1144), 105 (1149), 117 (1152).

[6] Joannis, Spicilegium p. 448 (1159): Bischof Gebhard erwirbt *per manum comitis Bertholdi urbis prefecti* (von v. Bibra übersehen).

[7] v. Bibra, Regesten 147, 148 (1161), 168 (1167).

[8] Nur als Vogt von St. Stephan erscheint Poppo II. noch einmal 1189 (MBo. XXXVII, 146).

[9] MBo. XXXVII, 205 (1125). Auch der Altmeister der Würzburgischen Geschichtsschreibung, Lorenz Fries, bemerkt, die Henneberger hätten gegen 300 Jahre das Burggrafentum von den Bischöfen zu Lehen getragen. *Sie seynd aber mit der Zeit von der Vogtei kommen.* Vgl. Ludwig, Geschichtschreiber von dem Bischoffthum Würzburg, S. 505.

Schon verhältnismäßig früh hören wir von einem Stellvertreter des Burggrafen.[1] Bereits die Traditionen von St. Stephan erwähnen als *vicarius praefecti* 1106 einen Arnold,[2] 1108 einen Heinrich.[3] Dann erscheint in einer Urkunde von St. Jakob aus der Zeit von 1159 bis 1165 ein *Wolfhunus comes*,[4] der dem Schultheißen in der Zeugenreihe nachsteht und schon deshalb als niederer Beamter anzusprechen ist. In gleicher Stellung befindet sich der meist hinter dem Schultheißen erwähnte *comes* oder *vicecomes* Billung 1168—1174[5] und der von 1180—1199 vielgenannte *comes* Eckard,[6] den man lange für einen wirklichen Grafen gehalten hatte, bis ihn Wegele als Sohn des Schultheißen Billung und als Stellvertreter des Burggrafen (er heißt einmal *vicem prefecture gerens*)[7] nachwies. Daß er dem Ministerialenstande angehörte, wird uns mehrfach ausdrücklich berichtet.[8] Als Nachfolger dieser Stellvertreter des Burggrafen haben wir wohl die Zentgrafen Herold (1215) und Rudeger (1243) anzusehen, die uns in Würzburger Urkunden des 13. Jahrhunderts begegnen.[9] Wenigstens heißt im 15. Jahrhundert der Würzburger

---

[1] Über denselben findet sich in der Literatur nur Ungenügendes.

[2] Tradit. s. Stephani (bei Schannat, Viudemiae literar. I p. 53 ff.) 21 (1106).

[3] Eod. 24, 26 (1108). Vielleicht identisch mit *Heinrich comes* in MBo. XLV, 2 (1106).

[4] Regesten St. Jacob (im Archiv des histor. Vereins von Unterfranken XVI, 2 S. 135 ff.) 7 (1159/65).

[5] Als vicecomes MBo. XXIXa, 516 (1168); als comes MBo. XXXVII, 113 (1170), 121 (1174); Reg. Boica I p. 285 (1173). Er ist von zwei gleichzeitigen Trägern desselben Namens wohl zu unterscheiden, von denen der eine Vitztum, der andere Schultheiß ist.

[6] Über ihn vgl. Wegele, der Hof zum Grafen-Eckard zu Wirzburg und Graf Eckard (Wirzburg 1860). Der nach ihm genannte Hof zum Grafen-Eckard an der Stelle des späteren Platzes „Zum Grafenbann" oder „Zum Grafenbaum" diente im Mittelalter als Haftlokal. Vgl. die Ordnung des Würzburger Brückengerichts (herausgegeben von Zimmermann im Archiv des histor. Vereins von Unterfranken XXV) S. 240: *zum ersten duth man den schedlichen man uzs dem loch zum greffen Eckart.*

[7] MBo. XXXVII, 132 (1182, 83).

[8] Eod. XXXVII, 128 (1181), 149 (1189); Archiv des histor. Vereins von Unterfranken XV, 1 S. 137 (1185).

[9] MBo. XXXVII, 139, 275.

Unterbeamte, den die Ritter von Stein, die Inhaber des Burggrafenamtes, einsetzen, *zentgrave* oder *greve*; ja das Burggrafenamt selbst wird seit derselben Zeit als Zentgrafenamt oder als Grevenamt bezeichnet.[2]

Leider sind wir über die Befugnisse des Vogt-Burggrafen in Würzburg außerordentlich schlecht unterrichtet. Nur von den Funktionen des Zentgrafen wissen wir Näheres, aber erst durch Quellen aus der Mitte des 15. Jahrhunderts,[3] also so spät, daß Rückschlüsse auf frühere Jahrhunderte schwer möglich sind. Danach erscheint der *greve* in Würzburg in einer ähnlichen Tätigkeit wie der *greve* in Worms; wie dieser ist er oberster Beisitzer des Schultheißengerichtes im sogenannten Brückengericht, das nicht nur Schöffen der Stadt Würzburg, sondern auch solche aus den umliegenden Dörfern vereinigt.[4] Und auch die Tätigkeit, die sein Wormser Kollege als Verhaftungs- und Vollstreckungsbeamter ausübt, findet ihr Gegenstück in der Art und Weise, wie der Würzburger Zentgraf die landschädlichen Leute aus dem Gefängnis vor das Gericht führt und nach erfolgter Verurteilung

---

[1] Schultes, a. a. O., II Urk. 205 S. 274f. (1456): *der vom Stein Zentgrave odir wer von Iren wegen an dem Brucken Gericht sitzen. .... ein Greve oder wer von Iren wegen zu Würzburgk ist.* Vgl. auch die S. 138 Anm. 6 erwähnte Ordnung des Brückengerichts S. 240f.

[2] Archiv des histor. Vereins von Unterfranken V, 2 S. 18 (1456), 23 (1497): *unser Burggrafen-Ampt zu Wirtzburg, das man itzund nennet das Zent-Grafen-Ampt.* Schultes, a. a. O., II Urk. 205 S. 274 (1456): *Dieses sindt die recht und tzugehorunge des Greven Ampts zu Würtzburg das die vom Stein von unes und unser Herrschafft zu Henneberg zu Lehen haben.* Vgl. auch Henneb. UB. V, 411 (1308): *de possessionibus unius platee in Herbipoli, que ad officium comitis spectare dinoscitur.*

[3] Es sind die oben S. 138 Anm. 6 erwähnte Ordnung des Brückengerichts aus der Zeit Bischof Gottfrieds IV. (1443—55) und das Verzeichnis der Rechte des Grevenamts von 1456 bei Schultes, a. a. O., II Urk. 205 S. 274ff.

[4] Brückengerichtsordnung S. 240: *der schultesz, der zengreffe und die siben schoppfen des statgerichts zu Wurtzburg und dorzu funf auszwendige schoppfen, nemlichen 2 von Zell us der gaszen, 2 von Büttelbrunn und einer von Hochbergk, die besitzen das gericht jenseit mayns an der prucken.* Rechte des Grevenamts S. 274f.: *Zum ersten so sal der vom Stein Zentgrave odir wer von Iren wegen an dem Brucken Gericht sitzen, nechst obin an eynem schultheiszen sitzen.*

zur Richtstätte bringt[1] Im übrigen erscheint er als besonders beteiligt beim gerichtlichen Zweikampf und bezieht eine Abgabe und Zölle.[2] Stellen wir uns alle diese Befugnisse des Zentgrafen vor Augen und vergegenwärtigen wir uns seinen Namen, so werden wir mit E. Mayer[3] zu folgendem Schluß gelangen: das Brückengericht ist nichts anderes als das Gericht der Zent, zu der Würzburg und einige umliegende Dörfer des Waldsassengaues gehörten, der Zentgraf aber ist der ursprüngliche Richter in diesem Gericht. Aber nachdem Würzburg sich zur größeren Stadt entwickelt hat, und demzufolge die Bedeutung des Würzburger Schultheißen gestiegen ist, hat er diesem den Vorsitz im Gericht abgeben und sich mit der einfacheren Stellung eines ersten Beisitzers bescheiden müssen.

Dieser Zentgraf wird vom Würzburger Burggrafen ernannt. Das spricht dafür, daß dieser selbst ursprünglich der Inhaber der hohen Gerichtsbarkeit war, denn im allgemeinen pflegt die Ernennung des Zentgrafen in der Hand des Trägers der hohen Gerichtsbarkeit zu liegen.[4] Und auch andere Erwägungen sprechen dafür. Unter den sämtlichen Personen, die in den Würzburger Urkunden des 11. und 12. Jahrhunderts genannt werden, ist kein anderer, den man als Inhaber der hohen Jurisdiktion in der Stadt Würzburg vermuten könnte. Tatsächlich ist in der Literatur auch ausnahmslos diese Ansicht vertreten.[5] Auch darüber, daß der Vogt-Burggraf diese hohe Gerichtsbarkeit vom Bischof erhalten hat, kann kein Zweifel sein. Beide, Vogtei und Burggrafschaft, sind bischöfliche Lehen;[6] außerdem kann man aus der Urkunde König Konrads II. von 1030,[7] die dem Bischof Meinhard

---

[1] Brückengerichtsordnung S. 241f., 245.

[2] Rechte des Grevenamtes S. 275f.

[3] Vgl. E. Mayer in der deutschen Zeitschrift für Geschichtswissenschaft N. F. I (1897) S. 208f.

[4] Vgl. Schröder, Rechtsgeschichte, 4. Aufl., S. 599f.

[5] Vgl. v. Maurer, a. a. O., S. 423; Brass, a. a. O., S. 26ff.; v. Bibra, a. a. O., S. 267ff.; Gengler, a. a. O, S. 60; Fusslein, a a. O., S. 87ff.

[6] Für die Vogtei versteht sich das von selbst, für das Burggrafenamt vgl. oben S. 137 Anm. 1.

[7] MBo. XXIXa, 333 (1030).

außer Münze, Fährgerechtigkeit, Markt und Zoll auch *totius civitatis eiusdem districtum, sicut fuerat ante nostra tempora constitutum,* verleiht und bestätigt, wohl den Schluß ziehen, daß schon unter den sächsischen Königen die Würzburger Bischöfe im Besitze der hohen Gerichtsbarkeit in der Stadt waren.[1] Nur darüber besteht nicht volle Klarheit, ob diese hohe Gerichtsbarkeit ein Bestandteil der Vogtei oder des Burggrafenamtes war.[2] Daß die Henneberger, die die Vogtei offenbar schon im 12. Jahrhundert verloren und nur das Burggrafenamt behalten haben, doch die Besetzung des Zentgrafenamtes vornehmen, scheint zunächst für einen Zusammenhang zwischen Burggrafenamt und hoher Gerichtsbarkeit zu sprechen. Aber wir müssen uns hüten, daraus zu viel zu folgern; bei der fortdauernden Personalunion der beiden Ämter ist es sehr wohl möglich, daß unter den Kompetenzen derselben eine Vermischung eingetreten ist. Und andererseits fehlt es nicht an Anhaltspunkten, die dafür sprechen, den Ursprung der hochgerichtlichen Funktionen in der Vogtei zu erblicken. Wäre der Burggraf, wozu ihn die herrschende Meinung machen will, ein „Stadtgraf", wie sollte er dazu kommen, für die ganze über die Stadt Würzburg hinausreichende Zent den Zentgrafen zu bestellen? Von einem Stiftsvogt, dem das ganze Immunitätsgebiet untersteht, läßt sich das viel eher annehmen. Vor allem aber ist meines Erachtens von der größten Bedeutung der Sprachgebrauch, der in den Amtsbezeichnungen zutage tritt.

Die Würzburger Burggrafen werden seit dem Ende des 11. Jahrhunderts in den Urkunden so außerordentlich häufig erwähnt, daß wir wirklich zu sicheren Schlüssen über die zu verschiedenen Zeiten üblichen Benennungen derselben gelangen können. Wie überall, gehen auch hier dem deutschen Namen, der zuerst 1137 in der latinisierten Form *burgravius* begegnet,[3] lateinische Amtsbezeichnungen voraus. Bedeutete „Burggraf"

---

[1] Dafür auch Brass, a. a. O., S. 10ff.; Keutgen, Untersuchungen, S. 22f.

[2] Selbstverständlich ist die von Fries, a. a. O., S. 473, 505 und Schultes, a. a. O., II S. 275 gebrachte Ansicht, Vogteiamt und Burggrafenamt seien einfach Synonyma, völlig unhaltbar.

[3] v. Bibra, Regesten 79 (1137); häufiger erst seit 1140 (ebenda 86, 87, 88, 89, 90).

nichts anderes als „Stadtgraf", so sollte man von Anfang an Ausdrücke wie *comes urbis, urbanus etc.* erwarten. Genau das Gegenteil ist richtig. In den ersten 60 Jahren, in denen das Amt vorkommt, von 1069—1129, heißt der Burggraf immer[1] *praefectus, urbis praefectus* oder *praefecturam agens*, und zwar sind mir einige 40 Quellenstellen bekannt,[2] so daß an der Einheitlichkeit dieser Terminologie garnicht gezweifelt werden kann. Erst im Jahre 1130 kommt vereinzelt[3] der Ausdruck *urbanus comes* vor, häufiger wird er erst seit 1136,[4] während ich die Bezeichnung *urbis comes*, die nach der herrschenden Lehre eigentlich die treffendste Bezeichnung des „Stadtgrafen" sein müßte, in den mehr als 300 Urkunden, die den Burggrafen erwähnen, nur zweimal in der zweiten Hälfte des 12. Jahrhunderts gefunden habe.[5]

Soviel scheinen mir diese Untersuchungen über die Amtsbezeichnungen zu ergeben, daß die Auffassung der Würzburger Burggrafschaft als Stadtgrafschaft wenig für sich hat. Und ziehen wir nun zum Vergleiche die Ergebnisse heran, zu denen wir für andere Bischofsstädte gelangt sind, so werden wir kaum dem Schlusse ausweichen können, daß auch in Würzburg der Stiftsvogt als solcher Träger der hohen Gerichtsbarkeit in der Stadt war. Welche Befugnisse dagegen das Präfektenamt in sich schloß, vermögen wir nur zu erraten; wahrscheinlich war er hier wie auch in anderen Bischofsstädten der Befehlshaber der Burg, der ummauerten Stadt.

[1] Natürlich scheide ich alle die Stellen aus, in denen der Burggraf bloß als Graf von Henneberg oder als *comes* schlechthin vorkommt.

[2] v. Bibra, Regesten 16, 19, 20, 21, 23, 25, 26, 28, 29, 30, 31, 32, 33, 34, 35, 39, 40, 42, 43, 44, 45, 46, 47, 48, 49, 51, 52, 53, 54, 55, 56, 58, 59, 60 (1069—1125); Archiv des histor. Vereins von Unterfranken XLI S. 213 (1111), 214 (1115), 215 (1118, 1119), 219 (1108), 220 (1108), 221 (1108, 1110), 222 (1119).

[3] v. Bibra, Regesten 63 (1130).

[4] Ebenda 74, 75, 76, 77 (1136, 1137).

[5] Ebenda 165, 211 (1166, 1176).

§ 10.

Köln.

Unsere Untersuchungen über die vier Bischofsstädte am mittleren Rhein und Main hatten das für Schwaben und Bayern gewonnene Ergebnis, daß das Burggrafenamt als solches nichts mit der hohen Gerichtsbarkeit zu tun hat, in vollem Umfange bestätigt. Es fragt sich nun, welche Schlüsse für die zur Erörterung stehende Frage sich aus dem Kölner[1] Quellenmaterial ergeben. Es hätte nichts Verwunderliches, wenn Köln in dieser Hinsicht eine singuläre Stellung einnähme. Weit entfernt davon, das „Normalstadtrecht" des deutschen Mittelalters zu sein,[2] bietet das Verfassungsrecht dieser einzigen Großstadt des früheren Mittelalters eine Fülle von Erscheinungen, die in den übrigen deutschen Städten überhaupt nicht oder wenigstens nicht in so komplizierter und verfeinerter Form vorkommen. Jedenfalls darf aber das eine nicht außer acht gelassen werden, daß — von Regensburg abgesehen — in keiner Stadt das Burggrafenamt urkundlich so früh nachweisbar ist wie in Köln.

---

[1] Über Köln vgl.: Arnold, Verfassungsgeschichte, I S. 99 ff. — Nitzsch, Ministerialität und Bürgertum, S. 270 ff. — Ennen, Geschichte der Stadt Köln I, II (Köln 1863, 65). — Lambert, die Entwicklung der deutschen Städteverfassungen im Mittelalter II (Halle 1865). — Heusler, Städteverfassung, S. 57 f. — Maurer, Städteverfassung, III S. 390 ff. — Hegel, Verfassungsgeschichte von Köln im Mittelalter (Leipzig 1877) (Separatabdruck aus den Chroniken der deutschen Städte XII und XIV). — Hegel, Städte und Gilden, II S. 323 ff. — Hegel, Entstehung des deutschen Städtewesens, S. 79 f. — Liesegang, Zur Verfassungsgeschichte der Stadt Köln, vornehmlich im 12. und 13. Jahrhundert, in der Savigny-Ztschr. f. Rechtsgeschichte, Germ. Abt. XI (1890) S. 1 ff. — Lau, die erzbischöflichen Beamten in der Stadt Köln während des 12. Jahrhunderts (Lübeck 1891). — Lau, Entwicklung der kommunalen Verfassung und Verwaltung der Stadt Köln bis zum Jahre 1396 (Bonn 1898). — Heldmann, der Kölngau und die Civitas Köln (Halle 1900). — Keussen, Untersuchungen zur älteren Topographie und Verfassungsgeschichte von Köln, in der Westd. Ztschr. XX (1901) S. 14 ff. — Oppermann, Kritische Studien zur älteren Kölner Geschichte III, ebenda XXI (1902) S. 4 ff.

[2] Diese unrichtige Vorstellung findet sich bei Heldmann, a. a. O., S. 122.

Sehen wir von dem *Werinarius comes Coloniae* der Kölner Annalen von 849[1] vorläufig ab, da es zweifelhaft ist, ob wir ihn als Burggrafen oder Gaugrafen anzusprechen haben,[2] so begegnet uns ein Kölner Burggraf zum ersten Male im Jahre 1032. Eine Urkunde Erzbischofs Piligrims aus diesem Jahre nennt unter den Zeugen einen *urbis praefectus* Ulrich.[3] Ob er ein Freier oder ein Ministeriale war, verrät uns die Urkunde nicht. Dagegen ist für seine Nachfolger Franco I. (1061—1074),[4] Arnold (1083—1095),[5] Franco II. (1109—1129),[6] Heinrich I. (1136—1159)[7] und Gerhard (1167—1188)[8] absolut sicher, daß sie dem Stande der freien Herren angehört haben. Ja, die drei letzteren gehen in den Zeugenreihen der erzbischöflichen Urkunden gelegentlich wirklichen Grafen vor. Neben Gerhard erscheint im Jahre 1166 als *vicecomes*, seit 1173 ebenfalls als Burggraf Heinrich II. aus dem Geschlechte der freien Herren von Arberg;[9] seitdem Gerhard in

---

[1] Annales Colon. brevissimi (MG. SS. I p. 97).

[2] Den *Ecmundus comes*, der im Jahre 825 als *missus dominicus* in Köln fungiert (MG. Capitularia I, 151 p. 308), lassen wir überhaupt bei Seite, da es völlig unsicher ist, wo überhaupt seine Grafschaft lag. Die Urkunde von 844, die dieselbe Person als *Ecmundus comes* anführt, ist eine Fälschung des 18. Jahrhunderts. Vgl. Oppermann in der Westd. Ztschr. XIX (1900) S. 198 gegen Heldmann, a. a. O., S. 102f.

[3] Lacomblet I, 167 (1032).

[4] Ebenda I, 196 (1061) unter den *milites* vor den *servientes*; ferner ebenda I, 218 (1074), 225 (ca. 1074).

[5] Ebenda IV, 609 (1083), I, 234 (1083), 236 (1085) (unter den *milites* vor den *servientes*), 241 (1079—89), 244 (1090) (vor den *ministeriales*); Annalen des histor. Ver. für den Niederrhein XVII S. 133 (1095).

[6] Vgl. die Belegstellen bei Lau, Erzbischöfl. Beamte, S. 62. In den Zeugenreihen der Urkunden Lacomblet I, 280, 307 geht er sogar Grafen vor.

[7] Vgl. die Belegstellen bei Lau, a. a. O., S. 62. In der Urkunde Lacomblet I, 346 geht er mehreren Grafen vor.

[8] Vgl. die Belegstellen bei Lau, a. a. O., S. 62f.; ferner Annalen des histor. Ver. für den Niederrhein XXXIV S. 75 (1188). In der Urkunde Ennen und Eckertz, Quellen I, 94 geht er mehreren Grafen vor.

[9] Vgl. die Belegstellen bei Lau, a. a. O., S. 62f. Übrigens ist sehr wohl möglich, daß schon seine Vorgänger demselben Dynastengeschlecht angehört haben.

den Urkunden verschwindet, finden wir Heinrich bis 1197 als einzigen Burggrafen.[1] Er hat das Amt in seiner Familie erblich gemacht. Noch drei Burggrafen aus dem Hause Arberg haben während des 13. Jahrhunderts das Amt bekleidet, Eberhard (1200, von 1202 bis 1222 nur als Burggraf von Arberg erwähnt),[2] Heinrich III. (1219—1254, 1264 noch einmal als Burggraf von Arberg erwähnt)[3] und Johann (1265—1279),[4] unter dem sich der Untergang des Amtes vollzogen hat. Schon einmal am Ende des 12. Jahrhunderts war das Burggrafenamt dem Kölner Bürger Symon verpfändet, bald darauf aber wieder eingelöst worden;[5] im Jahre 1279 endlich veräußerte es Burggraf Johann für 1000 Mark an den Kölner Erzbischof.[6] Seitdem kommen Burggrafen von Köln nicht mehr vor. Wenn gelegentlich von den Rechten und Amtsbefugnissen des Burggrafen noch die Rede ist, muß als Inhaber dieser Rechte immer der Erzbischof gedacht werden.[7]

Die Titel, die die Kölner Burggrafen führen, sind die auch in anderen Bischofsstädten für die Burggrafen üblichen. Die

---

[1] Die letzte urkundliche Nachricht, die ihn nennt, ist die Urkunde über die Verpfändung des Burggrafenamtes bei Hoeniger, Schreinsurkunden II, 1 S. 302f., Schöffenschrein 2, III, 5. Da die Verpfändung mit dem 6. Januar 1198 ihren Anfang nehmen soll, so dürfte die Urkunde dem Jahre 1197 angehören.

[2] Lacomblet I, 568, 569, IV, 643 (1200). Als *comes de Arberch* erscheint er 1216 (Lacomblet II, 57), als *burggravius de Arberch* 1202—1222 (Mittelrhein. UB. II, 201, 223, 247, 248, III, 127, 188; Lacomblet II, 75).

[3] Zuerst 1219 (Lacomblet II, 82 Anm.), zuletzt 1254 (Mittelrhein. UB. II, 1262) als Kölner Burggraf genannt. Wiederholt wird er in den Urkunden auch als Burggraf von Arberg bezeichnet, zuletzt 1264 (Annalen des histor. Ver. für den Niederrhein XXIII S. 175).

[4] Zuerst 1265 erwähnt (Ennen und Eckertz, Quellen II, 486).

[5] Vgl. die Anm. 1 erwähnte Urkunde. Darüber, daß das Amt bald wieder eingelöst wurde, vgl. Lau, Köln, S. 13.

[6] Lacomblet II, 727 (1279, Aug. 16). Seitdem nennt sich Johann einfach Herr von Arberg (Lacomblet II, 734, 757) oder ehemaliger Burggraf von Köln (ebenda II, 745).

[7] Vgl. z. B. Lacomblet III, 769; Ennen und Eckertz, Quellen IV, 22 (1314), 204 (1344), 474 (1367); Lau, Köln, S. 10 Anm. 3 (1340—42), S. 11 Anm. 5 (1384); Materialien zur geistlichen und weltlichen Statistik des niederrheinischen und westfälischen Kreises I, 2 S. 494 Anm. *b* (1320).

älteste und bis gegen Ende des 12. Jahrhunderts häufigste Bezeichnung ist *praefectus urbis;* seltener finden sich *pretor urbanus,*[1] *burgicomes,*[2] *comes urbanus,*[3] *comes urbis*[4] oder *comes* schlechthin.[5] Die deutsche Benennung *burcgravius* kommt zuerst 1167 vor, um zehn Jahre später zur allein gebräuchlichen zu werden.[6]

Über die Funktionen des Kölner Burggrafen sind wir, wenigstens soweit die zweite Hälfte des 12. und das 13. Jahrhundert in Betracht kommen, recht gut unterrichtet. Wohl aus keiner anderen Stadt sind so viele Urkunden erhalten, die uns unmittelbare Einblicke in die Tätigkeit des Burggrafen gewähren. Am wichtigsten von allen Quellen ist der Schied Erzbischof Philipps aus den achtziger Jahren des 12. Jahrhunderts, der die Abgrenzung der Rechte des Burggrafen gegenüber denen des Stadtvogtes zum Gegenstande hat.[7] Lange Zeit als Fälschung des 13. Jahrhundert verdächtigt, hat diese geradezu unschätzbare Urkunde in jüngster Zeit eine völlige Rehabilitation erfahren.[8] Mögen auch einige diplomatische Bedenken noch nicht zerstreut sein, so trägt doch der speziell verfassungsrechtliche Inhalt so stark das Gepräge der Echtheit, daß er unbedenklich für die Geschichte des Burggrafenamtes verwertet werden kann. Tatsächlich hat sich auch die bisherige Forschung durch den Glauben an die Fälschung

---

[1] Annalen des histor. Ver. für den Niederrhein XVII S. 133 (1095).

[2] Lacomblet I, 280 (1116), 282, 283 (1117), 307 (1129).

[3] Lacomblet IV, 609, I, 234 (1083), 349 (1143).

[4] Günther, Cod. Dipl. I, 159 (1153); Mittelrhein. UB. II, 21 (1174); Ennen und Eckertz I, 82 (1172), 85 (1174), 88 (1176); Hoeniger, Schreinsurkunden II, 1, Niederich 10, IV, 19.

[5] Lacomblet I, 225 (ca. 1074); Günther, Cod. Dipl. I, 109, 110 (1136); Westfäl. UB. II, 244 (1144). Verhältnismäßig am häufigsten findet sich diese kurze Bezeichnung in den lakonischen Einträgen der Schreinsurkunden; vgl. Hoeniger, Schreinsurkunden I S. 23, 224, Lorenz 2, II, 1; II. 1, Niederich 1, XII, 14.

[6] Zuerst 1167 (Cod. dipl. Sax. reg. A. II, 344). Seit 1178 (UB. Hochst. Halberstadt I, 283) kommt überhaupt keine andere Bezeichnung mehr vor.

[7] Am vollständigsten gedruckt bei Ennen und Eckertz, Quellen I, 76 und danach bei Keutgen, Urkunden 17.

[8] Vgl. darüber Rietschel, Das Kölner Burggrafenrecht von angeblich 1169, in der Westdeutschen Zeitschrift XXII (1904) S. 327ff.

nicht abhalten lassen, von der Urkunde Gebrauch zu machen.[1] Wir können sie unbedenklich verwenden.

Ebenso wie die Burggrafen der süddeutschen Bischofsstädte ist der Kölner Burggraf militärischer Befehlshaber der Stadt, der „Burg" Köln. Vielleicht bei keinem anderen Burggrafen treten die besonderen Beziehungen zur Stadtbefestigung so deutlich hervor. Wie seine Kollegen in Worms, Straßburg und Regensburg hat er das Recht, das *vurgezimbere* zu brechen, das Recht der *ruminge*, wie es die Verpfändungsurkunde von 1198 nennt.[2] Schon der Schied Erzbischof Philipps erwähnt dies Recht und enthält zugleich die interessante Bestimmung, daß die Verfehlung gegen das Verbot, Vorgezimmer zu errichten, dem Burggrafen mit 60 Schillingen, also dem Königsbann, gebüßt wird,[3] ein strikter Beweis dafür, daß diese burggräfliche Funktion mit dem königlichen Burgfrieden zusammenhängt. Auch in der Folgezeit erscheint dies Recht als besonders wichtiger Bestandteil der Burggrafschaft. Bei der Verpfändung des Amtes behält es Burggraf Heinrich II. für sich zurück;[4] dafür, daß er für eine, allerdings besonders gewerbreiche, Straße auf das Recht verzichtet, erhält Burggraf Heinrich III. nicht weniger als 50 Mark Silbers;[5] ja, vermöge dieses Rechtes ist Burggraf Johann in der Lage, im Niederich

---

[1] Nur Heldmann, a. a. O., S. 29 macht eine Ausnahme, nicht gerade zum Vorteil seiner Darstellung.

[2] Hoeniger, Schreinsurkunden II, 1 S. 302f., Schöffenschrein 2, III, 5.

[3] Schied § 8 (vgl. S. 146 Anm. 7): *Quando dictum burgravium edificia quae vurgezimbre dicuntur frangere contigerit, querere debet, cuius est hoc edificium; et si non fuerit qui prosteterit, per sententiam scabini illud frangere debet et fragmenta edificiorum talium in suam faciet deferri conservationem. Et si fuerit, qui confiteatur, tale edificium esse suum, nichilominus illud franget; et ille cuius est edificium vadiare debet dicto burgravio LX solidos, quos ipsi solvere debet, antequam sol resideat, et si non solverit, penam duplicem incurret.* Genau das Gleiche gilt für Straßburg; vgl. oben S. 24.

[4] Vgl. Anm. 2. Das Amt wird verpfändet *preter id quod ruminge dicitur.*

[5] Ennen und Eckertz II, 166 (1237): Burggraf Heinrich verkauft den Kölner Hausbesitzern *in vico, qui dicitur under gademin, officium sive ius meum, quod habeo in demoliendo sive frangendo ea, que Colonie in domibus et edificiis sunt ante edificata, que vulgariter dicuntur vurgezimbere.* Im folgenden wird genau beschrieben, wie weit Vorbauten zulässig sind.

eine besonders berüchtigte Gasse einfach zu verschließen und so unbewohnbar zu machen, allerdings unter Zustimmung der Schöffen und Amtleute des betreffenden Stadtteils.[1] Mit dem Verkauf des Burggrafenamtes ist auch dies Recht, das Vorgezimmer zu brechen, auf den Erzbischof übergegangen.[2]

Aufs engste mit diesem Recht hängt eine andere Befugnis des Burggrafen zusammen, nämlich die Aufsicht über die Stadtmauer. Der Schied Erzbischof Philipps oder die sonstigen Verfassungsurkunden erwähnen allerdings nichts davon, aber eine Reihe von Geschäftsurkunden geben uns von diesem Aufsichtsrecht Kunde. Gewisse Zweifel läßt noch eine Urkunde von 1180, in welcher der Erzbischof den Kölner Bürgern nachträglich die Erlaubnis zum Bau von Wall und Graben und zur Errichtung von Gebäuden auf Leinpfad, Markt und sonstiger Allmende *assensu burgravii* erteilt. Hier wissen wir nicht, ob dies Konsensrecht des Burggrafen mit seiner Befugnis, Vorbauten zu brechen, oder mit seiner Aufsicht über die Stadtbefestigung zusammenhängt.[3]

---

[1] Ebenda II, 486 (1265): Burggraf Johann bekundet, daß er die Hofergasse im Niederich befreit habe, *ita quod nostro iudicio semper remanebit exemptus, maxime eo intuitu, quia in eodem vico semper facta sunt multa enormia scilicet furta et latrocinia et turpitudines alie contigerunt.* Ich schließe mich in der Deutung der schwer verständlichen Urkunde der Meinung von Lau, Köln, S. 10 f. Anm. 3 a. E. an. An eine Exemtion von der burggräflichen Gerichtsbarkeit kann selbstverständlich nicht gedacht werden. — Mit dem Räumungsrecht hängt auch die von Clasen in den Materialien des niederrh. und westfäl. Kreises I, 2 S. 508 Anm. *m* abgedruckte Urkunde von 1259 zusammen: Das Johannesspital zahlt *de quadam strata et transitu domui ipsorum adiacente modo praeclusa* jährlich 3 Schillinge an die Servatiuskapelle, *donec a burggravio sive a civitate vel a quocunque conquestore fuerit inpetita et ablata.* Vgl. auch die Urkunde bei Stein, Akten z. Gesch. d. Stadt Köln II, 2 (1334).

[2] Schöffenweistum von 1375 (Ennen und Eckertz, Quellen V, 96): *Vort sagen wir, dat onse here van Colne .... alle vurgetzimmer, oeverbuw ind so wat op die ghemeynde gebuwet is, richten ind afbrechen mach, also as der scheffen dat wyset.*

[3] Ennen und Eckertz, Quellen I, 94: *assensu burgravii opus fossati ad decorem et munitionem civitatis licenter expleant et feliciter consumment, aedificia quoque tam in ripa, quae linpat dicitur, quam in foro seu in alio loco publico, sicut tempore, quo questio coram nobis mota est, constructa erant, ita permanebunt hereditario iure in posterum possidenda.*

Dagegen besitzen wir aus dem 13. und 14. Jahrhundert eine Reihe von Urkunden, in denen Bauten, die auf oder unmittelbar an der Stadtmauer oder dem Stadtgraben errichtet sind, veräußert werden. Im 13. Jahrhundert heißt es in diesen Urkunden mit großer Regelmäßigkeit, daß der Burggraf zu dieser Veräußerung seine Zustimmung gegeben habe;[1] im 14. Jahrhundert, in dem es einen Burggrafen, der zustimmen könnte, nicht mehr gibt, aber die Rechte des Burggrafenamtes noch nicht in Vergessenheit geraten sind, erfolgt die Veräußerung *salvo comiti urbis iure suo.*[2] Und zwar handelt es sich dabei sowohl um Teile der neuen Stadtbefestigung wie um solche der alten Stadtmauer, die durch die Einbeziehung der Vorstädte ihre Bedeutung verloren hat. Daß aber dies Konsensrecht des Burggrafen in dem militärischen Aufsichtsrecht über die Stadtmauer seinen Ursprung hat, kann keinem Zweifel unterliegen.[3]

---

[1] Materialien des niederrh. und westfäl. Kreises I, 2 S. 515 Anm. *s* (1231): Das Martinsspital verleiht *per consensum burggravii* ein Haus *sitam super antiquum murum;* ebenda S. 498 Anm. *g* (1260): Die Lorenzparochie veräußert *mansiones ex utraque parte Wurpilportze .... cum consensu burggravii;* Hoeniger, Schreinsurkunden I S. 240 Anm. 2, Gereon 5, I, 10 (1232): Gerard Provere erwirbt *cum consensu domini Henrici burgravii Coloniensis parietem cum terra extra muros et edificiis infra consitis versus vallum;* Ennen und Eckertz, Quellen II, 494 (1266): Burggraf Johann erlaubt eine Anschreinung, betreffend zwei Häuser bei St. Johann, *videlicet iuxta portam domus et domum contiguam sitam supra antiquum fossatum.* Lau, Köln, S. 10 Anm. 3 (1235/36): *Ludolfus* (*Vitschuldere*) *et uxor eius Gertrudis dimidietatem muri .... in anteriori parte novi muri sub arcu .... ab impeticione burgravii Henrici ita obtinuerunt, quod deinceps ab omni impeticione liberi et absoluti dimidietatem muri predicti obtinebunt;* ebenda (1279): Ein Stiftsherr von S. Cunibert *domum suam sitam in emunitate eiusdem ecclesie supra murum Reni .... de licencia domini Johannis burchravii Coloniensis liberam et absque omni impeticione, quod dicitur vurgeximbere, absolutam optinuit.*

[2] Materialien I, 2 S. 494 Anm. *b* (1320): Übertragung eines Hauses *subtus antiquum murum salvo comiti urbis iure suo;* Lau, Köln, S. 10 Anm. 3 (1340, 1341, 1342): Verkauf von Zins von einem Hause *contra hospitale s. Andree salvo comiti urbis iure suo.*

[3] Die militärische Bedeutung des Kölner Burggrafen wird auch durchweg in der Literatur hervorgehoben. Vgl. statt aller anderen Arnold, a. a. O., S. 103; Lau, Köln, S. 9 Anm. 1.

Ob mit dieser Stadtkommandanteneigenschaft des Burggrafen einige andere für ihn bezeugte Befugnisse zusammenhängen, läßt sich schwer entscheiden. Wie sein Straßburger Amtsgenosse hat auch er die Verwahrung der Probedenare, vielleicht, weil er als Burgkommandant sie am sichersten unter Verschluß halten kann.[1] Auch daß er als erzbischöfliches Lehen das alte Burgtor gegenüber St. Aper inne hat, könnte man aus seinen militärischen Befugnissen erklären.[2] Dagegen dürfte wohl das Judengeleit ihm, ohne daß ein Zusammenhang mit seinem Amte anzunehmen ist, vom Erzbischof übertragen worden sein,[3] und ebenso zufälligen Ursprungs sind wohl die Abgaben, die er vom Domkapitel, den Stiftern und Klöstern der Stadt bezieht.[4] Viel wichtiger aber als alle diese ziemlich nebensächlichen Befugnisse ist ein Recht des Burggrafen, das mit einer bloßen Stadtkommandantur schlechterdings nicht in Verbindung gebracht werden kann: der Burggraf ist der höchste Richter der Stadt.

In den vier Bischofsstädten am Main und Mittelrhein hatten wir ebenfalls den Burggrafen als Träger der hohen Gerichtsbarkeit in der Stadt nachgewiesen. Dort war es die Domvogtei, der er diese Stellung verdankte; als Domvogt, nicht als Burggraf, handhabte er die hohe Jurisdiktion.[5] Anders in Köln. Auch in Köln gibt es einen Stiftsvogt der Domkirche aus edelfreiem

---

[1] Schied Erzbischof Philipps § 13 (Keutgen, Urkunden 17): *iuris est dicti burgravii et successorum suorum ex antiquo ab ecclesia Coloniensi, quod, quotiens nos vel successores nostros ymaginem monetae nostrae Col. innovare contigerit, habebunt de moneta nostra, unam marcam novorum denariorum, quam ipsis magister monetae nostrae assignabit.* Mit Recht faßt Lau, Köln, S. 9 Anm. 1 diese Denare als Probepfennige auf.

[2] Schied § 14: *burgravius et sui successores iure hereditario ex antiquo ab ecclesia Coloniensi in feodo tenent portam antiquam munitionis civitatis, quae quondam Agrippina vocabatur, quae sita est ex opposito capellae s. Apri.*

[3] Schied § 12: *iuris dicti burgravii est et successorum suorum ab ecclesia Coloniensi ex antiquo conducere Judeos infra diocesin volentes Coloniam exire vel intrare. De quo conductu universitas Judeorum nostrorum Col. ipsi et successoribus suis singulis annis in Festo b. Martini assignare debet imperpetuum 10 marcas den. Col. et 6 libras piperis.*

[4] Vgl. Lau, Köln, S. 11.

[5] Vgl. oben S. 129f., 141f.

Geschlechte. Aber nicht der Burggraf ist es, sondern in derselben Zeit, in der während des 11. Jahrhunderts die Burggrafen Ulrich und Franco I. bezeugt sind, begegnen als Domvögte die Edelfreien Hermann, Christian und Rutger.[1] Im 12. Jahrhundert dagegen sind es die Grafen Arnold und Hermann von Saffenberg und nach ihnen ihr wahrscheinlicher Erbe, Graf Heinrich von Sayn, in deren Besitz sich die Stiftsvogtei befindet.[2] Mit der hohen Gerichtsbarkeit in der Stadt haben diese Stiftsvögte nicht das Geringste zu tun; nur die Hörigen der Domkirche unterstehen ihnen.[3] Mit Analogieschlüssen ist also für Köln nichts zu erreichen; wir sind allein auf die Deutung der einzelnen Quellenstellen angewiesen.

Die Hauptquelle über die gerichtliche Tätigkeit des Kölner Burggrafen ist der Schied Erzbischof Philipps; nirgends sonst finden wir so ausführlich diese Tätigkeit geschildert. Und gerade in den Hauptsachen finden die Angaben des Schiedes ihre Bestätigung in anderen Quellen. Das Ergebnis aller dieser Quellen ist: der Burggraf ist ein wirklicher Graf, alle Befugnisse, die anderwärts dem Grafen zustehen, sind in seiner Hand vereinigt.

Wie ein Graf ladet er im eigenen Namen, unter seinem Banne, die Angeklagten vor Gericht,[4] wie ein Graf wältigt er die Schöffen

---

[1] Hermann, 1022—1032 (Ennen und Eckertz, Quellen I, 19, 20, 21; Lacomblet I, 167) (unter den Grafen und vor Burggraf Ulrich); Christian, 1043—1054 (Ennen und Eckertz I, 23; Lacomblet I, 184; Stumpf, Acta imperii 305); Rutger, 1061 (Lacomblet I, 196) Die Titel sind *advocatus domus*, *advocatus Coloniensis* oder *advocatus noster* (*sc. archiepiscopi*).

[2] Adolf, 1147 (Lacomblet I, 361); Hermann, ca. 1153—1172 (Ennen und Eckertz I, 117, 82; Lacomblet I, 413, 415, 419, 420, 423; Hoeniger, Schreinsurkunden II, 1 S. 296 Anm. 5); Heinrich, 1176—1193 (Lacomblet I, 459, 460; Ennen und Eckertz I, 94, 108). Vgl. Oppermann in der Westd. Zeitschr. XXI S. 19.

[3] Hoeniger, Schreinsurkunden II, 1, Schöffenschrein 1, IV, 3: In einem Prozeß um einen Zinsmann beschwört *Hermannus de Saffinberch beati Petri liber advocatus*, daß dieser Mann *s. Petri cerocensuarius esset*.

[4] Schied von 1169 (Keutgen, Urkunden 17) § 3: Der Burggraf ruft vor Gericht mit folgenden Worten: *Einen N. . . . . . heisg ich her in einewerve, audirwerve, dirdewerve inde bannene bit minin banne her in dince retheme gerihte.* Durch dies Bannen mit eigenem Bann unterscheidet er sich vom Vogt.

des Kölner Hochgerichts an.[1] Vor allem aber ist sein ausschließliches Reservatrecht der Vorsitz in den drei echten Dingen, den Witzigdingen, wie sie in Köln heißen. Nicht nur der Schied,[2] auch andere Quellen[3] tuen dieses besonderen Rechtes des Burggrafen Erwähnung, und eine Reihe von Gerichtsurkunden zeigt ihn uns in seiner Tätigkeit als Vorsitzenden des echten Dinges.[4] Als solcher ist er selbstverständlich auch im Besitze des Königsbannes. Weil er diesen nicht weiter verleihen darf, kann er auch seine Funktion im echten Ding keinem anderen übertragen, während es ihm im übrigen freisteht, sich vertreten zu lassen. Daraus erklärt sich wohl auch, daß bei der Verpfändung der Burggrafschaft von 1198 die drei echten Dinge ausdrücklich ausgenommen werden.[6] Daß die im echten Ding verhängten Bußen

---

[1] Ebenda § 10: *iuris est dicti burgravii et successorum suorum ab ecclesia Coloniensi, in sede scabinatus locare scabinos a scabinis electos.*

[2] Ebenda § 1: *exceptis iudicio quod wizzeht dinc dicitur et iudicio de hereditatibus infra Coloniam sitis, quibus dictus burgravius solus iudicio presidere debet et questum de eisdem provenientem recipere.*

[3] Ennen und Eckertz I, 77 (spätere Fälschung): *exceptis, que vulgo witziggedinge dicuntur, quibus specialiter iudicio presidere debet burggravius;* Liesegang, Sondergemeinden, S. 130 (1279): Burggraf Johann verleiht die Gerichtsbarkeit in Airsbach *exceptis iudiciis que wiszgedinge dicuntur, que nobis specialiter reservanus.* Über die Dreizahl der Witzigdinge vgl. die Stellen bei Hegel, Köln, S. LXXXVIII Anm. 1.

[4] Hoeniger, Schreinsurkunden I, Martin 1, I, 9: *banno et pace civilis attestacionis summo conventu prefecti urbis in nativitate domini;* IV, 1: *capitali conventu prefecti urbis et omnium civium banno et quod vulgo dicitur pace;* VI, 7: *venerunt fratres in liberum placitum liberi comitis, et ipse comes fecit eis bannum et pacem super hanc eorum proprietatem sine aliqua contradictione*; ebenda II, 1, Schöffenschrein 1, IV, 4: *venientes in legitimum placitum coram urbis comite et advocato et rectoribus scabinis et eorum confratribus;* Clasen, Schreinspraxis S. 47*** (13. Jahrh.): *per sententiam scabinorum .... et hec sententia coram Henrico burggravio a scabinis est prolata in legitimo iudicio quod dicitur wizzehtdenc.*

[5] Schied § 2: *una nobiscum bannum iudicii ab imperio tenet, in quo banno talis est vis, quod sicut et nos proscribere poterit illos qui de iure fuerint proscribendi et etiam poterit proscriptos ab eo in ius suum in quo prius fuerunt restituere.*

[6] Hoeniger, Schreinsurkunden II, 1 S. 302, Schöffenschrein 2, III, 5 (1197): *preter tria wizliche dinc.*

allein an den Burggrafen fallen,[1] entspricht durchaus den gewöhnlichen Verhältnissen.

Neben dem Witzigding aber nennt der Schied Erzbischof Philipps, und zwar er allein, als Reservatrecht des Burggrafen das *iudicium de hereditatibus*.[2] Was ist unter diesem Gericht, das in anderen Quellen nie erwähnt wird, zu verstehen? Bestanden muß es haben. Denn daß die Existenz dieses *iudicium de hereditatibus* bloß auf freier Erfindung beruhte, ist absolut ausgeschlossen. Vom echten Ding, dem Witzigding, wird es ausdrücklich unterschieden;[3] es mit dem gebotenen Ding[4] oder gar mit dem Bauding[5] zu identifizieren, verbietet der Name. Am richtigsten scheint es mir, darunter nicht etwa ein besonderes Gericht, sondern eine Gerichtsbarkeit in Grundstückssachen zu verstehen. Der Burggraf hat den alleinigen Vorsitz und bezieht allein die Gefälle im echten Ding, und das gleiche ist der Fall, wenn in einem sonstigen Gericht *de hereditatibus* verhandelt wird. Unter diesem *iudicium de hereditatibus* können nun aber unmöglich sämtliche Immobiliarsachen verstanden werden. Jedenfalls gehört nicht dazu die gewöhnliche freiwillige Gerichtsbarkeit in Grundstückssachen;[6] die Schreinsurkunden lassen darüber keinen Zweifel, daß Rechtsgeschäfte über Grundstücke gewöhnlich außergerichtlich stattfanden, und daß, wenn ausnahmsweise eine richterliche Mitwirkung bezeugt ist, die niederen richterlichen Personen, Vogt, Greve etc., dabei fungierten. Auch daß sämtliche Grundstücksprozesse noch im 12. oder gar 13. Jahrhundert vor das Forum des Burggrafen gehörten,[7] ist entschieden ausgeschlossen; selbst einen darauf gerichteten Anspruch des Burggrafen halte ich für

---

[1] Vgl. oben S. 152 Anm. 2, ferner Schied Erzbischof Philipps § 7: *excepto questu wizzeht dinc et hereditatum, quod specialiter ad burgravium et suos successores spectare dinoscitur.*

[2] Vgl. S. 152 Anm. 2, 5.

[3] Der Wortlaut des Schiedes verbietet, mit Gengler, Codex iuris municipalis S. 526 Identität des *wizzeht dinc* und des *iudicium de hereditatibus* anzunehmen.

[4] So Heusler, Stadtverfassung, S. 139.

[5] So Nitzsch, a. a. O., S. 120 f.

[6] Daran scheint Hegel, Köln, S. LXXXVIII zu denken.

[7] Das nimmt Arnold, a. a. O., I S. 102 f.

unwahrscheinlich. Am richtigsten dürfte sein, unter *iudicium de hereditatibus* alle die Fälle zu verstehen, in denen eine Fronung (*bannitio*), die Wirkung des Königsfriedens über ein Grundstück, vorkam.[1] Diese Friedewirkung wird uns hie und da in den Schreinsurkunden erwähnt, dann aber mit solchem Nachdruck, daß wir sehen, sie war bei Grundstücksgeschäften durchaus nicht die Regel. Ihr Zweck war, die Verschweigungsfrist für die Widerspruchsberechtigten ins Laufen zu bringen; sie mußte meist überflüssig erscheinen, nachdem das Stadtrecht die Veräußerung von Grundbesitz erleichtert und mit den alten familien- und erbrechtlichen Widerspruchsrechten aufgeräumt hatte.[2] In der Tat sehen wir in den Schreinsurkunden des 12. Jahrhunderts den Burggrafen persönlich nur dann tätig werden, wenn die Friedewirkung über ein Grundstück erfolgt,[3] und andererseits ist uns keine Friedewirkung durch einen anderen Beamten bezeugt. Keiner von diesen anderen besaß ja auch den Königsbann. Fanden nun auch diese Friedewirkungen wohl meist im echten Ding statt, so dürfte es doch in einer Stadt wie Köln nicht an Fällen gefehlt haben, in denen eine Verschiebung des Friedewirkens bis zum nächsten echten Dinge untunlich war.

Wie dem aber auch sei, daran daß die richterliche Stellung des Burggrafen der eines wirklichen Grafen entsprach, kann nicht gezweifelt werden. So hätten wir denn, scheint es, in Köln wirklich zum ersten Male den Fall, daß der Burggraf ein wirklicher Stadtgraf ist, und die herrschende Theorie könnte mit Befriedigung wenigstens einen „echten" Burggrafen für sich in Anspruch nehmen. Zu beantworten wären dann allerdings noch

---

[1] Statt aller anderen vgl. Sohm, Fränkisches Recht und römisches Recht, in der Zeitschrift der Savigny-Stiftung, German. Abt. I S. 53 ff.; Immerwahr, Die Verschweigung im deutschen Recht (Breslau 1895) S. 6, 14 ff.; Schröder, Rechtsgeschichte, 4. Aufl., S. 719.

[2] Vgl. Rietschel in der Zeitschr. d. Sav. Stiftung, Germ. Abt. XXII S. 197 f.

[3] Vgl. die S. 152 Anm. 4 zitierten Urkunden und vor allem die sehr bezeichnende Schreinsurkunde bei Hoeniger, a. a. O., II, 1, Niederich 10, VI, 8: Emund kauft ein Haus vom Stiftsherr Hermann und seinen Erben, *et Emundo hoc suffecit, quod burggravius eum securum fecit de puero, qui debebat esse heres in domo ista.*

vor allem zwei Fragen: einmal, wie groß das Gebiet der Burggrafschaft gewesen, ferner, wann es zur Bildung dieser Burggrafschaft gekommen ist. Dabei wollen wir ausgehen von der extremen Ansicht HELDMANNS, der unter den heftigsten Ausfällen gegen die bisherige Forschung den Beweis versucht, die Kölner Burggrafschaft habe an der alten Römermauer ihr Ende gefunden, und zwar gehe diese gerichtliche Exemtion Kölns in die Römerzeit zurück.[1] Die zweite dieser Behauptungen, für die auch nicht der Schatten eines Beweises erbracht wird, widerspricht allem, was wir über römische Stadtverfassung wissen, und kann als abgetan gelten.[2] Wie verhält es sich aber mit der Behauptung, daß in Köln die Römermauer Grenze der Stadtgrafschaft gewesen sei? Zunächst ist unbestritten, daß auch die außerhalb der ältesten Römermauer gelegenen Vorstädte, soweit sie nicht wie St. Severin, St. Gereon und St. Pantaleon eigene Immunitäten bildeten,[3] dem Burggrafen unterstellt waren. Allerdings mit Unterschieden.[4] Während die Rheinvorstadt und der zum Teil außerhalb der Römermauer gelegene Apostelbezirk, soweit wir zurückblicken können, völlig eine gerichtliche Einheit mit der Altstadt bildeten, demselben Schöffenkollegium und denselben Unterrichtern unterstanden,[5] hatten die Vorstädte Niederich und Airsbach ihre eigenen Schöffenkollegien und ihre eigenen Unterrichter. Aber in bezug auf die hohe Gerichtsbarkeit unterstanden auch sie dem Burggrafen; auch für sie hielt er das echte Ding ab, auch ihre Schöffen wältigte er an, und ihren unteren Richter, den Greven, setzte er ein.[6]

---

[1] Vgl. HELDMANN, a. a. O., S. 121 ff.

[2] Vgl. vor allem KORNEMANN im Korrespondenzblatt der Westd. Zeitschr. XIX S. 54 ff.

[3] Vgl. über sie LAU, Köln, S. 38 ff.; HELDMANN, a. a. O., S. 107 ff.; KEUSSEN, a. a. O., S. 67 ff.

[4] Den Unterschied hebt KEUSSEN, a. a. O., S. 56 scharf hervor.

[5] Vgl. vor allem KEUSSEN, a. a. O., S. 23 ff., 56 ff.

[6] Für Airsbach vgl. die Urkunde von 1279 bei LIESEGANG, Sondergemeinden, S. 130 f. Beilage 1: Burggraf Johann überträgt dem Bürger Lisolf Crop *comitatum de Oursburg cum iure iudicandi ibidem .... dependentem ad burgraviam nostram.* Für Niederich fehlt es an direkten Beweisen; bei dem völligen Parallelismus der Verfassung beider Gemeinden

Nun erfahren wir allerdings von der Gerichtsorganisation dieser Vorstädte erst aus einer Zeit, in der sie bereits in die Kölner Stadtmauer eingeschlossen waren. So könnte man immerhin annehmen, daß erst mit der Erweiterung des Mauerringes die Einbeziehung der ehemaligen Vorstädte in die Kölner Gerichtsorganisation erfolgt sei, wobei allerdings nicht erklärt wird, warum die einen von diesen Vorstädten ein besonderes Schöffenkollegium haben, die anderen nicht. Aber diese Annahme ist nicht richtig. Nicht bloß die in die Mauer einbeschlossenen Vorstädte, auch eine Reihe von Ortschaften des linken Rheinufers oder, genauer gesagt, der ganze Kölngau gehört zum Bezirk des Kölner Burggrafen. Schon früher war von manchen Forschern, allerdings in ziemlich verklausulierter Form und ohne daß ein Beweis erbracht wurde, der Burggraf als Graf des Kölngaus[1] angesehen worden. Das Verdienst, den Nachweis dieser Tatsache erbracht zu haben, kann Oppermann für sich in Anspruch nehmen. Oppermann hat nicht nur die von Heldmann[2] aufgebrachte Vorstellung, Köln sei kein Teil des Kölngaus gewesen, in ihrer ganzen Unhaltbarkeit dargetan,[3] sondern auch gezeigt, wie der Kölner Burggraf bezw. die Kölner Schöffen bei Rechtsgeschäften über Grundbesitz der verschiedensten Teile des Kölngaus amtierend erscheinen, und damit den überzeugenden Beweis geliefert, daß der Burggraf nichts anderes als der Graf des Kölngaus gewesen ist.[4] Allerdings ist diese Kölngaugrafschaft in der Zeit, in der wir die ersten Nachrichten über das Burggrafenamt erhalten, schon in völliger Auflösung begriffen. Sie ist nicht nur durch zahlreiche Immunitäten zersplittert; vor allem hat der Kölner Burggraf die alte Gewohnheit, den Gau zur Abhaltung seines Dinges zu bereisen, aufgegeben und beschränkt sich darauf,

---

ist aber trotz der von Lau, Köln, S. 32 geäußerten Bedenken nicht zu zweifeln, daß auch hier der Greve vom Burggrafen eingesetzt wurde.

[1] Vgl. vor allem Arnold, a. a. O., I S. 99 und v. Maurer, a. a. O., III S. 390. Weniger deutlich drücken sich Hegel in der Allgemeinen Monatsschrift 1854 S. 166 und Heusler, a. a. O., S. 56 aus.

[2] Vgl. Heldmann, a. a. O., S. 104 f.

[3] Vgl. Oppermann, a. a. O., S. 4 ff.

[4] Ebenda S. 16 ff.

in der Stadt Gericht zu halten. An die Stelle der verschiedenen Dingstätten ist die eine Dingstätte in Köln getreten. Den Grund dieser Entwicklung erblicke ich in der Bestimmung, daß kein Bürger vor ein außerstädtisches Gericht gerufen werden kann.[1] Der alte Grundsatz, daß jedes Hundertschaftsgericht einer Grafschaft auch für die Angehörigen der anderen Hundertschaften dieser Grafschaft zuständig ist,[2] mußte durch das Verbot, Kölner Bürger vor ein außerkölnisches Gericht zu ziehen, völlig modifiziert werden. Der Kölner Dingstuhl, schon früher natürlich von weit größerer Bedeutung als die Dingstühle auf dem flachen Lande, wurde von jetzt an ausschließliches Gericht für Kölner Bürger und behielt unverändert seine Zuständigkeit für den Kölngau, während die übrigen Dingstühle des Gaues alle Sachen, bei denen Kölner Bürger beteiligt waren, verloren. Kein Wunder, daß sie zur völligen Bedeutungslosigkeit herabsanken und wohl schon im 12. Jahrhundert überhaupt zugrunde gingen.[3] Aber eine Spur, daß der Burggraf früher auch außerhalb der Stadt Köln im Kölngau Gericht gehalten hat, ist doch vorhanden. In dem Schiede Erzbischof Philipps wird unter denen, die keinen Kölner Bürger vor ihr außerstädtisches Gericht zitieren dürfen, neben dem Erzbischof ausdrücklich der Burggraf und zwar nur er genannt.[4] Nun wissen wir mit absoluter Gewißheit, daß die

---

[1] Wann die Kölner Bürger dies *privilegium de non evocando* erhalten haben, ist zweifelhaft; bezeugt wird es zum ersten Male in dem Schied Erzbischof Philipps § 4, aber als altes Recht. Da die Mainzer Bürger schon 1118, die Straßburger schon 1129 das Privileg erhalten haben (Keutgen, Urkunden 14, 15), werden wir bei der Bedeutung Kölns annehmen können, daß auch hier das Privileg mindestens bis in die ersten Jahrzehnte des 12. Jahrhunderts zurückgeht.

[2] Vgl. Schröder, Rechtsgeschichte, 4. Aufl., S. 168.

[3] Vielleicht bilden die Gerichte von Niederich und Airsbach eine Ausnahme.

[4] Schied § 4: *Neque nos neque successores nostri neque burgravius neque successores sui ipsos (sc. cives) ad alicuius instantiam ratione dicti banni poterimus extra civitatem Coloniensem ad iudicium evocare.* Bezeichnenderweise sprechen die Bestätigungen dieses Privilegs im 13. Jahrhundert nur noch vom Erzbischof. An eine Ladung vor ein auswärtiges Gericht des Burggrafen denkt man nicht mehr; vgl. Ennen und Eckertz II, 194, 198 (1239), 222 (1242), 372 (1257) etc.

Herren von Arberg keine andere Grafschaft verwaltet haben. Auch an die Gerichte, die der Burggraf außerhalb der Stadt etwa als Grundherr oder Immunitätsvogt abhielt, wird man bei diesem Verbot nicht denken können; was hätte es für einen Sinn gehabt, gerade nur ihn von den auswärtigen Grundherren und Vögten zu nennen. So bleibt nichts anderes übrig, als an die Gerichte zu denken, die der Burggraf als Graf des Kölngaus in der Umgebung der Stadt abhielt oder wenigstens abzuhalten berechtigt war, und die in früheren Jahren auch für Kölner Bürger Zuständigkeit besaßen.

Sollte es aber wirklich möglich gewesen sein, den Kölngau so als Appendix der Stadt Köln zu betrachten, daß man seinen Gaugrafen einfach als Stadtgrafen bezeichnen konnte? Frühere Forscher haben es geglaubt, aber von der Annahme ausgehend, der Kölngau sei ein kleiner Landstrich gewesen.[1] Diese Annahme ist falsch; der Kölngau, wie er in seiner Begrenzung durch Heldmann[2] festgestellt ist, umfaßt ein ganz ansehnliches Gebiet, ein Gebiet, daß mehr Quadratmeilen umfaßt als die Stadt Köln Quadratkilometer. Ebensowenig aber, wie die Grafschaft im Donaugau, der Regensburg angehörte, als Regensburger Stadtgrafschaft aufgefaßt werden konnte, ebensowenig ist daran zu denken, daß dies große Grafschaftsgebiet den Namen einer Kölner Burggrafschaft ursprünglich getragen hat. Wie in Regensburg haben wir eben auch in Köln eine Personalunion zweier Ämter anzunehmen: der oberste militärische Kommandant, der Burggraf von Köln, ist zugleich Gaugraf des Kölngaus, von dem Köln einen Teil bildet, und in dieser Eigenschaft als Gaugraf, nicht als Burggraf, hat er in der Stadt die oberste Gerichtsgewalt. Erst als sich durch Exemtionen usw. diese Gerichtsgewalt tatsächlich auf die Stadt beschränkt hatte, kam die Vorstellung auf, die

[1] Vgl. vor allem Arnold, a. a. O., I S. 99: „Der Kölngau .... begriff aber nur ein kleines Gebiet; den größten Teil des Gaus umfaßt die Stadt in ihrer jetzigen Ausdehnung."

[2] Vgl. Heldmann, a. a. O., S. 88ff., dem man nur darin nicht beistimmen kann, daß er den Kölngau an den Mauern Kölns seine Grenze finden läßt. Die gaugeographischen Untersuchungen sind das wirklich Verdienstvolle an Heldmanns Schrift.

wohl der Verkaufsurkunde von 1279 zugrunde liegt,[1] daß die Burggrafschaft als solche die Grafschaft über Stadt und Gebiet Köln sei. Ein Bewußtsein dieser Personalunion ist aber vielleicht noch in einigen Urkunden zu erblicken, in denen der Burggraf mit einem Doppeltitel als *Gerhardus comes prefectus urbis Coloniensis*[2] oder als *Everardus comes burgravius*[3] benannt wird. Da es eine Grafschaft Arberg nicht gibt und die Herren von Arberg nie eine sonstige Grafschaft verwaltet haben, kann der Nebentitel *comes* allein auf die Grafschaft im Kölngau gedeutet werden.

Wir hätten also in dieser Verbindung von Burggrafschaft und Gaugrafschaft zunächst eine völlige Parallele zwischen Köln und Regensburg.[4] Aber ein wesentlicher Unterschied besteht doch. Während die Burggrafen von Regensburg und Grafen des Donaugaues völlig unabhängig den Regensburger Bischöfen gegenüberstanden, waren die Kölner Burggrafen Lehnsleute des Kölner Erzbischofs. Die Tatsache ist allerdings nicht ganz unbestritten.[5] Wenigstens steht fest, daß bald nach der Erwerbung der burggräflichen Rechte durch den Erzbischof im Jahre 1279 König Albrecht unter dem Vorgeben, die Burggrafschaft sei ein Reichslehen, Ansprüche auf dieselbe erhoben hat, und daß sogar ein Schiedsgericht für die Entscheidung dieser Kontroverse eingesetzt wurde.[6] Aber wer die Politik der beiden ersten deutschen Könige aus dem Hause Habsburg kennt, weiß, daß von ihnen erhobene Ansprüche noch lange

---

[1] LACOMBLET II, 727: *officium quod dicitur burggrafschaf infra civitatem et districtum civitatis Coloniensis.*

[2] Mittelrhein. UB. I, 648 (1169).

[3] LACOMBLET I, 568 (1200).

[4] Darauf weist auch OPPERMANN hin.

[5] Zuletzt ist HELDMANN, a. a. O., S. 115ff. dafür eingetreten, daß die Burggrafen königliche Beamte gewesen seien, aber ohne wirkliche Beweise. Am wenigsten ist natürlich ein Beweis der wunderliche Satz: „Weil die Stadt Burg ist, kann Herr der Stadtgrafschaft nur der König sein.“

[6] ENNEN und ECKERTZ, Quellen III, 512 S. 488 (1302): Schiedsgericht *umbe de burcgraschaf ze Kolne. Ist dat si ledikliche zu dem riche hort, so sal sy der kuninc behalden. Ist ever dat si an gestichte hort, so sulen wir si behalden.*

nicht als Beweis für vorhandene Rechte angesehen werden können. Daß es mit der Forderung Albrechts schlecht bestellt war, können wir schon daraus schließen, daß der Erzbischof künftig unangefochten im Besitz der Burggrafschaft blieb, und daß nie einer von Albrechts Nachfolgern dessen Ansprüche erneuert hat. Vor allem aber haben wir direkte Beweise dafür, daß der Burggraf nicht nur zu den erzbischöflichen Vasallen gehörte, sondern daß gerade sein Amt, und zwar sowohl die Kölngaugrafschaft wie die Burggrafschaft, erzbischöfliche Lehen waren. Am deutlichsten ist die Urkunde von 1279 über die Veräußerung des Amtes: ausdrücklich heißt es, daß der Burggraf die Kölner Grafschaft, die Burggrafschaft genannt wird, dem Erzbischofe, von dem er sie zu Lehen hatte, aufgelassen habe.[1] Aber schon am Ende des 12. Jahrhunderts ist dies Lehensverhältnis deutlich erkennbar; als Burggraf Heinrich 1197 die Burggrafschaft zusammen mit dem Burggrafenhof verpfändet, erfolgt diese Verpfändung durch die Hand des Erzbischofs, während von irgend welcher Zustimmung oder gar Mitwirkung des Königs nicht die Rede ist.[2] Auch der Schied Erzbischof Philipps hebt hervor, daß der Burggraf das Recht, die Schöffen anzuwältigen, von der Kölner Kirche hat.[3] Endlich aber ist die vom Schiede erwähnte Tatsache, daß die burggräflichen Gerichte, sogar die echten Dinge,

[1] Lacomblet II, 727 (1279): *Johannes de Arberch quondam burgravius Coloniensis, vasallus et fidelis noster, comitatum Coloniensem qui dicitur burggraschaf a nobis et ecclesia Coloniensi per successionem paternam teneret in feudo.* Vgl. auch ebenda III, 768 (1375): *Vort want die burchgraisschaff zu Colne vur langen zyden an dem gestichte van Colne gewest is, ind ouch ee der zyt, dat sy an dat gesticht quam, van demselven gesticht roerte.*

[2] Hörniger, Schreinsurkunden II, 1 S. 302, Schöffenschrein 2, III, 5 (1197): *per manum domini nostri archiepiscopi Adolfi.* Vgl. auch Lau, Köln, S. 12. Daß die Schöffen nur die Verpfändung des Burggrafenhofes, nicht die der Burggrafschaft, beurkunden wollten, kann die verschiedensten Gründe haben. Es ist bare Willkür, wenn Heldmann, a. a. O., S. 116 Anm. 4 daraus auf den königlichen Charakter des Burggrafenamtes schließt. Auch die von Heldmann ebenda bemerkte, aber völlig verkehrt gedeutete Erscheinung, daß der Burggraf nie als Zeuge in Königsurkunden vorkommt, spricht entschieden dagegen, daß er ein königlicher Vasall war.

[3] Vgl. oben S. 152 Anm. 1.

in der erzbischöflichen Pfalz abgehalten werden,[1] ein strikter Beweis für die Abhängigkeit des Burggrafen vom Erzbischof. Alle bisher gemachten Versuche, die Burggrafschaft als Reichsamt nachzuweisen, müssen demnach als gescheitert angesehen werden. Eine andere Frage allerdings ist es, wann sich dieser Übergang der burg- und gaugräflichen Rechte an den Erzbischof vollzogen hat. Da in dem Wormser Privileg von 979, das die Gerichtsbarkeit in Worms dem dortigen Bischof verleiht, auf den Zustand in Köln Bezug genommen wird,[2] dürfte sich schon damals der Übergang der königlichen Rechte in Köln an den Erzbischof vollzogen haben. Bei der ungewöhnlichen Vertrauensstellung, die Erzbischof Bruno (953—965) unter seinem Bruder Otto I. einnahm, liegt es nahe, diesen Erwerb der höchsten Gewalt in Köln durch das Erzstift in seine Zeit zu verlegen.

Trotz seiner Vasalleneigenschaft hat der Burggraf immerhin dem Erzbischof gegenüber eine ziemlich unabhängige Stellung. Seine Dynasteneigenschaft einerseits, seine durch die Bannleihe geschaffene unmittelbare Beziehung zum König andererseits mögen der Grund gewesen sein. Jedenfalls wird er, was schon Hegel bemerkt hat,[3] auffallend wenig in den erzbischöflichen Urkunden des 13. Jahrhunderts genannt; er nimmt darin eine ähnliche Stellung ein, wie die Gaugrafen aus der Nachbarschaft, die ja ebenfalls im 12. Jahrhundert häufig in den Zeugenreihen der erzbischöflichen Urkunden erscheinen, um im 13. Jahrhundert immer mehr zu verschwinden. Viel größer ist die Abhängigkeit bei dem anderen städtischen Richter, dem Stadtvogt. Seit dem Jahre 1061[4] erscheint in den Kölner Quellen und besonders als regelmäßiger Statist in den Zeugenreihen der erzbischöflichen

---

[1] Schied § 7: *questum iudicii, quod situm est in curia nostra episcopali, equaliter dividere debent excepto questu wizzeht dinc et hereditatum.* Also auch das echte Ding wird dort abgehalten.

[2] Keutgen, Urkunden 2 (979): *idem Hildiboldus suique successores ut reliquarum ecclesiarum Mogontiensis atque Coloniensis presules pleno iure possideant.*

[3] Hegel, Köln, S. XC.

[4] Vgl. über den Stadtvogt vor allem Lau, Erzbischöfliche Beamte, S. 23 ff. und Köln, S. 14 ff.; Oppermann, a. a. O., S. 54 ff.

Urkunden ein Beamter, der den Titel *advocatus urbis*, *advocatus Coloniensis* oder auch schlechthin *advocatus* führt. Von dem edelfreien Domvogt unterscheidet er sich schon durch seine Zugehörigkeit zum Ministerialenstand, die von Anfang an feststeht. Seit 1139 finden wir ununterbrochen bis zu ihrem Aussterben im Jahre 1422 die Dienstmannenfamilie von Eppendorf im Besitz des Amtes. An dieser Zugehörigkeit des Vogtes zum Ministerialenstande ändern auch nichts die Bezeichnungen *maior advocatus*[1] oder *nobilis advocatus* („der edele Vogt"),[2] die seit dem Ende des 12. Jahrhunderts auftauchen; alle diese Benennungen wollen nur den ritterlichen Stadtvogt von seinem bürgerlichen Unterbeamten, dem *subadvocatus*, unterscheiden.

Entsprechend seiner Zugehörigkeit zur erzbischöflichen Dienstmannschaft befindet sich dieser Vogt in einer viel strengeren Abhängigkeit vom Erzbischof als der Burggraf. Zwar die Urkunde, die berichtet, daß er überhaupt nicht lebenslänglich sein Amt bekleidete, sondern daß jährlich am Margaretentage der Erzbischof das Vogtamt neu besetzte, ist eine spätere Fälschung.[3] Das Vogtamt war vielmehr sicherlich, wie auch sonst die Ministerialenämter in den Bischofsstädten, ein auf Lebenszeit verliehenes Dienstlehen und mag um das Jahr 1200 in ein Erblehen verwandelt worden sein.[4] Aber auch die Dienstlehenstellung brachte eine gewisse Abhängigkeit mit sich, die sich unzweideutig im Schied Erzbischof Philipps ausspricht. Während der Erzbischof immer schlechthin vom *burgravius* redet, nennt er den Vogt *advocatus noster*, und der ganze Inhalt des Schiedes läßt darüber keinen Zweifel, daß der Erzbischof den Burggrafen als Nebenbuhler, den Vogt als seinen gehorsamen Diener betrachtete.

---

[1] Zuerst Mittelrhein. UB. I, 658 (1169); UB. Otterberg 3 (1173); Lacomblet I, 455 (1176), 567 (1200), II, 15 (1205); Ennen und Eckertz, Quellen I, 91 (1178), II, 1 (1200).

[2] Zuerst Ennen und Eckertz I, 87 (1176), 98 (1184). Oppermann, a. a. O., S. 59 irrt, wenn er meint, daß der Titel *nobilis advocatus* erst seit den achtziger Jahren des 12. Jahrhunderts bezeugt ist.

[3] Über die Unechtheit der von der bisherigen Forschung viel benutzten Vogturkunde (Ennen und Eckertz I, 77) vgl. Rietschel in der Westdeutschen Zeitschrift XXII S. 337ff.

[4] Vgl. ebenda S. 341 f.

Die Stellung, die der Stadtvogt als erzbischöflicher Wirtschaftsbeamter, als erster Urteiler im Dienstgericht etc. einnahm, interessiert uns hier ebensowenig wie die verschiedenen Lehen, die er vom Erzbischof hatte. Wir haben es hier nur mit seiner Tätigkeit im Stadtgericht zu tun. Hier entfaltete er eine mit dem Burggrafen konkurrierende Tätigkeit. Man ist zunächst versucht, an ähnliche Zustände wie in Regensburg zu denken, wo ja auch Graf und Domvogt nebeneinander als Richter in der Stadt fungieren. Aber die Ähnlichkeit ist nur eine scheinbare; in Wirklichkeit liegen die Verhältnisse in Köln ganz anders. In Regensburg[1] stehen beide Richter mit völlig gleichen Rechten, beide mit dem Königsbann ausgestattet, einander gegenüber, aber ihre Gerichtsgemeinden sind völlig verschieden; die des Vogtes bilden die Immunitätsleute des Domes und mehrerer anderer Stifter, die des Grafen die sonstige Bevölkerung der Stadt. In Köln ist diese Scheidung nicht zu finden. Zwar außerhalb der Mauern der Altstadt haben sich die Immunitätsbezirke von St. Severin, St. Gereon und St. Pantaleon erhalten, aber in der Stadt selbst könnte man höchstens in dem auf einen winzigen Bezirk beschränkten Hachtgericht auf dem Domhofe[2] einen Rest alter Domimmunität erblicken;[3] im übrigen sind die Hintersassen der Domkirche mit der übrigen städtischen Bevölkerung zu einer einheitlichen Gerichtsgemeinde verschmolzen.[4] Richter dieser Gerichtsgemeinde ist aber neben dem Burggrafen der Stadtvogt.[5]

---

[1] Vgl. oben S. 94.

[2] Vgl. über dasselbe Lau, Köln, S. 47 f.

[3] Oppermann, a. a. O., S. 20 erblickt im Hachtgericht eine spätere genossenschaftliche Bildung.

[4] So vor allem auch Oppermann, a. a. O., S. 20.

[5] Die Rechte des Vogts im Verhältnis zu denen des Burggrafen ergeben sich aus dem Schied Erzbischof Philipps. Die einschlagenden Stellen sind: § 1: *advocatus noster .... una cum dicto burgravio Col. in omnibus causis iudicio presidere debet exceptis iudicio quod wizzeht dinc dicitur et iudicio de hereditatibus infra Coloniam sitis, quibus dictus burgravius solus iudicio presidere debet et questum de eisdem provenientem recipere.* § 2 behandelt den Königsbann des Burggrafen, erwähnt aber keinen Königsbann des Vogtes. § 3 erwähnt die Zitationsformel des Burggrafen: *inde bannene bit minin banne her in dinc ce retheme gerichte etc. Et advocatus et illi, quibus iudicia*

Allerdings die Abhaltung der drei Witzigdinge, der echten Dinge, ist allein Sache des Burggrafen, und ebenso gehört die Anwältigung der Schöffen allein zu seiner Kompetenz; ferner ist der Vogt nicht im Besitze des Königsbannes und richtet nicht im eigenen Namen, sondern im Namen des Erzbischofs. Aber im übrigen steht der Vogt, wie der Schied Erzbischof Philipps beweist, gleichberechtigt neben dem Burggrafen. Die gerichtlichen Bußen, mit Ausnahme der des echten Dinges, werden zwischen beiden gleichmäßig geteilt; in allen Prozessen, mit Ausnahme des Witzigdinges, hat der Vogt neben dem Burggrafen den Mitvorsitz. Für die letztere Tatsache fehlt es auch nicht an urkundlichen Beweisen. In der Praxis allerdings scheint sich die Geschäftsbehandlung meist so gemacht zu haben, daß der Burggraf sich auf die Abhaltung der drei Witzigdinge beschränkte und den Vorsitz in den übrigen Gerichten entweder dem *advocatus* oder seinem eigenen Unterbeamten, dem Greven, überließ. Worauf es ihm ankam, war nicht die richterliche Tätigkeit, sondern der finanzielle Ertrag derselben; sein Halbteil von den Bußen fiel ihm aber ebensogut zu, wenn er sich vertreten ließ.

Fraglich ist nun allerdings, worin dieser Mitvorsitz des *advocatus* seinen Ursprung hat. Man könnte zunächst daran denken, daß er die Stelle des unteren Richters, des Centgrafen oder Schultheißen, einnimmt, der ja auch neben dem Grafen im Gerichte sitzt und statt seiner, aber ohne Königsbann und nicht im echten Ding, richten kann. Vor allem eine Stelle des Philippinischen Schiedes weist entschieden darauf hin. Der Schied stützt seine Angaben über die Rechte des Burggrafen und sein Verhältnis zum Stadtvogt auf ein uraltes im Schöffenschrein aufbewahrtes Privileg, dessen Schrift fast unkenntlich geworden sei; in diesem Privileg aber sei der Stadtvogt *scoltetus archiepiscopi*

---

committuntur, vocare debent et dicere verba predicta eo excepto, quod dicent: inde bannene bit mins herrin banne her in dinc ce retheme gerihte etc. § 7: *burgravius et advocatus questum iudicii, quod situm est in curia nostra episcopali, equaliter dividere debent excepto questu wizzeht dinc et hereditatum, quod specialiter ad burgravium et suos successores spectare dinoscitur.* § 9 erwähnt die Anwältigung der Schöffen durch den Burggrafen, ohne des Vogtes zu gedenken.

Coloniensis genannt worden.[1] Ich habe an anderer Stelle gezeigt, daß diese Behauptung unmöglich aus der Luft gegriffen sein kann;[2] daran, daß der Vogt früher Schultheiß geheißen hat, kann also kein Zweifel bestehen. Und dem entspricht bis zu einem gewissen Grade auch seine äußere Stellung, so daß es verständlich ist, wenn ihn auch solche, die an der Echtheit des Burggrafenschiedes zweifelten,[3] als Schultheißen der Stadt Köln ansahen. Aber allerdings finden sich in seiner Stellung auch Züge, die nicht recht zu dem Bilde eines Schultheißen passen wollen. Zunächst daß der Vogt nicht vom Burggrafen, sondern vom Erzbischof ernannt wird, dann der Umstand, daß gerade im echten Ding der Vogt nicht als Beisitzer des Burggrafen fungiert, ferner die Auffassung, der Vogt habe neben dem Burggrafen einen Mitvorsitz im Ding, endlich die Halbteilung der Gerichtsbußen statt der sonst üblichen Drittelteilung. Alles das sind Erscheinungen, die den Gedanken nahelegen, daß im Amte des Kölner Stadtvogtes verschiedenartige Funktionen vereinigt sind. Vermutlich hat es auch einmal eine Zeit gegeben, in der wie in Regensburg die erzbischöflichen Hintersassen und die übrigen Bürger verschiedene Gerichtsgemeinden bildeten, die ersteren unter einem *advocatus*, der möglicherweise ursprünglich ein städtischer Untervogt des Stiftsvogtes war, die letzteren unter dem Grafen und seinem Schultheißen. Die Vereinigung beider Gerichtsgemeinden führte zu einer gewissen Konkurrenz des Grafen- und des Vogtamtes und zugleich zu einer Union des letztgenannten Amtes mit dem Schultheißenamte. Gewiß ist das alles nur eine Vermutung, aber eine Vermutung, welche die Schwierigkeiten der Kölner Verfassungsverhältnisse in befriedigender Weise lösen würde. Wir hätten, wenn sie das Richtige trifft, ein neues Beispiel für die von uns so oft beobachtete Neigung des Mittelalters zur Ämterkumulation.

Ganz kurz können wir uns fassen über die beiden Unterbeamten des Burggrafen und des Vogtes, den Greven (*comes*,

---

[1] Schied § 1: *advocatus noster qui in eodem privilegio scoltetus archiepiscopi Coloniensis nominabatur.*

[2] Vgl. Rietschel in der Westdeutschen Zeitschrift XXII S. 334 f.

[3] Vgl. z. B. Heldmann, a. a. O., S. 115; Oppermann, a. a. O., S. 54.

subcomes, comes secundus, vicecomes) und den Untervogt (*subadvocatus, advocatus*).[1] Beide seit dem Anfang des 12. Jahrhunderts nachweisbar, beide dem Bürgerstande angehörig, fungieren sie mit großer Regelmäßigkeit als Vertreter ihrer Oberherren im Gericht, in ihrer Tätigkeit durchaus ähnlich, da dem Greven der Königsbann und somit auch die Fähigkeit, dem Witzigding vorzusitzen, fehlt. Der Untervogt hat dann im Laufe der Zeit jede Bedeutung eingebüßt und ist im Laufe des 14. Jahrhunderts überhaupt verschwunden, der Greve dagegen ist seit der Veräußerung der Burggrafschaft unmittelbar unter den Erzbischof getreten und seitdem Jahrhunderte lang als erzbischöflicher Beamter der Richter der Stadt Köln gewesen.

Auch die eigentümliche Gerichtsverfassung der Sondergemeinden Niederich und Airsbach will ich unerörtert lassen, so sehr es sich an und für sich empfehlen würde, dem Ursprunge derselben nachzuspüren. Nur darauf mag hingewiesen werden, daß angesichts der Tatsache, daß der Burggraf ursprünglich nichts anderes als Gaugraf des Kölngaues ist, die mehrfach geäußerte[2] Vermutung, in diesen beiden Sondergemeinden habe man alte Hundertschaften zu erblicken, ganz entschieden an Glaubwürdigkeit gewinnt.

So können wir denn von Köln Abschied nehmen mit dem Ergebnis, daß auch hier die gerichtlichen Befugnisse des Burggrafen nicht dem Burggrafenamte entstammen, sondern in einer Personalunion ihren Ursprung haben, allerdings nicht einer solchen zwischen Burggrafschaft und Vogtei, sondern zwischen Burggrafen- und Gaugrafenamt, wie wir sie auch in Regensburg getroffen haben. Jedenfalls haben auch die aus dem Kölner Quellenmaterial gewonnenen Resultate die herrschende Vorstellung vom „echten" Burggrafenamte zerstören helfen.

---

[1] Über sie vgl. Lau, Köln, S. 20ff.

[2] Vgl. Ennen, Köln, I S. 167; Liesegang, a. a. O., S. 33; Lau, Beamte, S. 17.

§ 11.

Trier und Utrecht.

Bei unseren Untersuchungen haben wir uns allmählich der Grenze genähert, die deutsches und französisches Wesen scheidet. Nur zwei Bischofsstädte des fränkischen Gebietes, Trier und Utrecht, liegen noch diesseits der Sprachscheide; die anderen, sowohl die drei lothringischen Bischofssitze, Metz, Toul und Verdun, wie Lüttich und Cambrai gehören völlig dem französischen Sprachgebiete an.[1] Dieser Unterscheidung auf sprachlichem Gebiete entsprechen auch verfassungsrechtliche Verschiedenheiten. Obwohl Teile des Deutschen Reiches, haben diese Städte in hohem Grade mit dem Volke Beziehungen gepflogen, dem sie durch ihre Sprache angehörten, und von dieser Seite her auch in verfassungsrechtlicher Hinsicht entscheidende Beeinflussungen erfahren. Wer ihre Verfassungsgeschichte studiert, blickt vielfach in eine Welt, die von der der übrigen Städte des deutschen Reiches grundverschieden ist, dagegen mit den nordfranzösischen Verhältnissen eine eigentümliche Verwandtschaft aufweist. Wir werden uns also nicht wundern, wenn wir in diesen Städten des französischen Sprachgebietes Erscheinungen finden, die sich nicht ohne weiteres in das Bild hineinfügen, das wir von den deutschen Verhältnissen gewonnen haben.

Anders liegen die Dinge, soweit Trier und Utrecht in Betracht kommen. Gewiß haben beide Städte infolge ihrer Lage an der Peripherie deutschen Städtelebens in mancher Beziehung ein gewisses Sonderleben geführt. Ist es doch charakteristisch genug, daß der große rheinische Städtebund des 13. Jahrhunderts zwar nordostwärts bis Bremen und südostwärts bis Regensburg seine Arme ausgestreckt, aber die dem Zentrum der Bewegung viel

---

[1] Daß Metz immer dem französischen Sprachgebiet angehört hat, ist nach den Untersuchungen Wittes absolut sicher; vgl. Witte, Zur Geschichte des Deutschtums in Lothringen, im Jahrbuch der Gesellschaft f. lothringische Geschichte und Altertumskunde II (1890) S. 231 ff., Das deutsche Sprachgebiet Lothringens und seine Wandlungen (Stuttgart 1894). Die abweichende Ansicht von Doering, Beiträge zur ältesten Geschichte des Bistums Metz S. 103 ff. ist unhaltbar.

näher gelegenen Städte Trier und Utrecht offenbar nicht mit umfaßt hat.[1] Aber deutsche Städte sind beide trotz alledem während des ganzen Mittelalters geblieben.

Der Träger der hohen Gerichtsbarkeit in Trier[2] ist der erzbischöfliche Vogt. Das verrät uns unzweideutig das Trierer Stadtrecht,[3] das, wenngleich nur in einer Handschrift des 14. Jahrhunderts erhalten, nach den neueren Untersuchungen Keutgens[4] zweifellos entweder überhaupt oder wenigstens in seinen auf die Vogtei bezüglichen Teilen in die Zeit vor 1197 zurückreicht. Nach diesem Stadtrecht befindet sich der Vogt durchaus in der Stellung, die auch anderwärts der Träger der hohen Gerichtsbarkeit einnimmt. Er bezieht ein Drittel von allen Gerichtsgefällen, die der Schultheiß einnimmt, und er hat dreimal im Jahre in der Stadt echtes Ding abzuhalten, bei welcher Gelegenheit er jedesmal von jedem Hause in der Stadt und in den umliegenden zu seinem Gericht gehörigen Dörfern eine Bede von einem Obolus erhebt. Nur die Häuser der Domherren innerhalb der Immunität, der Ministerialen und der Schöffen sind ausgenommen.[5] Wir ersehen daraus, daß es sich nicht bloß um

---

[1] Vgl. über ihn Weizsäcker, Der rheinische Bund 1254 (Tübingen 1879); Zurbonsen in den Forschungen zur deutschen Geschichte XXIII (1883) S. 289ff.; Quidde, Studien zur Geschichte des rheinischen Landfriedensbundes (Frankfurt 1885). Vgl. ferner das Quellenmaterial in MG. Constitutiones II p. 579ff.

[2] Über Trier vgl.: v. Hontheim, Historia Trevirensis diplomatica et pragmatica I (Aug. Vind. 1750). — Eltester im Mittelrheinischen Urkundenbuch II (Coblenz 1865) S. XCV. — Schoop, Verfassungsgeschichte der Stadt Trier, in der Westdeutschen Zeitschrift, Ergänzungsheft I (1884) S. 65ff.

[3] Gedruckt von Lacomblet im Archiv für Geschichte des Niederrheins I S. 258ff. und neuerdings besser von Kentenich im Trierischen Archiv VII (1904) S. 78ff.

[4] Vgl. Keutgen, Ämter und Zünfte S. 102ff. Ihm hat Kentenich sich angeschlossen. Schon Schoop, a. a. O., S. 94 und Bär in den Forschungen zur deutschen Geschichte XXIV (1884) S. 235 hatten das höhere Alter dieser Bestandteile gemerkt.

[5] Trierisches Archiv VII S. 84: *Hec sunt iura domini Palatini vel alias advocati in civitate et in villis circumiacentibus. — Quidquid scultetus domini archiepiscopi placitis lucratur, tertia pars cedit in usus domini Palatini. Preterea tria placita celebrare debet in civitate per circulum anni, in*

eine Gerichtsbarkeit über die bischöflichen Hintersassen, sondern um eine Jurisdiktion über die Stadt selbst handelt, und zwar nicht über diese allein, sondern über ein größeres umliegendes Gebiet.[1] Dies Gebiet aber dürfte identisch sein mit dem *comitatus*, dessen sämtliche Einkünfte in einer Urkunde Ludwigs des Kindes von 902[2] dem Trierer Erzstift geschenkt werden; die Übertragung der Gerichtsbarkeit in diesem Gebiete wird der Übertragung der Einkünfte bald nachgefolgt sein.[3] Daß aber auch schon im 11. Jahrhundert die hohe Gerichtsbarkeit in Trier in den Händen des Vogtes lag, bestätigen uns wiederholt Gerichtsurkunden, die ihn amtierend erscheinen lassen.[4]

Welchem Hause die bis in die Mitte des 11. Jahrhunderts erwähnten verschiedenen Vögte, insbesondere der Vogt Rorich und sein Sohn, der Vogt Thietfried, angehörten, können wir nicht feststellen.[5] Im Jahre 1065 finden wir einen Vogt Gerung, der aber

---

quibus placitis quelibet domus tam in civitate quam in villis ad sua placita spectantibus in singulo placito obulum dabit, ita si placitum celebraverit; exceptis domibus canonicorum, que sunt infra immunitatem, et domibus ministerialium et scabinorum. Eine ganz wunderliche Interpretation der Stelle bietet neuerdings Kentenich, Ein Beitrag zur Erläuterung des ältesten Trierer Stadtrechts, in der Histor. Vierteljahrsschrift VII (1904) S. 526 f. Trotzdem die Überschrift des betreffenden Passus eine Aufzählung der Rechte des Vogtes in der Stadt verspricht, bezieht er den Satz, der von den drei echten Dingen handelt, auf den Schultheißen. Dieser und nicht der Vogt habe die drei echten Dinge abgehalten und zwar mit Zuständigkeit nicht nur für die Stadt, sondern auch für die umliegenden Dörfer. Übrigens verrät Kentenich, wie er zu dieser — selbstverständlich absolut indiskutablen — Ansicht gekommen ist, nämlich durch die (falschen) Ausführungen Seeligers über die hohe Gerichtsbarkeit des Straßburger Schultheißen. Über sie vgl. oben S. 17 Anm. 1.

[1] Die dazu gehörenden Dörfer werden in der Fortsetzung der in der vorigen Anmerkung erwähnten Quellenstelle zum Teil genannt.

[2] Mittelrhein. UB. I, 150 (902): *monetam scilicet ipsius civitatis, theloneum omneque tributum infra civitatem et extra per omnem comitatum de monasteriis et villis ac vineis.*

[3] Vgl. Schoop, a. a. O., S. 78 ff.

[4] Mittelrhein. UB. I, 305 (1016—47), 310 (1038), 320 (1043), 325 (1016—47).

[5] Vgl. über sie Schoop, a. a. O., S. 83.

nur *vice Teoderici comitis et procuratoris nostri* fungiert.[1] Offenbar ist dieser Dietrich, ein auch sonst vielgenannter lothringischer Graf,[2] der eigentliche Vogt und Gerung nur sein Untervogt gewesen. Ihm folgten in der Vogtei ein Graf Reimbald, der 1075 genannt wird,[3] und ferner seit dem Ende des 11. Jahrhunderts die Pfalzgrafen bei Rhein, die ein volles Jahrhundert das Vogtamt bekleideten,[4] bis endlich im Jahre 1197 die Vogtei über die bischöflichen Besitzungen und über die Stadt vom Pfalzgrafen Heinrich, dem Sohne Heinrichs des Löwen, in die Hände des Bischofs zurückgegeben wurde.[5] Nur ganz vorübergehend im Jahre 1140, als Pfalzgraf Wilhelm aus dem Hause Ballenstädt-Orlamünde gestorben und der Babenberger Heinrich nur dem Namen nach Pfalzgraf war, begegnet als *advocatus ecclesiae* eine andere Persönlichkeit, der noch zu erwähnende Burggraf Ludwig.[6] Dagegen müssen wir in dem *advocatus* Wirich, der von 1106 bis 1115 in den Urkunden genannt wird, wohl einen Untervogt der Pfalzgrafen[7] erblicken.

Wie steht es nun aber mit dem Trierer Burggrafen? So viel können wir zunächst konstatieren, daß er nicht oberster Richter der Stadt war, denn als solcher begegnet uns allein der Vogt. Ja, man hat sogar geglaubt, das Burggrafenamt in Trier sei überhaupt keine ständige Einrichtung, sondern nur eine

---

[1] Mittelrhein. UB. I, 361 (1065): *per manum advocati Gerunc vice Teoderici comitis.*

[2] Vgl. über ihn Schoop, a. a. O., S. 88 f. Er selbst heißt niemals Vogt, doch nennt ihn Lampert von Hersfeld (Sonderausgabe S. 102 f.) *maior domus aecclesiae Trevirorum.*

[3] Mittelrhein. UB. I, 375 (1075): *cum advocato nostro Reinbaldo.*

[4] Vgl. über sie Schoop, a. a. O., S. 90 ff. *Hermannus advocatus* (von Stahleck) wird außerdem 1149 in der ältesten Urkunde der Stadtgemeinde Trier genannt; vgl. Neues Archiv XXIX S. 479.

[5] Wir haben darüber zwei Urkunden. In der einen läßt Pfalzgraf Heinrich in *curia episcopali apud Treverim advocatiam eiusdem* (wohl *curiae*?) auf, in der anderen *advocatiam Treverensis civitatis* (Mittelrhein. UB. II, 165, 166).

[6] Mittelrhein. UB. I, 508, 514, 515: *Ludewicus urbis prefectus et aecclesiae advocatus.*

[7] Ebenda I, 410 (1106), 428 (1114), 431 (1115). Vgl. auch Schoop, a. a. O., S. 36.

vorübergehende Erscheinung gewesen. In der Tat läßt sich nur ein Mann in der ersten Hälfte des 12. Jahrhunderts nachweisen, der den deutschlateinischen Namen *burggravius* führt. Es ist das *Lodoycus quidam burgravius, id est prefectus urbis, homo de familia aecclesiae,* wie ihn Balderich, der Biograph Erzbischof Alberos (1131—1152) nennt.[1] Was uns Balderich von diesem dem Ministerialenstande angehörigen Burggrafen Ludwig berichtet, zeigt, daß wir es mit einer Persönlichkeit zu tun haben, die eine gewisse Rolle gespielt hat. Burggraf Ludwig habe den schwachen Erzbischof Gottfried (1124—1127) völlig in seiner Hand gehabt, er habe das alte *palatium* bei Trier für sich eingerichtet, dorthin alle Einkünfte verbracht und den Erzbischof nur mit dem Allernotwendigsten versorgt, während er selbst im Überflusse gelebt und den großen Herren gespielt habe. Bei Gelegenheit der Wahl Alberos sei er die Seele der dem Erzbischof feindlich gesinnten Laienpartei gewesen, bis ihn Albero gedemütigt habe. Ist auch bei dieser Schilderung die feindselige Tendenz des Biographen unverkennbar, so wird doch die große Rolle, die Ludwig gespielt hat, durch die Urkunden bestätigt. Er erscheint in den zwanziger und dreißiger Jahren, und zwar auch zum Teil nach Alberos Regierungsantritt, in allen möglichen Würden, als *vicedominus,*[2] als *palacii custos,*[3] als *camerarius*[4] und, was uns hier am meisten interessiert, von 1129 bis zu seiner letzten Erwähnung im Jahre 1140 als *urbis praefectus.*[5] Daß dieser Titel mit „Burggraf" zu übersetzen ist, lehren nicht bloß die Gesta Alberonis, sondern auch das Güterverzeichnis des Domstifts, das eine *elemosina Lodowici burgravii* verzeichnet.[6]

Nach Ludwig wird kein Trierer Burggraf mehr erwähnt. Nach den üblen Erfahrungen, die der Erzbischof offenbar mit diesem Manne gemacht hatte, ist es sehr begreiflich, daß das

[1] Gesta Alberonis 11—14 (MG. SS. VIII p. 249—251).

[2] Mittelrhein. UB. I, 453 (ca. 1125).

[3] Ebenda I, 472 (1131).

[4] Ebenda I, 431 (1115), 505 (1139).

[5] Ebenda I, 466 (1129), 495, 504 (1138), 508, 514, 515 (1140); Annalen d. hist. Ver. f. d. Niederrhein XXIII S. 153 (1135).

[6] Mittelrhein. UB. II, Nachtr. II S. 352 (saec. XII).

Amt nach seinem Sturz nicht wieder besetzt worden ist. Dagegen halte ich für völlig falsch die vielfach in die Literatur übergegangene Ansicht SCHOOPS,[1] ein eigentliches Burggrafenamt habe es in Trier gar nicht gegeben, Ludwig habe, ebenso wie der Korveyer Burggraf Rabano,[2] den Burggrafentitel einfach durch Usurpation sich angeeignet. Die Angaben der Biographie Alberos sind damit unvereinbar. Der Biograph weiß von Ludwig nur das Schlechteste zu berichten, er läßt kein gutes Haar an ihm, aber er nennt ihn schlechthin *Lodoycus quidam burgravius.* Titel und Amt sind demnach von Ludwig zweifellos auf rechtmäßige Weise erworben worden; wären sie usurpiert gewesen, dieser Schriftsteller hätte es uns nicht verschwiegen.

Und in der Tat kennt schon das 11. Jahrhundert einen Mann, der zwar nicht im Besitze des deutschen Titels „Burggraf" nachweisbar ist, da dieser Titel ja überhaupt nicht vor dem 12. Jahrhundert erwähnt wird, der aber die lateinischen Titel führt, die sonst überall den Burggrafen bezeichnen, und der uns auch ganz unzweideutig als der militärische Befehlshaber der Stadt Trier charakterisiert wird. Es ist der lothringische Graf Dietrich, der nicht nur Vogt der Trierer war, sondern in mehreren erzählenden Quellen als *Trebirorum praeses,*[3] als *urbis praefectus,*[4] als *comes de militia Trevirensi,*[5] endlich als *defensor urbis et patronus*[6] bezeichnet wird. Daß wir in ihm einen Burggrafen, und zwar den militärischen Befehlshaber der Stadt Trier zu erblicken haben, unterliegt meines Erachtens nicht dem geringsten Zweifel. Und damit gewinnt eine andere Notiz an Glaubwürdigkeit, die schon für die Zeit Erzbischof Poppos (1016—1047) einen *urbis praefectus* erwähnt,[7] mag auch die Quelle, der sie entstammt,

---

[1] SCHOOP, a. a. O., S. 97 Anm. 6.

[2] Vgl. über ihn unten S. 275 f.

[3] Gesta Treverorum 33; Vita Conradi archiep. Trev. 4 (MG. SS. VIII p. 174, 216).

[4] Vita Conradi archiep. Trev. 2 (MG. SS. VIII p. 215). Die Behauptung SCHOOPS, a. a. O., S. 99, daß vor Burggraf Ludwig der Titel *praefectus urbis* in Trier nicht begegne, beruht also auf einem Irrtum.

[5] Bertholdi annales (MG. SS. V p. 272).

[6] Vita Conradi archiep. Trev. 2 (MG. SS. VIII p. 215).

[7] Gesta Treverorum, contin. I, 2 (MG. SS. VIII p. 176).

erst in den dreißiger Jahren des 12. Jahrhunderts niedergeschrieben sein.[1]

Wir finden also in Trier, genau ebenso wie in den meisten anderen Bischofsstädten, im 11. und 12. Jahrhundert einen Burggrafen, der militärischer Befehlshaber der ummauerten Stadt ist. Ebenso wie in den drei mittelrheinischen Städten und in Würzburg ist es auch hier im 11. Jahrhundert der dem Grafenstande angehörige Domvogt, der das Amt bekleidet; nur ist schon am Anfang des 12. Jahrhunderts das Burggrafenamt vom Vogtamt abgelöst und an einen erzbischöflichen Dienstmann gelangt, um in der Mitte des Jahrhunderts überhaupt zu verschwinden.

Während das alte Trierer Stadtrecht uns in die ältesten Trierer Gerichtsverhältnisse einen Einblick gewährt, stoßen wir bei der Ergründung der ältesten Gerichtsverfassung der Stadt Utrecht[2] auf viel größere Schwierigkeiten. Nur eins können wir mit Sicherheit feststellen: Der Burggraf von Utrecht war nicht Träger der dortigen hohen Gerichtsbarkeit.[3] Die Frage dreht sich bloß darum, ob wir den Grafen von Utrecht, den *comes Traiectensis*, oder den bischöflichen Vogt als den höchsten Richter der Stadt anzusehen haben. Beide, Grafschaft und Vogtei, finden wir seit dem 11. Jahrhundert im Besitze gräflicher oder wenigstens edelfreier Geschlechter, die Grafschaft zuletzt in den

---

[1] Die Fortsetzung der Gesta Treverorum ist wohl 1132 entstanden; vgl. WATTENBACH, Geschichtsquellen, II S. 122.

[2] Über Utrecht vgl.: MATTHAEUS, De Nobilitate (Amstel. 1686) p. 521 ff. — MATTHAEUS, De jure gladii (Lugd. Bat. 1689) p. 379 ff. — W. JUNGHANS, Utrecht im Mittelalter, in den Forschungen zur deutschen Geschichte IX (1869) S. 513 ff. — J. J. DE GEER VAN OUDEGEIN, Bijdragen tot de geschiedenis en oudheden der provincie Utrecht (Utrecht 1860) p. 92 ff. — J. J. DE GEER VAN OUDEGEIN, Het oude Trecht (Utrecht 1875). — B. J. L. DE GEER, De opkomst der steden in Nederland tot het einde der 13e eeuw, in Nieuwe Bijdragen voor Rechtsgeleerdheid en Wetgeving, Nieuwe Reeks X (1884) p. 10 ff. — S. MULLER Fz., De middeleeuwsche Rechtsbronnen der Stad Utrecht, Inleiding ('s Gravenhage 1885). — HEGEL, Städte und Gilden II S. 291 ff. — PIJNACKER HORDIJK, De Castellani van Utrecht, hoofdzakelijk in de 12de eeuw, in Bijdragen voor vaderlandsche Geschiedenis en Oudheidkunde, 4. reeks, II (1902) S. 1 ff.

[3] Darüber herrscht bei denen, welche die Unterscheidung zwischen dem Grafen und dem Burggrafen von Utrecht richtig durchführen, Übereinstimmung.

Händen der Herren von Cuyk, die sie 1220 an den Bischof verkauften,[1] die Vogtei in den Händen von Personen, deren edelfreier Stand außer jedem Zweifel steht, wenn ich sie auch nicht bestimmten Familien zuweisen kann.[2] Eine Personalunion beider Ämter findet, soviel ich sehe, nicht statt,[3] und ebensowenig ist eins der beiden Ämter je mit der Burggrafschaft vereinigt gewesen.[4] Daß die Bezeichnung *Comes Traiectensis* nicht mit Notwendigkeit zu dem Schlusse führt, daß zum Gerichtsbezirk des Grafen auch die Stadt, nach der er sich nennt, gehört habe, wird uns das Beispiel von Toul[5] zeigen. Vielmehr legt der Umstand, daß die Stadt Utrecht wohl als Marktansiedlung auf immunem[6] bischöflichen Grund und Boden erbaut worden ist, den Schluß nahe, daß auch hier wie in anderen Marktansiedlungen der Vogt der höchste Richter war. Sicheres läßt sich nicht feststellen. Wie dem aber auch sei, jedenfalls ist diese hohe gräfliche oder vogteiliche Gerichtsbarkeit früh spurlos verschwunden.

Als ersten bekannten Utrechter Burggrafen haben wir, da eine Urkunde von 1050, die einen *Robertus comes castellaneus*

---

[1] Vgl. über sie J. J. de Geer, Bijdragen, p. 92 ff., Het oude Trecht p. 150 ff.; S. Muller, a. a. O., p. 11.

[2] Ich finde als Vögte von Utrecht erwähnt: Gerolf, 1063 (Muller, Het oudste Cartularium p. 101 n. 63), Wilhelm, 1094, 1108 (v. d. Bergh I, 92; Muller, Cartularium p. 116 n. 73, p. 211 n. 2), Hugo, 1139, 1145 (Muller, Cartularium p. 213, 215 n. 3, 4, p. 133 n. 86), Rudolf, 1172, 1183 (Sloet I, 334; Cod. dipl. Westfal. II, 432), endlich im 13. Jahrhundert Rudolf von Gore, 1246 (Cod. dipl. Westfal. III, 451). Fast ausnahmslos werden sie als *nobiles* oder *liberi* bezeichnet oder qualifizieren sich durch ihre Stellung in den Zeugenreihen als Edelfreie.

[3] De Geer, Het oude Trecht p. 150 identifiziert den Vogt Wilhelm am Anfang des 12. Jahrhunderts mit dem gleichzeitigen Grafen Wilhelm. Doch werden beide Männer in einer seitdem veröffentlichten Urkunde von 1108 (Muller, Cartularium p. 211 n. 2) durchaus unterschieden.

[4] In der älteren Literatur und noch bei B. J. L. de Geer, a. a. O., p. 18 f. werden die Grafen und Burggrafen häufig durcheinander geworfen.

[5] Vgl. unten S. 180 f.

[6] Vgl. die Immunitätsurkunde König Heinrichs II. von 1002 (Muller, Cartularium p. 70 f. n. 37): *ut nullus servus aut liber prelibatae aecclesiae coram ullo preside aut iudice nostro ad causas audiendas aut freda exigenda coactus veniat, sed coram advocato ipsius aecclesiae finiantur.* Bestätigt von Konrad II. 1025 und Heinrich III. 1046 (Ebenda p. 77, 86 f. n. 43, 50).

erwähnt, falsch oder wenigstens interpoliert ist,[1] den *castellanus* Otto von 1105 anzusehen.[2] Er gehört ebenso wie seine unmittelbaren Nachfolger Arnold und Otto II. dem bischöflichen Ministerialenstande an. Nach Ottos II. Tod ist das Amt in der Zeit zwischen 1156 und 1164 an ein edelfreies Geschlecht, die Herren von Renen, und von diesen Ende des 12. oder Anfang des 13. Jahrhunderts an die Grafen von Bentheim übergegangen. Von diesen kam es 1307 an das Haus Utengooi, später gehörte es dem Hause Vianen und zuletzt noch im 17. Jahrhundert dem Hause Brederode.[3] Die Bezeichnung, die der Burggraf in den Urkunden des 12. Jahrhunderts führt, ist *castellanus* und seltener *praefectus*;[4] im 13. Jahrhundert kommt der Name *burggravius* auf.[5] Daß das Amt bischöfliches Lehen ist, tritt mehrmals zu Tage.[6]

Über die Amtsbefugnisse des Utrechter Burggrafen kann nicht der geringste Zweifel bestehen; er war militärischer Kommandant. Aber nicht etwa der Stadt Utrecht, die wohl erst

---

[1] Vgl. den eingehenden Nachweis bei Pijnacker Hordijk, a. a. O., p. 12 ff.

[2] *Otto castellanus* erscheint 1105 als erster unter den *servientes episcopi* (v. d. Bergh I, 95). Der im gleichen Jahr erwähnte *Lubertus castellanus* (Sloet I, 208) kann nur ein Kastellan von Zütfen sein; doch ist die betreffende Urkunde überhaupt verdächtig.

[3] Die äußere Geschichte des Burggrafenamtes ist musterhaft dargestellt bei Pijnacker Hordijk, a. a. O., p. 3 ff., so daß hier auf Spezialnachweisungen verzichtet werden kann. Über die spätere Geschichte vgl. auch J. J. de Geer, Bijdragen, p. 102.

[4] *Praefectus* heißt der Burggraf 1126, 1145 (v. d. Bergh I, 112; Muller, Cartularium p. 133 n. 86). Nie heißt er *comes*. Eine Notiz in der Burggrafenliste bei Matthaeus, De Nobilitate, die ihn *comes* nennt, beruht auf einer Verwechslung; vgl. Pijnaker Hordijk, a. a. O., p. 11 f. Übrigens wird das Wort *praefectus* auch einmal zur Bezeichnung des Schultheißen verwandt; vgl. unten S. 176 Anm. 7.

[5] Vgl. z. B. die Urkunden von 1241, 1267 (Jungius, Histor. ant. comitatus Benthemiensis, Cod. dipl. 23, 36) und von 1255 (Heda p. 216 f.).

[6] Vgl. die Urkunden von 1241 und 1307 (Jungius, Cod. dipl. 23, 49, 50), ferner vor allem die Notiz im Memoriale Adalboldi: *Comes de Benthem est liber feodalis ecclesie Traiectensis et tenet in feodum borchgraviatum Traiectensem* (Muller, Cartularium p. 226). Das Memoriale gehört ins 13. Jahrhundert, wahrscheinlich in die Zeit von 1220 bis 1250; vgl. Pijnacker Hordijk, a. a. O., p. 23.

am Anfang des 12. Jahrhunderts befestigt worden ist,[1] sondern des alten *castellum Traiectum*, der Burg,[2] in welcher die Domkirche lag, die aber doch mehr als eine bloße geistliche Immunität war und eine gewisse Bedeutung als militärische Befestigung und Zufluchtsort für die Bürger gehabt haben muß. Daß der Burggraf mit der übrigen Stadt nichts zu tun hatte, zeigt besonders ein Umstand. Die sogenannte *ruminge*, das Recht, die überragenden Gebäude abzubrechen, ein Recht, das wir schon beim Straßburger, Regensburger, Wormser und Kölner Burggrafen feststellen konnten,[3] stand auf der Burg Utrecht dem Burggrafen zu,[4] dagegen in der Stadt dem Grafen.[5] Und ebenso trug der Burggraf als solcher die Burgbrücke (Martinsbrücke) vom Bischof zu Lehen,[6] während das zur Stadtbefestigung gehörige *Smeetoren* laut der darauf befindlichen Inschrift nicht vom Burggrafen, sondern vom Stadtschultheißen Alfer im Jahre 1145 errichtet worden ist.[7] So

[1] Über die Entstehung der Stadt Utrecht vgl. J. J. de Geer, Het oude Trecht p. 127 ff. und den Plan am Schlusse des Buches. Das Vorhandensein einer Stadtbefestigung ergeben erst Urkunden von 1122 (v. d. Bergh I, 111; Hans. UB. I, 8).

[2] Über die alte Burg *Traiectum* vgl. J. J. de Geer, Het oude Trecht p. 108 ff. und den Plan.

[3] Vgl. oben S. 24, 97 f., 130, 147 f.

[4] Vgl. die Urkunde von 1255 (Heda p. 216 f. und in Übersetzung in De middeleeuwsche Rechtsbronnen der stad Utrecht II p. 99 ff.): Über den Burggraben wird bestimmt, daß alle Zimmerung, die nach dem Brande länger oder breiter errichtet worden ist, als sie vorher war, abgebrochen werden soll. *Quaecumque vero partium rumingam habere voluerit de dicto fossato, dominum episcopum et burgravium requirat, ut debito modo fiat.*

[5] Im Jahre 1220 verkauft Albert von Cuyk an den Bischof *comitiam et rumingam et omnia iura, que nobis asscripsimus in Traiecto vel de iure habuimus.* Vgl. J. J. de Geer, Het oude Trecht p. 151; S. Muller, Inleiding, p. 11.

[6] Jungius, Cod. dipl. 23 (1241): *medietatem pontis urbani, quem a domino nostro Traiectensi episcopo et officio burchgravii tenemus in feodo sub annua pensione .... concessimus aedificandam;* eod. 49, 50 (1307): *de borchgraafschap van Utrecht, gerecht, tyns, tynde, hostade, erve ent te borchbrughe mit alder vryheyt ende heerschap die der toebehorende is.*

[7] Die Inschrift lautet: *Anno 1145 .... factum est hoc opus a prefecto Alfero.* Alfer kommt in Urkunden 1127 bis 1135 als Schultheiß vor (v. d. Bergh I, 113; UB. Osnabrück I, 248; Lacomblet I, 311; C. d. Neerl. 2. ser. IV, 2; Sloet I, 270).

bildet Utrecht bis zu einem gewissen Grade ein eigenartiges Gegenstück zu Straßburg, wo ja auch der Burggraf nur die Brücken der Altstadt unter sich hatte, während die der Neustadt dem Zöllner unterstellt waren.[1] Mit der Befehlshaberschaft über die Burg aber hängen auch gewisse Befugnisse zusammen, über die uns eine spätere Quelle Aufschluß gibt. Ein 1555 aufgestelltes Verzeichnis der Rechte des Burggrafenamtes[2] zeigt uns den Burggrafen als Träger der gesamten Gerichts- und Polizeigewalt in einem Teile der Stadt, der zweifellos zum alten Burggebiet gehörte. In diesem Gebiet darf das Stadtgericht keine Exekutionshandlung vornehmen; die Grundstücke dieses Gebietes haben dreimal im Jahre dem Burggrafen zu zinsen und können allein vor ihm veräußert oder belastet werden; die in diesem Gebiet vorfallenden Delikte unterstehen seiner Gerichtsbarkeit etc. Die herrschende Ansicht dürfte geneigt sein, daraus auf die Stadtgrafenqualität des Burggrafen zu schließen und ihn wenigstens zum Grafen der ältesten Stadt Utrecht, der Burg, zu stempeln. Eine genauere Betrachtung zeigt aber die Unrichtigkeit dieser Annahme. Das Gebiet, das uns in der Aufzeichnung genau beschrieben wird, umfaßt durchaus nicht die ganze Burg oder auch nur den größten Teil derselben, sondern allein das Terrain der alten Burgbefestigung, der Mauer und des Burggrabens,[3] das, wie schon die Urkunde von 1241 beweist,[4] spätestens seit dieser Zeit mit Häusern bebaut worden ist. Daß hier auf dem alten Stadtbefestigungsgebiet der Burggraf auch später die Jurisdiktion ausübte, kann uns nicht Wunder nehmen und erklärt sich völlig aus seinen militärischen Befugnissen.

---

[1] Vgl. oben S. 25. Allerdings hat, soweit die Aufsicht über die Stadtmauer in Frage kommt, der Straßburger Burggraf seinen Wirkungskreis räumlich ausgedehnt.

[2] Die interessante Aufzeichnung ist bei J. J. de Geer, Het oude Trecht p. 161 ff. abgedruckt, aber in der Literatur bisher so gut wie nicht verwertet worden.

[3] Man vgl. die Beschreibung des Gebietes mit dem Plan am Schlusse von J. J. de Geer, Het oude Trecht.

[4] Siehe S. 176 Anm. 6. Auch die ebenda Anm. 4 erwähnte Urkunde von 1255 zeigt die Bebauung des Burggrabens.

§ 12.

Die Bischofsstädte des französischen Sprachgebietes.

Konnten sich die bisherigen Untersuchungen fast durchweg auf einer in der Hauptsache vollständigen Kenntnis des Quellenmateriales und einer nicht überall gleichwertigen, aber doch reichhaltigen Spezialliteratur aufbauen, so hört das leider auf, sobald wir die Sprachgrenze überschreiten und uns jenem westlichen Teil des französisch-wallonischen Sprachgebietes zuwenden, der seit den Jahren 870 und 880[1] einen Teil des deutschen Reiches bildete. Von den fünf Bischofsstädten, die in ihm liegen, haben eigentlich bloß zwei, Metz[2] und Cambrai,[3] wirklich brauchbare Bearbeitungen ihrer älteren Verfassungsgeschichte erhalten. Dagegen ist die Verfassungsgeschichte von Lüttich,[4] die schon

---

[1] Über die Feststellung der Reichsgrenze vgl. Waitz, Verfassungsgeschichte, V, 2. Aufl., S. 17 ff. Die Bischofsstädte von Burgund glaubte ich in meine Darstellung nicht einbeziehen zu sollen.

[2] Über Metz vgl.: Klipffel, Metz cité épiscopale et impériale (dixième au seizième siècle) (Bruxelles 1867). — Abel, Des institutions communales dans le département de la Moselle, in den Mémoires de l'academie de Metz LI (1870). — Sauerland, Die Immunität von Metz von ihren Anfängen bis zum Ende des elften Jahrhunderts (Metz 1877). — Doering, Beiträge zur ältesten Geschichte des Bistums Metz (Innsbruck 1886); vgl. dazu Sauerland in den Mitteilungen des Instituts für österr. Geschichtsforschung VIII S. 647 ff. — Prost, Les institutions judiciaires dans la cité de Metz, in den Annales de l'Est L (1891) p. 1 ff. — Wichmann, Adelbero I., im Jahrbuch der Gesellschaft für lothringische Geschichte und Altertumskunde III (1891) S. 104 ff., insbes. S. 161 ff. — Günther Voigt, Bischof Bertram von Metz, ebenda V, 1 (1893) S. 1 ff. — Chatelain, Le comté de Metz et la vouerie épiscopale du VIIIe au XIIIe siècle, ebenda X (1898) S. 72 ff., XIII (1901) S. 245 ff.

[3] Über Cambrai vgl.: Dieckmeyer, Die Stadt Cambrai. Verfassungsgeschichtliche Untersuchungen aus dem zehnten bis gegen Ende des zwölften Jahrhunderts (Bielefeld 1890). — Reinecke, Geschichte der Stadt Cambrai bis zur Erteilung der Lex Godefridi 1227 (Marburg 1896).

[4] Über Lüttich vgl.: Polain, Histoire de l'ancien pays de Liège I (Liège 1844). — Hénaux, Histoire du pays de Liège, 3. édit., I (Liège 1872). — Wohlwill, Geschichte der landständischen Verfassung im Bistum Lüttich (Leipzig 1867) S. 71 ff. — Hegel, Städte und Gilden II S. 216 ff. Die uns hier beschäftigenden Fragen werden in den genannten Werken kaum gestreift.

HEGEL[1] herbeigesehnt hatte, noch immer ungeschrieben, und wenn auch die modernen Arbeiten, die sich mit Verdun[2] und Toul[3] beschäftigen, für die Kommunalverfassung des 13. und 14. Jahrhunderts Ausreichendes bieten, so versagen sie doch fast völlig für die Jahrhunderte, die uns hier vor allem beschäftigen, das 11. und 12. Jahrhundert, und lassen leider eine Bekanntschaft mit der modernen deutschen verfassungsgeschichtlichen Forschung völlig vermissen.[4] Noch weniger erfreulich ist es mit der Veröffentlichung des Urkundenmateriales bestellt. Unsere modernen, Vollständigkeit anstrebenden Urkundenbücher fehlen für diese Gebiete ganz; man muß sich das dürftige gedruckte Urkundenmaterial aus einigen umfassenden älteren Quellenwerken, wie CALMET, BENOÎT, TABOUILLOT, der Gallia christiana und MIRAEUS, dem modernen Cartulaire de St. Lambert de Liège und verschiedenen in deutschen Bibliotheken meist seltenen Zeitschriften und Akademiepublikationen zusammensuchen. Und dabei ist dies Gebiet durchaus nicht arm an Urkunden; im Gegenteil muß man annehmen, daß besonders in den Archiven Lothringens noch wahre Schätze einer künftigen Veröffentlichung harren.[5] Unter

[1] Vgl. HEGEL, Städte und Gilden II S. 217.

[2] Über Verdun vgl.: ROUSSEL, Histoire ecclésiastique et civile de Verdun (Paris 1745). — CLOUET, Histoire de Verdun I, II (Verdun 1867, 1868). — GABRIEL, Verdun au XIe siècle (Verdun 1891). — LABANDE, Étude sur l'organisation muncipale de la ville de Verdun (XIIe bis XVIe siècle), im Inventaire sommaire des archives communales antérieures à 1790 (Verdun 1891); vgl. dazu LOT in der Revue historique LI (1893) p. 364 ff.

[3] Über Toul vgl.: BENOÎT, Histoire ecclésiastique et politique de la ville et du diocèse de Toul (Toul 1707). — E. MARTIN, Histoire des diocèses de Toul, de Nancy et de St. Dié I (Nancy 1900). — CHATELAIN im Jahrbuch der Gesellschaft für lothringische Geschichte XIII (1901) S. 258 ff.

[4] Eine kurze, aber nicht üble Darstellung der Entwicklung der Stadtverfassung in den Bischofsstädten des zu Deutschland und Burgund gehörigen französischen Sprachgebietes in Belgien, Lothringen und im Jura bietet KLIPPFEL, Étude sur l'origine et les caractères de la revolution communale dans les cités épiscopales Romanes de l'empire germanique (Strasbourg 1869).

[5] Einen Begriff von der Reichhaltigkeit des noch ungedruckten lothringischen Quellenmateriales gewährt die Publikation der Urkunden von St. Vanne, die BLOCH im Jahrbuch der Gesellschaft für lothringische Geschichte X (1898) S. 338 ff., XIV (1902) S. 48 ff. veranstaltet hat.

diesen Umständen wird man es begreifen, daß ich bei den folgenden Untersuchungen mich auf das Erreichbare beschränkte, selbst auf die Gefahr hin, manche wichtigere Quellenstelle zu übersehen. Diese Beschränkung war um so eher möglich, als sich aus den Untersuchungen wenigstens so viel ergab, daß für die Geschichte des deutschen Burggrafenamtes aus diesem Gebiete so gut wie nichts zu erwarten war. Was dagegen die hohe Gerichtsbarkeit betrifft, so zeigten Metz, Toul und Lüttich ähnliche Verhältnisse wie die Bischofsstädte im deutschen Gebiete, für Verdun ergab sich eine Übereinstimmung wenigstens als wahrscheinlich, während Cambrai entschieden den Charakter einer nordfranzösischen Stadt trug.

In Toul ist angeblich im Jahre 927, sicher aber im 10. Jahrhundert, der *comitatus civitatis* an den Bischof geschenkt worden;[1] seitdem begegnen uns Grafen von Toul[2] als bischöfliche Lehnsleute, bis endlich im Jahre 1261 nach manchen Verpfändungen[3] die Touler Grafschaft mit dem bischöflichen Domanialbesitz vereinigt wurde.[4] Von vornherein wird man natürlich geneigt sein, in diesen Grafen von Toul die Träger der hohen Gerichtsbarkeit in der Stadt zu erblicken. Aber davon

---

[1] MG. DD. I, Heinrich I. 16 (927): *omnem exactionem comitatus eiusdem civitatis, annualis videlicet seu septimanalis thelonei quaestus pariterque vectigal quod vulgo vocatur rotaticum* (*totumque dominium cum iurisdictionis honore*). Allerdings betrachtet man heute gewöhnlich nicht nur die eingeklammerte Stelle, sondern das Ganze als Interpolation; vgl. Waitz, Jahrbücher des Deutschen Reichs unter König Heinrich I., 3. Aufl. (Leipzig 1885) S. 107; Boehmer-v. Ottenthal, Regesta imperii II, 20. Aber die Schenkung des Königs bestätigen nicht nur der Zusatz zu MG. DD. II, Otto II. 62 (973) und die Gesta episc. Tull. 33 (MG. SS. VIII p. 640); auch die weiter unten zu erwähnende Aufzeichnung über die Rechte des Grafen von Toul verlegt den von ihr erwähnten Rechtszustand schon in die Zeit Bischof Gerhards (963—994).

[2] Über diese Grafen von Toul vgl. Benoît, a. a. O., p. 129 ff.; Calmet, Histoire de Lorraine I p. CCXXXIII ff.; Martin, a. a. O., I passim.

[3] Die Grafschaft wurde 1214 an den Bischof, 1240 an den lothringischen Herzog verpfändet; vgl. Benoît, a. a. O., p. 136 f.; Calmet, a. a. O., II p. 153, 225, Preuves p. CCCLII; Martin, a. a. O., I p. 318.

[4] Vgl. Benoît, a. a. O., p. 137; Calmet, a. a. O., II p. 404, Preuves p. CCCCLXXXVI; Martin, a. a. O., I p. 318.

kann schlechterdings nicht die Rede sein. Zwar daß schon vor dem Übergang der Grafschaft an den Bischof die Touler Stadtverfassung des 13. Jahrhunderts[1] kein Gericht des Grafen in der Stadt kennt, würde nichts beweisen, da die Möglichkeit immerhin besteht, daß schon früher die Rechte des Grafen in der Stadt verloren gegangen sind. Dagegen ist absolut beweisend die berühmte Aufzeichnung über die Rechte des Grafen von Toul aus dem Jahre 1069.[2] Obwohl dies Dokument vom *comes huius Leuchorum urbis*, vom *comitatus civitatis* oder *urbis* redet, stellt es als ersten Grundsatz in § 1 auf:

„*Item comes non habet ullam potestatem infra civitatem propter ullam iustitiam faciendam nec ullum bannum.*“

Also mit dürren Worten wird dem Grafen jede Gerichtsbarkeit in der Stadt abgesprochen; nur in der Vorstadt darf er Gericht halten.[3] Dieser Zustand wird aber nicht erst 1069 geschaffen, sondern als altes, schon zur Zeit Bischof Gerhards (963—994) geltendes Recht bezeugt.[4] Die Touler Grafschaft ist also keine Stadtgrafschaft, sondern eine Gaugrafschaft, aus der die Stadt Toul selbst eximiert ist. Und zwar hat offenbar schon Bischof Gauzelin oder spätestens sein Nachfolger Gerhard von dem *comitatus* die hohe Gerichtsbarkeit in der Stadt abgelöst und einer anderen Persönlichkeit übertragen.[5] Aber welcher Persönlichkeit? Die Urkunde von 1069 erwähnt zunächst wiederholt einen *villicus*, regelmäßig in Zusammenhang mit den *meliores civitatis* oder mit den *scabini*.[6] Es ist nicht ganz klar, ob überall

[1] Vgl. über dieselbe Klippfel, Révolution communale, p. 76 ff.; Martin, a. a. O., I p. 299 ff.

[2] Gedruckt vor allem bei Waitz, Urkunden, 2. Aufl., S. 15 ff. Nr. 8.

[3] Vgl. vor allem § 5: *Tria placita vicedominalia habet in anno comes in villa;* ferner § 3.

[4] Die Aufzeichnung gründet sich auf die Aussage der *maiores ecclesiae* darüber, *cuiusmodi esset honor comitatus huius urbis . . . . temporibus nostrorum antecessorum s. memoriae Gerardi, Stephani etc.*

[5] Diese Exemtion der Stadt läßt auch der Zusatz in MG. DD. II, Otto II. 62 (973) erkennen, der zunächst *comitatum Tullensis civitatis* erwähnt und dann fortfährt: *Immunitas quoque eiusdem civitatis sacrorumque locorum per omne episcopium pertinentium.*

[6] *Villicus et scabini* (§§ 2, 3, 5, 6, 7, 9, 11); *villicus et scabini ipsius villae* (§ 8); *villicus et meliores civitatis* (§ 2); *episcopus et villicus eius* (§ 11).

derselbe *villicus* gemeint ist, oder ob von dem *villicus* der *civitas* noch *villici* der einzelnen *villae* unterschieden werden müssen. In beiden Fällen hat es wenig für sich, in diesem *villicus* den Träger der hohen Gerichtsbarkeit in der Stadt zu sehen. Im ersten Falle müssen wir annehmen, daß sich seine Amtsfunktionen auch auf das Gebiet erstreckten, in dem der Graf die hohe Jurisdiktion ausübte; dort kann er also sicher nicht höchster Richter gewesen sein. Im anderen Falle handelt es sich um ein Amt, das ebenso gut in Dörfern wie in der Stadt vorkommt, und dem wir deshalb eine allzugroße Bedeutung nicht beilegen dürfen. Auch der Name *villicus* spricht nicht gerade dafür, daß sein Träger die hohe Gerichtsbarkeit besessen hat.[1] Dagegen nennt die Urkunde in § 14 einen *advocatus civitatis*.[2] Halten wir uns die Zustände in den deutschen Bischofsstädten vor Augen, so werden wir natürlich geneigt sein, in ihm den höchsten Richter der Stadt zu erblicken, um so mehr, da er in der Zeugenreihe der Urkunde dem *villicus* vorangeht,[3] also an Rang überlegen ist. Leider ist über diesen *advocatus* sonst so gut wie nichts bekannt; die bisherige Forschung hat sich um ihn nicht im geringsten gekümmert und alles Interesse den Grafen von Toul zugewandt.[4] Die Quellen des 10., 11. und 12. Jahrhunderts nennen nur einige Namen von Vögten,[5] und die späteren Quellen

---

[1] Über das Amt des *villicus* vgl. Waitz, Verfassungsgeschichte, VII S. 315 ff., VIII S. 73 ff.

[2] § 14: Innerhalb der Bannmeile darf der Graf jemanden, der nicht *inimicus episcopi* ist, nicht *sine laude episcopi vel advocati civitatis* festnehmen.

[3] *S. Henrici advocati. S. Himari villici.*

[4] Erst Chatelain hat den Ausschluß des Grafen von der Gerichtsbarkeit in der Stadt genügend gewürdigt.

[5] Ich finde folgende Vögte: Bernizo, 971 (Benoît, Preuves p. LXVII); Heinrich I., 1019—1040 (Gallia Christiana XIII p. 463, 466 n. 17, 20); Alnulf (als *advocatus Leucorum* mitten unter den Grafen), 1057 (Benoît, Preuves p. LXXIII); Hugo (*eius urbis advocatus*: ? ob von Toul oder Luneville), 1061 (Calmet I, Preuves p. 457), Heinrich II. (*advocatus civitatis Leucorum*), 1069—1073 (Waitz, Urkunden, 2. Aufl., S. 20; Calmet I, Preuves p. 472, 474); Varinus, 1076 (Gallia Christiana XIII p. 472 n. 26); Heinrich III. (*advocatus Tullensis* oder *de civitate advocatus*), 1096—1147 (Calmet I, Preuves p. 502, II, Preuves p. CCCXXIII, CCCXXVI, CCCXXXI; Gallia Christiana

zur Geschichte der Touler Stadtverfassung wissen von dem Amte des Stadtvogts überhaupt nichts mehr zu berichten. Wahrscheinlich ist es, wie an manchen anderen Orten, schon am Ende des 12. Jahrhunderts untergegangen.

Womöglich noch tiefer ist das Dunkel, das auf der älteren Verfassungsgeschichte von Verdun lastet. Hier in Verdun haben sich allerdings die drei echten Dinge bis ins spätere Mittelalter erhalten, und zwar ist es der *doyen*, der nach dem Berichte Mélinons von 1322[1] im bischöflichen Palais (St. Croix) dreimal im Jahre die *trois plais annels* zusammen mit den Schöffen des Palais abhält und dabei sowohl über Lehen (*fiés*) wie Eigen (*alues*) richtet.[2] Dieser *doyen* wird nun schon früher im Zusammenhang mit den Schöffen des Palais erwähnt, zuerst 1126 als *decanus*,[3] dann 1148 als *decanus civitatis* zugleich mit einem *subdecanus*,[4] den er nach einer Urkunde von 1227 zu wählen hat.[5] Läßt sich demnach das Amt des *doyen* bis in die zwanziger Jahre des 12. Jahrhunderts zurückverfolgen, so scheint es mir doch unmöglich, daß er von Anfang an mit der Abhaltung der drei echten Dinge betraut war. Als Richter im echten Ding erscheint ursprünglich überall eine hochgestellte Persönlichkeit; das war

---

XIII p. 480, 484, 494, 504 f. n. 31, 34, 43, 52), Siegfried, 1149 (Benoît, Preuves p. XCIII). Seit 1149 habe ich keinen *advocatus* mehr gefunden, den man mit einiger Wahrscheinlichkeit als Touler Vogt ansprechen kann. Auch bei einigen der oben genannten *advocati* ist es nicht zweifellos, daß sie *advocati* von Toul waren; jedenfalls kann erst die Erschließung des ungedruckten Quellenmateriales eine zuverlässige Liste der Touler Vögte liefern. In einer Urkunde Bischof Pibos (1069—1107) soll unmittelbar hinter dem *advocatus Tullensis* ein *Villelmus subadvocatus* erwähnt werden; vgl. Benoît, a. a. O., p. 138.

[1] Über Mélinon und seinen 1322 geschriebenen *Livre des droits de Verdun* vgl. Clouet, a. a. O., I p. 433 f.; Bonvalot, Histoire du droit et des institutions de la Lorraine et des trois évêchés I (Paris 1895) p. 205 f.

[2] Vgl. Clouet, a. a. O., I p. 428 ff.; Labande, a. a. O., p. XXIX ff.

[3] Clouet, a. a. O., II p. 283 note 1 (1126): *Bernacer decanus*, *Reinandus scabinus*.

[4] Ebenda II p. 277 note 1 (1148): *Durandus decanus civitatis*, *Ermardus subdecanus*, *Reinardus scabinus*.

[5] Huillard-Bréholles III p. 330 ff. Der *doyen* heißt dort im Gegensatz zu seinem Unterbeamten *maior decanus civitatis*.

aber der *decanus civitatis*, wie sein Titel[1] und seine Stellung in den Zeugenreihen[2] beweisen, ganz und gar nicht. Vielmehr dürfte er seine hochgerichtlichen Funktionen erst nach dem Untergange eines älteren höherstehenden Amtes erhalten haben. Als solches können nur zwei Ämter in Betracht kommen, die beide um die Mitte des 12. Jahrhunderts verschwunden sind, das des Grafen von Verdun und das des Vogtes von Verdun.

Ebenso wie Grafen von Toul gab es auch Grafen von Verdun. In den Kämpfen des 11. und der ersten Hälfte des 12. Jahrhunderts spielte der vom Bischof lehnrührige *comitatus urbis Verdunensis* eine gewaltige Rolle. Die mächtigsten lothringischen Großen, vor allem die lothringischen Herzöge selbst, haben ihn besessen, bis endlich nach der Vertreibung des letzten Grafen, Reinard, im Jahre 1140 Bischof Albero Herr der Grafschaft wurde, in deren Besitz sich sein Nachfolger, Bischof Albert, von Friedrich Barbarossa 1156 bestätigen ließ.[3] Seitdem gibt es keine Grafen von Verdun mehr. Daß der Amtsbezirk dieser Grafen ebenso wie der der Touler Grafen eine großes Gebiet umfaßte, wissen wir aus einer dem 11. Jahrhundert angehörigen Grenzbeschreibung der Verduner Grafschaft.[4] Daß ihre Gerichtsbarkeit sich auch auf die Stadt selbst erstreckte, wird in der Literatur zwar allgemein angenommen,[5] aber durch keine Quellen-

---

[1] Der *decanus* zählt durchaus zu den niederen Beamten; vgl. Ducange, Glossarium s. v. decanus 3; E. Mayer, Deutsche und Französische Verfassungsgeschichte, I S. 507 ff.

[2] In der Urkunde von 1148 (vgl. S. 183 Anm. 4) erscheint er erst hinter den *milites*, in der von 1126 (vgl. ebenda Anm. 3) weit hinter dem *advocatus*.

[3] Über die Grafen von Verdun vgl. vor allem Gabriel, a. a. O., passim; Clouet, a. a. O., II p. 1—273; ferner Labande, a. a. O., p. X f. Die Hauptquellenstellen über den *comitatus Verdunensis* sind Laurentii Gesta episc. Virdun. 2, 12, 26 (MG. SS. X p. 492, 498, 505), ferner die Urkunde von 1089 bei Clouet, a. a. O., I p. 383 note 1: *post mortem vero ducis Godefridi annuente ipsius uxore domina Mathilde, cui haereditario iure comitatum Virdunensem reddidi.*

[4] Gedruckt u. a. bei Mabillon, De re diplomatica II, Supplementum p. 100; erläutert von Gabriel, a. a. O., p. 11 ff.

[5] Vgl. die Anm. 3 Genannten.

stelle sicher bewiesen.[1] Das Beispiel von Toul muß uns eine Warnung sein, uns in dieser Beziehung allzu vorschnell für die herrschende Ansicht zu entscheiden.

Verschieden von diesem Grafen ist der Vogt,[2] um den sich leider die bisherige Forschung recht wenig gekümmert hat, und der auch nicht allzuhäufig in den Quellen erwähnt wird. Im 12. Jahrhundert finden wir von 1126 bis etwa 1165 Heibert und seine Söhne Albert und Reinald (Reinard) als *advocati Virdunenses*;[3] außerdem redet Lorenz von Lüttich von einem *venerandus vir nobilis et advocatus urbis* unter Bischof Theoderich (1046—1089).[4] Das ist alles, was wir von ihm wissen; von seinen Funktionen wird uns nicht das Geringste berichtet. Die herrschende Lehre sieht in diesem *advocatus* einen Unterbeamten des Grafen für die Stadt und identifiziert ihn mit dem *vicomte (vicecomes)*, der seit dem 13. Jahrhundert als Strafrichter in der Stadt erscheint.[5] Aber ein Beweis dieser Identität ist nie erbracht worden, und jedenfalls ist die Bezeichnung des Vogtes als *vir nobilis* dieser herrschenden Auffassung nicht gerade günstig. M. E. liegt es näher, für Verdun ähnliche Verhältnisse wie in Toul anzunehmen und im *advocatus* den bischöflichen Stadtvogt zu erblicken, um so mehr, als auch das berühmte Privileg König Friedrichs I. von 1156[6] darauf hindeutet, daß von alters her die Gerichtsbarkeit in der

---

[1] Wir wissen nur, daß Herzog Gottfried, als er im 11. Jahrhundert Graf von Verdun war, in Verdun ein *palatium* hatte; vgl. Calmet I, Preuves p. 451: *dux Godefridus Virduni in palatio sedens.*

[2] Clouet, a. a. O. identifiziert fälschlich Graf und Vogt, obwohl ersterer nie *advocatus* genannt wird, und degradiert deshalb den *advocatus* zu einem Untervogt. Vgl. dagegen schon Labande, a. a. O., p. XI note 5.

[3] Clouet, a. a. O., II p. 283 note 1 (1126): *Haybertus advocatus cum filiis suis Milone et Alberto;* Gallia Christiana XIII p. 573 (1153): *Heybertus advocatus cum filiis suis Alberto et Reinardo*; Clouet, a. a. O., I p. 397 (ca. 1160): *Renardus advocatus Virdunensis;* Gallia Christiana XIII p. 574 (1164—1171): *Rainaldus et Albertus Virdunenses advocati.*

[4] Laurentii Gesta episc. Virdun. 3 (MG. SS. X p. 493).

[5] Vgl. Klippfel, Révolution, p. 45; Clouet, a. a. O., I p. 393ff., 424ff.; Labande, a. a. O., p. XII.

[6] Gedruckt u. a. bei Mabillon, a. a. O., II, Supplem. p. 100.

Stadt von der Grafschaft verschieden war. Das Privileg, das sich ausdrücklich als Bestätigung einer Urkunde Ottos III. für Bischof Heymo (988—1024) ausgibt und in verschiedenen Ausdrücken deutliche Anklänge an die Sprache der Ottonenprivilegien erkennen läßt, also seinen Inhalt zum Teil der Vorurkunde entlehnt hat,[1] unterscheidet, wie es scheint, durchaus den *comitatum* und den *districtum civitatis in omnibus causis criminalibus et civilibus.* Aber volle Gewißheit darüber, ob der Graf oder der Vogt in der Stadt die hohe Gerichtsbarkeit besaß, könnte allein durch die Erschließung neuer Quellen gebracht werden, was bei der Mangelhaftigkeit der bisherigen Quellenpublikationen nicht ausgeschlossen ist.

Für Metz komplizieren sich die Verfassungsverhältnisse dadurch, daß die den Grafen von Toul entsprechenden Grafen von Metz zugleich Vögte der bischöflichen Kirche sind[2] und als solche nicht bloß die Titulaturen *advocatus ecclesiarum dei,*[3] *advocatus* des Bischofs,[4] *maior advocatus,*[5] sondern auch wiederholt die Bezeichnung *advocatus civitatis*[6] führen. Daß diese Grafen und Vögte die hohe Gerichtsbarkeit nicht nur in einem großen Grafschaftsbezirke,[7] sondern auch in der Stadt Metz ausgeübt haben, kann nicht bestritten werden.[8] Nur könnte man darüber

---

[1] Auch Klippfel, Révolution, p. 21 nimmt diesen Zusammenhang zwischen beiden Urkunden an.

[2] Vgl. Sauerland, Immunität, S. 35; Witte im Jahrbuch f. lothr. Geschichte VII, 1 S. 190. Die Zweifel von Chatelain im Jahrbuch XIII S. 257 sind nur insofern begründet, als die Grafen von Metz nicht Vögte sämtlicher in der Diöcese Metz gelegenen Klöster gewesen sind. Daß sie aber Großvögte der Metzer Domkirche waren, kann man angesichts der Titel nicht bezweifeln. Welches Geschlecht sollte denn sonst die Metzer Großvogtei gehabt haben?

[3] 1012, 1065; vgl. Jahrbuch XIII S. 298, 301.

[4] 1136; vgl. ebenda XIII S. 306.

[5] 1200; vgl. ebenda XIII S. 310.

[6] 1121; vgl. ebenda XIII S. 305.

[7] Über die Ausdehnung der ein großes Gebiet umfassenden Metzer Grafschaft vgl. Chatelain im Jahrbuch X S. 75 ff.

[8] Darüber herrscht in der Literatur Einigkeit; vgl. z. B. Klippfel, a. a. O., p. 73; Doering, a. a. O., S. 65 f.; Chatelain im Jahrbuch XIII S. 271 ff.

zunächst im Zweifel sein, ob sich diese Jurisdiktionsbefugnisse auf die Grafen- oder die Vogtwürde gründeten. Aber bei näherer Betrachtung löst sich dieser Zweifel. Im Gegensatz zu der in der Literatur vertretenen Ansicht,[1] daß das Grafenamt diese Jurisdiktionsbefugnisse in sich geschlossen habe, lehren die Quellen, daß wir den Ursprung derselben vielmehr in der Vogtei zu suchen haben. Ich will nicht Wert auf eine spätere chronikalische Notiz legen, aus der man wohl schließen könnte, daß die Stadt Metz 960, ebenso wie in demselben Jahrhundert Worms, Speier und Straßburg, unter die Jurisdiktion des bischöflichen Vogtes gestellt worden ist;[2] auch nicht darauf, daß sich der städtische Unterrichter des Vogt-Grafen, der *iudex*, ebenfalls wiederholt *advocatus* nennt.[3] Aber entscheidend ist eine Rechtsaufzeichnung, die, wenn auch nur in einer französischen Übersetzung erhalten, doch über allen Zweifel erhaben ist und sicher in das 12. Jahrhundert zurückreicht.[4] Diese Aufzeichnung trägt die Überschrift *Les drois du vowé de Mets mons^r le conte Dabor anné filz du conte de Mets.* Also der älteste Sohn des offenbar noch lebenden Grafen von Metz ist Vogt von Metz; die beiden Würden sind

---

[1] Dieser Zusammenhang der Gerichtsrechte mit dem Grafenamt erschien so zweifellos, daß die bisherige Forschung das eigentliche Problem überhaupt nicht wahrnahm. So konstruiert auch Chatelain, ebenda XIII S. 260 in der Frage der hohen Gerichtsbarkeit einen Gegensatz zwischen Metz und Toul, während in Wirklichkeit volle Übereinstimmung herrscht.

[2] Die Notiz besagt, daß im Jahre 960 Otto I. dem Bischof Adalbero *le fiex de la rowerie et de la sousvowerie de la comté de Mes* schenkte; vgl. Chatelain, ebenda XIII S. 245. Daß Ottos Privileg so nicht gelautet haben kann, bedarf keines Beweises; von der Vogtei ist aber offenbar in demselben die Rede gewesen.

[3] Vgl. Sauerland in den Mitteilungen des Instituts VIII S. 652; G. Voigt, a. a. O., S. 5 f. Auch der *Burcardus advocatus* einer Urkunde von 1090, der ein Lehen erhält *eo tamen tenore ut nullus heredum ipsius, nisi advocaciam civitatis teneat, hoc feodum sibi vendicet*, heißt im Anfang der Urkunde *Burchardus iudex*, ist also der Untervogt (Jahrbuch d. Gesellsch. f. lothr. Gesch. XV (1903) S. 27, 24).

[4] Gedruckt und besprochen von Chatelain im Jahrbuch XIII S. 266 ff. Über die Zugehörigkeit ins 12. Jahrhundert besteht kein Zweifel, dagegen ist Chatelains Versuch, eine genauere Datierung zu gewinnen, nicht einwandfrei. Vgl. übrigens S. 188 Anm. 1.

zwischen Vater und Sohn geteilt.[1] Zu den Befugnissen dieses Vogtes aber gehört die hohe Gerichtsbarkeit in der Stadt und das damit zusammenhängende Bezugsrecht auf ein Drittel der Gerichtsgefälle:

Monsignor le vowé ait sa justice en Mets pour jugier des cas de crimme.... Nulle ne peut quister amande que par monsignor le vowé qui en ait le tiers."

Schon diese Stelle beweist, daß die hohe Gerichtsbarkeit in der Stadt nicht auf dem Grafenamt, sondern auf der Vogtei beruhte. Aber der Beweis läßt sich noch vervollständigen. Eine Dorsalnotiz, die auf dieser Rechtsaufzeichnung angebracht ist, beweist, daß um das Jahre 1200 die Vogteirechte an die Vertreter der Bürgerschaft verpfändet worden sind,[2] während die Metzer Grafschaft bei dem Grafenhause bis zum Tode der letzten Erbtochter im Jahre 1225 blieb und dann an das Metzer Bistum, dessen Lehen sie war, zurückfiel.[3] Unmittelbar nach dieser Verpfändung aber, nämlich 1207, also lange vor dem Untergang der Grafschaft, taucht zum erstenmal in Metz das Kollegium der Dreizehn auf,[4] eine bürgerliche Behörde, die im Besitze der

---

[1] Das scheint Chatelain nicht erkannt zu haben. Sonst würde es ihm wohl eingefallen sein, daß auch eine Urkunde von 1121 eine solche Teilung zwischen Grafschaft und Vogtei erwähnt (Würdtwein, Nova subsidia VIII p. 44). Sie nennt bei Lebzeiten des Metzer Grafen Folmar VI. (1111—1142) seinen Sohn Folmar VII. *comitem Folmarum iuniorem advocatum eiusdem* (sc. *Metensis*) *civitatis*. Ich möchte deshalb die Rechtsaufzeichnung in diese Zeit setzen.

[2] Sie lautet: *Les drois du vowé de Mets, que ceulx de Mets, a scavoir les VI agaigés, ont estiré a eux partie par usurpation partie par agagement depuis lan 1200 ou environ.* Offenbar begann der Übergang der Vogtei mit der Verpfändung an sechs Vertreter der Bürgerschaft. Vgl. die treffliche Untersuchung von Chatelain im Jahrbuch XIII S. 278 ff.

[3] Vgl. Chatelain, ebenda XIII S. 286 ff.

[4] Vgl. Klippfel, a. a. O., p. 78 ff.; v. Maurer, Städteverfassung, I S. 576 f.; Doering, a. a. O., S. 96 ff.; Voigt, a. a. O., S. 25 ff.; Chatelain im Jahrbuch XIII S. 279 ff. Da die Dreizehn 1197 bei der Einführung der Prud'hommes im Jahre noch nicht erwähnt werden, müssen sie zwischen 1197 und 1207 sich gebildet haben. Daß sie die für die Ausübung der verpfändeten Vogteirechte gebildete Behörde sind, hat erst Chatelain richtig erkannt.

hohen Gerichtsbarkeit[1] und im Genusse des Drittels der Gerichtsgefälle[2] sich befindet, also schon dadurch sich als Nachfolgerin des alten Trägers der hohen Gerichtsbarkeit kennzeichnet. Ein schlagender Beweis, daß diese hochgerichtlichen Funktionen in der Stadt nicht zu der 1225 an das Metzer Bistum zurückgefallenen Metzer Grafschaft, sondern zu der ca. 1200 an die bürgerlichen Kreise verpfändeten Vogtei gehörten.[3] Daß diese Stadtvogtei aber nur ein Bestandteil der Metzer Domvogtei überhaupt war, zeigen, ganz abgesehen von der Analogie anderer Bischofsstädte, die Titulaturen des Vogtes.

Wenig wissen wir von den älteren Lütticher Gerichtsverhältnissen. Weder das Privileg Heinrichs V. für die Lütticher Domherren von 1107,[4] noch das in einer Bestätigung König Philipps von 1208[5] enthaltene Lütticher Stadtrecht geben uns darüber Auskunft, wer Träger der hohen Gerichtsbarkeit war. Nur soviel ist bekannt, daß es Grafen von Lüttich nicht gegeben hat, und so liegt die Vermutung nahe, daß auch hier, wie in anderen Bischofsstädten, der bischöfliche Vogt der höchste Richter war. Diese Vermutung erhält ihre Bestätigung durch spätere Quellen. In zwei Urkunden gleichen Inhalts vom Jahre 1241[6] werden auf Verlangen Bischof Roberts die Rechte aufgezeichnet,

---

[1] Das beweist die von Chatelain, a. a. O., XIII S. 280 Anm. 6 mitgeteilte Stelle.

[2] Vgl. die Urkunde von 1244 (Histoire de Metz par les religieux Bénédictins III, Preuves p. 196).

[3] Auch die von Klippfel, a. a. O., p. 381 ff., Pièces justificatives I abgedruckte interessante Rechtsquelle, die nach Chatelains Untersuchungen entschieden jünger ist als die *drois de vowé*, aber sich vielfach mit ihnen berührt, nennt als Inhaber des Drittels der städtischen Gerichtsgefälle und der übrigen Rechte immer nur den Grafen von Dagsburg (*le conte de Dauborc*), nicht den Grafen von Metz; vgl. eod. p. 387.

[4] Gedruckt bei Waitz, Urkunden, 2. Aufl., 15 S. 37 ff.

[5] Boehmer, Acta imper. sel. 229.

[6] Zuerst gedruckt von Polain in einer im Bulletin de l'institut archéologique liégeois III (1858) p. 297 ff. veröffentlichten Sammlung von Urkunden über die Lütticher Vogtei, später im Cartulaire de St. Lambert de Liège I p. 413 f. Ebenda p. 412 findet sich auch die Urkunde Bischof Roberts.

die der Vogt von Lüttich, Balduin,[1] zu den Zeiten Bischof Johanns (1229—1238) gehabt hat. Allerdings von einer Ausübung der Gerichtsbarkeit selbst durch den Vogt ist in diesen Urkunden nicht mehr die Rede; nur seine Bezüge werden erwähnt. Diese Bezüge aber sind das Drittel von den Einkünften des Stadtgerichtes,[2] jenes Drittel, das wir auch überall sonst als Anteil des mit der hohen Gerichtsbarkeit ausgestatteten Vogtes festgestellt haben.

Genauere Aufschlüsse über die Stellung des Vogtes gibt uns eine noch spätere Quelle. In dem wertvollen Rechtsbuch des 1403 gestorbenen Jacques de Hemricourt *Li patron delle temporaliteit des évesques de Liège* haben wir eine Darstellung des Lütticher Verfassungsrechtes, die auch ausführlich der Rechte des Vogtes gedenkt.[3] Wohl hat der Vogt in jener Zeit nur Reste seiner einstigen Gewalt behalten, aber doch verrät nicht nur sein Anrecht auf ein Drittel aller Gerichtsgefälle,[4] sondern auch mancher andere Zug den ehemaligen Inhaber der Gerichtsbarkeit: so sein Recht, bei Pflichtverletzung des Maire die Tätigkeit des Schöffengerichts zum Stillstand zu bringen.[5] Charakteristisch

---

[1] Er war Kastellan von Beaumont; vgl. Bulletin de l'institut III p. 303 n. IX.

[2] Die entscheidende Stelle lautet: *Des plaintes ki venoient al maiour, puis ke li maires l'avoit tourneit al eschevin, avoit il le tierch denier.* Der Maire ist der Stadtrichter. Vgl. auch die ausführlicheren Urkunden über die Rechte des Vogtes von 1244 (Cartulaire de St. Lambert I p. 469 ff.). Dort werden die Rechte *en le cité de Liège* aufgezählt: von allen möglichen Einnahmen erhält er das Drittel, *et nulle amende i eskiet, li voués i at le tierch.* Vgl. ferner die Aufzeichnungen im Bulletin de l'institut III p. 301 ff. n. VII, VIII. Noch im 16. Jahrhundert hat der Vogt dies Recht auf ein Drittel aller Gerichtsgefälle bewahrt; vgl. die Lütticher Schöffensprüche von 1538 und 1557 (Recueil des anciennes coutumes de Belgique: Coutumes du pays de Liège III p. 28, 79).

[3] Die vom Vogt handelnde Stelle ist gedruckt in den Coutumes du pays de Liège I p. 303 ff. und bei Polain, a. a. O., II p. 439 ff.

[4] Coutumes I p. 305: *Item doit ly advoweit à cause de son advowerye le thyer denier de touttes amendes de tous excès et de tous aultres cas dont plainte serat faite à mayeur et aux esquevins de Liège.* Um dieses Drittel richtig zu erhalten, darf er seine Unterbeamten an den Gerichtssitzungen des Stadtgerichts teilnehmen lassen; vgl. ebenda p. 304.

[5] Coutumes I p. 305. Die höchst interessante Stelle lautet: *Item est assavoir que se ly maire falloit de loy à alcunne partye d'alcun cas dont ly*

endlich ist die Nachricht anderer Quellen, daß der Vogt die Vollstreckung sämtlicher Kriminalurteile hat.[1] Alle diese Umstände deuten entschieden darauf hin, daß sein Amt einst die hohe Gerichtsbarkeit in der Stadt in sich schloß. Daß aber diese gerichtlichen Funktionen in der zweiten Hälfte des 12. Jahrhunderts noch vorhanden waren, lehrt die in dieser Zeit geschriebene Lebensbeschreibung Bischof Reginards. Dieselbe hat eine Stelle aus der älteren Chronik des Lorenzklosters übernommen, verwandelt aber den dort unter Bischof Reginard (1025—1037) erwähnten *Meinerus iudex civitatis* in einen *Meinerus advocatus civitatis*, ein deutlicher Beweis, daß der Verfasser als den städtischen Richter den Vogt ansah.[2] Sonst wissen wir von diesem *advocatus civitatis* für die ältere Zeit nur, daß er verschieden vom Domvogt war; eine Urkunde von 1125[3] nennt nebeneinander *Wilhelmus advocatus Leodii* und einen *Renerus advocatus s. Lamberti.* Gerade diese Duplizität des Vogtamts erschwert aber die Feststellung der Namen der früheren Stadtvögte und der Familien, die das Amt besaßen. Zwar werden wiederholt in bischöflich-Lütticher Urkunden *advocati* erwähnt,[4] aber keiner heißt Meiner oder Wilhelm. Und ebensowenig finden

---

jugement afférist aux esquevins de Liège, et ilh, lidit maire, de ce suffissament requis ne s'en volsist recroire, ly advoweit ou ses lieutenant poroït requiere et demandeir aux esquevins de Liège qu'il ne seyssent jamaix en justice deleis le mayeur, ne fesissent loy à sa somonce ne alle somonce d'aultre mayeur que ly sire y envoyeroit jusques atant qu'il avoit fait loy al déplaindant. Et ly esquevins y doyent solempnement obéyr.

[1] Lütticher Schöffensprüche von 1557 und 1611 (Coutumes III p. 79, 252).

[2] Ruperti Chronicon s. Laurentii Leod. 32 (MG. SS. VIII p. 273): *Meinerus iudex civitatis;* Vita Reginardi 10 (MG. SS. XX p. 574): *Meinerus civitatis advocatus.* Ob Meiner tatsächlich Stadtvogt war, ist nicht festzustellen.

[3] Wolters, Cod. dipl. Lossensis 65. Daß der Stadtvogt Wilhelm ein vornehmer Herr war, ergibt sich daraus, daß er dem Domvogt vorangeht. Übrigens ist möglich, daß unter dem *advocatus s. Lamberti* nur der Vogt des Domkapitals zu verstehen ist. Dann könnte man annehmen, daß der Stadtvogt auch Großvogt für die sonstigen bischöflichen Rechte war.

[4] Ich finde die Namen Wiger, 1016—1034 (Miraeus II p. 809, III p. 298, 300 f.; Wolters 36), Thiebald, 1087 (Miraeus IV p. 352), Reiner, 1111 (ebenda II p. 29), Waher, 1134 (ebenda II p. 818), Eustach, 1146 bis 1149 (ebenda IV p. 352, 377), Ludwig, 1173 (ebenda II p. 1179).

sich die beiden Namen in der Familie der Grafen von Looz, die zu irgend einer Zeit einmal das Amt besessen haben müssen, da Jacques de Hemricourt sich auf eine alte vom Grafen Arnold von Looz als Lütticher Vogt besiegelte Urkunde beruft.[1] Immerhin ist es auffällig, daß trotz der häufigen urkundlichen Erwähnung der Loozer Grafen in den Urkunden keine gleichzeitige Nachricht sie als Lütticher Vögte erscheinen läßt.

Zeigen somit Metz, Toul, Lüttich und vielleicht auch Verdun hinsichtlich der hohen Gerichtsbarkeit sowohl untereinander, als auch im Vergleich mit den deutschen Bischofsstädten durchaus verwandte Verhältnisse,[2] so hört andererseits die Übereinstimmung auf, sobald wir das Burggrafenamt ins Auge fassen. Obwohl Metz, Toul und Verdun von Alters her und Lüttich, wie es scheint, seit Bischof Notger (971—1006)[3] befestigte Städte waren, ist ihnen das Burggrafenamt unbekannt geblieben. Das gilt ohne jede Einschränkung für Toul, Verdun und Lüttich. Grafen von Lüttich hat es nie gegeben, und daß die Grafen von Toul und Verdun keine Burggrafen waren, wozu sie natürlich die herrschende Lehre hat stempeln wollen,[4] ist ohne weiteres klar. Nie finde ich für eine dieser Städte einen *castellanus* oder *praefectus*, geschweige denn einen *burggravius* erwähnt. Zweifelhafter liegen die Dinge in Metz. Zwar der Titel *comes palatii* oder *comes palatinus*, den die Metzer Grafen des 9. und beginnenden 10. Jahrhunderts tragen,[5] kann mit einer Metzer Burggrafschaft nicht in

---

[1] Coutumes I p. 306: *le plus grande partye de ces droitures est contenue en lettres cyrographes sayelées de conte Arnult de Looz, advoweit de Liège, et des quattorse esquevins de Liège qui adont rivoyent.* Welcher der vielen Arnolde im Loozer Grafenhause gemeint ist, kann ich nicht feststellen.

[2] Allerdings ist die Identität von Stadtvogt und bischöflichem Großvogt nur in Metz nachweisbar. Für Lüttich vgl. S. 191 Anm. 3.

[3] Anselmi gesta episc. Leod. 25 (MG. SS. VII p. 203): *urbem muris dilatavit et reparavit.*

[4] Vgl. statt aller anderen Waitz, Verfassungsgeschichte, VII S. 46 ff. Daß Gfrörer, Gregor, VII S. 300 ff. in allen vier Bischofsstädten, sogar in Lüttich, Burggrafen entdeckt hat, versteht sich von selbst.

[5] Die Belegstellen über die *comites palatii* bietet Chatelain im Jahrbuch XIII S. 289 ff. Wie dieser Pfalzgrafentitel zu erklären ist, interessiert an dieser Stelle nicht weiter. Vgl. darüber vor allem Chatelain im Jahrbuch X S. 103 ff.

Zusammenhang gebracht werden.[1] Dagegen tragen allerdings zwei bischöfliche Urkunden für das ziemlich weit von Metz entfernte Vogesenkloster Senones von 1111 und 1127[2] die Datierungsformel *actum comite Folmaro praefecturam urbis* (bezw. *Metis*) *agente*, und auch eine erzählende Quelle, die Vita Theogeri episcopi, nennt bei der Darstellung der Ereignisse von 1118 und 1119 einen *praefectus urbis.*[3] Trotz dieser Zeugnisse muß man die Existenz einer Metzer Burggrafschaft bezweifeln. Die Stelle der Vita Theogeri zunächst ist als belanglos auszuscheiden. Der Verfasser, ein bayerischer Mönch aus dem Kloster Prüfening dicht bei Regensburg, schrieb sein Werk nur auf Grund fremder Mitteilungen, ohne Metz selbst zu kennen.[4] Daß er infolgedessen, von seinen Regensburger Verhältnissen ausgehend, den Metzer Grafen zum *praefectus urbis* machte, ist leicht begreiflich, aber kein Beweis für das Vorhandensein eines Metzer Burggrafenamtes. Auch von den beiden Urkunden entbehrt die spätere von 1127 jeder selbständigen Beweiskraft. Sie lehnt sich in ihren formelhaften Bestandteilen eng an die Urkunde von 1111 an, ist aber nicht wie diese in Metz, sondern im Kloster Senones selbst datiert. Wir haben also in ihr eine (möglicherweise in der Kanzlei des Empfängers[5]) nach dem Muster eines früheren Privilegs redigierte Urkunde zu erblicken, die aus der Aktumzeile ihrer Vorurkunde mechanisch eine Formel hinübergenommen hat. So bleibt nur die Urkunde von 1111. Auf ihr allein das Vorhandensein eines Metzer Burggrafenamtes aufzubauen, scheint mir gewagt, um so mehr, als die sonst für die Metzer Verfassungsverhältnisse sehr reichlich fließenden Rechtsquellen[6] und sonstigen Urkunden nie

---

[1] Damit erledigt sich die Behauptung von Waitz, a. a. O., VII S. 44, der Metzer Burggraf habe eine Zeitlang Pfalzgraf geheißen.

[2] Calmet I p. 528 (1111), II p. 285 (1127).

[3] Vita Theogeri episc. II, 27 (MG. SS. XII p. 478).

[4] Vgl. Wattenbach, Geschichtsquellen, II, 6. Aufl., S. 126 f.

[5] Solche in der Kanzlei des Empfängers redigierte Urkunden sind in der ersten Hälfte des 12. Jahrhunderts etwas durchaus Gewöhnliches; vgl. Knipping, Beiträge zur Diplomatik der Kölner Erzbischöfe (Bonn 1889) S. 20.

[6] Über die Metzer Rechtsquellen vgl. Bonvalot, Histoire du droit et des institutions de la Lorraine, p. 203 ff.

das Vorhandensein einer Burggrafschaft Metz andeuten. Eher möchte ich vermuten, daß die Laune eines bischöflichen Kanzleibeamten dem Metzer Grafen zu seiner *praefectura urbis* verhalf.

In eine durchaus andere Welt treten wir, wenn wir uns den Verfassungsverhältnissen von Cambrai[1] zuwenden. Es ist sowohl bei deutschen wie französischen Historikern mehrfach üblich, Cambrai trotz seiner Zugehörigkeit zum deutschen Reiche als französische Stadt anzusehen,[2] und in der Tat bietet das Verfassungsleben der Stadt völlig das Bild einer nordfranzösischen Kommune. Auch der *castellanus* von Cambrai[3] ist nichts anderes als ein nordfranzösischer Châtelain,[4] wie schon sein Titel sagt, der nie durch die Bezeichnung *praefectus urbis* ersetzt wird. Wenn er daneben auch einmal als *advocatus civitatis* bezeichnet wird,[5] so könnte man allerdings auf den Gedanken kommen, daß er nicht seiner Castellanie, sondern der Vogtwürde die Gerichtsbarkeit in der Stadt verdankte, und man würde dann wenigstens in dieser Beziehung eine gewisse Übereinstimmung mit den Verhältnissen in den deutschen Bischofsstädten konstatieren. Beim Fehlen anderer Beweismittel aber müssen wir uns versagen, aus dieser einen Quellenstelle Schlüsse zu ziehen.

---

[1] Über Cambrai vgl.: Dieckmeyer, Die Stadt Cambrai. Verfassungsgeschichtliche Untersuchungen aus dem zehnten bis gegen Ende des zwölften Jahrhunderts (Bielefeld 1890). — Reinecke, Geschichte der Stadt Cambrai bis zur Erteilung der Lex Godefridi 1227 (Marburg 1896).

[2] So stellt Hegel, Städte und Gilden II S. 32 ff. Cambrai mitten unter die nordfranzösischen Städte; v. Maurer, der in seine Städteverfassung auch das französische Sprachgebiet des Deutschen Reichs einbezicht, nimmt nie auf Cambrai Bezug; endlich behandelt Flach, Les origines de l'ancienne France I (Paris 1886) p. 449 f., II (Paris 1893) p. 400 ff. Cambrai schlechtweg als französische Stadt.

[3] Vgl. über ihn Dieckmeyer, a. a. O., S. 14 ff.; Reinecke, a. a. O., S. 31 ff. Daß beide ihn als Burggrafen bezeichnen, halte ich für wenig glücklich.

[4] Vgl. über diese Flach, a. a. O., I p. 445 ff.

[5] Gesta episc. Camerac. III, 2 (MG. SS. VII p. 467): *se castellanum advocatumque civitatis aiebat*; vgl. Dieckmeyer, a. a. O., S. 16 ff.

§ 13.

Das sonstige Vorkommen des Burggrafenamts.

Fassen wir noch einmal das Ergebnis unserer auf das fränkische Gebiet bezüglichen Untersuchungen zusammen. In sämtlichen sieben Bischofsstädten der dem deutschen Sprachgebiet angehörigen Länder des fränkischen Rechts fanden wir meist schon im 11., frühestens in den ersten Jahren des 12. Jahrhunderts das Burggrafenamt; überall war der Burggraf Kommandant der befestigten Stadt. Versuchen wir aber festzustellen, wo in diesem Gebiete bis zum Ende des 12. Jahrhunderts sonst noch Burggrafen vorkommen, so ist das Resultat äußerst kümmerlich. Gewiß, im 13. Jahrhundert tauchen Personen mit dem Burggrafentitel in Hülle und Fülle auf, speziell unter den königlichen Beamten; wir treffen königliche Burggrafen längs des Rheines und seiner Nebenflüsse in Trifels bei Annweiler,[1] Spiegelberg bei Germersheim,[2] Friedberg in Hessen,[3] Cochem bei Koblenz,[4] Hammerstein bei Andernach,[5] Landskron an der Ahr[6] und

---

[1] Huillard-Bréholles VI p. 841 (1246): *Conradus dictus Croph burcgravius castri Trifels.*

[2] Böhmer-Ficker, Regesta imperii V, 4375 (1235): *Hugone de Offinbach tunc burcgravio in Spigelberc.*

[3] Böhmer-Lau, Codex dipl. Moenofrancof. I, 44 (1216): *Gisilberto burcravio et aliis castellanis de Wridburc.* Über die Burggrafen von Friedberg vgl. Dieffenbach, Geschichte der Stadt und Burg Friedberg (Darmstadt 1857) S. 18 ff. Die Urkunden zur Geschichte der Burggrafen von Friedberg sind jetzt in dem von Foltz herausgegebenen Urkundenbuch der Stadt Friedberg I (Marburg 1904) vereinigt.

[4] Mittelrhein. UB. III, 924 (1247): *Franco burchravius in Cucheme, iudex in Boppardia.*

[5] Lacomblet II, 17 (1207): *Arnoldus burggravius de Hamerstein.* Er ist identisch mit dem schon 1202 erwähnten *Arnoldus burgravius* (Günther, Cod. Rheno-Mosell. II, 6). Über die Burggrafen von Hammerstein vgl. Lamprecht, Wirtschaftsleben, I S. 1359 ff.

[6] Huillard-Bréholles VI p. 869 (1246): *Gerchinus de Sinzigh, castellanus in Landscron.* Über die Einsetzung des ersten Burggrafen von Landskron vgl. die interessante Urkunde von 1214 (Mittelrhein. UB. III, 19). Über die Burggrafen von Landskron vgl. Lamprecht, a. a. O., S. 1361 ff.

Kaiserswerth,[1] sämtlich staufische Ministerialen, die mit der Kommandantur einer Burg und zugleich mit Verwaltungsgeschäften in einem weiteren Bezirke betraut waren.[2] Im 12. Jahrhundert wird nur der mit der Verwaltung der Reichsburg Hammerstein betraute Reichsministeriale Ludwig[3] ein einziges Mal in einer Privaturkunde[4] *castellanus de Hamerstein* genannt, wobei natürlich völlig dahingestellt bleiben muß, ob dies Wort hier als Übersetzung des Wortes Burggraf gelten kann. Dagegen weiß vor dem Jahre 1200 keine Königsurkunde von einem königlichen Burggrafen in diesen Gegenden zu berichten. Und nicht anders steht es mit den Burggrafen anderer rheinischer Landesherrn; auch sie treten erst seit dem Jahre 1200 auf.[5] So können wir wohl

---

[1] Lacomblet II, 124 (1225): *Gernandus burgravius de Werden.* Außerdem ist wenigstens in seiner ersten Zeit der Schönberger Burggraf königlicher Beamter; vgl. unten Anm. 5.

[2] Über diese königlichen Burggrafen vgl. H. W. Meyer, das staufische Burggrafentum (Leipzig 1900). Die Arbeit weist erhebliche Schwächen auf. Einmal leidet sie daran, daß Verf. die in einen ganz anderen Zusammenhang gehörigen Burggrafen von Altenburg und Leisnig einbezieht, dann aber fehlt völlig das, was bei einer solchen Monographie die Grundlage sein muß, eine gründliche, mit völliger Kenntnis der Quellen, der lokalen Literatur und der Topographie geschriebene Darstellung der einzelnen staufischen Burggrafschaften. Statt dessen erhalten wir auf Grund einzelner zusammengelesener Quellenstellen ein ziemlich verschwommenes Gesamtbild.

[3] Vgl über ihn Lamprecht, a. a. O., S. 1360.

[4] Lacomblet I, 430 (1168): *Luthevico castellano de Hamerstein.*

[5] Zuerst erscheint im Jahre 1200 der Burggraf von Rheineck, ein erzbischöflich-kölnischer Ministeriale (Lacomblet I, 569: *Henricus burcgravius de Rineggen*). Dieselbe Urkunde nennt unter den Ministerialen des Grafen von Sayn einen *Arnoldus burgravius*, der 1209 als *burgravius de Seina* wiederkehrt (Mittelrhein. UB. II, 251). Ebenso erscheint der 1202 als isenburgischer Ministeriale erwähnte *Henricus burgravius* im Jahre 1209 als *Heinricus burgravius de Ysenburch* (ebenda II, 201, 246). Ein 1212 zuerst auftretender *Godefridus burggravius* ist Burggraf von Hochstaden und Dienstmann des Grafen von Hochstaden (Lacomblet II, 41, 46). Die 1213 (Mittelrhein. UB. III, 18) zuerst bezeugten Burggrafen von Schönberg sind ursprünglich königliche Burggrafen, seit 1216 erzbischöflich-magdeburgische Ministerialen; vgl. ebenda III, 48, 133. Über die Burggrafen von Rheineck, die nicht mit den Mainzer Burggrafen aus dem Hause der Grafen von Rieneck verwechselt werden dürfen, vgl. Wegeler, die Burg Rheineck (Coblenz 1852); Hegel in den Forschungen zur deutschen Geschichte XIX (1879) S. 572f.

sagen, daß das staufische Burggrafentum der Rheinlande entweder überhaupt eine Neuschöpfung des 13. Jahrhunderts ist, oder wenigstens erst in diesem Jahrhundert seinen Amtstitel anderswoher entlehnt hat. Für die Frage nach der Entstehung des Burggrafenamtes kann es ruhig außer Betracht gelassen werden.

Dagegen finden wir schon in der ersten Hälfte des 12. Jahrhunderts das Burggrafenamt im äußersten Osten des fränkischen Gebietes und in den ehemalig erzbischöflich-mainzischen Gebieten des östlichen Thüringens. Zwar von einem Erfurter Burggrafen[1] wird uns nur so unsichere Kunde, daß man ihn vielleicht überhaupt aus der Liste der Burggrafen streichen muß. Daß es später in Erfurt ein Burggrafending gab, ein vom Schultheißen im Brühl abgehaltenes Gericht, und einen Gerichtsdiener, der „Burggrafenbüttel“ hieß,[2] ist noch kein zwingender Beweis. Denn der Burggraf, nach dem Gericht und Büttel sich nennen, braucht just kein Erfurter Burggraf gewesen zu sein. Vielleicht war es ein mit gerichtlichen Funktionen in Erfurt betrauter auswärtiger Burggraf, etwa der Burggraf von Rusteberg, der ja mit großer Regelmäßigkeit in den thüringischen Urkunden der Mainzer Erzbischöfe des 12. Jahrhunderts als Zeuge erscheint.[3] Jedenfalls ist es auffallend, daß keine erzbischöfliche Urkunde einen Burggrafen von Erfurt erwähnt, obwohl Urkunden der Mainzer Erzbischöfe wiederholt Erfurt als Ausstellungsort kennen und uns lange Erfurter Zeugenreihen übermitteln.[4] Nur einmal wird ein *Werenhere praefectus de Erphesfurten* genannt; er erscheint im Jahre 1132 als

---

[1] Vgl. über ihn Lambert, Die ältere Geschichte und Verfassung der Stadt Erfurt (Halle 1868) S. 13 ff.; Kirchhoff in den Neuen Mitteilungen des Thür.-Sächs. Vereins XII (1869) S. 72 ff.; Kirchhoff, Die ältesten Weistümer der Stadt Erfurt (Halle 1870) S. 198 ff. Sowohl Kirchhoff wie Lambert kommen unter dem Einfluß der herrschenden Burggrafentheorie zu absolut unmöglichen Ergebnissen.

[2] Bibra-Büchlein von 1332 §§ 31, 169: *iudicium illud dicebatur iudicium borggravii*; §§ 216 ff.: *officium budelli burcgravii* (Kirchhoff, Weistümer S. 54, 100, 117 ff.).

[3] Vgl. unten S. 199.

[4] Vgl. die ersten Blätter des UB. Erfurt und die Register zu den Regesta Thuringiae und den Regesten der Mainzer Erzbischöfe unter „Erfurt“.

Abgeordneter des Erzbischofs in einer Urkunde des Regensburger Abtes von St. Emmeram,[1] während keine Thüringer oder Mainzer Quelle von ihm zu berichten weiß. Der Gedanke, daß irgend ein Irrtum des Ausstellers dabei untergelaufen ist, kann wohl nicht von der Hand gewiesen werden. Selbst wenn wir aber uns für die Existenz eines Erfurter Burggrafen entscheiden, so ist doch eins völlig außer allem Zweifel: daß er kein Erfurter Stadtgraf war. Das Burggrafengericht auf dem Severushof hielt der erzbischöfliche Brühlschultheiß ab; demselben unterstanden der erzbischöfliche Brühl und die erzbischöflichen Hufen in sechs Dörfern,[2] aber nicht die aus einer Marktansiedlung hervorgegangene Stadt Erfurt.[3] Und ebenso umfaßte der Ladungsbezirk des Burggrafenbüttels, der uns genau beschrieben wird, nicht die Stadt selbst, sondern nur einige wenige Distrikte am Rande derselben, das vor den Mauern gelegene Stadtgebiet, den Brühl und die erzbischöflichen Hufen in den sechs Dörfern,[4] mit anderen Worten, nur solches Land, das entweder nachweisbar oder wenigstens wahrscheinlich erzbischöflicher Domanialbesitz war. Mag also der Burggraf, nach dem Gericht und Büttel sich nennen, der Rusteberger oder ein sonst unbekannter Erfurter gewesen sein, so viel ist klar, daß er weder Stadtgraf noch Stadtkommandant gewesen ist. Er war ein erzbischöflicher Burgkommandant, der in einem Teile des erzbischöflichen Domaniums mit Gerichts- und Verwaltungsbefugnissen betraut war.

Um so sicherer bezeugt ist der eichsfeldische Burggraf Dudo von Rusteberg,[5] der im Jahre 1135 zuerst als *castellanus* auf-

---

[1] Scheidt, Origines Guelficae II p. 510 n. 62.

[2] Bibra-Büchlein §§ 31, 169. Vgl. Kirchhoff, Weistümer S. 207ff. und in den Neuen Mitteilungen XII S. 81 f.

[3] Über Erfurt als Marktansiedlung vgl. Rietschel, Markt und Stadt S. 87 ff. und in der Zeitschrift der Savigny-Stiftung, German. Abt. XXII (1901) S. 230 ff.

[4] Bibra-Büchlein §§ 216 ff. Vgl. Kirchhoff in den Neuen Mitteilungen XII S. 81 f.

[5] Über die Burggrafen von Rusteberg vgl. Frh. von Wintzingeroda-Knorr, Die Wüstungen des Eichsfeldes (Halle 1903) S. 818 ff. Dort ist auf S. 820 auch die ältere Literatur angegeben.

taucht,[1] später auch häufig *urbis praefectus*[2] und einmal *comes urbis*[3] genannt wird. Da er mit dem Jahre 1155 aus den Urkunden verschwindet,[4] die deutsch-lateinische Bezeichnung *burggravius* aber erst später üblich wird, können wir uns darüber nicht wundern, daß er uns nie als „Burggraf" entgegentritt, wenn wir auch wohl vermuten können, daß so seine deutsche Amtsbezeichnung gelautet hat. Wir treffen ihn mit großer Regelmäßigkeit als Zeugen in den thüringer Urkunden der Mainzer Erzbischöfe, so daß wir ihn offenbar als erzbischöflichen Beamten ansehen können, und zwar erscheint er immer unter den Freien, zum Teil sogar unter den Grafen. Nach Burggraf Dudo wird zunächst kein weiterer Burggraf von Rusteberg genannt; vermutlich war die im Jahre 1165 erfolgte Zerstörung der Burg Rusteberg[5] der Grund, daß das Amt vorläufig nicht wieder besetzt wurde. Erst 1239 verlieh Erzbischof Siegfried III. dem Grafen Konrad von Eberstein die *burcgeseze et burgraveschaft*, die angeblich schon dessen Vater in *castro nostro Rusteberg* gehabt hatte. Als die Aufgabe des Burggrafen wurde bestimmt: *castrum nostrum Rusteberg nobis et ecclesie Maguntine contra omnem hominem sine quolibet dampno custodiat.*[6] Daß dieser Burggraf kein Stadtgraf, sondern Befehlshaber der erzbischöflichen Burg war, ist ohne weiteres klar; übrigens hat es nie eine Stadt, ja nicht einmal ein Dorf, sondern immer nur eine Burg Rusteburg gegeben. Nicht unwahrscheinlich ist es aber, daß der Rusteberger in einem weiten Umkreise, vielleicht im ganzen thüringischen Domanialgebiete der Mainzer Erzbischöfe, ursprünglich Verwaltungsbefugnisse ausübte, und daß auch der erzbischöfliche Besitz in Erfurt ihm einst unterstand.

---

[1] (Scheidt,) Cod. dipl. zu Moser, Braunschw.-Lüneb. Staatsrecht S. 694f. Nr. 78.

[2] Zuerst 1143 (Schannat, Vindemiae I p. 182 n. 12; Rudolphi, Gotha II S. 245; Gudenus I p. 138, 149 n. 51, 54).

[3] Cod. dipl. Sax. Reg. A. II, 129 (1139).

[4] Zuletzt erwähnt Gudenus I p. 222 n. 31.

[5] Annales s. Petri und Chronica s. Petri ad a. 1165 (MG. SS. XV p. 22, XXX p. 370).

[6] Gudenus I p. 550 n. 223.

Bloße Burgkommandanten und keine Stadtgrafen waren auch die benachbarten Burggrafen von Hersfeld,[1] die zuerst 1137 auftauchen,[2] in einer Zeit, in der von einer ummauerten Stadt Hersfeld noch nicht die Rede sein kann.[3] Im Gegensatz zu den Rustebergern gehörten sie dem hersfeldischen Ministerialenstande an.[4] Die Bezeichnungen, unter denen sie erwähnt werden, sind die üblichen: *praefectus* oder *praefectus urbis* und seit 1170 auch *burcgravius.*[5] In der Stadt Hersfeld scheinen sie keine Gewalt ausgeübt zu haben; von dem städtischen Richter, dem *villicus*, wird der Burggraf durchaus unterschieden.[6]

Im übrigen ist mir weder in Hessen, noch in Nassau, noch in der Pfalz, noch im bayerischen Franken, noch im ganzen Gebiet der heutigen Rheinprovinz ein anderer Burggraf aus dem 12. Jahrhundert bekannt. Erst in den Niederlanden finden wir wieder den Amtstitel, und zwar hier in einer sehr frühen Zeit.[7] Aber auch in den Niederlanden gibt es nicht überall Burggrafen. Dem gesamten Norden und Osten der Niederlande ist, so viel ich sehe, das Amt wenigstens im 12. Jahrhundert unbekannt geblieben. Dagegen können wir in den westlicher gelegenen Gebieten schon 1083 unter dem Namen *castellanus* einen vom holländischen Grafen eingesetzten Befehlshaber der Burg Leiden nachweisen,[8] der seit dem Anfang des 13. Jahrhunderts auch den Titel *burg-*

[1] Über Hersfeld vgl. HAFNER, Die Reichsabtei Hersfeld bis zur Mitte des 13. Jahrhunderts (Hersfeld 1889).

[2] *Eggehardus prefectus urbis* (Henneberg. UB. I, 4).

[3] Die Stadt Hersfeld wird als *civitas* zuerst im Jahre 1249 erwähnt; vgl. HAFNER, a. a. O., S. 119, 136.

[4] Vgl. z. B. Henneberg. UB. I, 4, 9; WENCK II, UB. 61, 67, III, UB. 79, 83, 85, 86, 91 u. ö.

[5] Zuerst WENCK III, UB. 79.

[6] Vgl. z. B. Henneb. UB. I, 9, 12, 20; WENCK III, UB. 66 u. ö.

[7] Leider muß ich mich hinsichtlich der niederländischen Burggrafen auf kurze Andeutungen beschränken, da es mir infolge der Lücken der von mir benutzten deutschen Bibliotheken unmöglich war, die holländische und belgische Spezialliteratur, sowie das gesamte gedruckte Urkundenmaterial heranzuziehen.

[8] Über Leiden und seine Burggrafen vgl. BLOK, Eene hollandsche stad in de middeleeuwen ('s Gravenhage 1883) p. 12 ff., 107 ff. Der erste Burggraf ist *Adaluuin castelanus* 1083 (VAN DEN BERGH I, 89).

gravius führt.[1] Ferner tauchen ebenfalls schon am Ende des 11. Jahrhunderts in den romanischen Gebieten der Niederlande vereinzelt *castellani* auf,[2] für die allerdings nicht ohne weiteres festzustellen ist, wie weit sie mit den nordfranzösischen *châtelains* zusammenhängen. Das eigentliche Stammland des Burggrafenamts in den Niederlanden ist Flandern.[3] Nicht nur, daß hier schon im 11. Jahrhundert in den verschiedensten Orten *castellani* auftreten;[4] das besondere liegt vor allem darin, daß Flandern schon im 12., vielleicht sogar schon im 11. Jahrhundert eine systematisch durchgeführte Kastellanatsverfassung besitzt. Während überall sonst das Burggrafenamt in einer gewissen Isolierung dasteht, finden wir in Flandern eine Einteilung des Landes in Kastellanieen. Jede Kastellanie hat ihren Kastellan, ihren Burggrafen, einen Beamten des Grafen von Flandern, der nicht nur Befehlshaber der im Zentrum der Kastellanie gelegenen Burg, sondern für seinen Bezirk auch Vertreter des Grafen in dessen gerichtlichen Funktionen ist. Wie weit diese flandrischen *castellani* mit den nordfranzösischen und lothringischen Kastellanen zusammenhängen, bedarf noch genauerer Untersuchung. Daß die Kastellane der benachbarten wallonischen Gebiete, ferner der Kastellan von Leiden eine Kopie dieser flandrischen Kastellane sind, scheint mir außer Zweifel zu stehen. Für den letzteren beweisen es übrigens seine gerichtlichen Funktionen.[5] Es bewahrheitet sich auch hier wieder die Tatsache, auf die vor allem

---

[1] van den Bergh I, 200 (1204): *Jacobus burggravius de Leyden.*

[2] Vgl. die Beispiele bei Waitz, Verfassungsgeschichte, VII S. 54 Anm. 1. Über lothringische *castellani* vgl. Benoît, Histoire de Toul, Diplomata p. LXXIX (1052), XCI (1149); Calmet I, Preuves p. 470 (1069), 487 (1090), 520 (1106).

[3] Über die flandrischen Burggrafschaften vgl. Warnkönig, Flandrische Staats- und Rechtsgeschichte I (Tübingen 1835) S. 284 ff., wo auch Anm. 16 die ältere Literatur angegeben ist, sowie in demselben Werk II, III (Tübingen 1836—1839) die Bemerkungen bei den einzelnen Städten. Vgl. ferner Warnkönig-Gheldolf, Histoire de la Flandre II (Bruxelles 1836) p. 129 ff.; Giry, Histoire de la ville de St. Omer (Paris 1877) p. 91 ff.; Pirenne, Geschichte Belgiens I (Gotha 1899) S. 129 ff.

[4] Der erste flandrische Kastellan kommt schon 1012 vor; vgl. Pirenne, a. a. O., S. 130 Anm. 1.

[5] Vgl. Blok, a. a. O., p. 108 ff.

Pirenne[1] hingewiesen hat, daß die Territorialverfassungen der niederlothringischen Fürstentümer nur Reproduktionen der Territorialverfassung Flanderns in abgeschwächter Form sind. Ja es läßt sich vielleicht die Frage stellen, ob nicht auch die Burggrafschaften des deutschen Reiches zum Teil Kopieen vlämischer Originale sind. Daß auf die Entstehung des deutschen Städtewesens Flandern, indem es nachweisbar zuerst den Typus der Marktansiedlung schuf, einen entscheidenden Einfluß ausgeübt hat, halte ich für gewiß; sollte nicht auch in anderer Beziehung ein solcher Einfluß wahrscheinlich sein? Leider reicht zur Beantwortung der gestellten Frage mein Quellenmaterial nicht aus.

Sehen wir von diesen flandrisch-niederländischen Besonderheiten ab, so ist unsere Suche nach Burggrafschaften außerhalb der Bischofsstädte fast ergebnislos verlaufen. Nur der Hersfelder Abt hat schon im 12. Jahrhundert einen Beamten mit dem Burggrafentitel gehabt; dazu tritt dann noch der vom Mainzer Erzbischof abhängige thüringische Burggraf von Rusteberg und vielleicht ein Burggraf von Erfurt. Und ihnen stehen gegenüber die sieben Burggrafschaften in sämtlichen sieben Bischofsstädten des Gebietes, von denen die Mehrzahl ins 11. Jahrhundert zurückreicht, und von denen selbst die am spätesten erwähnte noch viel früher in den Urkunden vorkommt als die Burggrafschaft von Hersfeld oder Rusteberg. Diese sieben Burggrafen sind militärische Kommandanten, aber nicht bloße Burgkommandanten, sondern Befehlshaber wirklicher ummauerter Städte, wenn auch wenigstens in Utrecht mit der Erweiterung der Stadt eine Erweiterung der burggräflichen Befugnisse nicht stattgefunden hat.[2]

Was mag der Grund sein, daß gerade diese sieben Städte und nur diese sieben Städte solche Stadtkommandanturen haben? Nicht etwa, daß sie Bischofsstädte sind. Die bayerischen und die unmittelbar benachbarten sächsischen Bischofsstädte haben keine Burggrafen, auch fehlen zwischen dem Burggrafenamte und dem Bischofsamte als solchem alle verfassungsrechtlichen Beziehungen. Der Grund ist vielmehr genau derselbe, den wir

---

[1] Vgl. Pirenne, a. a. O., S. 134.
[2] Vgl. oben S. 176 f.

schon für das Vorkommen des Burggrafenamtes in Straßburg, Augsburg und Regensburg und für das Fehlen von Stadtkommandanturen in sonstigen alemannisch-schwäbischen und bayerischen Städten nachgewiesen haben. Diese sieben Städte sind bis ins 12. Jahrhundert hinein die einzigen wirklich ummauerten Städte des deutschsprachigen Teiles im Gebiet des fränkischen Rechts gewesen.

Diese Behauptung mag in manchen, besonders lokalgeschichtlichen, Kreisen auf Widerstand stoßen; ist doch die Vorstellung von der relativ frühen Ummauerung der deutschen Städte recht verbreitet. Aber ein wirkliches Eindringen in das historische Quellenmaterial zeigt, daß der von mir aufgestellte Satz richtig ist. Welche ummauerten Städte könnten in unserem Gebiete älter sein? Etwa die im Anschluß an königliche Pfalzen erwachsenen Reichsstädte Frankfurt, Aachen, Duisburg oder Dortmund?[1] Nun, soweit wir ihre Geschichte überhaupt verfolgen können, fällt die Ummauerung dieser Reichsstädte nicht vor die zweite Hälfte des 12. Jahrhunderts. Erst im Jahre 1172 oder 1171 haben die Aachener Bürger dem Kaiser gegenüber sich eidlich verpflichtet, binnen vier Jahren ihre Stadt mit einer Mauer und gemauerten Befestigungswerken zu umgeben;[2] vorher war Aachen ein offener Ort, eine *villa*, die im besten Fall durch einen Graben geschützt war.[3] Für Duisburg läßt die bekannte

---

[1] Trotzdem Dortmund auf sächsischem Boden liegt, scheint es mir richtig, diese Stadt im Zusammenhang mit den übrigen Pfalzorten des Rheingebietes zu behandeln.

[2] MG. SS. XXIV p. 38: *Aquenses ab imperatore commoniti iuraverunt, in quatuor annis muro et moenibus civitatem munire.* Vgl. dazu Pick, Aus Aachens Vergangenheit (Aachen 1895) S 113 ff., insbes. S. 119 Anm. 1; Rhoen, Die Befestigungswerke der freien Reichsstadt Aachen (Aachen 1894); Maria Schmitz, Die Beziehungen Friedrich Barbarossas zu Aachen (Aachen 1902) S. 47.

[3] Pick, a. a. O., S. 119 ff. gibt sich viele Mühe, nachzuweisen, daß Aachen schon vorher mit Wall und Graben umgeben gewesen sei. Er meint, daß das in einer Urkunde von 1137 bei einer Grundstücksbeschreibung als Grenze erwähnte *fossatum* nur der Stadtgraben gewesen sein könne. Das ist zunächst absolut nicht erwiesen. Wenn es aber richtig wäre, bewiese die Urkunde nicht das Vorhandensein eines Stadtwalles, sondern gerade das Gegenteil. Denn da die betreffenden Grundstücke innerhalb des

Urkunde Konrads III. von 1145[1] erraten, daß die bürgerliche Ansiedlung noch ganz in den Anfängen war; sechzehn Jahre vorher, 1123, bezeichnet eine Königsurkunde[2] diese bürgerliche Ansiedlung als *regia villa nostra,* also als offenen Ort. Dortmund wird zuerst in dem Privileg von 1220 *civitas* genannt;[3] 1152 ist nur von einem *burgum Tremonia* die Rede.[4] Wann die Stadt Frankfurt zuerst befestigt worden ist, entzieht sich unserer Kenntnis; jedenfalls deutet nichts auf eine Ausnahmestellung dieser Pfalzstadt hin.[5] Nur so viel ist sicher, daß unter dem

---

ältesten Teiles der Stadt Aachen liegen, hätten sie, wenn ein Wall vorhanden gewesen wäre, nur an diesen und nicht an den Graben grenzen können, da ein Graben selbstverständlich nur vor, nie hinter dem Wall angelegt gewesen sein kann.

[1] Lacomblet I, 253 (1145): Der König genehmigt die von den Duisburger Bürgern *circa palatium et curiam regalem sive supra forum* errichteten Gebäude, *ut et idem locus Duisburg ab habitatoribus ipsius tanto studiosius coleretur et nobis ibidem . . . . aptiora hospitia invenirentur.* Vgl. auch Gengler, Cod. iur. mun. S. 944.

[2] Lacomblet I, 305. Damit erledigt sich die völlig unbewiesene Annahme von Averdunk, Geschichte der Stadt Duisburg (Duisburg 1894) S. 138 f., die Stadt sei um diese Zeit schon ummauert gewesen. Befestigt war in jener Zeit nur die Burg Duisburg. Über sie vgl. Averdunk, a. a. O., S. 145 ff.; Rübel, Reichshöfe im Lippe-, Ruhr- und Diemel-Gebiete und am Hellwege (Dortmund 1901) S. 4 ff.

[3] UB. Dortmund I, 74.

[4] Ebenda I, 51. Worauf Rübel, Geschichte der Freien und Reichsstadt Dortmund (Dortmund 1901) S. 11 seine Vermutung, die Stadt Dortmund sei um 1114 ummauert worden, stützt, vermag ich nicht zu erkennen. Die *urbs* Dortmund von 939 bei Widukind und das 1115 vom Annalista Saxo erwähnte *presidium imperatoris* in Dortmund sind auf die Burg, nicht auf die Stadt zu beziehen. Über Burg und Reichshof Dortmund vgl. Rübel, Dortmunder Finanz- und Steuerwesen I (Dortmund 1892) S. 94 ff., Reichshöfe, S. 103 f.

[5] Eine *civitas* Frankfurt finde ich sicher zuerst im Jahre 1219 erwähnt (Böhmer-Lau, Cod. dipl. Moenofrancof. I, 46). Doch wird man, da Frankfurt 1180 als erste unter mehreren *civitates et opida* aufgeführt wird (ebenda I, 27), den Ort schon für dieses Jahr zu den *civitates* rechnen. Der Zug der ältesten Ummauerung wird noch heute durch die Straßennamen Hirschgraben, Holzgraben, Baugraben, Wollgraben bezeichnet. Wenn Grotefend bei Horne, Geschichte von Frankfurt, 2. Aufl. (Frankfurt 1882) S. 18 diese Befestigung ins 12. Jahrhundert verlegt, mag er recht haben. Dagegen kann der Stadtteil, der auf dem Plan bei Horne, a. a. O., S. 16/17 als das älteste Frankfurt bezeichnet ist, unmöglich befestigt gewesen sein.

castellum der Urkunde Ottos III. von 994 eine kleine Pfalzbefestigung zu verstehen ist.[1]

Ebensowenig ist daran zu denken, daß eine der landesherrlichen Städte als ummauerte Stadt über das 12. Jahrhundert zurückreicht. Am ehesten könnte man es noch bei Erfurt vermuten, das schon früh als Verkehrszentrum Thüringens eine Rolle gespielt zu haben scheint. Aber noch 1108 wird die Erfurter Marktansiedlung ausdrücklich als *villa* bezeichnet,[2] und erst 1170 ist von den Mauern der Stadt die Rede.[3]

Aber eine Klasse von Städten gibt es im Rheinlande, die unseren eben aufgestellten Satz zu widerlegen scheinen. Schon an anderer Stelle[4] habe ich darauf aufmerksam gemacht, daß außer den Bischofsstädten auch eine nicht unbeträchtliche Anzahl von römischen Kastellen die deutsche Eroberung überdauert hat. Ich nenne als solche Bingen, Kreuznach, Boppard, Koblenz, Andernach, Bonn, Deutz, Neuß, Nymwegen, Maastricht, Jülich, Zülpich, Bitburg. Alle diese Orte kehren in fränkischer Zeit als *castella*, als ummauerte Orte, in den Urkunden oder bei den Schriftstellern wieder; die römischen Mauern sind geblieben. Aus allen diesen Orten aber sind schon im Mittelalter Städte hervorgegangen. Was liegt näher als die Vermutung, daß die spätere Stadt einfach eine Fortsetzung des alten Kastells ist, daß demnach diese Orte ebenso wie die rheinischen Bischofsstädte ununterbrochen von der Römerzeit bis in die Neuzeit ummauerte Ansiedlungen, *civitates*, gewesen sind!

Sobald wir aber im Wege der Einzeluntersuchung prüfen, ob und wie weit diese Vermutung haltbar ist, fällt sie in nichts zusammen. Auch nicht in einer einzigen dieser Städte besteht

[1] Böhmer-Lau, Cod. dipl. Moenofrancof. I, 14. Diesem *castellum* haben offenbar die jüngst in der Nähe des Domes aufgedeckten Mauerreste angehört; vgl. Thomas in der Frankfurter Zeitung v. 22. Dez. 1904, 2. Morgenbl.

[2] UB Erfurt I, 9. Nicht ganz so sicher ist, ob unter der *villa regia Erpesfurt* einer Urkunde von 1157 (ebenda I, 39) die Marktansiedlung zu verstehen ist.

[3] Ebenda I, 45: *vinearum, quas intra muros habebant*. Erfurt heißt in der Urkunde *municipium*. Die Bezeichnung *civitas* führt der Ort erst 1212 (ebenda I, 72).

[4] Vgl. über das Folgende Rietschel, Civitas, S. 34 ff.

zwischen dem alten Römerkastell und der späteren ummauerten Stadt ein wirklicher Zusammenhang; vielmehr läßt sich überall gerade das Gegenteil feststellen.

Zunächst befinden sich unter diesen Städten mehrere, bei denen das alte Kastell und die spätere Stadt an ganz verschiedenen Stellen liegen. Den Anfang macht Bingen.[1] Das *castrum* oder *castellum* Bingen der Karolingerzeit,[2] die *civitas* Bingen der Urkunde Ottos II. von 983,[3] das *castellum* Bingen, in das 1105 Heinrich V. seinen Vater brachte,[4] sie alle sind nicht etwa die spätere Stadt Bingen, sondern die oberhalb derselben gelegene Burg Klopp.[5] Diese und nicht die Stadt Bingen ruht auf der Basis des alten Kastells.[6]

Genau ebenso liegen die Verhältnisse in Kreuznach.[7] Gewiß ist das *castrum Cruciniacum* des 9. Jahrhunderts[8] das alte römische Kastell, aber aus diesem Kastell ist keineswegs die spätere Stadt Kreuznach entstanden. Die Stadt schließt sich an die *villa* Kreuznach, die 1065 Heinrich IV. dem Bischof von Speier zum Geschenk macht.[9] Die Reste des alten Kastells aber

[1] Über Bingen vgl. Schaab, Geschichte der Stadt Mainz III (Mainz 1847) S. 316 ff., insbes. S. 332 ff.

[2] Vgl. Rietschel, Civitas, S. 35 Anm. 2.

[3] MG. DD. II, Otto II. 306 (983): *intra et extra Pinguiam civitatem.*

[4] Annales Hildesheimenses 1105 (MG. SS. III p. 109).

[5] Vgl. Schaab, a. a. O., S. 321.

[6] Im Jahre 1092 ist nur von einem *locus* Bingen die Rede (Gudenus I p. 387 n. 144). Die früheste Stelle, welche die *civitas* Bingen erwähnt und damit vielleicht, wenn auch nicht sicher, die Stadt meint, stammt aus dem Jahre 1152 (Stumpf, Acta Maguntina 48). Ob die Nachricht von einer Neubefestigung Bingens durch Erzbischof Adalbert II. (1138—1141) auf die Stadt oder die Burg Klopp zu deuten ist, könnte zweifelhaft sein; da sie allein durch Bodmann, Rheingauische Altertümer S. 749 aus einer angeblich verlorenen Narratio de rebus archiepiscoporum Maguntinensium überliefert wird, liegt der Verdacht nur allzunahe, daß sie eine Erfindung dieses berüchtigten Fälschers ist. Vgl. dazu H. Meyer in der Zeitschr. d. Savigny-Stiftung für Rechtsgeschichte, Germ. Abt. XXIV (1903) S. 309 ff.

[7] Über Kreuznach vgl. Schmidt, Über die auf dem Terrain des römischen Kastells bei Kreuznach .... stattgefundenen Ausgrabungen, in den Bonner Jahrbüchern XLVII/XLVIII (1869) S. 66 ff. und Tafel XII.

[8] Vgl. Rietschel, Civitas, S. 35 Anm. 3.

[9] Remling, Bischöfe zu Speyer, UB. I, 52.

finden wir in der nordöstlich der Stadt gelegenen Heidenmauer wieder.

Auch in Nymwegen[1] und Zülpich[2] ist das römische und merowingisch-karolingische Kastell[3] von der späteren Stadt getrennt. Für Nymwegen haben die trefflichen Untersuchungen HERMANNS und PLATHS den neben der Stadt gelegenen Valkhof als Sitz des römischen Kastells und der fränkischen Pfalz nachgewiesen. In Zülpich dagegen ruht allein das durchweg von der Stadt unterschiedene[4] *castrum* Zülpich auf römischen Fundamenten.

Etwas komplizierter liegen die Verhältnisse in Bonn.[5] In

[1] Über Nymwegen vgl.: J. SCHNEIDER, Nymwegen im Altertum, in den Bonner Jahrbüchern XXXV (1863) S. 20 ff.; HERMANN, Der Palast Kaiser Carls des Großen zu Nymwegen, ebenda LXXVII (1884) S. 88 ff. und Tafel IX; PLATH, Nimwegen, ein Kaiserpalast Karls des Großen in den Niederlanden, in der deutschen Rundschau 85 (1895) S. 117 ff.; PLATH, Het valkhof te Nijmegen (Amsterdam 1898).

[2] Über Zülpich vgl.: F. W. SCHMIDT, Forschungen über die Römerstraßen im Rheinlande, in den Bonner Jahrbüchern XXXI (1861) S. 44; v. VEITH, Die Römerstraße Cöln-Rheims und Rheims-Trier, ebenda LXXV (1883) S. 9 f.; ILGEN, Die Entstehung der Städte des Erzstifts Köln am Niederrhein, in den Annalen d. histor. Ver. für den Niederrhein 74 (1902) S. 14 ff.

[3] Vgl. RIETSCHEL, Civitas, S. 35 Anm. 10, S. 36 Anm. 3.

[4] *Castrum* und *oppidum* Zülpich werden regelmäßig nebeneinander genannt. Vgl. z. B. LACOMBLET II, 410 (1254), 730 (1279), 866 (1289), 1036 (1299). Vor dem 13. Jahrhundert finde ich bloß das *castrum*, nie die bürgerliche Ansiedlung erwähnt; vgl. vor allem die Urkunde Erzbischof Friedrichs I. von 1124 über die Stiftung einer Propstei in *castro meo episcopali, quod Zulpiacum vocatur, in ipsa, quae intra muri ambitum continetur, parochiali aecclesia* (LACOMBLET I, 299).

[5] Über Bonn vgl.: K. A. MÜLLER, Geschichte der Stadt Bonn (Bonn 1834); FR. RITTER, Die Entstehung der drei ältesten Städte am Rhein oder Urgeschichte von Mainz, Bonn und Cöln (Bonn 1851); LACOMBLET, Die römische Basilika zu Bonn, im Archiv für die Geschichte des Niederrheins II (1857) S. 65 ff.; LACOMBLET, Die Hofesverfassung im Bezirke der Stadt Bonn, ebenda II S. 296 ff.; Das roemische Lager in Bonn (Festschrift zu WINCKELMANNS Geburtstage, herausgegeben vom Vorstande des Vereins von Altertumsfreunden im Rheinlande) (Bonn 1888); SCHULTZE, Römische Wohnstätten in Bonn, in den Bonner Jahrbüchern CVI (1901) S. 91 ff.; ILGEN in den Annalen f. d. Gesch. d. Niederrheins 74 (1902) S. 8 f. Ein guter Situationsplan der heutigen und der römischen Ansiedlung findet sich in den Bonner Jahrbüchern LXXXII (1886) Tafel III.

Bonn lag das große römische Lager im Norden außerhalb der Stadt. Außerdem aber scheint die Immunität des Cassiansstiftes früh eine Befestigung aus römischen Bautenresten erhalten zu haben.[1] Noch im Jahre 854 wird sie als *villa, quae dicitur Basilica*, erwähnt, war also damals noch ein offener Ort;[2] unmittelbar darauf erscheint sie als befestigt. Denn alles spricht entschieden dafür, daß wir in den *civitas* Bonn des ausgehenden 9. und des 10. Jahrhunderts[3] ebenso wie in der *civitas Verona*, die uns Urkunden und Münzen des 11. und 12. Jahrhunderts nennen,[4] diese befestigte Immunität zu erblicken haben, nicht das alte große römische Lager. Sicher nicht die eigentliche Stadt Bonn. Die heißt in den Urkunden des 11. und 12. Jahrhunderts nur *villa Bonnensis*[5] und ist ein offener Ort geblieben,[6] bis im Jahre 1243 Erzbischof Konrad von Köln sie mit einer Mauer umgab.[7]

---

[1] Vgl. Lacomblet, Archiv II S. 65 ff.

[2] Vgl. die Urkunden ebenda S. 82 f. Beilage I, II.

[3] Vgl. Rietschel, Civitas, S. 35 Anm. 7; Regino 924, 942 p. 157, 162: *Bonna castellum;* MG. DD. II, Otto II. 99 (975): *actum in civitate Bunna iuxta Rhenum fluvium.* Auch wenn Dietkirchen 1021 als *in suburbio Bunnae* gelegen bezeichnet wird (MG. DD. III, Heinrich II. 446), ist unter der entsprechenden *urbs* Bonn dies Kastell zu verstehen.

[4] Lacomblet I, 179 (1043): *de thelonio civitatis Veronae;* Günther, Cod. Rheno-Mosell. I, 129 (1142): *Veronensis concivis;* ebenda I, 149 (1149): *acta sunt hec civitate Verona;* Rotulus von Andernach § 6 (Annalen des histor. Vereins f. d. Niederrhein 42 S. 10) (1173—1190): *Ilyas et uxor eius Alverat de Verona civitate.* Die Münzen erwähnen Lacomblet, Archiv II S. 70 ff.; Joseph in den Bonner Jahrbüchern XC (1890) S. 103 ff.; Dannenberg, Die deutschen Münzen II (Berlin 1894) S. 592 f. Über Verona-Bonn vgl.: Lersch in den Bonner Jahrbüchern I (1842) S. 1 ff.; Lepsius in den Neuen Mitteilungen des Thüringisch-Sächsischen Vereins VII, 1 (1846) S. 135 ff.; Lacomblet, Archiv II S. 65 ff. Alle drei stimmen darin überein, daß nur ein Teil von Bonn den Namen Verona geführt hat und zwar das Cassiansstift mit seinem Bezirk.

[5] Vgl. Lacomblet, Archiv II S. 302 (Anf. 11. Jahrh.): *acta .... in villa Bonnense;* Günther, Cod. Rheno-Mosell. I, 81 (1110): *in ea parte Bonnensis villae que dicitur Stoechen.*

[6] Vgl. Lacomblet, Archiv II S. 68 ff.

[7] Vgl. die Urkunde Erzbischof Konrads von 1243 (Lacomblet II, 284): *pidum Bunnense fossatis et muris duximus muniendum.*

Was Neuß[1] betrifft, so kommt natürlich das eine halbe Stunde von der Stadt bei Grimmlinghausen gelegene große Römerkastell für die Entwickelung der Stadt gar nicht in Betracht. Ein anderes, auf der Stelle des heutigen Neuß gelegenes Kastell ist der Ursprung des sogenannten Salhofes geworden, einer Pfalz, die im 11. Jahrhundert, wie es scheint, aus dem Besitze Heinrichs IV. an Erzbischof Anno von Köln gelangt ist. Dieser Salhof ist offenbar mit dem *castellum* Neuß des 9. Jahrhunderts[2] gemeint. Die bürgerliche Ansiedlung Neuß ist nicht aus ihm, sondern neben ihm entstanden; als *civitas* läßt sie sich frühestens 1190 nachweisen.[3]

Genau den gleichen Gegensatz zwischen dem römischen Kastrum und der späteren Stadt finden wir in Deutz.[4] Die *civitas* Deutz der fränkischen Zeit[5] und das *Divitense castrum* des 11. bis 13. Jahrhunderts[6] sind allerdings mit dem römischen *castrum* identisch. Aber dies *castrum*, das eine ziemlich wechselvolle Geschichte

[1] Über Neuß vgl.: Lacomblet, Die letzten Spuren des fränkischen Salhofes zu Neuß, im Archiv für die Geschichte des Niederrheins II (1857) S. 319 ff.; Koenen, Über *vicus*, *civitas* und *castellum Novaesium*, in den Bonner Jahrbüchern LXXXIV (1887) S. 261 ff.; vgl. ebenda LXXXV (1888) S. 165 ff.; Tücking, Das Römerkastell Novaesium, der fränkische Salhof und die Stadt Neuß (Neuß 1891); Ilgen in den Annalen f. d. Gesch. d. Niederrheins 74 (1902) S. 6 ff.

[2] Vgl. Rietschel, Civitas, S. 35 Anm. 9.

[3] Lacomblet I, 524, 539 (1190, 1193): *burgenses de civitate Colonia et Nussia.* Ob das Wort *civitas* auch auf Neuß zu beziehen ist, halte ich für sehr fraglich.

[4] Über Deutz vgl.: Deycks, De origine Romana oppidi Tuitiensis (Monast. 1850); Gengler, Codex iuris municipalis S. 753 ff.; Wolf, Die Aufdeckung und Aufnahme der zu Deutz gefundenen Reste eines römischen Castrums, in den Bonner Jahrbüchern LXVIII (1880) S. 13 ff. und Tafel II; Wolf, Das römische Castell in Deutz, ebenda LXXXIII (1887) S. 227 ff.; Wolf, Beschreibung der zu der Feststellung des Deutzer Castrums vorgenommenen Ausgrabungen, in der Westdeutschen Zeitschrift I (1882) S. 49 ff. und Tafel I; Hettner, Die Erbauungszeit des Deutzer Castrum, im Korrespondenzblatt der Westdeutschen Zeitschrift V (1886) S. 180 ff.; Ilgen in den Annalen f. d. Gesch. d. Niederrheins 74 (1902) S. 9 f.

[5] Vgl. Rietschel, Civitas, S. 35 Anm. 8.

[6] Lacomblet I, 136, 137 (1003), 146 (1009), 153 (1019), 357 (1147); Chronica regia Colon. 965, 1114, 1205, 1230 etc.

durchgemacht hat,[1] war nichts anderes als der außerhalb des Stadtrechts stehende Immunitätsbezirk der Deutzer Benediktinerabtei.[2] Dagegen haben die Bürger der nachmaligen Stadt Deutz erst im Jahre 1230 vom Kölner Erzbischof die Erlaubnis erhalten, ihr *oppidum* zu befestigen.[3]

Bei anderen Städten erhebt sich allerdings die spätere mittelalterliche Stadt auf derselben Stelle, auf der auch das römische Kastell gestanden hat. Ja die spätere Mauer baut sich zum Teil auf den alten römischen Mauerresten auf. Das ist in Koblenz, Boppard, Andernach, Bitburg, Maastricht der Fall; ob auch in Jülich,[4] kann, wie es scheint, heute nicht mehr beantwortet werden, da bei dem Bau der Jülicher Zitadelle mit den alten Bauresten gründlich aufgeräumt worden ist. Aber auch für diese Städte können wir trotz alledem keine ununterbrochene Fortdauer als befestigte Ansiedlungen annehmen.

Das zeigt in sehr charakteristischer Weise das Beispiel von Boppard[5] und Andernach.[6] In beiden Orten liegt das römische

---

[1] Vgl insbesondere Gengler, a. a. O., S. 756 f.

[2] Vgl. vor allem die ungemein charakteristische Urkunde von 1019, in der Erzbischof Heribert der Abtei Deutz *castrum Divitensium, turres videlicet ac interturria cum fossato in circuitu et omnia infra ambitum* bestätigt (Lacomblet I, 153).

[3] Lacomblet II, 166 (1230): *quod oppidum Tuitiense . . . . firment ac muniant.*

[4] Über Jülich vgl.: Kessel, Zur älteren Geschichte von Jülich, in der Zeitschrift des Aachener Geschichtsvereins I (1879) S. 53 ff.; Kuhl, Geschichte des früheren Gymnasiums zu Jülich I (Jülich 1891) S. 25. Das Römerkastell Jülich wird im 9. Jahrhundert als *municipium*, im 10. als *castellum* erwähnt; vgl. Rietschel, Civitas, S. 36 Anm. 2; Lacomblet I, 88 (927), IV, 604 (945). Auf dies alte römische *castrum* mag wohl auch das *castrum* Jülich des 12. und 13. Jahrhunderts zurückgehen; vgl. Vita b. Theoderici Andag. 24, Jocundi Translatio s. Servatii 49 (MG. SS. XII p. 50, 110), ferner Urkunde von 1254 (Lacomblet II, 410). Dagegen nennt dieselbe Urkunde die eigentliche Stadt Jülich *villa Juliacensis*, bezeichnet sie demnach als offenen Ort. Vgl. auch Annales s. Pantaleonis 1239 (MG. SS. XXII p. 532): *castrum Juliacum obsidet et villam castri penitus cremat.*

[5] Über Boppard vgl.: Eltester, Boppard, Das römische Bontobrica, Baudobriga oder Bodobriga, in den Bonner Jahrbüchern L/LI (1871) S. 53 ff. und Tafel I; v. Cohausen, ebenda L/LI S. 92 ff.

[6] Über Andernach vgl.: Terwelp, Die Ringmauern, Wehrtürme und

Kastell in der späteren Stadt; in Andernach ist es ein unregelmäßiges Trapez mit einem Flächeninhalt von 5,6 Hektar, in Boppard ein 4,74 Hektar fassendes Rechteck. In letzterer Stadt schließt es auch den Markt ein, der in Andernach draußen bleibt; in beiden Städten aber baut sich zum Teil die spätere Stadtmauer auf der römischen auf. Und doch sind beide Orte längere Zeit offene Plätze gewesen. Nur im 9. Jahrhundert wird Andernach als *castrum* oder *castellum* genannt,[1] im 11. Jahrhundert wird der Ort ausdrücklich als *villa*, also als offener Ort bezeichnet.[2] Dem entspricht auch die erst aus späterer Zeit überlieferte, aber durchaus glaubwürdige Nachricht, Erzbischof Friedrich I. (1100—1131) habe die Stadt Andernach befestigt.[3] Jedenfalls ist im Jahre 1129 schon wieder von den Mauern von Andernach die Rede.[4] Reichhaltiger noch fließt das Quellenmaterial für Boppard. Den Namen *castellum*, den der Ort im 9. Jahrhundert mehrfach führt,[5] trägt er zuletzt im Jahre 975;[6] während des 11. und 12. Jahrhunderts ist in den verschiedensten Quellen immer nur von einer *villa*[7] oder einem *locus*[8] Boppard die Rede. Daß bei der späteren Stadtbefestigung beider Städte zum Teil die Fundamente der alten römischen Mauer benutzt wurden, ist nicht weiter verwunderlich; jedenfalls aber ist sicher, daß dieser spätere

---

Tore von Andernach, in den Bonner Jahrbüchern LXXVII (1884) S. 196 ff. und Tafel XI; Lehner, Antunnacum, ebenda CVII (1901) S. 1 ff. und Tafel I.

[1] Vgl. Rietschel, Civitas, S. 35 Anm. 6.

[2] Mittelrhein. UB. I, 368 (1069): *villam que dicitur Crifta et aliam que est Andernach.*

[3] Vgl. Knipping, Regesten der Erzbischöfe von Köln II S. 39 Nr. 248.

[4] Mittelrhein. UB. I, 466 (1129): *monasterium b. Marie foris murum Andernaci.*

[5] Vgl. Rietschel, Civitas, S. 35 Anm. 4.

[6] MG. DD. II, Otto II. 101 (975).

[7] Wilmans, Kaiserurkunden II, 199 (1046): *in villa Pobarto;* Ottonis Frising. Gesta Friderici I, 62: *Bobardiam villam regalem.* Auch die Fälschung MG. DD. II, Otto III. 428 aus der Mitte des 12. Jahrhunderts nennt *ecclesiam in villa Bochbarda.*

[8] Mittelrhein. UB. II, 36 (1039): *in loco Bochpart.*

[9] Im Jahre 1216 kommt Boppard zuerst als *oppidum* vor (Mittelrhein. UB. III, 61).

Mauerbau nicht bloß eine Ausbesserung der aus früherer Zeit her vorhandenen römischen Mauern, sondern die Ummauerung offener Orte war.

Eine ähnliche Entwickelung dürfen wir wohl auch für Koblenz[1] und Bitburg[2] annehmen, wenn auch der direkte Beweis fehlt. Über Bitburg, das noch einmal am Anfang des 8. Jahrhunderts als *Bedense castrum* vorkommt,[3] haben wir so gut wie keine Quellennachrichten: jedenfalls spricht die minimale Bedeutung, die der Ort gehabt haben muß, entschieden dagegen, daß hier eine ummauerte bürgerliche Ansiedelung fortbestanden hat. Etwas anders liegen die Verhältnisse in Koblenz, das schon am Anfang des 12. Jahrhunderts als Handelsplatz eine nicht unerhebliche Rolle spielte.[4] Aber doch ist bezeichnend, daß Koblenz als *civitas* erst in der Urkunde von 1182[5] genannt wird, während noch in der Zollordnung von 1104 nur von einem *locus* Koblenz die Rede ist, die letzte Bezeichnung als *castellum* aber in das 10. Jahrhundert zurückreicht.[6] Ist auch das Argumentum e silentio nicht absolut zwingend, so spricht doch die Wahrscheinlichkeit entschieden dafür, daß ebenso wie in Andernach und Boppard auch in Koblenz zwischen dem Verfall der alten Römermauer und der Errichtung einer neuen Mauer auf deren Fundamenten ein gewisser Zeitraum verstrichen ist, innerhalb dessen Koblenz ein offener Ort war. Wann diese spätere Befestigung erfolgt ist,

---

[1] Über Koblenz vgl.: Günther, Topographische Geschichte der Stadt Coblenz (Coblenz 1813); Rheinischer Antiquarius I, 4 (Coblenz 1856) S. 474 f.; Eltester in den Bonner Jahrbüchern XLII (1867) S. 26 ff. und Tafel I; Bär, Der Koblenzer Mauerbau (Leipzig 1888) S. 22 f. und Plan; Bär, Urkunden und Akten zur Geschichte der Verfassung und Verwaltung der Stadt Koblenz (Bonn 1898) S. 3; Bodewig, Das römische Coblenz, in der Westdeutschen Zeitschrift XVII (1898) S. 223 ff., insbes. S. 260 ff.

[2] Über Bitburg vgl.: F. W. Schmidt in den Bonner Jahrbüchern XXXI (1861) S. 36; v. Veith, ebenda LXXVIII (1884) S. 15.

[3] Vgl. Rietschel, Civitas, S. 36 Anm. 4.

[4] Vgl. die berühmte Koblenzer Zollordnung von 1104 (Hans. UB. I, 5).

[5] Mittelrhein. UB. II, 53 (1182): *ad civitatis aedificia.*

[6] Mittelrhein. UB. I, 257 (Ende des 10. Jahrh.): *infra Confluentiae castellum.* Im Jahre 1018 ist bloß von einer königlichen *curtis nomine Confluentia* die Rede (MG. DD. III, Heinrich II. 397).

dafür scheint mir die schon erwähnte Urkunde von 1182 einen Fingerzeig zu geben. Sie behandelt einen Konflikt zwischen dem Simeonsstifte, das den Koblenzer Zoll besaß, und der Koblenzer Bürgerschaft, die einen Teil dieses Zolles *ad civitatis edificia*, also für den Bau der Stadtmauer, beanspruchte. Der Konflikt endete damit, daß das Stift an die Bürgerschaft eine Abfindung von 60 Mark zahlte. Gerade der Umstand, daß sich die Bürger mit dieser einmaligen Abfindung begnügten, spricht entschieden dafür, daß es sich bei dem ganzen Konflikt nicht um die laufenden Ausbesserungskosten einer vorhandenen Mauer handelte, sondern daß die Bürgerschaft für einen einmaligen großen Neubau sich die Mittel verschaffen wollte, und legt den Gedanken nahe, daß überhaupt erst damals die Ummauerung der Stadt in Angriff genommen worden ist. Wie dem aber auch sei, jedenfalls gibt es keine Quellenstelle, die eine frühere Befestigung der Stadt Koblenz wahrscheinlich macht.

Was endlich Maastricht[1] betrifft, so fällt die letzte Erwähnung als *castrum* in das Ende des 9. Jahrhunderts.[2] Vom 10.—12. Jahrhundert ist in den Quellen nur von einem *vicus*,[3] einer *villa*,[4] einem *burgus*[5] oder *oppidum*[6] *Traiectum* die Rede. Ja selbst aus der Bezeichnung *civitas*, die Maastricht in einer Urkunde Philipps von Schwaben von 1204 trägt,[7] dürfen wir auf eine

---

[1] Über Maastricht vgl.: De Lenarts († 1833), Opkomst en voortgang der stad Maastricht, herausgegeben von Habets in den Publications de la société d'archéologie dans le duché de Limbourg I (1864) p. 163 ff., 225 ff., II (1865) p. 3 ff., III (1866) p. 3 ff.; de Ras, Histoire de Maestricht I (Louvain 1899).

[2] Vgl. Rietschel, Civitas, S. 36 Anm. 1.

[3] MG. DD. II, Otto III. 16 (985): *in vicis Traiecto, Hoio, Namuco, Deonanto.*

[4] Cartulaire de St. Lambert de Liège I, 46 (1155); Gisleberti chron. Hanoniense 1168 (MG. SS. XXI p. 518). Besonders charakteristisch ist die Stelle aus der Urkunde Heinrichs V. von 1109 § 5 (Waitz, Urkunden, 2. Aufl., 16 S. 41): *Iudex autem villae nichil eorum quae infra emunitatem claustri vel atrii vel aecclesiae contigerint iudicet.* Immunität und *villa* werden also einander gegenübergestellt.

[5] Cartulaire de St. Lambert de Liège I, 56 (1174).

[6] Jaffé, Bibliotheca rer. German. I S. 426 (1150).

[7] Miraeus, Opera III p. 75 (1204).

Ummauerung der Stadt nicht schließen, da laut urkundlicher Nachricht erst im Jahre 1229 der Herzog von Brabant die Bürger zur Ummauerung ihrer Stadt veranlaßt hat.[1]

Mögen die eben gemachten Ausführungen auch in vielem ergänzungs- und verbesserungsbedürftig sein,[2] so viel kann wohl als feststehend angenommen werden: die Vorstellung, daß die rheinischen Römerkastelle ohne jede Unterbrechung als ummauerte deutsche Städte fortgelebt haben, ist unhaltbar. Eine Erneuerung der römischen Mauern, wie sie sich für mehrere rheinische Bischofsstädte im 9. Jahrhundert nachweisen läßt, ist uns für keines dieser Kastelle bekannt. In der Tat kann man bei der relativ geringen Bedeutung, die allen diesen Orten im Verhältnis zu den rheinischen Bischofsstädten während des ganzen Mittelalters zukam, nicht annehmen, daß sie die schwierige und kostspielige Aufgabe eines Mauerbaus allzu früh in Angriff genommen haben.[3]

So gelangen wir auch für die dem deutschen Sprachgebiet angehörenden fränkischen Landesteile zu demselben Resultate, das wir schon für Süddeutschland gewonnen hatten, nämlich, daß die in römische Zeit zurückreichenden Bischofsstädte, denen wir

---

[1] Annuaire de Limbourg 1825 p. 119; vgl. de Lenarts, a. a. O., II p. 29 und die daselbst Anm. 2 verzeichnete Literatur. Dazu stimmt, daß Maastricht noch 1222 als *villa* bezeichnet wird (Cartulaire de St. Lambert de Liège I, 134).

[2] Untersuchungen, wie die eben geführten, werden erst dann wirklich in völlig exakter Weise gemacht werden können, wenn unsere archäologische Einzelforschung ganz andere Bahnen einschlägt. Vorläufig scheint die Mehrzahl der Archäologen nur für die Entstehung der römischen Baudenkmäler und ihre Schicksale unter römischer Herrschaft, aber nicht für ihre Fortdauer in der späteren Zeit Interesse zu haben. Jedes römische Mauerrestchen untersucht man genau auf Alter und ursprüngliche Bedeutung, und dabei zerstört man vielfach ahnungslos das einzige historische Material, das wir für den Zusammenhang zwischen römischer und mittelalterlicher Stadtgeschichte besitzen.

[3] Wie wenig selbst die Bürger größerer Handelsplätze noch am Ende des 12. Jahrhunderts auf Befestigung ihres Ortes Wert legten, zeigt das Beispiel von Aachen (oben S. 203). Dieselbe Beobachtung hat für die flandrischen und holländischen Städte schon Hegel, Städte und Gilden II S. 505 f. gemacht.

in diesem Falle auch Würzburg und Utrecht anreihen können, sicher bis zum Ende des 11. Jahrhunderts, wahrscheinlich sogar bis ins 12. Jahrhundert hinein, die einzigen ummauerten wirklichen Städte gewesen sind. In diesen sämtlichen Städten aber, und nur in ihnen, ist als Stadtkommandant seit dem 11. Jahrhundert, spätestens seit den ersten Jahren des 12. Jahrhunderts ein Burggraf nachweisbar.

Viertes Kapitel.

Das sächsische Gebiet.

§ 14.

Das östliche Grenzgebiet.

Nirgends, selbst nicht in den burggrafenreichen bayerisch-österreichischen Grenzländern, findet sich das Burggrafenamt und der Burggrafentitel so häufig wie im östlichen Sachsen an der Saale und mittleren Elbe und in den diesen Flüssen benachbarten Distrikten. Eine ganze Reihe von Ortsnamen aus jenen Gegenden begegnet uns in Verbindung mit dem Burggrafentitel in den Urkunden des 12. und der späteren Jahrhunderte, und wenn auch manche dieser Burggrafschaften uns nur dem Namen nach bekannt und deshalb wenig ergiebig für unsere Untersuchungen sind, so fehlt es dagegen für andere nicht an interessantem Quellenmaterial, das uns wiederholt tiefere Einblicke in die innere Gestaltung dieser Ämter gewährt. Allerdings dürfte noch manche für die Geschichte dieser ostsächsischen Burggrafen wichtige Quelle verborgen in den Archiven schlummern. Aber auch das, was bisher veröffentlicht wurde, ist zwar dem Lokal- und Landesgeschichtsschreiber bekannt, harrt aber immer noch einer umfassenderen verfassungsgeschichtlichen Verwertung. Denn die deutsche Verfassungsgeschichte hat diese Burggrafen recht stiefmütterlich behandelt. Nur dem Magdeburger Burggrafen hat sie, wie es die Bedeutung seiner Stadt mit sich brachte, eine größere Aufmerksamkeit geschenkt; um die übrigen Burggrafen hat sie sich blutwenig bekümmert. Das ist kein Wunder. Gehören doch, den Magdeburger ausgenommen, nach der herrschenden Lehre alle diese Burggrafen zu den unechten, für die es sich wahrlich nicht lohnte, die nur in den wenigsten Bibliotheken zu findenden Erzeugnisse der lokalgeschichtlichen Forschung zu durchforschen und aus der Fülle dilettantischer Spreu die dürftigen Weizenkörner herauszusuchen. Die folgenden Seiten sollen diese Lücken einigermaßen ausfüllen. Um mich aber nicht dem Vorwurfe, Ungleichartiges miteinander zu vermengen, auszusetzen, möchte auch ich die Geschichte der Magdeburger Burggrafen von der der übrigen Burggrafschaften trennen.[1]

---

[1] Eine zusammenfassende Darstellung der Burggrafschaften in den Elb- und Saalegebieten fehlt, wenn wir von der völlig veralteten Abhandlung von Roch bei Kreysig, Beyträge zur Historie der Chur- und Fürstlichen Sächsischen Lande V (Altenburg 1761) S. 387 ff. absehen. Über die Burggrafen der Mark Brandenburg vgl. Wohlbrück in v. Ledeburs Neuem allgemeinen Archiv I (1836) S. 1 ff.; Riedel, Die Mark Brandenburg im Jahre 1250 (Berlin 1831, 1832) I S. 140 f., 332 ff., II S. 127 ff., 321, 427 ff., 504 ff.; Kühns, Geschichte der Gerichtsverfassung und des Prozesses in der Mark Brandenburg I (Berlin 1865) S. 92 ff.; Bornhak, Geschichte des preußischen Verwaltungsrechts I (Berlin 1884) S. 23 ff., Preußische Staats- und Rechtsgeschichte (Berlin 1903) S. 6. Die obersächsischen Burggrafen sind von der Literatur ungebührlich vernachlässigt worden; v. Posern-Klett, Posse und E. O. Schulze beachten sie so gut wie gar nicht. Mehr bietet Tittmann, Geschichte Heinrichs des Erlauchten I (Dresden u. Leipzig 1845) S. 33 ff. Das beste von sämtlichen Werken über die sächsischen Burggrafen ist die für ihre Zeit geradezu hervorragende Monographie über die Burggrafen von Meißen von Märcker, Das Burggrafthum Meißen (Leipzig 1842), ein Buch, das die gesamte ältere Literatur über die Meißner Burggrafen überflüssig gemacht hat. Alle übrigen Monographieen über einzelne Burggrafschaften sind ohne verfassungsgeschichtliche Kenntnisse geschrieben und haben meist Dilettanten zu Verfassern. Über die Dohnaer Burggrafen vgl. Schoettgen, Opuscula minora (Leipzig 1767) S. 92 ff.; (Siegmar Graf Dohna,) Die Donins. Aufzeichnungen über die erloschenen Linien der Familie Dohna, 3 Tle. (Berlin 1876). Über die Leisniger vgl. Schoettgen und Kreysig, Diplomataria et Scriptores II (Altenburg 1755) S. 325 ff.; Hingst in den Mitteilungen des Geschichts- und Altertumsvereins zu Leisnig II (1871) S. 1 ff. Über die Döbener vgl. Sammlung vermischter Nachrichten zur Sächsischen Geschichte IX (1774) S. 352 ff.; Lorenz, Die Stadt Grimma im Königreich Sachsen (Leipzig 1856) S. 1016 ff.; von der Gabelentz in den Mitteilungen der Geschichts- und Altertumsforschenden Gesellschaft des

Ist es nun auch nicht unsere Absicht, zwischen echten und unechten Burggrafen im Sinne der herrschenden Theorie zu scheiden, so müssen wir doch einige den Burggrafentitel führende Personen und sogar Familien jener Gegenden deshalb aus unserer Untersuchung ausschließen, weil bei ihnen dem Burggrafentitel kein Amt entspricht, weil es bloße Titularburggrafen sind. Schon in anderen Gegenden hatten wir derartige Titularburggrafen kennen gelernt; wir hatten gesehen, daß die Burggrafen von Regensburg sich auch Burggrafen von Riedenburg, Stauf oder Rohrbach, die von Mainz sich auch Burggrafen von Rieneck, die von Köln sich auch Burggrafen von Arberg nannten, obwohl es nie eine Burggrafschaft Riedenburg, Stauf usw. gegeben hat.[1] Genau dieselbe Erscheinung können wir in noch höherem Grade im östlichen Sachsen beobachten. Beispielsweise haben die Burggrafen von Orlamünde seit der ersten Hälfte des 13. Jahrhunderts regelmäßig nach ihrem Familiensitze den Namen Burggrafen von Altenberg geführt.[2] So dürfte ein Burggraf Meinher

---

Osterlandes VI (1866) S. 313 ff. Über die Altenburger vgl. Sammlung vermischter Nachrichten zur Sächsischen Geschichte II (1768) S. 81 ff.; Schoettgen, Opuscula minora S. 163 ff.; Huth, Geschichte der Stadt Altenburg (Altenburg 1829) S. 194 ff.; von Braun, Geschichte der Burggrafen von Altenburg (Altenburg 1868); Löbe in den Mittheilungen der Geschichts- und Altertumsforschenden Gesellschaft des Osterlandes X (1895) S. 215 ff. Über die Giebichensteiner vgl. von Mülverstedt in den Geschichtsblättern für Stadt und Land Magdeburg II (1872) S. 231 ff. Über die Wettiner vgl. Schoettgen, Opuscula minora S. 388 ff.; von Dreyhaupt, Pagus Neletici et Nudzici II (Halle 1750) S. 790 ff. Über die Neuenburger vgl. Schoettgen, Opuscula minora S. 353 ff.; von Mülverstedt in den Neuen Mitteilungen des Thüringisch-Sächsischen Vereins XIII (1874) S. 602 ff. Über die Zeitzer vgl. Lepsius, Geschichte der Bischöfe des Hochstifts Naumburg I (Naumburg 1846) S. 304 f. Über die Orlamünder vgl. Loeber, Diss. de burggraviis Orlamundanis (Jena 1741). Über die Kirchberger vgl. Avemann, Beschreibung der Herren Reichsgrafen und Burggrafen zu Kirchberg (Frankfurt 1747) Über die Bautzener vgl. Knothe, Urkundliche Grundlagen zu einer Rechtsgeschichte der Oberlausitz, im Neuen Lausitzischen Magazin LIII (1877) S. 159 ff., insbesondere S. 168, 172 ff.

[1] Vgl. oben S. 70, 123 Anm. 6, 145.

[2] Vgl. Loeber, a. a. O., p. LXXIX. Fälschlich hält Avemann, a. a. O., S. 55 ff., 162 ff. sie für eine Nebenlinie der Kirchberger Burggrafen.

von Werben, der in den Jahren 1180—97 erwähnt wird[1] und seit 1199 als Burggraf von Meißen nachweisbar ist, auch schon seit 1180 Burggraf von Meißen gewesen sein und sich nur nach seinem Hausgute Werben bei Weißenfels genannt haben. Denn wir hören in der fraglichen Zeit nichts von einem anderen Meißner Burggrafen, auch ist der Titel eines Burggrafen von Werben sonst völlig unbekannt.[2] Vor allem aber kommt es häufig vor, daß in einer burggräflichen Familie eine jüngere Nebenlinie den Burggrafentitel beibehält, ihn aber statt mit dem Namen des Amtssitzes mit dem irgend einer Familienbesitzung verbindet. So sind, um das Hauptbeispiel zu nennen, die Burggrafen von Querfurt dadurch entstanden, daß ein jüngerer Sohn aus der Familie der Edlen von Querfurt, in deren Hauptstamm sich die Magdeburger Burggrafschaft vererbte, für sich und seine Nachkommen den Titel eines Burggrafen von Querfurt annahm.[3] Ebensolche bloßen Titularburggrafen sind die von den Döbener Burggrafen abstammenden Burggrafen von Starkenberg,[4] ferner die Burggrafen von Lubin (Leuben?), eine jüngere Linie der Wettiner Burggrafen.[5] Bei anderen Burggrafen ist es wenigstens wahrscheinlich, daß sie bloß Nebenlinien eines im Besitze einer Burggrafschaft befindlichen Geschlechtes sind; ich zähle dazu den bloß 1208/9 erwähnten Burggrafen von Rochlitz[6] und den

[1] Vgl. Cod. dipl. Anhalt. I, 590, 713; C. d. Sax. A. II, 447, 596. Schon 1173 kommt er als *Meinherus de Werbene* vor (C. d. Sax. A. II, 397).

[2] Auch der aus dem Hause der Edlen von Bornstädt stammende Burggraf Heinrich von Neuenburg nennt sich einmal 1199 *Heinricus burgravius de Burnstete* (UB. Kloster Pforte I, 52).

[3] Vgl. Holstein in den Magdeburger Geschichtsblättern VI S. 53, 75 ff.; v. Arnstedt, ebenda S. 469 ff.

[4] Zuerst 1228 erwähnt (C. d. Sax. A. III, 405, 406, 407). Vgl. Märcker, a. a. O., S. 17; Sammlung vermischter Nachrichten zur Sächsischen Geschichte IX S. 362 ff.; Lorenz, Grimma, S. 1019; von der Gabelentz in den Mitteilungen des Osterlandes VI (1866) S. 424 ff.

[5] Zuerst 1199 erwähnt (C. d. Sax. A. III, 35). Vgl. Märcker, a. a. O., S. 17 f.

[6] C. d. Sax. A. III, 124, 141: *Heinricus burgravius de Rochelez.*

nur von etwa 1190 bis 1206 nachweisbaren Burggrafen von Strehla.[1] Vielleicht ließe sich die Liste noch vermehren.[2]

Lassen wir diese Titularburggrafschaften beiseite, so finden wir am frühesten, nämlich schon in den Sachsenkriegen Heinrichs IV. 1068 und 1076, die Burggrafschaft Meißen erwähnt.[3] Im Anfange des 12. Jahrhunderts, im Jahre 1113, erhalten wir auch Kunde von einer anderen Burggrafschaft der Mark Meißen, der Burggrafschaft Dohna.[4] Alle übrigen ostsächsischen Burggrafschaften lassen sich erst in der Regierungszeit Konrads III. und Friedrichs I. nachweisen. Nicht weniger als fünf Burggrafensitze tauchen in jener Zeit längs des Laufes der Saale auf, Orlamünde (1166),[5] Kirchberg bei Jena (1149),[6] Neuenburg bei Freyburg a. U. (1178),[7] Giebichenstein bei Halle (1180)[8] und Wettin (1156).[9] Östlich davon im Pleißnerlande finden wir die Burggrafen von Altenburg (1144)[10] und Leisnig (1158);[11] verwandt

---

[1] Ebenda II, 364: *Tammo burchravius de Strale*; ebenda III, 99, 100: *Tammo prefectus de Strele.*

[2] Möglicherweise sind die Groitzscher Burggrafen bloß eine Nebenlinie der Leisniger; vgl. S. 220 Anm. 1.

[3] Bruno de bello Saxonico c. 11, 80 erwähnt zu den Jahren 1068 und 1076 *Burchardus Misnensis praefectus.* Von Urkunden ist die erste, die den Meißner Burggrafen nennt, eine Königsurkunde von 1143 (C. d. Sax. A. II, 161): *Hermannus burgravius de Misna.* Die Urkunde von 1071 (ebenda I, 142) ist falsch.

[4] Cosmae Chronica Boemorum III c. 39 (MG. SS. IX p. 121) zum Jahre 1113: *Erkembertus praefectus de castro Donin.* Urkundlich kommt zuerst 1156 ein *Heinricus castellanus de Donin* vor (C. d. Sax. A. II, 262).

[5] C. d. Sax. A. II, 342: *Heinricus castellanus de Ourlemuonde.*

[6] Ebenda II, 215: *Tidericus castellanus de Kyrberch.*

[7] Ebenda II, 428: *Godeboldus burchgravius de Novo Castro.*

[8] v. Mülverstedt, Regesta I, 1620: *Conradus burchravius de Givekenstein.* Derselbe wird schon 1164 als *Conradus de Gebichinstein* erwähnt (C. d. Sax. A. II, 322).

[9] C. d. Sax. A. II, 262: *Oudalricus castellanus de Witin.*

[10] Ebenda II, 175: *Heinricus prefectus.* Identisch mit dem *Heinricus de Altenburg* von 1143 und dem *Heinricus castellanus de Altenburch* von 1150 (ebenda II, 161, 217).

[11] Ebenda II, 277: *castrum videlicet Liznich cum beneficio Heinrici burchgravii.* Wohl identisch mit dem *Heinricus de Liznik* von 1143 und dem *Heinricus prefectus* von 1144 (ebenda II, 161, 175).

mit den letzteren sind die Burggrafen von Groitzsch (1157).[1] Außerdem beherbergt die ehemalige Mark Merseburg die Burggrafschaft Döben bei Grimma (1185),[2] die alte Mark Zeitz die Burggrafschaft Zeitz (1157),[3] die Lausitz die Burggrafschaften Bautzen und Kottbus.[4] Von den Burggrafen der Mark Brandenburg endlich sind uns die von Brandenburg (1162)[5] und Arneburg (1172)[6] bekannt, während das Vorhandensein eines Stendaler Burggrafen begründeten Zweifeln unterliegt.[7]

Manche dieser burggräflichen Geschlechter sind allerdings von sehr kurzer Dauer gewesen. Die beiden Lausitzer Burggrafen werden nur einmal erwähnt; der später unter böhmischer Herrschaft vorkommende Bautzener Kastellan kann schwerlich als Burggraf im engeren Sinne betrachtet werden.[8] Die Arneburger Burggrafen haben nicht einmal das Jahr 1200 erlebt;[9] andere, wie die Brandenburger, Groitzscher, Giebichensteiner und Zeitzer Burggrafen, verschwinden spurlos im Laufe des 13. Jahrhunderts.[10] Bei anderen wieder, die um dieselbe Zeit

---

[1] Ebenda II, 270: *Theodericus castellanus de Groix.* In der Urkunde von 1228 bei Schoettgen und Kreysig, Diplomataria et Scriptores II S. 177 Nr. XVI, die den Groitzscher Burggrafen zum letzten Male nennt, spricht der Burggraf von Leisnig von *Albero noster germanus praefectus de Groyxc.* Vgl. auch Hingst, a. a. O., S. 73. Möglicherweise sind die Groitzscher Burggrafen bloße Titularburggrafen.

[2] C. d. Sax. A. II, 510: *Conradus castellanus de Dewin.* Identisch mit dem schon 1181 (ebenda II, 446) erwähnten *Counradus de Dewin.*

[3] Ebenda II, 270: *Reynhardus Cycensis castellanus.*

[4] Ebenda II, 262: *Tidricus castellanus de Budesin .... Heinricus castellanus de Chotibux.*

[5] v. Mülverstedt, Regesta I, 1425: *Badericus castellanus de Brandenburch.*

[6] Ebenda I, 1520: *Sifridus burggravius de Arneburg.*

[7] Vgl. unten S. 255.

[8] Vgl. unten S. 253 f.

[9] Sie kommen zuletzt 1194 vor. Vgl. UB. UL. Frauen-Magdeburg 72; Neue Mitteil. d. Thür.-Sächs. Ver. XIV S. 587; C. d. Anhalt. I, 690, 691.

[10] Ein Brandenburger Burggraf wird zuletzt 1226 erwähnt (Riedel, C. d. Brand. A. VIII, 53 S. 141), ein Groitzscher 1228 (Schoettgen und Kreysig, Diplomataria et Scriptores II S. 177 Nr. XVI), ein Giebichensteiner 1229 (v. Mülverstedt, Regesta II, 885), ein Zeitzer 1271 (Lepsius, Bischöfe von Naumburg, S. 307 Urk. 71 a).

aufhören, in den Urkunden genannt zu werden, wissen wir etwas über das spätere Schicksal des Amtes oder können wenigstens Vermutungen darüber anstellen. So muß die Burggrafschaft von Döben zwischen 1256 und 1286 an die Wettiner Burggrafen[1] und vor der Mitte des 14. Jahrhunderts an die Leisniger[2] Burggrafen gelangt sein. So ist vermutlich die Neuenburger Burggrafschaft zwischen 1203 und 1225 den Meißener Burggrafen angefallen,[3] von denen eine Nebenlinie sich seit dem letztgenannten Jahre vereinzelt Burggrafen von Neuenburg nennt.[4] Die Bezeichnung *burggravius de Orlamünde* finde ich zuletzt auf dem Siegel einer Urkunde von 1236;[5] schon vorher aber pflegen sich die Orlamünder Burggrafen nach ihrem Stammsitze den Namen Burggrafen von Altenberg beizulegen. Als solche sind sie 1344 nach dem Erlöschen des Orlamünder Grafenhauses unter die Lehnshoheit der Wettiner gelangt, um ein Jahrhundert später aus der Geschichte zu verschwinden.[6] Auch die übrigen Burggrafen, die bis ins 14. Jahrhundert hinein gedauert haben, sind in diesem und dem folgenden Jahrhundert sämtlich der Expansionspolitik

---

[1] Ein Döbener Burggraf findet sich noch 1256 (Sammlung verm. Nachrichten zur Sächs. Geschichte IX S. 367 Urk. 1), vielleicht übrigens noch 1264; vgl. v. d. Gabelentz, a. a. O., S. 316; Lorenz, Grimma, S. 1018. Im Jahre 1286 spricht Burggraf Otto von Wettin schon von dem dritten Pfennig in einigen Dörfern, *quem ratione burgraviatus nostri in Dewyn habuimus* (Märcker, a. a. O., S. 424 f. Urk. 24).

[2] In dem Lehnbuch Friedrichs des Strengen (1349/50), herausgegeben von Lippert und Beschorner (Leipzig 1903) S. 4 erscheint Burggraf Meinher von Leisnig als Inhaber des *burcgraviatus castri Dewin.* Vgl. auch Lorenz, Grimma, S. 1020 ff.

[3] Der letzte Neuenburger Burggraf aus dem Hause der Edlen von Bornstädt kommt 1203 vor (C. d. Sax. A. III, 71).

[4] Im Jahre 1225 begegnet der Bruder des Burggrafen Meinher II. von Meißen, Hermann, als *burggravius de Novo Castro* (C. d. Sax. A. III, 342); seine Nachkommen haben den Titel weitergeführt, ihn aber bald mit dem eines Grafen von Osterfeld vertauscht. Irgendwelche mit dem Neuenburger Burggrafenamt zusammenhängenden Befugnisse lassen sich nicht nachweisen. Vgl. Märcker, a. a. O., S. 58 und vor allem v. Mülverstedt in den Neuen Mitteil. d. Thür.-Sächs. Ver. XIII S. 607 ff.

[5] Vgl. Loeber, a. a. O., p. LXXIX.

[6] Vgl. Avemann, a. a. O., S. 56 f.

ihrer Nachbarn, insbesondere der Wettiner, zum Opfer gefallen. Das gilt von den Kirchbergern, die sich von den Schlägen, die sie in den Jahren 1304 bis 1307 durch Albrecht den Entarteten erlitten, nicht erholen konnten und in den folgenden Jahren Stück für Stück ihrer Besitzungen, darunter 1331 auch die Burg Kirchberg, an andere Dynasten verkauften.[1] Burggrafen von Wettin kommen noch am Ende des 14. Jahrhunderts vor; schwerlich haben sie aber damals noch die Wettiner Burggrafschaft besessen.[2] Waren schon bei diesen Gelegenheiten die Meißner Markgrafen die eigentlichen Gewinnträger, so gilt das in noch höherem Maße vom Untergang der vier wichtigsten Burggrafschaften, der von Altenburg, Leisnig, Dohna und Meißen. Im Jahre 1329 starb der letzte Burggraf von Altenburg; noch in demselben Jahre belehnte König Ludwig die Meißner Markgrafen mit der Altenburger Burggrafschaft.[3] Bald sollte auch die andere Burggrafschaft des Pleißnerlandes folgen; 1365 haben die Leisniger Burggrafen für 3500 Schock breiter Groschen ihre Burggrafschaft und damit auch die Reste der Burggrafschaft Döben den Wettinern verkauft.[4] Nachdem die letzteren im Jahre 1402 auch die Burggrafschaft Dohna, und zwar mit Waffengewalt, erobert hatten,[5] blieb als letzte dieser Burggrafschaften nur noch die wichtigste, die Burggrafschaft Meißen übrig. Über zwei Jahrhunderte war dieselbe in den Händen derselben Familie, in der immer wieder der Name Meinher vorkommt, gewesen.[6]

---

[1] Vgl. Avemann, a. a. O., S. 32 f.; Ortloff in der Zeitschrift für thüringische Geschichte III S. 115 ff.; Michelsen, Die Landgrafschaft Thüringen unter den Königen Adolf, Albrecht und Heinrich VII (Jena 1860) S. 11 ff.

[2] Vgl. v. Dreyhaupt, a. a. O., II S. 790 ff.; C. d. Sax. A., Neue Serie I, 124 (1384), 488 (1393).

[3] Vgl. Märcker, a. a. O., S. 311; Sammlung vermischter Nachrichten zur sächs. Geschichte II S. 146 ff.; v. Braun, a. a. O., S. 45 ff. Schon seit 1324 waren die Altenburger Burggrafen markgräfliche Lehnsleute; vgl. unten S. 247 f.

[4] Vgl. Hingst, a. a. O.; Ahrens, Die Wettiner und Karl IV. (Leipzig 1895) S. 27. Schon 1329 wurden die Leisniger Burggrafen unter markgräfliche Lehnshoheit gestellt; vgl. unten S. 248.

[5] Vgl. Die Donins I S. 118, III S. 11 f.

[6] Über Meinher I., der zuerst 1199 als Burggraf von Meißen (UB. Kloster Pforte I, 52), seit 1180 aber schon als Burggraf von Werben er-

Nach dem Aussterben dieses Geschlechtes im Jahre 1426 ergriff Friedrich der Streitbare Besitz von ihr und wußte sie gegen König Sigismund und den von ihm mit der Burggrafschaft belehnten Heinrich von Plauen zu behaupten. In den Jahren 1439 und 1440 ist diese Erwerbung vollendet und damit die letzte Burggrafschaft in den Elbländern verschwunden, wenn auch noch bis zu ihrem Aussterben im Jahre 1572 die ältere Linie des Hauses Plauen den Meißner Burggrafentitel geführt hat.[1]

Trotz der Verschiedenartigkeit der äußeren Schicksale werden wir die amtliche Stellung dieser ostsächsischen Burggrafen wohl als eine nicht allzu verschiedenartige betrachten müssen. Schon in ihrer Standeszugehörigkeit zeigen sie eine auffallende Übereinstimmung. Sie gehören, was bisher nie genügend beobachtet worden ist,[2] samt und sonders dem Stand der *nobiles* an.[3] Nicht

---

scheint, vgl. oben S. 218 Anm. 1. Zwischen ihm und seinem zuletzt 1171 (MBo. XXXVII, 116) genannten Vorgänger, dem Burggrafen Hermann, schiebt sich ein zu den *urbani Misnenses* gehöriger *Hoierus burgravius* ein, den eine bis vor kurzem unbekannte Urkunde von 1180 nennt (UB. Hochst. Merseburg I, 121).

[1] Über diese Ereignisse vgl. Märcker, a. a. O., S. 321 ff., 358 ff.

[2] Die Behauptung bei Meyer, Das staufische Burggrafentum, S. 21, die Burggrafen von Leisnig und Altenburg seien Ministerialen gewesen, ist einfach aus der Luft gegriffen.

[3] Der freie Stand der Burggrafen ergibt sich teils aus ihrer Bezeichnung als *liberi* oder *nobiles*, teils aus ihrer Stellung in den Zeugenreihen. Ich verzeichne hier kurz die einschlagenden Belegstellen für die verschiedenen Burggrafen:

Bautzen	C. d. Sax. A. II, 262.
Kottbus	Ebenda II, 262.
Meißen	Ebenda II, 262, 293 u. ö.
Dohna	Ebenda II, 262, 305.
Altenburg	Ebenda II, 175.
Leisnig	Ebenda II, 365, 382, 446.
Groitzsch	Ebenda II, 270, 354.
Döben	Ebenda II, 446, 510.
Zeitz	Ebenda II, 270, 338, 339.
Kirchberg	Ebenda II, 215.
Orlamünde	Regesta Thuringiae II, 1332.
Neuenburg	UB. Hochst. Merseburg I, 267.
Giebichenstein	C. d. Sax. A. II, 262, 322.
Wettin	Ebenda II, 262; UB. Hochst. Halberstadt I, 282.

ein einziger Ministeriale befindet sich unter ihnen, und ebenso ist in einer Zeit, in der die sächsisch-thüringischen Edeln zum größten Teil ihren freien Stand aufgaben,[1] nicht eine einzige burggräfliche Familie in die Ministerialität übergetreten.[2] Ein Zeichen, daß sie zu den vornehmsten Geschlechtern des Landes gehörten. Mehr noch aber spricht für eine gewisse Einheitlichkeit ihres Burggrafenamtes der völlig übereinstimmende Amtstitel, den ihnen die Urkunden beilegen. Drei Bezeichnungen sind es, die in den Urkunden zur Bezeichnung des Amtes wiederkehren, die Namen *praefectus, castellanus* und die zum ersten Male 1143 auftauchende deutschlateinische Benennung *burggravius*, und zwar werden diese Benennungen völlig in gleicher Weise für jede dieser Burggrafschaften verwendet.[3] Nur für den bedeutendsten

---

Arneburg	UB. Hochst. Halberstadt I, 309, 325, 338.
Brandenburg	Neue Mitt. d. Thür.-Sächs. Ver. XIV S. 587.

Das Gleiche gilt für die Titularburggrafen von Strehla und Rochlitz (C. d. Sax. A. III, 99, 100, 141).

[1] Vgl. v. Zallinger, Die Schöffenbarfreien des Sachsenspiegels (Innsbruck 1887) S. 259 ff.; Schröder, Rechtsgeschichte, 4. Aufl., S. 443 f.; His in der Zeitschrift des Vereins für thüringische Geschichte und Altertumskunde, NF. XIV (1903) S. 1 ff.

[2] Das Gegenteil behauptet grundlos v. Mülverstedt in den Neuen Mitteil. d. Thür.-Sächs. Vereins XIII S. 616 ff. für die Neuenburger Burggrafen.

[3] Die gleichmäßige Benennung in den Urkunden verdeutlicht am besten folgende Tabelle, die für jeden Burggrafen das erste Vorkommen einer der drei Bezeichnungen angibt:

	praefectus:	*castellanus:*	*burggravius:*
Meißen:	1144	vor 1190	1143
Dohna:	1160	1156	vor 1170
Altenburg:	1144	1150	um 1155
Leisnig:	1172	1185	1158
Groitzsch:	1197	1157	1168
Döben:	1186	1185	1188
Zeitz:	1220	1157	1166
Kirchberg:	vor 1190	1149	1166
Orlamünde:	—	1166	1191
Neuenburg:	1196	vor 1181	1178
Giebichenstein:	1214	1182	1180
Wettin:	1207	1186	1178
Arneburg:	1194	1185	1172
Brandenburg:	—	1162	1186

unter diesen Burggrafen, den Meißner, sind ganz vereinzelt die Amtstitel *comes urbis* oder *comes urbanus* bezeugt.[1] Die Amtsbezeichnungen sind also dieselben, die auch die Burggrafen anderer Gebiete tragen, nur daß entsprechend der Tatsache, daß die Sitze dieser Burggrafen bloße Kastelle sind, Ausdrücke wie *comes urbis, civitatis* etc. zurücktreten und der Ausdruck *castellanus* häufiger ist, der übrigens auch in diesen Gegenden gelegentlich einen bloßen Burgmann bezeichnet.[2] Diese Einheitlichkeit der Benennung deutet entschieden auf eine gewisse Einheitlichkeit des Amtes, um so mehr als häufig in den Zeugenreihen der Urkunden eine ganze Reihe der verschiedensten Burggrafen unter ein- und derselben Amtsbezeichnung aufgeführt wird.[3]

Was nun die amtliche Stellung dieser Burggrafen betrifft, so bedarf es kaum eines besonderen Beweises, daß sie keine Stadtgrafen sind. Nur einen von den Orten, nach denen sie sich nennen, nämlich Zeitz, können wir schon in der Zeit, in der das Amt auftritt, als ummauerte Stadt nachweisen. Die übrigen sind zum Teil Orte, an denen nie etwas anderes als eine Burg, höchstens verbunden mit einer Dorfschaft, bestanden hat, wie Döben, Kirchberg, Neuenburg, Giebichenstein. Zum Teil sind am Fuße dieser Burgen, sei es schon in dieser, sei es in einer späteren Zeit, Marktansiedelungen entstanden, aber Marktansiedelungen, die nicht vor dem Ende des 12. Jahrhunderts durch Ummauerung zu einer wirklichen Stadt erhoben worden sind. Auch Meißen nicht. Gewiß weiß Thietmar schon um das

---

Die Burggrafen von Bautzen und Kottbus kommen nur einmal 1156 und zwar als *castellani* vor.

[1] C. d. Sax. A. II, 262 (1156); MBo. XXXVII, 116 (1171). Die Urkunde C. d. Sax. A. II, 263 ist verdächtig.

[2] Vgl. z. B. die vier *castellani de Duringeburch* 1182 (C. d. Sax. A. II, 466), *Herdegen castellanus de Eckehardesberc* 1199 (ebenda III, 38).

[3] Vgl. z. B. die Zeugenreihe C. d. Sax. A. III, 45 (1200): *Meinerus prefectus de Misna, Heinricus prefectus in Liznik, Gerhardus prefectus de Greux, Erkenbertus prefectus de Dewin, Heinricus prefectus de Donin, Tammo prefectus de Strele.* Eine Ausnahme bildet nur die Urkunde C. d. Sax. A. II, 262 (1156), wo neben dem *comes urbis* von Meißen die *castellani* von Bautzen, Dohna und Kottbus erscheinen.

Jahr 1000 von einer *urbs* oder *civitas* Meißen zu berichten.[1] Aber wer den Sprachgebrauch dieses Schriftstellers kennt,[2] kann darüber nicht im Zweifel sein, daß darunter nur die Burg Meißen verstanden werden darf, unter der sich das *suburbium*, die spätere sogenannte Wasserburg (*aquaticum castrum*), als Sitz der slavischen Burgverteidiger, der *Vethenici*, hinzieht.[3] Auch wenn im Jahre 1150 von zwei Hofstellen die Rede ist, die *sub urbe contra curiam prefecti* liegen,[4] und im Jahre 1160 von einer Elbfähre *sub urbe Misinensi*,[5] so kann mit dieser *urbs* allein die Burg gemeint sein. Wer mit der Topographie der heutigen Stadt Meißen und der Lage des heute verschwundenen Burggrafenhofes am Westabhange des Schloßberges[6] vertraut ist, weiß, daß es einfach ausgeschlossen ist, in dieser *urbs* die spätere Stadt Meißen zu erblicken. Noch im Anfange des 13. Jahrhunderts kennen die Urkunden neben dem *castrum Misnense*[7] keine *civitas*, sondern allein ein *forum*, eine Marktansiedlung Meißen, und zwar besteht nicht der geringste Zweifel, daß darunter die spätere Stadt zu verstehen ist.[8] Erst im Jahre 1256 erscheint dies *forum* als ummauerte *civitas*.[9]

Ähnliches wie von Meißen gilt von der anderen unter diesen Burggrafenorten, in denen sich Markgrafenresidenz und Bischofs-

---

[1] Thietmar I, 16, IV, 5, V, 9, 18, 36, VI, 55, VIII, 23.

[2] Vgl. darüber S. Schwarz, Anfänge des Städtewesens in den Elb- und Saalegegenden (Kiel 1892) S. 4 ff.; Hegel im Neuen Archiv XVIII (1893) S. 216 f.

[3] Über diese ältere Topographie von Meißen vgl. Loose, Die Topographie der Stadt Meißen, in den Mitteilungen des Vereins für Geschichte der Stadt Meißen III (1894) S. 78 ff., IV (1897) S. 512.

[4] C. d. Sax. A. II, 223.

[5] C. d. Sax. B. I, 52.

[6] Vgl. Märcker, a. a. O., S. 113; Loose, a. a. O., III S. 112 ff.

[7] C. d. Sax. B. IV, 147 (1205): *ecclesia s. Afrae Misnae ante castrum in monte.* Vgl. ebenda 388 (1220).

[8] Das ergibt die Urkunde C. d. Sax. B. IV, 147, in der 1205 Bischof Dietrich II. dem Afrastift seinen Besitz *apud castrum Misne et capellam s. Mariae in foro* bestätigt. Diese Marienkirche ist die inmitten der späteren Stadt Meißen gelegene Pfarrkirche zu St. Marien. In der Urkunde C. d. Sax. B. IV, 149 vom gleichen Jahre heißt sie *ecclesia s. Mariae forensis.*

[9] C. d. Sax. B. IV, 161, 162 (1256): *infra muros civitatis Misnensis .... universitas burgensium Misnensium nostrorum.*

sitz vereinigte, von Brandenburg.[1] Nur ist Brandenburg, offenbar wegen seiner mehr exponierten Lage, schon etwas früher, wahrscheinlich am Ende des 12. Jahrhunderts befestigt worden. Die Urkunden und erzählenden Quellen lassen uns den Gang dieser Entwicklung deutlich erkennen. Bis zum Jahre 1166 wird die spätere Altstadt durchweg als *suburbium*[2] oder als *villa Pardwin*[3] bezeichnet; noch eine verlorene Urkunde von 1187, deren Inhalt in ein Privileg von 1217 aufgenommen ist, nennt sie *forensis villa Pardwin.*[4] Wenn bis zu dieser Zeit von einer *urbs* oder *civitas* Brandenburg die Rede ist, so hat man darunter allein die Burg auf der Havelinsel zu verstehen.[5] Das ändert sich am Ende des 12. Jahrhunderts. Drei von einander abhängige Urkunden

---

[1] Über Brandenburg vgl.: Schillmann, Geschichte der Stadt Brandenburg an der Havel (Brandenburg 1882); Heffter, Geschichte der Kur- und Hauptstadt Brandenburg (Potsdam 1840); Sello, Die Siegel der Alt- und Neustadt Brandenburg (Anhang zu: Dullo, Kommunalgeschichte der Stadt Brandenburg) (Brandenburg 1886); Sello in den Forschungen zur brandenburgischen und preußischen Geschichte V (1892) S. 199 ff. Wenig zutreffendes enthalten die Bemerkungen von Stölzel, Der brandenburger Schöppenstuhl (Berlin 1901) S. 44 f.

[2] Vgl. den Traktat Heinrichs von Antwerpen (MG. SS. XXV p. 483 f.): *ecclesia s. Godehardi in suburbio Brandenburg;* ferner das eod. p. 485 abgedruckte Fragment einer brandenburger Bistumschronik: *in suburbio in civitate Brandenburg in ecclesia s. Petri que nunc s. Godehardi dicitur.* Die Godehardskirche ist die im Zentrum der Altstadt gelegene Pfarrkirche derselben.

[3] Riedel, C. dipl. Brandenb. A. VIII S. 107 (1166): *ante castrum Brandenburg in ecclesia b. Godehardi scilicet in parrochia eiusdem ville, que dicitur Parduin.*

[4] Ebenda A. VIII S. 133 (1217): *ecclesiam quoque b. Godehardi in forensi villa Pardwin;* vgl. auch ebenda VIII S. 147 (1234). Darüber, daß diese Worte der Vorurkunde von 1187 entstammen, vgl. Curschmann, Die Diözese Brandenburg (Leipzig 1905) S. 369 ff. Durch die Liebenswürdigkeit des Verf. war es mir möglich, die einschlagenden Stellen seines Buches im Druck zu benutzen.

[5] Vgl. vor allem die zahlreichen Belege bei Riedel, C. dipl. Brandenb. A. VIII S. 103—153; im Registerband I S. 156 werden dieselben ausnahmslos auf die Burg Brandenburg bezogen. Als besonders charakteristisch hebe ich den Passus der Urkunden von 1161 und 1188 (ebenda S. 103, 120) hervor, in welchem der Kaiser bez. Papst im Anschluß an das Privileg Ottos I. von 948 (MG. DD. I, Otto I. 105) der brandenburger Kirche bestätigen

von 1179, 1209 und 1234 bezeichnen die Pfarrkirche der Altstadt als *ecclesia b. Godehardi in civitate Parduwin*;[1] Urkunden von 1196 und 1197 nennen unter den Gütern, die Markgraf Otto II. dem Magdeburger Erzbischof aufträgt, um sie als Lehen zurückzuempfangen, ausdrücklich *novam civitatem Brandeborch*.[2] Kann man hierbei vielleicht im ersten Fall an einen ungenauen Sprachgebrauch denken[3] und im zweiten Fall unter der *nova civitas* den südlichen, markgräflichen Teil der Burg verstehen,[4] so versagt doch diese Auskunft gegenüber der längeren Ausfertigung des Privilegs Bischof Siegfrieds II. von 1216.[5] Diese nach der neuesten Untersuchung Curschmanns[6] unzweifelhaft echte Urkunde verlangt, *omnes utriusque civitatis tam nove quam veteris clerici et laici . . . ad ecclesiam cathedralem Brandenburgensem accedant*,[7] kennt also schon beide Städte Brandenburg als *civitates*, also offenbar als ummauerte Orte.

Sind aber Meißen und Brandenburg erst so spät ummauert worden, so darf wohl kein Mensch ernstlich auf den Gedanken kommen, Ortschaften wie Altenburg, Orlamünde, Leisnig etc. schon für das 12. oder gar das 11. Jahrhundert die Eigenschaft von ummauerten Städten beizulegen. Ich verzichte hier auf Einzelausführungen, die in ihrer Gleichmäßigkeit ermüdend wirken müßten, und beschränke mich auf die Bemerkung, daß, wie die Stadtpläne beweisen, diese Städte samt und sonders als Marktansiedlungen gegründet worden sind, und daß auch nicht eine

---

dimidiam partem predictae civitatis (sc. Brandenburg) *aquilonarem et dimidiam partem insulae totius septentrionalem, in qua civitas eadem habetur constructa.*

[1] Riedel, C. d. Brand. A. VIII S. 112, 126 f., 147.

[2] Ebenda C. I S. 4, 6; vgl. auch den Abdruck von Sello in den Geschichtsblättern f. Stadt und Land Magdeburg XXI S. 279 ff.

[3] Man könnte daran denken, daß in Erinnerung an die Tatsache, daß einst die Godehardikirche Kathedrale war, Pardwin durch die Bezeichnung *civitas* als Bischofssitz charakterisiert werden sollte.

[4] Vgl. auch Schillmann, a. a. O., S. 180.

[5] Gedruckt bei Gercken, Stifts-Historie von Brandenburg S. 412 Nr. 32 und Riedel, C. d. Brand. A. VIII S. 132 ff.

[6] Vgl. die überzeugenden Ausführungen von Curschmann, a. a. O., S. 369 ff. gegen Sello, der die Echtheit des Diploms bestritten hatte.

[7] Die Stelle findet sich bei Riedel, C. d. Brand. A. VIII S. 136 Anm.

derselben vor dem 13. Jahrhundert als wirkliche *civitas*, als Stadt, nachweisbar ist.[1]

Etwas früher hat Zeitz seine Befestigung erhalten. Zeitz, die Schwesterstadt Naumburgs, wie dieses eine neben einer geistlichen Niederlassung, dem Kollegiatstift Zeitz, gegründete Marktansiedlung,[2] muß tatsächlich schon um die Mitte des 12. Jahrhunderts ein ummauerter Ort gewesen sein; *civitas* heißt die Stadt in zwei Urkunden von 1154 und 1165.[3] Aber ebenso sicher ist, daß der Zeitzer Burggraf nicht der Graf der Stadt gewesen ist. Wie in den sonstigen Stifts- und Bischofsstädten, lag in Zeitz die hohe Gerichtsbarkeit in den Händen des Zeitzer Stiftsvogts. Noch im 16. Jahrhundert wurde als höchstes Gericht in Zeitz dreimal jährlich das Vogtding abgehalten,[4] und dies Vogtding ist zweifellos nichts anderes als ein Sprößling des

---

[1] Über Altenburg vgl.: Huth, Geschichte der Stadt Altenburg (Altenburg 1829); Voretzsch, Altenburg zur Zeit des Kaisers Friedrich Barbarossa (Altenburg 1891). Altenburg kommt zuerst im Jahre 1205 als *civitas* vor; vgl. Mitt. d. Gesch. u. Altertumsf. Ges. des Osterlandes VIII S. 191: *omnes urbani in Aldenburc et cives civitatis.* Dagegen ist die Urkunde Friedrichs I. von 1172, die Altenburg eine *civitas imperii* nennt (Mencken, Scriptores rer. German. III p. 1067) eine Fälschung; vgl. Dobenecker, Regesta II, 450. Daß unter der *civitas* Altenburg der Urkunde Ottos II. von 976 (MG. DD. II, Otto II. 139) die Burg und nicht, wie die Lokalhistoriker annehmen, die Stadt Altenburg zu verstehen ist, unterliegt keinem Zweifel. — Orlamünde ist noch 1194 zweifellos ohne Mauern; eine Urkunde aus diesem Jahre (Mitt. d. Gesch. u. Altertumsf. Ges. des Osterlandes III S. 6 ff.) erwähnt Orlamünde unter den *villae* und bezeichnet die beiden Hauptkirchen als *ecclesia s. Marie ante urbem, s. Jacobi in foro.* — Leisnig heißt im Jahre 1215 *opidum*, 1228 *villa forensis* und erst 1266 *civitas*; vgl. Schöttgen u. Kreysig, Diplomataria II p. 173, 177, 193. Die Bemerkungen bei Hingst, a. a. O., S. 23 ff. bedürfen sehr der Korrektur.

[2] Über Zeitz vgl. das allerdings höchstens als Materialsammlung brauchbare Werk von Zergiebel, Chronik von Zeitz und den Dörfern des Zeitzer Kreises, 2. Aufl., 4 Teile (Zeitz 1892—96).

[3] Neue Mitteilungen d. Sächs.-Thür. Ver. X, 2 S. 272 ff.; C. d. Sax. A. II, 324.

[4] Vgl. Zergiebel, a. a. O., IV S. 15 f. Was ebenda S. 13, 31 über die Gerichtsbarkeit des Burggrafen gesagt wird, ist reine Phantasie. Weil Zeitz später magdeburgisches Recht hat, wird alles, was vom Magdeburger Burggrafen berichtet wird, auf den Zeitzer übertragen.

Vogtdinges, das im 12. Jahrhundert der Meißner Markgraf als Stiftsvogt von Zeitz[1] und im 13. und 14. Jahrhundert der bischöflich-naumburgische *advocatus* von Schönburg abhielt.[2]

Stadtgrafen können also diese ostsächsischen Burggrafen unmöglich gewesen sein. Und doch ginge man fehl, wollte man diesem Burggrafenamt der Elb- und Saalegegenden jede gerichtliche Seite absprechen. Daß diese nicht gefehlt haben kann, lehrt ja schon die berühmte vielumstrittene Sachsenspiegelstelle Ssp. III, 52 § 3: *wenne klaget man over den richtere, he sal antwerden vor deme scultheiten, wen die scultheite ist richter siner scult; als is die palenzgreve over den kaiser unde die burchgreve over den marcgreven.* Also ebenso wie der Pfalzgraf im königlichen und der sächsische Schultheiß im gräflichen Gericht den Vorsitz innehaben, wenn der König bezw. der Graf selbst Partei sind, ebenso übernimmt im markgräflichen Ding der Burggraf das Präsidium in Prozessen, an denen der Markgraf selbst beteiligt ist. Und ebenso wie sich König und Graf wiederholt auch sonst im Gerichtsvorsitz durch Pfalzgraf und Schultheiß vertreten lassen, ebenso fungiert offenbar auch der Burggraf als Stellvertreter des Markgrafen im markgräflichen Gericht.

Treten wir nun aber an die Erklärung der Stelle heran, so müssen wir uns unbedingt vor dem Fehler hüten, die Worte Eikes als einen unbedingt allgemeingültigen Grundsatz anzusehen. Eike ist nicht der Konstrukteur, der der Dreizahl oder Siebenzahl zuliebe einfach Rechtssätze erfindet, wie ihn die herrschende Lehre darzustellen bemüht ist, aber er verallgemeinert gern.[3] Offenbar denkt er bei dieser Stelle an ganz bestimmte, zu seiner Zeit in einer der ostsächsischen Marken bestehende Verhältnisse. Aber welche Mark ist gemeint? Merkwürdigerweise ist es allgemein üblich, in den Fällen, in denen der Sachsenspiegel von den Rechtsverhältnissen der Marken spricht, in erster Linie an die Mark Brandenburg zu denken.

[1] Vgl. C. d. Sax. A. II, 565.

[2] Vgl. Hoffmann, Naumburg a. S. im Zeitalter der Reformation (Leipzig 1901) S. 165f.

[3] Vgl. darüber die Bemerkungen von Heck, Der Sachsenspiegel und die Stände der Freien (Halle 1905) S. 55 Nr. 58.

Tatsächlich sind nämlich die Beziehungen Eikes zur Mark Brandenburg sehr gering, jedenfalls geringer als zu den Wettiner Marken. Daß Eike einmal in einer markgräflich-brandenburgischen Urkunde genannt wird,[1] hat nichts zu bedeuten. Die Urkunde betrifft eine Gerichtsverhandlung, die sich nicht in der Mark, sondern in der Grafschaft Mühlingen abspielt, und in der Eike als Schöffe, die Markgrafen bloß zufällig als Partei beteiligt sind. Dagegen finden wir ihn nicht nur 1218 als Zeugen bei einer markgräflich-meißnischen Schenkung,[2] sondern auch 1224 als Teilnehmer auf dem Landdinge in Delitzsch, das Landgraf Ludwig von Thüringen als Vormund des minderjährigen Meißner Markgrafen Heinrich abhält.[3] In der Tat fehlt es nicht an Beweisen dafür, daß Eike von Reppichau, wo er vom Burggrafen spricht, an die Verhältnisse der Mark Meißen denkt. Zweimal begegnet uns in markgräflich-meißnischen Urkunden ein Burggraf in einer Stellung, die geradezu eine frappante Ähnlichkeit mit der des ostfälischen Schultheißen hat; ja einmal wird er sogar als solcher bezeichnet. Zunächst zeigt uns eine Urkunde Markgraf Dietrichs von Meißen von 1220[4] den Burggrafen als gerichtlichen Stellvertreter des Markgrafen im Landding; er präsidiert *provinciali placito suo in Misna* in einer Sache, für die ihm der Markgraf seine Vertretung (*vicem nostram*) übertragen hat. Der dort begonnene Prozeß wird aber unter dem Vorsitz des Markgrafen selbst im Landdinge zu Collm (*nobis iudicio praesidentibus in provinciali placito Colmiz*) zu Ende geführt, wobei, wie im Grafengericht der Schultheiß, als erster weltlicher Zeuge der Meißner Burggraf figuriert. Und in einer auf dem Landding von Schkölen ausgestellten Urkunde Heinrichs des Erlauchten von 1256 erscheint gar als erster Zeuge *Albero burggravius de Liznik* (Leisnig), *sculthetus provincialis placiti in Zcolin.*[5]

---

[1] Cod. dipl. Anhalt II, 116 (1233).

[2] C. d. Sax. B. XV, 2.

[3] C. d. Sax. A. III, 325.

[4] Ebenda III, 279.

[5] UB. Hochstift Merseburg 285. Vgl. v. Posern-Klett, Zur Geschichte der Verfassung der Markgrafschaft Meißen im 13. Jahrhundert (Leipzig 1863) S. 48, der ebenfalls diese Urkunde mit der Sachsenspiegelstelle in Ver-

Die Stelle des Sachsenspiegels findet zweifellos in diesen Urkunden sowohl ihre Erklärung, wie ihre Bestätigung. Aber wir dürfen aus ihr nicht zu weitgehende Folgerungen ziehen. Ganz entschieden falsch wäre es, wollte man diese Schultheißenwürde als einen wesentlichen Bestandteil des Burggrafenamtes ansprechen. Denn so viel auch sonst Landdinge in Schkölen bezeugt sind, nie habe ich in den Zeugenreihen der Gerichtsurkunden im übrigen Leisniger Burggrafen angetroffen;[1] ja im Jahre 1197 begegnet uns sogar ein Schultheiß dieses Landdings aus einem ganz anderen Hause, der *iudex* Albrecht von Droißig.[2] So wird man wohl sagen müssen, daß es zwar ganz natürlich war, wenn der Meißner Markgraf besonders die Burggrafen der Mark als die angesehensten Männer mit seiner Vertretung betraute oder als Schultheißen herbeizog, daß aber das Burggrafenamt als solches mit dieser gerichtlichen Tätigkeit nichts zu tun hatte.

In dieser Schultheißentätigkeit erschöpfen sich aber nicht die Beziehungen, die die Burggrafen der Mark Meißen zur Gerichtsbarkeit haben. Wir sehen sie vielmehr durchweg im Genusse einer Gerichtsabgabe, des sogenannten „dritten Pfennigs", d. h. eines Drittels aller Gerichtseinkünfte. Es ist geradezu auffallend, wie häufig wir diesen dritten Pfennig bezeugt finden, und zwar fast ausnahmslos[3] im Zusammenhang mit den Burggrafschaften, so daß wir ihn sicher als eine Besonderheit derselben ansprechen können. Dabei wird er bereits in einer Zeit erwähnt, für die wir sonst hinsichtlich der gerichtlichen Verhältnisse in den Marken

---

bindung bringt, übrigens sich auch noch auf eine ungedruckte Urkunde von 1254 bezieht, die den gleichen Passus enthalten soll.

[1] Die Behauptung von Winter im Archiv f. Sächs. Gesch., N.F. III S. 236, auch 1224 erscheine der Leisniger Burggraf auf dem Landding zu Schkölen, beruht auf einem Irrtum.

[2] C. d. Sax. A. III, 14, 15. Vgl. Winter, a. a. O., S. 232.

[3] Wenn in dem Lehnbuche Friedrichs des Strengen 1349/1350, herausgegeben von Lippert und Beschorner (Leipzig 1903) S. 135 Nr. XXIII, 42 einmal die Rede davon ist, daß ein Einwohner von Saalhausen bei Oschatz *tercium denarium in iudicio* hat, so handelt es sich dabei um eine ganz singuläre, auf einen winzigen Ort beschränkte Besonderheit, die sich offenbar aus der Verpfändung oder Veräußerung einer einzelnen Gerichtsgebühr durch den zuständigen Burggrafen erklärt.

so gut wie gar nicht unterrichtet sind. Der Wissegrader Fortsetzer des Cosmas von Prag berichtet nämlich zum Jahre 1139, Sobieslaw von Böhmen habe vom Markgrafen Wiprecht mehrere Burgen und den dritten Pfennig der Burg Dohna (*tertium denarium in castro Donin*) für 700 Mark gekauft.[1] Also schon in dieser Zeit findet sich der dritte Pfennig in Verbindung mit einer Burg, die kurz vorher als Burggrafensitz bezeugt ist.[2] Dieser dritte Pfennig von Dohna hat sich auch in der Folgezeit erhalten. Als im Jahre 1235 Burggraf Otto I. von Dohna dem Kloster Alt-Zelle das Dorf Weißig (sw. Dresden) schenkt, überträgt er auch die Gerichtsbarkeit, behält sich aber von vier genannten Verbrechen den dritten Teil der Gerichtsgefälle vor.[3] Deutlicher ist der Lehnsbrief von 1304, in dem Markgraf Friedrich von Meißen den Dohnaer Burggrafen mit dem Gericht in der Lockwitzgegend, dem Kernlande der Burggrafschaft Dohna westlich und südlich von Pirna, belehnt. Da heißt es ausdrücklich: *aber jenseit der Elbe haben Sie keine gericht denn ihren dreytten pfennig.* Und auch im Gerichtsbezirk selbst behält sich der Markgraf Ottendorf und Görsdorf mit allem Gerichte vor. Auch dort haben die Burggrafen *nicht mehr dan ihren dritten pfennig*.[4] Die Ausdrucksweise „*ihren dreytten pfennig*" ist ungemein charakteristisch; offenbar ist der dritte Pfennig ein von altersher den Burggrafen zustehendes Recht, das ihnen gerade auch außerhalb ihres engeren Gerichtsbezirks zusteht. Sie haben ihn in Weißig, sie haben ihn rechts der Elbe, und sie haben ihn in Stadt und Amt Dresden, wie das markgräflich-meißnische Einnahmeregister von 1378 bezeugt.[5]

---

[1] MG. SS. IX p. 144. Nach dem Wortlaut der Stelle kann es zweifelhaft sein, ob Wiprecht der Geber oder der Empfänger des dritten Pfennigs ist. Der Sinn spricht für das erstere.

[2] Vgl. oben S. 219 Anm. 4.

[3] Die Donins I S. 281 Urk. 6.

[4] Ebenda I S. 298 Urk. 19. Das daselbst gegebene Regest ist völlig verkehrt.

[5] Die Kenntnis dieser und der übrigen weiter unten zitierten Stellen des Einnahmeregisters von 1378 verdanke ich den Exzerpten des Herrn Dr. H. B. Meyer, der in seiner Arbeit über die Hof- und Zentralverwaltung der Wettiner 1248—1379 (Leipzig 1902) gerade diesem Register eine be-

Vom dritten Pfennig des **Meißner** und zugleich des **Döbener** Burggrafen erhalten wir erst sichere[1] Kunde durch drei Urkunden des Jahres 1286. In diesem Jahre resigniert Burggraf Meinher III. von Meißen zugunsten des Klosters Buch *tercium denarium, quem racione burgraviatus nostri habuimus* für alle *in Misnensi iudicio* gelegenen Güter des Klosters, und gleichzeitig resigniert Burggraf Otto von **Wettin** in gleicher Weise in zwei Dörfern *tercium denarium quem ratione burgraviatus nostri in Dewyn habuimus.* Diese Resignation erfolgt aber gegenüber dem Markgrafen; dieser ist es, der dem Kloster die gesamte höhere und niedere Gerichtsbarkeit in den betreffenden Orten überträgt, nachdem die beiden Burggrafen *ad manus nostras renunciaverunt omni iuri, quod in dictorum bonorum, allodiorum et villarum iudiciis pro tercio denario seu nomine tercii denarii ipsis competere videbatur.*[2] Also auch hier kommt der dritte Pfennig als burggräfliche Einnahme vor, und zwar unverkennbar als markgräfliches Lehen, wie die umständliche Art der Übertragung beweist. Der Meißner Burggraf scheint sich allerdings seit dem Anfange des 14. Jahrhunderts von dieser Lehnshoheit freigemacht zu haben. Denn als im Jahre 1317 Burggraf Hermann III. von Meißen dem Kloster Alt-Zelle ein ähnliches Geschenk zuwandte, wie ein Menschenalter früher sein Vater dem Kloster Buch, nämlich von allen Gütern des Klosters den dritten Pfennig im Meißner Gerichte (*tercium denarium, qui per totum Mysnensem districtum nobis de iudicio debetur*), da bediente er sich nicht mehr der Vermittlung

---

sondere wissenschaftliche Verwertung hat zu teil werden lassen. Die das Amt Dresden betreffende Stelle lautet: *dominus de Donyn habet tertium denarium in iurisdictione districtus et civitatis emendarum.*

[1] Angedeutet wird der dritte Pfennig des Meißner Burggrafen schon in einer Urkunde von 1274 (Märcker, a. a. O., UB. 13). Markgraf Heinrich verleiht zwei Freiberger Bürgern in dem Dorf Aue, das sie vom Meißner Burggrafen als Lehen erhalten haben, alle ihm zustehende Gerichtsgewalt, vor allem *illos duos **denarios**, qui dari consueverunt nobis vel nostris villicis nomine pene, que pena Buze vulgari vocabulo nuncupatur.* Also den dritten Pfennig hatte offenbar der Burggraf.

[2] Die drei Urkunden finden sich bei Märcker, a. a. O., UB. 22, 23, 24 abgedruckt. Vgl. auch die Urkunde ebenda 27 (1289).

des Markgrafen.[1] Auch tut das Lehnbuch Friedrichs des Strengen der Meißner Burggrafschaft und ihres dritten Pfennigs nirgends Erwähnung. Bestanden hat aber dies Recht des Meißner Burggrafen bis zum Erlöschen des Burggrafenamtes; noch am Ende des 14. und im 15. Jahrhundert bezog der Meißner Burggraf den dritten Pfennig in den Ämtern Meißen und Großenhain.[2] Dagegen ist die Burggrafschaft Döben und mit ihr der dritte Pfennig in Stadt und Amt Grimma markgräfliches Lehen geblieben. Das Lehnbuch von 1349/50 nennt ausdrücklich als zusammengehörig unter den Lehen der freien Herren *burcgraviatum castri Dewin .... item tercium denarium provenientem de obventionibus iudicii civitatis Grimmensis .... item .... similiter tercium denarium emolumenti iudicii districtus Grimmensis.*[3]

Dasselbe Lehnbuch beweist aber auch das Vorkommen des dritten Pfennigs in einer weiteren Burggrafschaft: Burggraf Dietrich von Altenberg (so nennen sich, wie oben bemerkt wurde, später die Burggrafen von Orlamünde) hat zusammen mit seinen Oheimen in Orlamünde *tercium denarium de iudicio* und *burcgraviatum cum suis attinentiis.*[4]

[1] Vgl. Märcker, a. a. O., UB. 44. Es hängt mit der Tatsache zusammen, daß seit dem Anfange des 14. Jahrhunderts die Meißner Burggrafschaft als Reichslehen erscheint; vgl. unten S. 249. Vgl. über den dritten Pfennig noch die Urkunde Märcker, a. a. O., UB. 86 (1351).

[2] Das Einkünfteregister von 1378 enthält die Notiz: *burgrafius in Mizsen habet tertium denarium in emendis iudicii districtus et civitatis Mizsen* und bei der Erwähnung des Amtes Hain (Großenhain): *in iudicio ibidem burgrafius in Miszen habet tertium denarium in emendis.* Ebenso beansprucht der Prätendent um das Burggrafenamt in der Forchheimer Klagschrift von 1435: *den dritten pfennig von dem lantgericht zu Meissen, das man in der stat pflegt zu siczen, und den dritten pfenning des gerichts zum Hayn*; vgl. Märcker, a. a. O., S. 130 Anm. 8. Um dieselbe Zeit hat der Markgraf nur zwei Drittel der Gerichtseinnahmen; vgl. die Urkunde von 1423 (C. d. Sax. B. IV, 75), laut der Friedrich der Streitbare der Stadt Meißen unser *zcweiteil des gerichtis in wichbilde daselbins zcu Missin* verkauft.

[3] Das Lehnbuch Friedrichs des Strengen, Markgrafen von Meißen und Landgrafen von Thüringen 1349/1350, herausgegeben von Lippert und Beschorner (Leipzig 1903) S. 4 Nr. I, 9. Über die späteren Schicksale des dritten Pfennigs vom Stadtgericht in Grimma vgl. Lorenz, a. a. O., S. 1209f.; C. d. Sax. B. XV, 47, 57.

[4] Lehnbuch Friedrichs des Strengen S. 6 Nr. I, 15; vgl. ebenda S. 7 Nr. I, 19.

Damit aber noch nicht genug; auch für die Burggrafschaften Leisnig und Altenburg läßt sich das Vorhandensein des dritten Pfennigs aus einigen Quellenstellen erschließen. Das markgräfliche Einkünfteregister von 1378 verzeichnet ausdrücklich zum Amt Leisnig unter der Überschrift *iudicium districtus et civitatis* den Satz: *sciendum, quod domini tantum habent 2 denarios seu duas partes emendarum in civitate et plene in iudicio districtus.* Daß im Amte Leisnig der dritte Pfennig nicht mehr besteht, kann uns nicht Wunder nehmen, da das Burggrafenamt selbst ja erloschen und seine Rechte mit der Markgrafschaft vereinigt sind. In der Stadt ist sein Fortleben vielleicht darin begründet, daß er von den Leisniger Burggrafen an irgend eine andere Persönlichkeit vergeben war, die ihn auch unter markgräflicher Herrschaft weiterbehielt. Für Altenburg fehlt es im Einkünfteregister von 1378 an einer entsprechenden Eintragung, da um diese Zeit Markgrafschaft und Burggrafschaft längst vereinigt sind und damit die Teilung der Gerichtsgefälle aufgehoben ist. Für die Zeit, in der die Burggrafschaft noch bestand, fließt das Material ziemlich spärlich; doch wird auch für diese Burggrafschaft in einer Urkunde der dritte Pfennig bezeugt. Im Jahre 1323 tritt Burggraf Albrecht von Altenburg an den Markgrafen u. a. *den drythen pfenning an dem gerichte zu Lypzk* (Leipzig) ab.[1] In anderen Ortschaften, vor allem im Amte Altenburg selbst, kann ich den dritten Pfennig nicht nachweisen. Möglicherweise erklärt sich diese Nichterwähnung allein aus der Spärlichkeit des gedruckten Urkundenmaterials, möglicherweise aber hat Kaiser Friedrich I. auch bei der Neuorganisation der Gerichtsverfassung im Pleißnerlande, insbesondere bei der Errichtung des königlichen Landgerichts, diesen Rest einer älteren Gerichtsverfassung, soweit das Reichsgebiet in Betracht kam, beseitigt,[2] so daß sich der

[1] v. Braun, Burggrafen, S. 94 Urk. 28. Es ist unbegreiflich, daß diese für die Gerichtsverfassung von Leipzig so wichtige Urkundenstelle im Urkundenbuch der Stadt Leipzig nicht einmal erwähnt worden ist. Die Beteiligung des Leisniger Burggrafen bei dieser Abtretung erklärt sich aus der kurz vorher erfolgten Gesamtbelehnung; vgl. Braun, a. a. O., S. 93 Urk. 26.

[2] Über das königliche Landgericht und den *iudex provincialis terrae Plisnensis* vgl. Loebe in den Mitteilungen der Geschichts- und Altertumsforschenden Gesellschaft des Osterlandes IX (1887) S. 366 ff.

dritte Pfennig des Altenburger Burggrafen allein in den markgräflichen Gebieten erhalten hat.[1]

In nicht weniger als sechs Burggrafschaften haben wir also ein eigenartiges Rechtsinstitut, den „dritten Pfennig", im engsten Zusammenhang mit dem Burggrafenamte nachgewiesen. Wir sind deshalb unbedingt berechtigt, in diesem dritten Pfennig einen wesentlichen Bestandteil des Burggrafenamtes selbst zu erblicken, und dürfen seine Entstehung wohl in die Zeit verlegen, in der die Burggrafenämter selbst entstanden sind, also spätestens in das 12. Jahrhundert. In der Tat wird uns ja dieser dritte Pfennig für die Burggrafschaft Dohna schon zum Jahre 1139 bezeugt. Aber ich glaube, gewisse Erwägungen rechtfertigen es, mit unserer Datierung noch höher hinaufzugehen. Die Existenz der Burggrafschaft Meißen ist uns schon für die zweite Hälfte des 11. Jahrhunderts bezeugt; die anderen genannten Burggrafschaften lassen sich zwar erst später urkundlich nachweisen, aber bei der Dürftigkeit unseres Quellenmaterials ist es sehr wohl möglich, daß auch ihr Ursprung in das 11. Jahrhundert zurückzudatieren ist. Bei der Gleichmäßigkeit der rechtlichen Eigenart dieser Burggrafschaften und der Meißner Burggrafschaft ist ja eine gleichzeitige Entstehung sehr wahrscheinlich. Dazu kommt aber noch eine andere Überlegung. Die Einführung einer derartigen einheitlichen Burggrafschaftsverfassung in einem größeren Gebiete setzt eine politische Zusammengehörigkeit dieses Gebietes voraus. Eine derartige politische Zusammengehörigkeit bestand für die Burggrafschaften Meißen, Dohna, Döben, Leisnig und Altenburg sowohl im 11. wie im 12. Jahrhundert. Anders liegt der Fall für Orlamünde. Orlamünde ist erst im Jahre 1344 an die Wettiner gelangt;[2] während des ganzen 12. und 13. Jahrhunderts hat es ein Sonderdasein geführt. Nur eine Zeit hat es vorher gegeben, in der Orlamünde mit der Mark Meißen und dem Pleißnerland in enger politischer Verbindung stand, die Jahre 1046—1067, in denen die Grafen Wilhelm und Otto von

[1] Sollte übrigens der S. 232 Anm. 3 erwähnte dritte Pfennig von Saalhausen nicht auch mit der Burggrafschaft Altenburg zusammenhängen?

[2] Vgl. darüber Michelsen, Urkundlicher Ausgang der Grafschaft Orlamünde (Jena 1856).

Weimar-Orlamünde die Marken Zeitz, Merseburg und Meißen mit ihren thüringischen Grafschaften in einer Hand vereinigten.[1] Sollte nicht in diese Jahre auch die Geburtsstunde der Burggrafschaftsverfassung fallen? Dazu würden unsere übrigen historischen Nachrichten trefflich stimmen. Unmittelbar nach dem Tode des letzten Orlamünders im Jahre 1068 wird uns die Burggrafschaft Meißen schon als bestehende Einrichtung genannt. Dagegen weiß Thietmar, der sein Werk in den Jahren 1012 bis 1018 schrieb, nichts von Burggrafschaften, vor allem auch nichts von einer Burggrafschaft Meißen zu berichten. Meißen ist zwar in den Kämpfen gegen die Slawen ein wichtiges Bollwerk, aber es steht nicht unter einem ständigen Burggrafen, sondern die angesehensten Fürsten und Großen des Landes wechseln periodisch in der Kommandantur des festen Platzes ab.[2] Immerhin werden wir bei dieser frühen Datierung über Vermutungen nicht hinauskommen.

Neben dem „dritten Pfennig", zum Teil im engsten Zusammenhang mit demselben, erwähnen die Quellen aber auch eine weitere Abgabe, die die Burggrafen als solche in einem größeren Gebiete beziehen, das sogenannte „Wachgetreide" (Wachweizen, Wachhafer, Burgkorn, *annona vigiliarum* etc.),[3] eine Naturalabgabe, die nur vereinzelt in ein „Wachgeld" umgewandelt ist.[4] Wir finden dies Wachgetreide vor allem in der Burggrafschaft Meißen; in einer Reihe von Ortschaften[5] erhoben es die dortigen Burg-

[1] Vgl. Posse, Die Markgrafen von Meißen (Leipzig 1881) S. 124 ff., 155.

[2] Vgl. ebenda S. 293.

[3] Über das Wachgetreide vgl. Märcker, a. a. O., S. 110 ff.; E. O. Schulze, Die Kolonisierung und Germanisierung zwischen Saale und Elbe (Leipzig 1896) S. 239 f.

[4] Dies Wachgeld findet sich in Altenburg. Vgl. Winkelmann, Acta imperii inedita II, 176 (1289): *Zu dem burchamechte gehorn ouch virschen phunt weichter pheninge .... da von sal der burgreve halden vir weichtere uf deme hus zu Aldenburch.* Vgl. über das Wachgeld E. O. Schulze, a. a. O., S. 240.

[5] In Soppen, Göstewitz, Seußlitz, Klein-Weitzschen, Klein-Prausitz, Leipen, Leutewitz, Bornewitz, Schänitz, Lösten. Vgl. Märcker, a. a. O., UB. 46a, 86, 92, 118, S. 202 Anm. 222; Schöttgen und Kreisig, Diplomatische Nachlese II S. 292 f. Nr. 3; v. Schönberg, Geschichte des Geschlechtes von Schönberg meißnischen Stammes (Leipzig 1878) S. 386.

grafen und zwar, wie einmal ausdrücklich bemerkt wird, auf Grund ihres Burggrafenamtes.[1] Auch für die Leisniger[2] und Altenburger[3] Burggrafen ist dies Wachgetreide mehrfach bezeugt. Für die letzteren wissen wir sogar die Gesamtmenge, die sie bezogen haben; dieselbe betrug nach der Lehnsurkunde von 1289[4] 1600 Scheffel, nach dem Einkünfteregister von 1378 nur noch 601 Scheffel, wobei zu bemerken ist, daß der Altenburger Scheffel recht groß war, beispielsweise zwei Rochlitzer Scheffel umfaßte.[5] Auch über die Art und Weise der Einhebung des Wachgetreides weiß die Altenburger Lehnsurkunde zu berichten.[6] Zu Michaelis soll es fertig zum Abholen auf dem Felde stehen; wird es erst später eingefordert, so muß es bei Strafe von 30 Schillingen bis zum Martinstage auf das Altenburger Schloß gebracht werden usw. Rittermäßige Leute sind von der Abgabe befreit. Daß es sich in

---

[1] Märcker, a. a. O., UB. 92 (1359): *den wacheweysze unde den wachehafer, der syn zcen scheffele, daz gehort zcu unser purgrafeschaft.*

[2] Vgl. das Verzeichnis der Ortschaften bei Hingst, a. a. O., S. 42ff.

[3] Vgl. das Verzeichnis der Ortschaften bei Braun, a. a. O., S. 56 ff.; ferner E. O. Schulze, a. a. O., S. 240 Anm. 1.

[4] Gedruckt bei Braun, a. a. O., S. 83 f. und besser bei Winkelmann, Acta imperii inedita II, 176. Die Stelle lautet: *Da zu gehorn ouch scheschenhundirt scheffile getreidis, daz da heisit burckorn; daz sal sin halp rocken und halp havire.*

[5] *Summa annona Burgkorn 303 mod. silig., Summa avena Burghafer 298 mod.* Das Verhältnis des Altenburger zum Rochlitzer Scheffel ergibt sich aus demselben Einnahmeregister.

[6] Winkelmann, Acta imperii II, 176: *Daz selbe burckorn daz sal sin gereit zu sente Michahelis tage; da noch sal der burgreve sine boten senden unde sine waine uf daz gut, da von man daz burckorn gibt. Daz selbe getreide sal man messin mit deme burchscheffile, der sal sin bodimlos unde des burgreven bote sal daruf hufen, waz daruf gehen mac. Wenne des burchgreven bote daz burckorn vordirt noch sente Michahelis tage, wer des nicht gereit hat, der sal is vor sente Mertins tage uf daz hus zu Aldenburch breingen in des burchgreven hof; wer des nicht intut, so sal der burgreve sine boten senden unde sal lassen phenden vor daz korn unde vur drisic schillinge unde der bote darf daz phant nicht zuborge geben, hen vorseizzis vor sin korn unde vur drisic schillinge. Unde von welchime gute burckorn gevallen sal, erbitin daz rittire adir rittirmessige lute mit irs selbis phluge, di sint burckorns ledic; erbitins abir lenleute adir koflute adir gebure, die sullen is geben.*

allen diesen Fällen, bei Meißen, Leisnig und Altenburg, um ein- und dieselbe Leistung handelt, ergibt sich vor allem aus der gleichmäßigen Beschaffenheit der Abgabe; überall besteht dies Wachgetreide oder Burgkorn halb aus Roggen oder Weizen, halb aus Hafer.[1] Deßhalb sind wir wohl berechtigt, auch eine Getreideabgabe, die der Dohnaer Burggraf in zwei Dörfern bezieht, und die aus gleichen Teilen Roggen und Hafer besteht,[2] als Wachgetreide anzusehen, um so mehr, als der Burggraf daselbst auch den dritten Pfennig bezieht. Für die urkundlich fast nirgends bezeugten Burggrafschaften Döben und Orlamünde fehlt es an einem ausdrücklichen Quellenzeugnis für das Wachgetreide; dagegen wird es uns für die Burggrafschaft Bautzen noch aus einer Zeit erwähnt, in welcher dieselbe schon längst unter böhmischer Herrschaft steht.[3]

Das Gebiet (*districtus arcis*),[4] in dem der Burggraf den dritten Pfennig erhob, war offenbar ursprünglich identisch mit dem, in welchem er das Wachgetreide bezog. Das lehrt nicht nur der enge Zusammenhang, in welchem manche Urkunden beide Abgaben nennen,[5] sondern auch eine Vergleichung der pflichtigen Ortschaften. Wären die Gebiete verschieden, so wäre es ganz undenkbar, daß eine so weit von Meißen entfernte Ortschaft wie Klein-Weitzschen sowohl Wachgetreide wie dritten Pfennig zahlte, also in beide Gebiete gehörte.[6] Dies Gebiet muß

---

[1] Vgl. S. 239 Anm. 4 und die Urkunden S. 238 Anm. 5.

[2] Die Donins I S. 280 f. Nr. 6 (1235).

[3] C. d. Sax. B. I, 135 (1245): Burggraf Benes von Bautzen stimmt zu *donationi cuiusdam pensionis videlicet 8 modiorum tritici et totidem siliginis annonae, quae vulgariter vocatur wachcorn* in den Dörfern Dobranitz, Coblenz und Cannewitz bei Göda; vgl. ebenda 133, 134. Vgl. ferner ebenda 150 (1249): *annonam, quae de eisdem villis* (Meuselwitz bei Göda und Kubschitz bei Bautzen) *ad vigilias castri Budissinensis solvi consuevit.*

[4] Vgl. Schöttgen und Kreysig, Diplomatische Nachlese III S. 490 (14. Jahrh.): *in districtu arcis Misnensis.*

[5] Vgl. Die Donins I S. 280 f. Nr. 6 und vor allem Märcker, a. a. O., UB. 86 (1351): *annonalem censum nostrum qui vulgariter dicitur wachweyse adir wachhavir cum tercia parte seu tercio denario iudicii.*

[6] Vgl. Märcker, a. a. O., UB. 23 (1286): *tercium denarium in Wenegen Wyscen;* ebenda 118 (1399): *wacheweyse unde wachehafer .... czu Wenigen*

aber ein geschlossenes Territorium gewesen sein, es kann nicht aus bloßem Streubesitz bestanden haben. Das lehren die Quellen, die für ganze Ämter ein- und denselben Burggrafen im Genuß des dritten Pfennigs zeigen. Das ergibt sich aber aus der Natur des Wachgetreides, das doch offenbar ein Entgelt ist für den Schutz, den die burggräfliche Burg in gleicher Weise der gesamten Umgebung, nicht bloß einzelnen Ortschaften innerhalb derselben gewährt. Und diese Gebiete haben endlich eine geschlossene Landeseinteilung dargestellt; es hat eine Zeit gegeben, in der das ganze Gebiet der Oberlausitz, der Mark Meißen, des Pleißnerlandes und der Gegend von Orlamünde lückenlos in Burggrafschaften eingeteilt war. Das läßt sich ohne weiteres beweisen für die Burggrafschaften Dohna, Meißen und Döben. Der Bezirk, in welchem der Burggraf von Dohna den dritten Pfennig bezieht, umfaßt außer der Lockwitzgegend das meißnische Land rechts der Elbe und das ganze Amt Dresden. Unmittelbar an das letztere grenzen die Ämter Meißen und Großenhain, in welchen der Meißner Burggraf den dritten Pfennig erhält. Nach Westen reicht dessen Bezirk weit über die Grenze der späteren Ämter Meißen und Großenhain hinaus bis Tautendorf, Westewitz, Groß- und Klein-Weitzschen und Eichardt,[1] während die kaum eine Meile nordwestlich davon gelegenen Ortschaften Draschwitz und Neuberg ihren dritten Pfennig an den Döbener Burggrafen entrichten.[2] Nicht weit von diesen zur Meißner und Döbener Burggrafschaft gehörigen Orten liegen im Westen und Süden die Ortschaften, aus denen die Leisniger Burggrafen ihr Wachgetreide beziehen. Und wenn wir auch von den Ortschaften, die zur Altenburger Burggrafschaft gehören, nur wenige kennen, so beweist doch die gewaltige Menge des Wachgetreides[3] und die Tatsache, daß der Altenburger Burggraf

Wyschen. Klein-Weitzschen liegt zwischen Döbeln und Leisnig, nicht einmal eine Meile von letztgenanntem Orte entfernt.

[1] Vgl. ebenda 23 (1286): *Tutendorf . . . . Westewix, Grozen Wyscen, Wenegen Wyscen, Eychart.*

[2] Vgl. ebenda 24 (1286): *Nuenburg videlicet et Droschenytz.*

[3] Im Durchschnitt kommen höchstens 10—12½ Scheffel Wachgetreide auf das Dorf; vgl. vor allem die Urkunde bei v. SCHÖNBERG, a. a. O., S. 386 (1323) und die Angaben bei HINGST, a. a. O., S. 42 ff. Danach müßten bei

in Leipzig den dritten Pfennig und in Kröbern südlich von Leipzig das Burgkorn erhebt,[1] daß sein Amtsgebiet nicht klein gewesen sein kann. •So hätten wir denn für das ganze alte Gebiet der Mark Meißen und das Pleißnerland, also für ein großes geschlossenes Gebiet, ein lückenloses Netz von Burggrafschaften. Daran schließt sich im Osten die Burggrafschaft Bautzen, im Südwesten die Burggrafschaft Orlamünde. Jede dieser Burggrafschaften hat als Vorsteher ihren Burggrafen.

Diese Landeseinteilung und das Amt des Burggrafen überhaupt hat aber einen doppelten Charakter, einen militärischen und einen gerichtlichen. Mit dem ersteren hängt das Wachgetreide, mit dem letzteren der dritte Pfennig zusammen. Mag man das Wachgetreide als eine Ablösung der von den Umwohnern ursprünglich persönlich zu leistenden Wachdienste[2] oder als eine Naturalleistung zum Zwecke der Verproviantierung der mit den Wachdiensten betrauten Burgmannschaft auffassen,[3] so viel ist ohne weiteres klar: es ist eine Abgabe, in der die militärische Zugehörigkeit der verpflichteten Ortschaften zur Burg und zum Befehlshaber der Burg zum Ausdruck kommt. Der Burggraf ist nicht nur, worüber nicht der geringste Zweifel sein kann, militärischer Befehlshaber der Burg, nach der er sich nennt,[4] sondern auch eines sehr ausgedehnten um die Burg gelegenen Burggrafschaftsbezirkes.[5]

1600 Scheffel Wachgetreide 120 bis 160 Ortschaften dem Altenburger Burggrafen unterstanden haben.

[1] Vgl. v. Braun, a. a. O., S. 58 Nr. 10.

[2] So gab es noch in späterer Zeit sogenannte Wachhufen, deren Besitzer zu Diensten auf dem Schlosse zu Meißen verpflichtet waren. Vgl. Märcker, a. a. O., S. 111; Sammlung verm. Nachrichten I S. 243.

[3] Märcker, a. a. O., S. 110 entscheidet sich für die erstgenannte Ansicht. E. O. Schulze, a. a. O., S. 239 f., 313 schwankt zwischen beiden Meinungen. Die von ihm als möglich angenommene Verschiedenheit von Burgkorn und Wachkorn erscheint mir unhaltbar; woher soll es sich sonst erklären, daß wir nur dort Burgkorn finden, wo Wachkorn fehlt, und umgekehrt?

[4] Daran besteht nicht der mindeste Zweifel. Man vergleiche gerade die ältesten von den Burggrafen handelnden Stellen, vor allem die Stelle bei Cosmas III c. 39 (MG. SS. IX p. 121) über den Burggrafen von Dohna.

[5] Daß schon der älteste Meißner Burggraf einen größeren Bezirk unter sich gehabt hat, ergibt sich aus der Stelle zum Jahre 1076 bei Bruno

In diesem Gebiete aber ist er auch ursprünglich Richter über die nichtmilitärische Bevölkerung; das und nichts anderes will der dritte Pfennig besagen. Daß der dritte Pfennig einen Anteil an den Gerichtsgefällen darstellt, ist nach den Quellen zweifellos. Nun kommt es ja ganz vereinzelt vor, daß Personen, die mit der Handhabung der Jurisdiktion nichts zu tun haben, auf Grund eines besonderen Rechtstitels, z. B. durch Verpfändung oder Schenkung, in den Genuß von Gerichtsgefällen gelangt sind. Aber das Regelmäßige ist, daß nur der an den Gerichtseinnahmen teilnimmt, der mit der Gerichtsbarkeit selbst betraut ist.[1] Wo in so konstanter Weise mit einem bestimmten Amte der dritte Pfennig verbunden ist, wie mit dem Burggrafenamte jener Gegenden, da ist kein Zweifel möglich, daß tatsächlich die Träger jenes Amtes als solche die Gerichtsbarkeit einmal auszuüben hatten. In der Tat lassen sich auch Spuren dieser gerichtlichen Tätigkeit noch im 13. Jahrhundert beim Meißner Burggrafen nachweisen. Ich erinnere an die oben S. 231 angeführte markgräfliche Urkunde von 1220, in der es heißt, daß der Burggraf seinem Landding in Meißen (*provinciali placito suo in Misna*) präsidierte. Ferner erwähnt im Jahre 1289 Burggraf Meinher III. *tertium denarium iudicialem in bonis fratrum de Buch, que pertinebant ad iudicium Misnense,* und fährt fort mit den Worten: *ratione huius iudicii nostri,*[2] so daß man nicht umhin kann, ihn auch wirklich als Richter dieses *iudicium Misnense* anzusehen. Auch dürften die mannigfachen gewerbepolizeilichen Befugnisse, die der

---

de bello Saxonico c. 80: *Burchardus Misnensis praefectus* wird erschlagen, *dum in quadam sua, cui praeerat, urbe ab urbanis invaditur.* Also muß er mehrere *urbes* unter sich gehabt haben.

[1] Deshalb bezieht auch durchweg der mit der Ausübung der hohen Gerichtsbarkeit beauftragte Vogt ein Drittel der Gerichtsgefälle; vgl. Waitz, Verfassungsgeschichte, VII S. 361; Brunner, Rechtsgeschichte, II S. 309.

[2] Märcker, a. a. O., UB. 27. Dort heißt es auch, daß der Burggraf dem Kloster *tertium denarium nostrum atque omne iudicium, quod in eorum bonis videbamur habere,* überträgt. Auch diese Ausdrucksweise spricht dafür, daß dem Bezugsrecht auf dem dritten Pfennig noch eine wirkliche Gerichtsbarkeit entsprach.

Burggraf von Meißen in den Städten Meißen[1] und Lommatzsch[2] ausübte, mit dieser gerichtlichen Stellung zusammenhängen, während allerdings seine Mitwirkung beim Neubau der Stadtmauer Meißen[3] offenbar aus seinen militärischen Befugnissen zu erklären ist.

Andererseits ist zu der Zeit, in der wir nähere Einblicke in das Verfassungsleben jener Gegenden erhalten, diese burggräfliche Gerichtsverfassung schon in der Auflösung begriffen oder bereits aufgelöst. Am radikalsten offenbar in der Bautzener Burggrafschaft, wo der Kastellan unter der böhmischen Herrschaft sich schwerlich von einem böhmischen Kastellan unterschied, und wo das Amt schon vor der Mitte des 13. Jahrhunderts sein Ende fand.[4] Kaum weniger gründlich scheint dieser Auflösungsprozeß im Pleißnerlande um Altenburg vor sich gegangen zu sein. Dort ist schon im 12. Jahrhundert die Jurisdiktion im Reichsgebiete an den königlichen Landrichter übergegangen.[5] Dem Burggrafen ist nur die Gerichtsbarkeit auf der Burg Altenburg und in einem winzigen Gebiet in der unmittelbaren Nähe derselben verblieben,[6] ja selbst sein dritter Pfennig

---

[1] Der Burggraf gestattet im Jahre 1329 der Schusterinnung in Meißen, ein Kaufhaus zu errichten (C. d. Sax. B. IV, 34). Der Arnshauger Vertrag von 1428 nennt unter den Gerechtsamen des Burggrafenamtes in Meißen den *czinsz, den man nennet fleischhawer czins, herdeczinse, mit dem pireymer* (Märcker, a. a. O., UB. 140).

[2] Der Burggraf erteilt 1348 den Fleischhauern von Lommatzsch einen Innungsbrief (Märcker, a. a. O., UB. 80), bezieht 1355 den Zins vom Lommatzscher Gewandhaus (ebenda S. 127 Anm. 15) und erhält 1330 vom Meißner Markgrafen *ius incorporale seu feudum census, qui dicitur in vulgari Bircins, in opido Lomacz siti* (Märcker, a. a. O., UB. 56).

[3] C. d. Sax. B. IV, 15 (1285).

[4] Vgl. Knothe, Rechtsgeschichte der Oberlausitz, S. 174.

[5] Vgl. oben S. 236 Anm. 2. Die Erfahrung, daß gerade in den Reichsgebieten unter staufischer Herrschaft vollständig mit den alten Gerichtsverhältnissen aufgeräumt wird, kann man auch anderwärts machen.

[6] Vgl. den Lehnsbrief von 1289 (Winkelmann, Acta imperii II, 176): *Zu deme burchamechte gehorit der turm mit dem mantile zu Aldenburch uf deme hus unde der hof, da he inne lit. Der burgreve hat ouch gerichte ubir lip unde ubir gut ubir alle daz hus unde in allen hofen an in des richis hof alleine. Zu deme burchamechte gehorit ouch di stat zu Naishusen unde daz holz, daz da heisit di Lizan, unde achte hofe zu Powirditz unde der niderste*

ist nicht im Reichsgebiete, sondern allein in der markgräflich-meißnischen Stadt Leipzig nachweisbar. Daß er, wie andere Vornehme auch, in einer Reihe von Dörfern, wo er Grundbesitzer ist, die Gerichtsbarkeit erworben hat, steht natürlich mit seinem Burggrafenamte in keiner Beziehung. Noch weniger wissen wir von der gerichtlichen Tätigkeit des Leisniger Burggrafen. Daß er in einer Reihe von Ortschaften, darunter in Leisnig selbst, die Gerichtsbarkeit später inne hat, wird uns zum Teil in Urkunden überliefert, zum Teil können wir es indirekt aus ihnen erschließen;[1] aber ob diese Gerichtsbarkeit mit dem Burggrafenamt zusammenhängt, oder mit der besonderen Gerichtsverfassung des Reichsgutes, oder in der Immunität der burggräflich-leisnigischen Besitzungen ihren Ursprung hat, darüber lassen sich höchstens Vermutungen anstellen. Von den übrigen Burggrafen ist der Dohnaer Inhaber der Gerichtsbarkeit in der Gegend um Dohna;[2] im markgräflich-meißnischen Gebiet hat er im 14. Jahrhundert ebenso wie die Meißner[3] und Döbener Burggrafen allein

---

tich unde der burchberc alume das hus wis an die mure. Da hat der burgreve ouch gerichte uffe ubir lip unde ubir guth wis halben wec uf di brucke gen der stat. Er hat also Gericht auf der Burg und dem Burgberg, in den Vorstädten Naschhausen und (teilweise) Pauritz und in der Leiste, einem Gehölz bei Naschhausen, von dem der heutige Schloßgarten ein Überrest ist, aber nicht in der Stadt Altenburg. Vgl. Voretzsch, Altenburg, S. 6 f. Was von Huth, Altenburg, S. 198 ff. und v. Braun, Burggrafen, S. 10 ff. über die sonstige Gerichtsbarkeit des Altenburger Burggrafen berichtet wird, sind reine Phantasieen, die in letzter Linie auf Kreysig zurückgehen. Die Quellen wissen nichts davon.

[1] Vgl. Hingst, a. a. O., S. 37 ff. Mit der Gerichtsbarkeit über die Stadt Leisnig hängt es zweifellos zusammen, wenn Burggraf Albero von Leisnig 1277 bestimmt, daß die Einwohner der benachbarten Ortschaft Gersdorf, um in Leisnig verkaufen zu dürfen, Innungsrecht haben müssen (Schöttgen und Kreysig, Diplomataria II S. 197 f. Nr. 68); vgl. Keutgen, Ämter und Zünfte S. 203. Eine ähnliche Urkunde für Döbeln haben in demselben Jahre die Inhaber der hohen Gerichtsbarkeit in Döbeln, die Meißner Markgrafen, erlassen.

[2] Vgl. die Urkunde S. 233.

[3] Die Landeshoheit der Meißner Burggrafen gründete sich viel weniger auf die Güter und Rechte in ihrem ehemaligen Amtsbezirk, als auf ihre auswärtigen Besitzungen, die Grafschaft Hartenstein, sowie die Herrschaften Wildenfels, Balberg, Frauenstein, Purschenstein und Sayda.

sein Recht auf den dritten Pfennig bewahrt, während die Gerichtsbarkeit selbst von markgräflichen Unterbeamten geübt wird.[1] Aber auch der Bezug des dritten Pfennigs ist den Burggrafen allmählich verkürzt worden. Sorglos haben sie ihn vielfach veräußert[2] oder auf andere Weise preisgegeben, so daß sich ihr Einnahmegebiet immer mehr verringert hat. Das sehen wir deutlich beim Meißner Burggrafen. Noch am Ende des 13. Jahrhunderts hat er den dritten Pfennig in Ortschaften, die später zu den Ämtern Döbeln und Rochlitz gehören;[3] im 14. Jahrhundert beschränkt sich sein Bezugsrecht auf die Ämter Meißen und Großenhain.[4]

Genau den gleichen Vorgang können wir hinsichtlich der militärischen Bedeutung des Burggrafenamtes beobachten. Mit der Herstellung friedlicherer Zustände, insbesondere mit der fortschreitenden Germanisation, hatte sich die alte Militärverfassung der Grenzgebiete überlebt. Nur noch im Wachgetreide sprach sich die ehemalige Zugehörigkeit der altsorbischen Ortschaften zu einer bestimmten Burggrafschaft aus, während die deutschen Kolonistendörfer wahrscheinlich überhaupt vom Wachgetreide befreit waren.[5] Und auch dies Wachgetreide wurde, wie die Urkunden bezeugen, vielfach von den Burggrafen veräußert. So erklärt sich, daß sich in der Burggrafschaft Altenburg das Burgkorn von 1289 bis 1378 von 1600 Scheffel auf 601 Scheffel vermindert hat, daß anderwärts die Abgabe ganz verschwunden zu sein scheint, und daß vereinzelt Wachgetreide, aber immer nur in kleinen Mengen, im Besitze anderer Personen getroffen wird.[6] In der Burg-

---

[1] Vgl. über dieselben Tittmann, a. a. O., I S. 137 f.; H. B. Meyer, Hof- und Zentralverwaltung der Wettiner, S. 45 ff.

[2] Die Urkunden, in denen der dritte Pfennig erwähnt wird, beziehen sich besonders häufig auf Veräußerungen desselben.

[3] Vgl. die S. 241 Anm. 1 genannten Ortschaften.

[4] Vgl. S. 235 Anm. 2.

[5] Das nehmen Knothe, a. a. O., S. 166 Anm. 4 und E. O. Schulze, a. a. O., S. 240 Anm. 1 an. In der Tat läßt sich das Wachgetreide für kein Kolonisationsdorf nachweisen.

[6] Als früheres Beispiel erwähne ich die Urkunde von 1223, in der Heinrich der Erlauchte zwei Dörfer im Amte Dommitzsch zugleich mit dem Burgkorn schenkt (C. d. Sax. A. III, 312). Auch im Einkünfteregister von

grafschaft Bautzen, die offenbar seit ihrer Erwerbung durch Böhmen zur völligen Abhängigkeit herabgedrückt war, ist sogar schon 1245 das Wachkorn in mehreren Dörfern im Besitze der böhmischen Königin; sie verschenkt es als ein ihr zustehendes Recht, und der Burggraf gibt bloß seinen Konsens zur Schenkung.[1]

Wir haben den eigentümlichen gerichtlich-militärischen Charakter der Burggrafschaftsverfassung kennen gelernt, wir haben versucht, die Zeit ihrer Entstehung festzustellen, und sie in ihrer weiteren Entwicklung bis zu ihrem völligen Verfall begleitet. Zu beantworten bleibt noch die Frage: Ist das burggräfliche Amt ursprünglich ein königliches oder ein markgräfliches Amt? Das Problem ist schwer zu lösen. Während wir aus den späteren Quellen sehr wohl die einzelnen Befugnisse des Amtes erschließen können, läßt sich aus ihnen angesichts der zahlreichen politischen Verschiebungen für die Beantwortung unserer Frage nichts entnehmen. Gewiß waren die Altenburger und Leisniger Burggrafen Reichsburggrafen, seitdem im Jahre 1158 Kaiser Friedrich I. die Gebiete im Pleißnerlande, die ihm teils durch Kauf, teils durch Beerbung Rapotos von Abenberg zugefallen waren, in Reichsgut verwandelt hatte.[2] Sie empfingen ihr Amt als Lehen des Reiches,[3] bis im Jahre 1324[4] die Burg-

---

1378 findet sich wiederholt ohne Zusammenhang mit einer Burggrafschaft Wachgetreide oder Burgkorn erwähnt, aber nur in kleinen Mengen. Einen erheblichen Posten stellt nur das Altenburger Burgkorn dar, das aus der Burggrafschaft stammt.

[1] C. d. Sax. B. I, 133, 134, 135. Vier Jahre später verschenkt einfach der König das Wachgetreide, der Burggraf wird nicht mehr erwähnt, aber wohl nur deshalb nicht, weil inzwischen das Burggrafenamt aufgehört hat. Vgl. C. d. Sax. B. I, 150; Knothe, a. a. O., S. 174.

[2] Vgl. C. d. Sax. A. II, 277 (1158): *allodia nostra, que a comite Rabodone tum per paternam hereditatem nostram tum per pecuniam non parvam comparavimus, in ius et proprietatem regni legitime contulimus.*

[3] Vgl. die königlichen Lehnsurkunden für die Burggrafen von Altenburg von 1289 und 1323 (Winkelmann, Acta imperii II, 176; v. Braun, Burggrafen, UB. 20, 26).

[4] Die Lehnsurkunde ist gedruckt bei Loeber, De burggraviis Orlamund. fol. XXXX; vgl. auch die Urkunde von 1329 (eod. fol. XXXIX).

grafen von Altenburg und 1329 die Leisniger Burggrafen[1] vom Kaiser unter markgräflich meißnische Lehnshoheit gestellt wurden. Die Frage ist nur, ob sie schon vor 1158 Reichsbeamte waren. Für Leisnig wird man diese Frage, so weit die unmittelbar vor 1158 liegende Periode in Betracht kommt, wohl verneinen müssen. Unter den Gütern, die 1158 in Reichsgut verwandelt wurden, befand sich *castrum Liznich cum beneficio Heinrici burchgravii*; die Burggrafschaft ist also damals nicht neu errichtet worden, sondern bestand bereits. Sie muß also entweder, was wenig wahrscheinlich ist, während der kurzen Zeit, in der Leisnig königliches Hausgut war, errichtet worden sein, oder aber sie war bereits in einer Zeit vorhanden, als die deutschen Könige überhaupt noch nicht Herren von Leisnig waren. Wer den *Heinricus de Liznik* von 1143 und den *Heinricus prefectus* von 1144 für den Leisniger Burggrafen hält, muß sich zur letzteren Ansicht bekennen. Aber damit ist natürlich eine noch weiter zurückliegende Reichsunmittelbarkeit der Leisniger Burggrafen nicht ausgeschlossen. Der Altenburger Burggraf scheint von Anfang an Reichsbeamter gewesen zu sein. Allerdings wissen wir nichts darüber, wann Altenburg an das Reich gefallen ist; am Ende des 10. Jahrhunderts wenigstens hat es der Naumburger Kirche gehört.[2]

Nie als Reichsbeamten nachweisen können wir den Burggrafen von Orlamünde; er trug seine Burggrafschaft unzweifelhaft von den Orlamünder Grafen zu Lehen, an deren Stelle 1344 die Wettiner getreten sind.[3] Und ebenso erscheint die Döbener Burggrafschaft sowohl im 13. wie im 14. Jahrhundert als markgräflich-meißnisches Lehen.[4]

---

[1] Die Lehnsurkunde ist gedruckt bei Horn, Nützliche Sammlungen zu einer historischen Handbibliothek von Sachsen (Leipzig 1728) S. 742 f.

[2] Im Jahre 976 schenkt Otto II. *civitatem* Altenburg der Naumburger Kirche (MG. DD. II, Otto II. 139). Deshalb wird von manchen, z. B. von v. Braun, Burggrafen, S. 2, der 1140—1145 erwähnte Naumburger Ministeriale Heinrich von Altenburg (Dobenecker, Regesta Thuringiae I, 1413, 1539, 1582) mit dem ersten bekannten Altenburger Burggrafen Heinrich identifiziert, aber schwerlich mit Recht.

[3] Vgl. oben S. 221 Anm. 6.

[4] Vgl. Märcker, a. a. O., UB. 24 (1286); Lehnbuch Friedrichs des Strengen 1349/1350 S. 6 f.

Eine eigene Bewandtnis hat es mit der Reichsunmittelbarkeit des Burggrafen von Meißen.[1] Abgesehen davon, daß er in einigen Königsurkunden als Zeuge vorkommt, lassen sich nähere Beziehungen desselben zum Reich weder im 12. noch im 13. Jahrhundert nachweisen. Dagegen erscheint er in diesen Jahrhunderten nicht nur wiederholt als markgräflich-meißnischer Vasall,[2] sondern wir wissen auch aus einigen Urkunden aus dem Ende des 13. Jahrhunderts ganz genau, daß er den dritten Pfennig und demnach überhaupt die Burggrafschaft vom Markgrafen zu Lehen trug. Seit dem Anfang des 14. Jahrhunderts ist von diesem Lehnsnexus nicht mehr die Rede; dafür verleiht im Jahre 1338 Kaiser Ludwig dem Burggrafen Meinher IV. *alle die lehen, die er von uns und dem riche haben solt*, darunter auch *die Burggrafschaft ze Myssen.*[3] Seitdem nennen sich die Meißner Burggrafen wiederholt „des heiligen römischen Reichs Burggrafen zu Meißen";[4] die Burggrafschaft erscheint unzweifelhaft als Reichslehen. Ob nun die kriegerischen Ereignisse am Ende des 13. und Anfang des 14. Jahrhunderts[5] oder die seit dem Ende des 13. Jahrhunderts bestehende Personalunion der Burggrafschaft mit der vom Reiche lehnrührigen Grafschaft Hartenstein[6] die Ursache dieser Veränderung war, mag dahingestellt bleiben. Jedenfalls ist diese Verwandlung der Burggrafschaft Meißen in ein Reichslehen erst ein Produkt der späteren Zeit, während sie im 12. und 13. Jahrhundert offenbar von den Markgrafen abhängig war.

Was die Burggrafschaften der Lausitz betrifft, so läßt sich

[1] Mit ganz verkehrten Argumenten handelt darüber MÄRCKER, a. a. O., S. 296 ff.

[2] So heißt schon Burggraf Hermann in zwei markgräflichen Urkunden von 1150 und 1161 *fidelissimus meus* und *fidelis noster* (C. d. SAX. A. II, 223, 305).

[3] MÄRCKER, a. a. O., UB. 69. Spätere Lehnsbriefe existieren von Wenzel 1391 (ebenda 113) und Sigmund 1425 und 1426 (ebenda 138; UB. d. Vögte v. Weida II, 732).

[4] SCHÖTTGEN, Diplomat. Nachlese III S. 467 (1344); MÄRCKER, a. a. O., UB. 80, 81 (1348) etc. Vgl. MÄRCKER, a. a. O., S. 312.

[5] Über die Politik der Burggrafen in jener Zeit vgl. MÄRCKER, a. a. O., S. 305 ff.

[6] Vgl. darüber MÄRCKER, a. a. O., S. 226.

über die Stellung der in einer einzigen Urkunde Konrads von Wettin genannten Kastellane von Bautzen und Kottbus nichts sagen; seit der Abtretung der Oberlausitz an Böhmen 1158 ist der Bautzener Burggraf völlig abhängig vom böhmischen König,[1] während vom Kottbuser Burggrafen nicht weiter mehr die Rede ist. Der Dohnaer Burggraf hat während des 13. und 14. Jahrhunderts zwischen Böhmischer und Meißner Lehnsabhängigkeit geschwankt.[2] Es fehlt aber nicht an einem Zeugnis dafür, daß die Dohnaer Burggrafschaft ursprünglich vom Reich herrührte. Im Jahre 1212 übertrug König Friedrich II. dem König Ottokar von Böhmen *castrum Donin cum suis pertinentiis . . . . si illud a marchione Missenensi absolvere poterimus.*[3] Also die Burg Dohna (und damit wohl auch die Burggrafschaft) gehörte zum Reiche, aber sie befand sich tatsächlich in der Gewalt des Meißner Markgrafen, dem sie wohl als Lehen übertragen, möglicherweise auch verpfändet war. Wie weit dies Gewaltverhältnis zurückdatiert werden muß, läßt sich schwer sagen, auch nicht, ob die Reichsunmittelbarkeit der Burggrafschaft Dohna das ursprüngliche war. Jedenfalls muß, wie die obenangeführte Stelle in der Fortsetzung der Cosmasischen Chronik beweist, Wiprecht von Groitzsch die tatsächliche Herrschaft über die Dohnaer Burggrafschaft gehabt haben.[4]

Soviel können wir aus allen diesen Stellen sehen: die politische Abhängigkeit des Burggrafenamtes hat vielfach gewechselt. Aus den Quellen des 12. oder gar 13. Jahrhunderts läßt sich eine sichere Beantwortung der Frage, ob es ein königliches oder ein markgräfliches Amt war, nicht gewinnen. Am deutlichsten erscheint die Abhängigkeit vom Markgrafen gerade bei dem bedeutendsten unter allen, beim Meißner Burggrafen. Aber gerade für diesen wichtigsten und ältesten Burggrafen haben wir aus dem 11. Jahrhundert eine Nachricht, die ihn als eine im unmittelbaren Dienst des König Heinrichs IV. stehende Per-

---

[1] Vgl. Knothe, a. a. O., S. 173 f. Das Amt war nicht erblich, sondern wurde vom König mit czechischen Adligen frei besetzt.

[2] Vgl. die allerdings ganz ungenügenden Angaben in dem Werke Die Donins I S. 48 ff.

[3] Huillard-Bréholles I p. 219.

[4] Vgl. oben S. 233 Anm. 1.

sönlichkeit erscheinen läßt[1] und damit die Annahme, daß er ein markgräflicher Beamter war, zerstört. Er muß ein Reichsbeamter gewesen sein, und das gleiche dürfen wir wohl auch für seine Kollegen als das Ursprüngliche annehmen. Überhaupt dürfte es unmöglich sein, vor der Mitte des 12. Jahrhunderts an das Vorhandensein einer organisierten markgräflichen Verwaltung zu denken. Der Markgraf ist in jenen Gebieten der höchste militärische Befehlshaber, er ist der oberste Richter, in dessen Landding der deutsche Landesadel seinen Gerichtsstand hat und höchstens die schwersten Kriminalverbrechen gerichtet werden. Aber im übrigen liegt die militärische Gewalt und die Judikatur in den Händen von königlichen Distriktsbeamten, von Burggrafen. So waren offenbar die Verhältnisse im 11. Jahrhundert. Im 12. Jahrhundert ist es teils den Markgrafen, teils anderen Fürsten gelungen, einzelne Burggrafen von sich in Abhängigkeit zu bringen, während andere dem Reiche verblieben oder wieder an das Reich zurückgelangten. Die Entwickelung nimmt von nun an für die einzelnen Burggrafschaften einen verschiedenen Verlauf, und nur gewisse gleichmäßige Erscheinungen, wie die gleiche Benennung, der dritte Pfennig, das Wachgetreide, verraten die ursprüngliche Einheitlichkeit des Amtes.

Bei einer derartigen Verfassungseinrichtung, wie den Burggrafschaften, liegt es nahe, nach einem älteren Rechtsinstitut zu suchen, an das sie vielleicht anknüpft. Wer die Geschichte jener Elb- und Saalegegenden kennt, wird dabei natürlich in erster Linie an die Burgwardverfassung denken, über die wir ja durch neuere Untersuchungen verhältnismäßig gut unterrichtet sind.[2] Wir wissen, das im 10. und 11. Jahrhundert in den Elb- und Saalegebieten anders als in anderen Grenzgebieten eine

---

[1] Bruno de bello Saxonico c. 11: Bei einem Mordanschlag König Heinrichs IV. in der Harzburg erscheint *Burchardus Misnensis praefectus, huius latrocinii ductor nequissimus.*

[2] Über die Burgwardverfassung vgl. vor allem die treffliche Dissertation von S. Schwarz, Anfänge des Städtewesens in den Elb- und Saalegegenden (Kiel 1892); ferner E. O. Schulze, a. a. O., S. 310 ff.; Knüll, Die Burgwarde (Holzminden 1895), Historische Geographie Deutschlands im Mittelalter (Breslau 1903) S. 78.

durchgehende Landeseinteilung in „Burgwarde“ bestand. Diese Burgwarde hatten als Mittelpunkt eine Burg, deren Kommandant (*praefectus, custos etc.*) der militärische Befehlshaber des umliegenden „Burgwardes“ war; ob letzterer daneben auch Verwaltungs- und Gerichtsbezirk war, läßt sich nicht mit Sicherheit feststellen. Jedenfalls ist es in den Urkunden des 10. und 11. Jahrhunderts allgemein üblich, die Lage von Ortschaften nach ihrer Zugehörigkeit zu einem bestimmten Burgward zu bestimmen. Selbst im 12. und 13. Jahrhundert, als die Burgwardverfassung selbst längst abgestorben war, hat sich noch diese geographische Bedeutung der Burgwarde erhalten; noch immer werden gewisse Bezirke unter dem Namen eines Burgwardes zusammenfaßt.

Wiederholt hat die Forschung diese Burgwarde mit den späteren Burggrafschaften vermengt und Eigentümlichkeiten der Burggrafschaftsverfassung in die Burgwardverfassung hineingetragen;[1] durchaus mit Unrecht. Denn jeder Versuch, die Burggráfschaftsverfassung aus der alten Burgwardverfassung herzuleiten, muß unbedingt fehlschlagen. Man darf sich durch die gleiche Bezeichnung *praefectus,* die den Burggrafen und den alten Burgwardkommandanten zukommt, nicht irre machen lassen; die Stellung beider muß tatsächlich recht verschieden gewesen sein.[2] Daß sich die meisten Burgen, nach denen sich die Burggrafen nennen, nicht als Mittelpunkte von Burgwarden nachweisen lassen, könnte auf einem Zufall beruhen. Entscheidend aber ist die Tatsache, daß die Zahl der Burgwarde viel größer und das Gebiet des einzelnen dementsprechend viel kleiner ist, als Zahl und Gebiet der späteren Burggrafschaften.[3] Und dabei ist uns bei der Lückenhaftigkeit unseres Quellenmaterials zweifellos nur ein Teil

[1] So bringen E. O. Schulze, a. a. O., S. 312 f. und ihm folgend H. B. Meyer, a. a. O., S. 64 das Wachgetreide mit der Burgwardverfassung in Zusammenhang.

[2] Sehr richtig warnt S. Schwarz, a. a. O., S. 49 Anm. 66 davor, aus der Bezeichnung *praefectus* den Namen „Burggraf“ für den Burgwardvorsteher zu erschließen.

[3] Man vergleiche das Verzeichnis bei S. Schwarz, a. a. O., S. 18 ff. Etwa zehn von den daselbst S. 15 angeführten Orten müssen zur Burggrafschaft Meißen gehört haben.

der Burgwardnamen bekannt. In den Burgwarden die Vorgänger der Burggrafschaftsverfassung zu erblicken, geht also nicht an. Höchstens ließe sich vermuten, daß man im 11. Jahrhundert mehrere Burgwarde zu einer Burggrafschaft vereinigte, übrigens ohne dabei ihre Sonderstellung als Burgwarde anzutasten.[1]

Dagegen könnte man in der eigenartigen Organisation der Verteidigung der Burg Meißen eine Vorläuferin der späteren Meißner Burggrafschaft erblicken.[2] Es wäre dann anzunehmen, daß man um die Mitte des 11. Jahrhunderts den periodischen Wechsel in der Kommandantur der Burg Meißen aufgegeben und die militärische Gewalt in der Burg und in einem großen umliegenden Bezirk einem einzelnen Burggrafen übertragen habe, und daß derartige Burggrafschaften entweder gleichzeitig oder etwas später auch in dem übrigen Markgebiete begründet worden seien.

Ganz unentschieden muß ich lassen, wie weit man bei der Begründung dieser deutschen Burggrafschaften sich an slawische Vorbilder angelehnt hat. In Betracht kämen die böhmischen Kastellanieen,[3] deren Vorsteher königliche Burgkommandanten sind und in den einheimischen Quellen des 12. und 13. Jahrhunderts *castellani, praefecti*, seltener *comites* heißen, während seit dem 13. Jahrhundert — zuerst 1224[4] — für sie die deutsche Bezeichnung *burggravius* ebenfalls gebräuchlich wird. Gewiß läßt sich nicht leugnen, daß Cosmas den Dohnaer Burggrafen mit seinen einheimischen Kastellanen identifiziert und ebenso wie von *praefecti* der böhmischen Burgen auch vom *praefectus* der Burg Dohna spricht. Auch scheint es, daß die Burggrafschaft

---

[1] Auch nach der Begründung der Burggrafschaften werden gelegentlich Burgwarde genannt.

[2] Vgl. oben S. 238 Anm. 2.

[3] Über die Kastellanieen in Böhmen vgl.: Palacky, Geschichte von Böhmen, 2. Abdr. (Prag 1844) I S. 174, II S. 18 ff.; Jireček, Das Recht in Böhmen und Mähren (Prag 1866) II S. 98 ff.; Lippert, Sozialgeschichte Böhmens I (Wien 1896) S. 235 ff. Über die ähnlichen polnischen Kastellanieen in Schlesien vgl. Rachfahl, Die Organisation der Gesamtverwaltung Schlesiens vor dem dreißigjährigen Kriege (Leipzig 1894) S. 33 ff.

[4] Zuerst in Bautzen 1219 (Erben, Reg. Boh. S. 288), dann 1224 (ebenda S. 316) etc. Diese deutsche Bezeichnung ist natürlich aus der Mark Meißen entlehnt.

Bautzen, seitdem sie 1158 unter böhmische Herrschaft gelangt war, ganz als böhmische Kastellanie behandelt wurde.[1] Aber damit ist nichts für den historischen Zusammenhang beider Ämter bewiesen, und selbst wenn man einen solchen annehmen wollte, muß es ganz unentschieden bleiben, welche von den Einrichtungen das Vorbild für die andere gewesen ist, ob die deutsche oder die slawische.[2] Für sehr wahrscheinlich halte ich diesen Zusammenhang schon aus dem einen Grunde nicht, weil der böhmische *castellanus* nach allem, was wir von ihm wissen, eine ganz andere gerichtliche Stellung einnahm als der deutsche Burggraf.[3] Lieber möchte ich an einen Zusammenhang zwischen der Kastellanieverfassung und der deutschen Burgwardverfassung denken, ohne in dieser sehr kontroversen Frage eine Entscheidung fällen zu wollen.[4]

Viel eher möchte ich das Vorbild der östlichen Burggrafschaftsverfassung in der Kastellanatsverfassung Flanderns erblicken. Gewiß, die räumliche Entfernung zwischen beiden Gebieten ist groß genug, und direkte Beziehungen lassen sich im 11. Jahrhundert

---

[1] Die seitdem in Bautzen eingesetzten Kastellane stammen sämtlich aus dem inneren Böhmen.

[2] Die Herleitung der deutschen Burggrafschaften von den böhmischen Kastellanieen wäre dann entschieden ausgeschlossen, wenn die vor allem von Palacky und Jireček vertretene Übersetzung des Wortes *castellanus* mit *župan* Recht behielte. Denn Supane und Supanieen kommen auch in der Mark Meißen vor, aber die Supane sind Untergebene der Burggrafen und die — vielleicht mit den alten Burgwarden zusammenfallenden (?) — Supanieen sind Unterbezirke der Burggrafschaften; vgl. vor allem Märcker, a. a. O., S. 132 ff. Aber diese Übersetzung *castellanus* = *župan* schwebt nach den neueren Untersuchungen völlig in der Luft; vgl. Lippert in den Mitteilungen des Vereins für Geschichte der Deutschen in Böhmen XXXI (1893) S. 223 ff.; v. Schlechta-Wssehrd, ebenda XXXII (1894) S. 1 ff., 140 ff.

[3] Vgl. über diese gerichtliche Stellung Lippert, Sozialgeschichte Böhmens I S. 310 ff., vor allem S. 324.

[4] Der slawische Ursprung der Burgwarde wird vor allem behauptet von Knüll in den oben S. 251 Anm. 2 erwähnten Schriften. Vgl. dagegen die nicht gerechtfertigte harte Kritik von E. O. Schulze im Neuen Archiv für sächsische Geschichte XVIII S. 179 ff. Ohne Kenntnis der slawischen Sprachen und eingehende topographische Untersuchungen wird man die Frage nicht lösen können.

nicht nachweisen. Aber seitdem wir nicht nur für die bäuerliche Kolonistenleihe, sondern auch für die Leihe der Marktansiedlungen das Vorbild in Flandern vermuten können,[1] läßt sich der Gedanke, daß auch in mancher anderen Beziehung vlämische Einflüsse selbst im Osten Deutschlands gewirkt haben, nicht ohne weiteres von der Hand weisen. Über Vermutungen kommen wir allerdings in dieser Beziehung nicht hinaus.

An der Existenz einer eigentümlichen Burggrafschaftsverfassung jedenfalls läßt sich nicht zweifeln. Unsicher dagegen ist ihr Verbreitungsgebiet. Waren die Burggrafschaften von Kirchberg, Zeitz, Groitzsch, Neuenburg, Giebichenstein, Wettin ebensolche Burggrafschaften wie Meißen, Döben etc., so daß wir das Gebiet der Burggrafschaftsverfassung weiter nach Westen und Nordwesten ausdehnen können? Wir wissen es nicht. Sollte hier eine Burggrafschaftsverfassung bestanden haben, so muß sie noch radikaler als in der Mark Meißen in der späteren Entwickelung zugrunde gegangen sein. Nur über eins kann kein Zweifel bestehen, nämlich daß wir in diesen Burggrafen militärische Befehlshaber der Burgen, nach denen sie sich nennen, zu erblicken haben.

Dasselbe war auch zweifellos der Fall bei den früh verschwundenen Burggrafen der Mark Brandenburg. Hier, im brandenburgischen Gebiet, haben wir aber auch ein Zeugnis für die gerichtliche Tätigkeit der Burggrafen. In einer Urkunde vom Jahre 1215 befreit Markgraf Albrecht II. die Bürger von Stendal von der Gerichtsbarkeit des Burggrafen, den sie bisher gehabt haben.[2] Es mag dahingestellt bleiben, ob darunter der benachbarte Burggraf von Arneburg oder ein sonst nie in den Urkunden verzeichneter Burggraf von Stendal zu verstehen ist.[3]

---

[1] Vgl. Rietschel in der Zeitschrift der Savigny-Stiftung, German. Abt. XXII (1901) S. 191.

[2] Riedel, C. d. Brandenb. A. XV, 5 (die entscheidende Stelle auch bei Keutgen, Urkunden 107b): *gravamen quod idem Stendalenses pro importunitate borcgravii, quem habere consueverunt, penitus relaxavimue statuentes, ut in civitate deinceps placito et iuri non teneantur stare borcgravii.*

[3] Riedel, Mark Brandenburg, II S. 506 tritt für die erstere, Kühns, a. a. O., I S. 96 tritt für die letztere Ansicht ein.

So viel ist klar: dieser Burggraf hat Jurisdiktionsbefugnisse, und zwar übt er dieselben in Abhängigkeit vom Markgrafen aus, da dieser sonst die Stadt nicht von der burggräflichen Gerichtsbarkeit befreien könnte. Die herrschende Ansicht macht zwischen diesen märkischen Burggrafen und den vereinzelt gleichzeitig, häufiger erst nach dem Verschwinden des Burggrafenamtes vorkommenden Vögten keinen Unterschied.[1] Hält man sich aber die Ergebnisse, die wir für die Mark Meißen gefunden haben, vor Augen, so gewinnt eine Vermutung, die in zaghafter Weise schon RIEDEL geäußert hat,[2] an Wahrscheinlichkeit, nämlich die, daß auch hier in der Mark Brandenburg eine ältere Burggrafschaftsverfassung der jüngeren Vogteiverfassung vorangegangen ist.

---

§ 15.

Magdeburg.

Wenden wir uns dem einzigen „echten“ Burggrafen Ostfalens, ja Sachsens überhaupt, dem Burggrafen von Magdeburg,[3] zu und beginnen wir mit einer Skizzierung der äußeren Schicksale des Burggrafenamtes. Dieselbe kann kurz ausfallen, da wir über die Aufeinanderfolge sowohl der älteren wie der späteren Burggrafen durch einige sorgfältig gearbeitete Aufsätze gut unter-

---

[1] Vgl. vor allem KÜHNS, a. a. O., I S. 95.

[2] RIEDEL, a. a. O., II S. 433. Nur darin irrt RIEDEL, daß er diese Burggrafschaftsbezirke mit den alten Burgwarden identifiziert. Dabei merkt er, daß es in der Mark mehr Burgwarde als Burggrafschaften gibt, und wird deshalb wieder zweifelhaft, ob er mit seiner Vermutung das Richtige trifft. Sobald man die Gleichstellung von Burggrafschaftsbezirk und Burgward fallen läßt, ist dieser Zweifel grundlos.

[3] Über Magdeburg vgl. die Literatur bei RIETSCHEL, Markt und Stadt S. 51 Anm. 1; ferner ARNOLD, Freistädte, I S. 97 ff.; v. MAURER, Städteverfassung, III S. 418 ff.; WOLTER, Geschichte der Stadt Magdeburg (Magdeburg 1890); BARTH, Das bischöfliche Beamtentum im Mittelalter, in der Zeitschrift des Harz-Vereins XXXIII, 2 (1900) S. 327 ff.; G. STOBBE, Die Magdeburger Gerichtsverfassung im 13. Jahrhundert, in den Geschichtsblättern für Stadt und Land Magdeburg XXXII (1897) S. 78 ff. (schöpft leider ohne jede Kenntnis des Urkundenmateriales allein aus den Rechtsbüchern).

richtet sind.[1] Wenn wir dem allerdings gegen anderthalb Jahrhunderte später lebenden, aber im ganzen doch gut unterrichteten Annalista Saxo Glauben schenken, so waren die ersten Magdeburger Burggrafen, von denen wir wissen, Friedrich und sein Sohn Konrad aus dem Hause der Grafen von Walbeck in der ersten Hälfte des 11. Jahrhunderts.[2] Sicheren Boden betreten wir aber erst mit Meginfried, den der sächsische Annalist als Stiefbruder Konrads von der Mutterseite her und als seinen Nachfolger bezeichnet,[3] und der nach absolut sicherer Überlieferung 1080 bei Flarchheim fiel.[4] Der nächste Burggraf war Hermann, der Bruder Erzbischof Hartwigs, aus dem Geschlechte der Grafen von Spanheim, bis 1118.[5] Ihm folgte die gewaltigste Persönlichkeit unter den ostsächsischen Fürsten jener Zeit, Wiprecht von Groitzsch, der 1124 das Amt seinem Sohne Heinrich hinterließ.[6] Nach Heinrichs am letzten Tage des Jahres 1135 erfolgtem Tode gelangte das Amt an Burchard von Querfurt, in dessen Familie es über ein Jahrhundert blieb,[7] bis Burchard XI. im Jahre 1269 oder 1270 das Burggrafenamt und das damit verbundene Schenkenamt nebst einigen Vogteien an den Erzbischof verkaufte, damit

[1] Über die älteren Burggrafen vgl. FRENSDORFF, Die älteren Magdeburger Burggrafen, in den Forschungen zur deutschen Geschichte XII (1872) S. 296 ff. und RODENBERG im Neuen Archiv XXV (1900) S. 483 ff. Über die späteren Burggrafen aus dem Hause Querfurt vgl. HOLSTEIN, Die Burggrafen von Magdeburg aus dem Hause der Edeln von Querfurt, in den Geschichtsblättern für Stadt und Land Magdeburg VI (1871) S. 33 ff.

[2] Annalista Saxo (MG. SS. VI p. 642 f., 679, 688). Eine Urkunde Erzbischof Geros von 1016, die den *prefectus urbis Magdeburg* nennt (UB. UL. Frauen-Magdeburg 1), hat RODENBERG, a. a. O. als spätere Fälschung nachgewiesen. Dagegen liegt meines Erachtens kein Grund vor, mit RODENBERG die Richtigkeit der Angaben des über die Genealogie der sächsischen Familien sehr gut unterrichteten und als zuverlässig bekannten sächsischen Annalisten zu bezweifeln, zumal da seine Erwähnung eines Burggrafen Meginfried sich als richtig erweist.

[3] Annalista Saxo (MG. SS. VI p. 688).

[4] Bertholdi Annales ad a. 1080; Bruno de bello Saxonico 117 (MG. SS. V p. 325, 378). Vgl. auch Vita s. Haimeradi 32 (MG. SS. X p. 606).

[5] Vgl. FRENSDORFF, a. a. O.

[6] Vgl. FRENSDORFF, a. a. O.

[7] Vgl. HOLSTEIN, a. a. O.

es dieser den sächsischen Herzögen als Lehen gebe.[1] Außerhalb Magdeburgs, insbesondere in Halle, sind auch künftig bis in die Neuzeit die Herzöge von Sachsen im Besitz der burggräflichen Rechte geblieben. Erst Kurfürst August von Sachsen hat 1579 darauf verzichtet.[2] Dagegen haben die Magdeburger schon im Jahre 1294 dem sächsischen Herzoge sämtliche Gerechtsame, die er als Burggraf in der Stadt Magdeburg besaß, wieder abgekauft. Der Herzog hat diese Rechte in die Hände des Erzbischofs zurückgegeben,[3] der sich seinerseits den Bürgern gegenüber

[1] Die Vorurkunde über diesen Verkauf ist gedruckt UB. Magdeburg I, 141 (1269): Zwischen dem Magdeburger Erzbischof und den sächsischen Herzögen wird vereinbart, *quod si dominus archiepiscopus burgraviatum et annexum illi pincernatum a domino burgravio emerit, ipse debebit eadem officia porrigere dominis ducibus in feodo cum advocatiis monasteriorum Novi operis in Halle et in Gratia dei et in Alsleve et cum omnibus bonis liberis et infeodatis burgraviatui et pincernatui pertinentibus.* Daß der Verkauf und die Belehnung der sächsischen Herzöge perfekt geworden sind, ergibt sich daraus, daß seit 1270 (zuerst Cod. dipl. Anhalt. II, 375) die Herzöge sich Burggrafen von Magdeburg nennen. Übrigens haben die Querfurter und ihre Erben, die Grafen von Retz und Hardegg, später noch lange den Burggrafentitel geführt. Einer der letzteren hat sogar noch im Jahre 1359 Versuche gemacht, die burggräfliche Gewalt zu erlangen; vgl. Magdeburger Schöppenchronik (Chroniken der deutschen Städte VII) S. 229 ff.

[2] Über die burggräflichen Rechte der Herzöge in Halle vgl.: Hertzberg, Geschichte der Stadt Halle an der Saale I (Halle 1889) S. 302 ff., 368 ff., II (Halle 1891) S. 126 ff., 185 ff., 197, 214, 246, 253, 274; Hülsse in den Geschichtsblättern für Stadt und Land Magdeburg XXII (1887) S. 123 ff.; Brandenburg in der deutschen Zeitschrift für Geschichtswissenschaft, N.F. I (1897) Vierteljahrshefte S. 260 f.

[3] UB. Magdeburg I, 188 (1294): Herzog Albrecht von Sachsen läßt dem Erzbischof Erich auf *dignitatem seu borhgravionatum et bannum eiusdem borchgravionatus infra muros Magdeburgenses et in Novo foro cum omnibus pertinenciis eorundem, quos tenuimus a venerabili domino nostro Erico sancte Magdeburgensis ecclesie archiepiscopo.* Ebenda I, 187 (1294): Erzbischof Erich erwirbt *eyn frey und ein ledig burggravenammecht binnen der stadt tho Magdeburgk uff dem alten markede und uff dem nyen markede.* Von den Bürgern heißt es: *so hebben sy dat sulven burggravenammecht gegulden mit negenhundert marken sulvers ohres gudes.* Vgl. auch Schöppenchronik S. 176; Gesta archiep. Magdeb., Cont. I, 38 (MG. SS. XIV p. 425).

verpflichten mußte, das Amt nie weiter zu vergeben[1] und die mit ihm verbundenen gerichtlichen Funktionen selbst auszuüben.[2] Tatsächlich finden wir auch später wiederholt die Magdeburger Erzbischöfe als Vorsitzende im Burggrafending.[3]

Bereits aus den Urkunden von 1269 und 1294 ergab sich, daß das Burggrafenamt erzbischöfliches Lehen war. Das ist auch in früherer Zeit nicht anders gewesen. Auch nicht eine einzige Quellenstelle deutet auf ein königliches Ernennungsrecht hin. Dagegen berichten uns die Quellen, daß schon 1117 Wiprecht die Burggrafschaft von Erzbischof Adalgot als Lehen empfing,[4] und daß auch Burchard von Querfurt 1136 das Amt erzbischöflicher Verleihung verdankte.[5] Daß diese Verleihung eine Belehnung war, kann man schon daraus schließen, daß seitdem das Amt im Mannesstamme der Querfurter Familie erblich war. Auch kann es wohl kaum einem Zweifel unterliegen, daß schon 1080 Burggraf Hermann die Magdeburger Burggrafschaft von seinem erzbischöflichen Bruder erhalten hat.

Die Amtsbezeichnungen, die der Magdeburger Burggraf führt, sind die auch anderwärts üblichen. Wie überall ist der Titel *praefectus* oder *praefectus urbis* die Benennung, die zuerst vorkommt und bis in die sechziger Jahre des 12. Jahrhunderts

---

[1] UB. Magdeburg I, 187: *dat wy noch unse nachkommelinge dat sulve burggravenammecht mit alle dem, dat da to gehort, noch lyhen noch setten noch geben schollen noch mogen noch neiner hand wise entfernen mogen uns und unserm godeshuse.*

[2] Ebenda I, 187: *dat de scheppen undt de borgere de drey echte ding, de to dem burggravenammecht gehoren, dat wy gewunnen hebben, niemanden schullen setten wenne uns sulven und unse nakommelinge.*

[3] Diese Burggrafendinge werden später von den Magdeburger Erzbischöfen in Zwischenräumen von mehreren Jahren abgehalten; vgl. Magdeburger Schöppenchronik S. 239 (1362), 290 (1388), 403 (1451), 409 (1464), 419 (1501), 421 (1516).

[4] Annales Pegav. 1117 (MG. SS. XVI p. 253): *Eodem tempore ab Adelgoto archiepiscopo Magdaburgense praefecturam 1000 clipeis et 500 talentis praeditam in beneficium accepit.*

[5] Gesta archiep. Magdeb. c. 27 (MG. SS. XVI p. 415): *Prefecturam urbis, quam ipse tenebat, fratri suo Burchardo commisit.*

überwiegt.[1] Seitdem gewinnt der deutschlateinische Ausdruck *burggravius*, der zuerst 1159 bezeugt ist, die Oberhand.[2] Seltener findet sich die Bezeichnung *castellanus*[3] und am seltensten die wörtliche Übersetzung des Wortes „Burggraf", *comes urbis* oder *comes civitatis.*[4]

Daß der Burggraf in Magdeburg Träger der hohen Gerichtsbarkeit war, unterliegt nun nicht dem geringsten Zweifel. Die Rechtsquellen des 13. Jahrhunderts geben uns detaillierte Auskunft über seine Gerichtsgewalt. Danach hielt er alljährlich an drei bestimmten Tagen seine echten Dinge in der Stadt Magdeburg unter Königsbann ab. Alles Ungerichte, das 14 Tage vor seinem Dinge geschah, hatte er dort zu richten; drei besonders schwere Fälle, *not*, *heymsuche* und *lage*, waren sogar seiner ausschließlichen Jurisdiktion vorbehalten. Im übrigen konnten alle Zivil- und Kriminalsachen in diesen Gerichten entschieden werden.[5] Genau in derselben Eigenschaft als obersten Richter in der Stadt zeigen ihn auch verschiedene Gerichtsurkunden aus dem 12. Jahrhundert bei Grundstückserwerbungen des Klosters

[1] *Praefectus* heißt der Magdeburger Burggraf bei den Schriftstellern des 11. Jahrhunderts, bei Bruno de bello Saxonico 52, 117 und in der Vita s. Haimeradi 32 (MG. SS. X p. 606), ferner in Urkunden von ca. 1102 (Wirtemb. UB. II S. 399), 1105, 1107, 1110 (UB. Kloster Berge 16, 17, 20) und öfter. Im 13. Jahrhundert kommt die Bezeichnung *praefectus* nur noch vereinzelt vor; z. B. UB. Kloster Pforte I, 57 (1203); Würdtwein, Nova Subsidia X, 89 (1209); Huillard-Bréholles II p. 304 (1214); Schöttgen und Kreisig, Diplomataria II S. 177; v. Mülverstedt, Regesta II, 948, 949 (1231).

[2] UB. Magdeburg I, 31; v. Mülverstedt, Regesta I, 1376 (1159). Seitdem findet sich der Titel *burggravius* außerordentlich häufig, allein im 12. Jahrhundert noch gegen hundertmal.

[3] Zuerst 1146 (UB. Hochst. Halberstadt I, 214). Seitdem ist der Titel *castellanus* noch etwa dreißigmal bezeugt.

[4] Zuerst 1108 (UB. Kloster Berge 18), dann wieder 1121 (v. Mülverstedt, Regesta I, 955), und von 1140 bis 1176 etwa zwanzigmal. Später kann ich die Bezeichnung nicht mehr finden. Von den erzählenden Quellen nennt zuerst Berthold im 11. Jahrhundert einen *comes Parthenopolitanus* (MG. SS. V p. 325).

[5] Vgl. über das Einzelne die ausführlichen Darstellungen bei Planck, a. a. O., I S. 22 ff.; Hagedorn, a. a. O., XX S. 337 ff.; Stobbe, a. a. O., S. 83 ff.

Unser Lieben Frauen.[1] Die Frage ist nur, ob diese gerichtliche Tätigkeit wirklicher Ausfluß des Burggrafenamtes war.

Eins steht zunächst fest: der Magdeburger Burggraf war kein Gaugraf, kein Graf, der ein größeres Landgebiet als Grafschaft besaß. Unmittelbar vor seinen Toren wurde Magdeburg von der Grafschaft Billingshoch im Nordthüringgau eingerahmt,[2] so daß für eine Magdeburger Gaugrafschaft kein Raum war. Aber ebensowenig war der Magdeburger Burggraf ein Stadtgraf. Mit absoluter Sicherheit ergeben vielmehr die Quellen, daß in Magdeburg, ebenso wie in fast allen anderen Bischofsstädten, der Burggraf nur als Vogt des Erzbischofs die hohe Jurisdiktion ausübte.[3]

Daß, wie auch anderwärts, der Burggraf zugleich Vogt des Erzbischofs und der Domkirche war, wird in den Quellen wiederholt hervorgehoben.[4] Schon Hermann von Spanheim erscheint nicht nur als Burggraf, sondern auch als Vogt seines erzbischöflichen Bruders,[5] das gleiche gilt von Wiprecht von Groitzsch[6] und dessen Sohne Heinrich.[7] Und wenn auch keiner der Quer-

---

[1] UB. UL. Frauen 30 (1161—1163), 36 (vor 1170), 46 (vor 1180): *in placito Burchardi urbani comitis;* ebenda 35 (1167): *in civitate Magdeburgensi in placido Burchardi urbani comitis;* ebenda 53 (vor 1180): *in placito Burchardi burchravii.*

[2] Vgl. Winter, Die Grafschaften im Nordthüringgau, in den Geschichtsblättern für Stadt und Land Magdeburg IX (1874) S. 281 ff., 394 ff., insbesondere S. 314.

[3] Das hat schon Hagedorn, a. a. O., XVI S. 418 ff. richtig erkannt. Seine scharfsinnigen Untersuchungen haben aber nirgends die verdiente Würdigung gefunden.

[4] Vgl. Frensdorff, a. a. O., S. 297 Anm. 1; Hagedorn, a. a. O., XVI S. 408 ff., XVII S. 109 ff.; Arnold, a. a. O., I S. 97 ff.; Varges in den Jahrbüchern für Nationalökonomie und Statistik, 3. Folge XII (1896) S. 488.

[5] Neue Mitteilungen des Thüringisch-Sächs. Vereins X, 1 S. 131 (1100); UB. Kloster Berge 16 (1105), 17 (1107), 20 (1110); Mittelrhein. UB. I, 422 (1112). Dagegen ist die Urkunde von 1090 in den Neuen Mitteilungen des Thüringisch-Sächs. Vereins X, 2 S. 220 wohl unecht.

[6] Annales Pegav. (MG. SS. XVI p. 254): *Wiprecht in villa Halla, ubi advocatiae causas amministrabat.*

[7] C. d. Sax. A. II, 100, 101 (1135).

furter ausdrücklich[1] als Domvogt aufgeführt wird,[2] so kann doch angesichts der Zeugnisse der Rechtsquellen des 13. Jahrhunderts, die den Burggrafen ausdrücklich als den obersten Vogt des Gotteshauses zu Magdeburg bezeichnen,[3] an dem Fortbestande der Personalunion beider Ämter nicht der geringste Zweifel bestehen. Nur das läßt sich allerdings sagen, daß, seitdem die Querfurter das Amt inne haben, der Burggrafentitel den Vogttitel völlig verdrängt hat.

Bei der Lösung der Frage, ob die hohe Gerichtsbarkeit in Magdeburg auf das Burggrafen- oder das Vogtamt zurückzuführen ist, haben wir natürlich unseren Ausgang nicht von den späten, wohl erst im 15. Jahrhundert entstandenen Fabeleien der Schöppenchronik[4] zu nehmen, sondern wir müssen uns an die ältesten Nachrichten halten. Die älteste Nachricht über die Gerichtsbarkeit in Magdeburg enthält eine Urkunde Ottos I. von 965 für das Moritzstift,[5] die nach der Umwandlung des Stiftes in das Erzbistum Magdeburg 973 durch Otto II. bestätigt wurde.[6] Wir entnehmen ihr folgenden Passus:

---

[1] Indirekt wird man auf die Vogtgewalt des Burggrafen aus einer Äußerung Erzbischof Wichmanns schließen können, daß er etwas aus dem Domschatz genommen habe *ex voluntate conventus, burggravii et ministerialium* (C. d. Sax. A. II, 462).

[2] Dagegen erscheinen die Burggrafen aus dem Hause Querfurt als Vögte der Dompropstei; vgl. v. Mülverstedt, Regesta II, 796 (1226), 1702 (1267). Überhaupt haben die Burggrafen eine Menge Vogteien in ihrer Hand vereinigt, so die von St. Nikolaus (v. Mülverstedt, Regesta II, 465), von Unser Lieben Frauen (UB. UL. Frauen 1, 93, 94, 98, 116, 117), von Kloster Berge (UB. Kloster Berge 16, 71, 73, 76, 85, 87), von Kloster Neuwerk bei Halle (v. Dreyhaupt, Saalkreis I S. 722 Nr. 164; C. d. Sax. A. II, 322; UB. Magdeburg I, 141) etc. Vgl. auch Hagedorn, a. a. O., XVII S. 118 ff.

[3] Vgl. Rechtsbuch von der Gerichtsverfassung XIII § 1 (bei Laband, Magdeburger Rechtsquellen S. 58): *das was der obirste foyt des gotes hawses zu Magdeburg, das ist der burggrefe.* Vgl. ebenda XIV § 1; Sächs. Weichbild XIV (ed. von Thüngen S. 15).

[4] Chroniken der deutschen Städte VII S. 210 ff. Vgl. Frensdorff, a. a. O., S. 310 ff.; Hagedorn, a. a. O., XVII S. 34 f.

[5] MG. DD. I, Otto I. 300.

[6] Eod. II, Otto II. 29.

Prescripti vero nostri banni deo sanctoque Mauricio a nobis oblati nullus vel comes vel vicarius vel iudex vel tribunus vel exactor vel aliqua persona in eadem civitate sibi usurpandi vel aliam aliquam in prescriptis legem aut disciplinam exercendi potestatem habeat, nisi ipse, qui eidem loco vel aecclesiae prefuerit vel advocatus, quem nostro consensu sibi et eidem ecclesie preficiendum elegerit.

Also Träger der öffentlichen Gewalt in der Stadt Magdeburg ist der Abt bezw. Erzbischof oder sein Vogt, und da die Ausübung der hohen Gerichtsbarkeit durch Geistliche in jener Zeit nach den kanonischen Grundsätzen unzulässig war, so haben wir eben den Vogt als den höchsten Richter in der Stadt anzusehen. Daran haben auch spätere Verhältnisse nichts ändern können. Gewiß ist richtig, daß in den späteren Urkunden und Rechtsaufzeichnungen immer und immer wieder vom Gericht des Burggrafen die Rede ist. Aber das erklärt sich einfach aus der Verdrängung des Vogttitels durch den Burggrafentitel;[1] auf einen organischen Zusammenhang zwischen Burggrafenamt und hoher Gerichtsbarkeit kann man daraus nicht schließen. Jedenfalls fehlt es auch später nicht an Spuren für den Zusammenhang dieser Jurisdiktion mit dem Vogtamte. So ist es sehr charakteristisch, daß im Jahre 1100 der mit der niederen Gerichtsbarkeit in der Altstadt Magdeburg betraute Beamte, der Schultheiß, *secundus advocatus eiusdem civitatis* heißt,[2] obwohl er mit den Vogteirechten des Burggrafen nichts zu tun hat. Und ferner ist es sicher kein Zufall, daß im Magdeburger Schöffenrecht das

---

[1] Zum Teil hat sich übrigens dabei der Burggrafentitel mit Requisiten des Vogttitels vermengt. So finde ich im 12. Jahrhundert eigentümliche Mißbildungen wie *Magdeburgensis ecclesie burggravius* oder *prefectus* (C. d. Sax. A. II, 390; UB. Hochst. Halberstadt I, 346), ferner *Magdeburgensis curiae burggravius* (Wenck, Hessische Landesgeschichte II, UB. 122 S. 156).

[2] Neue Mitteilungen des Thüringisch-Sächsischen Vereins X, 1 S. 131. Daß der dort genannte Alverich Magdeburger Schultheiß ist, ergibt sich aus der Urkunde von 1108 (UB. Kl. Berge 18), wo unter den Ministerialen *Alvericus prefectus* genannt wird. Über *praefectus* = Schultheiß vgl. unten S. 272 Anm. 5.

echte Ding des Burggrafen „Vogtding“ genannt wird,[1] und daß dies echte Ding wie andere Vogtdinge in der Bischofspfalz stattfindet.[2]

Den entscheidenden Beweis dafür, daß die gerichtliche Tätigkeit des Magdeburger Vogt-Burggrafen ihren Ursprung im Vogtamte und nicht im Burggrafenamte hat, liefern endlich die Hallenser Rechtsverhältnisse.[3] Genau dieselbe Gerichtsbarkeit, die dem Vogt-Burggrafen in Magdeburg zukommt, übt er auch in Halle aus, und zwar nicht erst in späteren Jahrhunderten, sondern auch schon zur Zeit Wiprechts[4] und der Burggrafen aus dem Hause Querfurt.[5] Wollten wir die Gerichtsbarkeit des Magdeburger Burggrafen aus seinem Burggrafenamte herleiten, so stünden wir dieser Erscheinung völlig ratlos gegenüber. So groß wir auch den Magdeburger Burgbezirk annehmen, daß er Halle umfaßt habe, erscheint völlig ausgeschlossen. Von einer besonderen Hallenser Burggrafschaft aber wird uns ebensowenig berichtet,

---

[1] Magdeburger Schöffenrecht IV § 1 (Laband, Rechtsquellen S. 114): *Ir hogeste richter ist der burgreve zu Megedeburg, der sitzet dri voget ding imme jare.* Das Magdeburg-Breslauer Recht von 1261 spricht an der entsprechenden Stelle § 7 von *bôtding* (Laband, a. a. O., S. 15).

[2] Eine Urkunde Erzbischof Albrechts von 1221 (UB. Kloster Berge 71) enthält folgenden Satz: *totum illud ius, quod ad burcgravium pertinet in raptu, in effusione sanguinis et in insidiis et in inruptione, que noth, bluthrust, lage, heimsuke vulgariter appellantur, ac preterea ius banni et trium iuditiorum annuorum, quibus ante palatium nostrum consueverunt burcgravii presidere in loco qui vulgo palenze nominatur.*

[3] Über die Gerichtsverhältnisse in Halle vgl. Hertzberg, Geschichte der Stadt Halle an der Saale I S. 57 ff. und an den oben S. 258 Anm. 2 angeführten Stellen.

[4] Vgl. oben S. 261 Anm. 6.

[5] C. d. Sax. A. II, 390 (1172): Dem Meißner Markgrafen Dietrich werden Grundstücke in Halle übertragen *coram domino Burghardo Magdeburgensis ecclesie burgravio .... ipso burgravio banno imperatorie maiestatis ea michi confirmante*; v. Dreyhaupt, Saalkreis I S. 831 Nr. 254 (1200): Vergabung einer Hofstätte in Halle *Gevehardi burchgravii et burgensium de Hallo consensu et beneplacito.* Vgl. auch die hochinteressante Verordnung Erzbischof Konrads über die Rechtsverhältnisse in Halle von 1276 §§ 8 ff. (v. Ludewig, Reliqu. Manuscr. XII S. 321 ff.), ferner die Hallenser Rechtsmitteilung für Neumarkt von 1235 (Laband, Rechtsquellen III S. 8) § 2: *summus noster iudex dominus burcgravius de Meydeburg ter in anno presidet iudicio.*

wie von einer Burg Halle.[1] Die Burg, unter deren Schutz sich die Stadt Halle entwickelt hat, ist Giebichenstein;[2] die dortigen Burggrafen aber haben weder Gerichtsbarkeit in der Stadt Halle besessen, noch mit den Magdeburger Burggrafen in irgend welchen Beziehungen gestanden.[3] Nehmen wir dagegen an, daß in dem alten erzbischöflichen Salinenorte Halle und in der daneben von den Erzbischöfen gegründeten Marktansiedlung[4] der erzbischöfliche Vogt mit der Ausübung der hohen Gerichtsbarkeit betraut war, so ist das ein Ergebnis, das mit allen unseren sonstigen verfassungsgeschichtlichen Erfahrungen in vollem Einklang steht. Müssen wir aber die Tätigkeit des Burggrafen in Halle auf das Vogtamt zurückführen, so kann in Anbetracht der beiden Ottonenprivilegien von 965 und 973 gar kein Zweifel daran bestehen, daß in Magdeburg die Verhältnisse genau ebenso lagen.

Natürlich waren die Städte Magdeburg und Halle nicht die einzigen Gebiete, in denen der Magdeburger Domvogt Jurisdiktionsgewalt besaß; auch das übrige erzbischöfliche Immunitätsgebiet muß dieser Gerichtsbarkeit unterstanden haben. Nur hat sich natürlich im Magdeburgischen derselbe Vorgang abgespielt, den wir schon anderwärts beobachten konnten, nämlich daß auf dem Lande diese vogteilichen Gerichtsrechte früher verloren ge-

---

[1] Unter der von Karl dem Großen *ad orientalem partem Sala ad locum qui vocatur Halla* angelegten Burg (Chronic. Moissacense in MG. SS. I p. 308) ist wohl Giebichenstein zu verstehen. Die auch von Hertzberg, a. a. O., I S. 19 geteilte Volksanschauung, das durch die Moritzburg angeblich ersetzte, völlig sagenhafte „schwarze Schloß" sei die alte Karolingerburg gewesen, findet in den Quellen nicht die geringste Bestätigung.

[2] Halle wurde im 10. und 11. Jahrhundert einfach als Burgflecken von Giebichenstein betrachtet. Das zeigt die Urkunde Ottos III. von 987, in welcher der König dem Magdeburger Erzbischof Zoll und Bann in Giebichenstein verleiht, sowie die Erlaubnis erteilt, dort eine Münze zu errichten. Wo der Ort dieser Zoll- und Bannrechte lag, ergibt eine Aufschrift auf der Rückseite des Privilegs von einer Hand des 11. (!) Jahrhunderts; sie lautet: *de mercato Hallo.*

[3] Vgl. über ihn den vorigen Paragraphen.

[4] Vgl. über diese beiden Ansiedlungen die allerdings sehr der Berichtigung bedürfenden Ausführungen bei Hertzberg, a. a. O., I S. 23 f., 45 ff. und den Plan am Schlusse des Bandes, auf dem nur die älteste Stadtgrenze ganz phantastisch eingezeichnet ist.

gangen sind. Aber doch haben sich Spuren von dieser außerstädtischen Tätigkeit erhalten. An eine Zugehörigkeit zum Vogteigebiet haben wir zu denken, wenn im Jahre 1161 ein Dorf in der Nähe von Calbe zum *Magdeburgensis comitatus* gerechnet wird.[1] Und ebenso ist ganz unzweifelhaft in der Urkunde Erzbischof Konrads von 1276, die von einem *iudicium burggraviatus extra muros Hallenses* redet,[2] diese außerstädtische Vogteigerichtsbarkeit des Burggrafen gemeint.

Aber was war der Magdeburger Burggraf, der Präfekt als solcher, ohne Rücksicht auf das von ihm bekleidete Vogtamt? Nun, ich glaube, nach allen den Ausführungen, die bisher über das Burggrafenamt gemacht worden sind, drängt sich die Antwort von selbst auf: er war militärischer Kommandant.[3] Aber war er Stadtkommandant oder Burgkommandant? Steht er in einer Linie mit den Burggrafen der älteren Bischofsstädte im Süden und Westen Deutschlands oder mit denen seiner unmittelbaren Nachbarschaft? Die Amtstitel vermögen uns nicht sichere Auskunft zu geben; es sind die bei beiden Kategorieen üblichen. Daß einige Male der sonst nur für Burgkommandanten, nicht für Stadtkommandanten übliche Titel *castellanus* vorkommt,[4] kann auf äußerer Anlehnung an den ostfälischen Sprachgebrauch beruhen und ist schwerlich beweisend. Auch die Rechtsquellen sind in dieser Frage schweigsam. Etwas weiter dagegen führt uns eine topographische Untersuchung über die ersten Anfänge Magdeburgs.[5]

---

[1] v. Dreyhaupt, Saalkreis I S. 723 Nr. 166: *quoniam eadem villa solvens 30 solidos ad Magdeburgensem comitatum attinebat.*

[2] v. Ludewig, Reliqu. Manuscr. XII p. 322 § 17: *Item de iudicio burggraviatus extra muros Hallenses volumus observari.*

[3] Das betont richtig auch Hagedorn, a. a. O., XVI S. 432 ff., wenn auch vieles einzelne in seinen Ausführungen, insbesondere seine Bezugnahme auf flandrische und slawische Verhältnisse, nicht einwandfrei ist.

[4] Vgl. S. 260 Anm. 3.

[5] Über die Topographie Magdeburgs vgl. außer den allgemeineren Arbeiten über die Stadtgeschichte vor allem den Aufsatz von Hülsse, Der Umfang des ältesten Magdeburgs und dessen allmähliche Erweiterung, in der Festschrift zur 25jährigen Jubel-Feier des Vereins für Geschichte und Altertumskunde des Herzogtums und Erzstiftes Magdeburg (Magdeburg 1891) S. 49 ff.

Wir müssen scheiden zwischen der Burg Magdeburg, die der ganzen Ortschaft den Namen gegeben hat, und die in ihren ersten Anfängen bis in Karls des Großen Zeit zurückreicht,[1] und der ummauerten Marktansiedlung, der Altstadt Magdeburg. Über die letztere sind wir gut unterrichtet. Wenn auch über die älteste Begrenzung einige Zweifel bestehen, so kennen wir doch ihre Lage, und wir wissen, daß ihre Ummauerung von Otto I. begonnen und von Erzbischof Gero (1012—1023) zu Ende geführt worden ist.[2] Die Altstadt Magdeburg ist seitdem bis ins 12. Jahrhundert hinein die einzige ummauerte Stadt des ganzen sächsischen Gebietes geblieben. Sie tritt so den alten Römerstädten in West- und Süddeutschland zur Seite, von denen ja jede einen Burggrafen als Stadtkommandanten hat. Sollte nicht auch der Magdeburger Burggraf ein solcher Stadtkommandant sein?

Aber wo lag die alte Burg Magdeburg? Offengestanden, wir wissen es nicht. Daß die an der Nordostecke der Altstadt gelegene Burggrafenburg, an deren Stelle 1220 das Maria-Magdalenenkloster gestiftet wurde,[3] die alte karolingische Burg war,[4] ist eine vage Vermutung. Jedenfalls geben uns aber die Quellen einen bisher nicht beachteten Anhaltspunkt dafür, daß schon im 10. Jahrhundert die alte Burg alle Bedeutung eingebüßt hat. Wir können nämlich im Sprachgebrauch der Urkunden der Ottonen für Magdeburg eine Wandlung feststellen, die mir nicht bedeutungslos erscheint. In den Urkunden aus der ersten Zeit

---

[1] Vgl. das berühmte Diedenhofer Kapitulare von 803, das schon Magdeburg als Handelsplatz nennt (MG. Capitularia I p. 123 n. 44 § 7).

[2] Annales Magdeb. 1023 (MG. SS. XVI p. 168): *muros nichilominus urbis, quos Otto pius imperator inperfectos reliquit, hic consummavit.* In Markt und Stadt S. 58 Anm. 2 hatte ich versehentlich als Subjekt des Satzes König Heinrich II. angenommen.

[3] Vgl. Gesta archiep. Magdeb. (MG. SS. XIV p. 421 nota): *Anno 1231 consecratum est monasterium Marie Magdalene de urbe borchgravii in Magdeburg*; Schöppenchronik (Chroniken der deutschen Städte VII) S. 147 f.: *In dem 1230 jahre wart gestichtet sunte Marien Magdalenen closter van des borchgreven borch van Magdeborch*; Chron. Magdeb. (ebenda S. 148 Anm. 1): *ubi prius fuerat castrum burgravii.* Vorher ist nie von dieser Burggrafenburg die Rede.

[4] Das vermutet Hülsse, a. a. O., S. 51.

Ottos I. kommt zweimal die Burg Magdeburg, die *civitas* oder das *castellum* Magdeburg, vor, und zwar gerade da, wo wir ihre Erwähnung erwarten müssen, in den beiden Urkunden,[1] in denen der König seinen Grundbesitz in den zur Burg gehörenden, namentlich aufgeführten Dörfern dem Moritzkloster schenkt. Die Burg erscheint also, wie dies S. Schwarz des näheren ausgeführt hat, als Mittelpunkt der Landesverteidigung und Verwaltung für ein größeres Gebiet.[2] Dagegen wird das Moritzkloster in jener Zeit nie als in der Burg gelegen bezeichnet; es ist immer nur von der *ecclesia s. Mauricii in loco Magedeburg* die Rede,[3] und zwar sogar in den beiden Urkunden, die die Burg erwähnen. Man kann aus diesem konstanten Sprachgebrauch schließen und hat auch daraus geschlossen, daß das Kloster nicht in der Burg, sondern außerhalb derselben lag. Aber bald tritt eine Veränderung des Sprachgebrauchs ein. Zuerst vereinzelt im Jahre 945, dann aber regelmäßig seit 960 sprechen die Urkunden von der Moritzkirche in *civitate*[4] oder seltener in *urbe*.[5] Mit der erst 968 erfolgten Gründung des Erzbistums kann dieser Wechsel nicht zusammenhängen, vielmehr ist er offenbar auf einen sehr begreiflichen Vorgang zurückzuführen, nämlich darauf, daß die an der Slawengrenze liegende offene Klosteransiedlung ummauert wurde.[6] Seitdem ist von der Burg Magdeburg kaum mehr die

---

[1] MG. DD. I, Otto I. 14 (937): *locis .... ad eandem civitatem pertinentibus vel servientibus*; ebenda 38 (941): *locis ad prefatum castellum, id est ad Magadoburg, pertinens* (statt *pertinentibus*).

[2] Vgl. S. Schwarz, Städtewesen, S. 19 ff.

[3] MG. DD. I, Otto I. 14, 15 (937), 21 (939), 37, 38, 41, 43 (941), 46 (942), 79 (946), 97 (948), 159 (952). Später kommt diese Bezeichnung nur noch ganz vereinzelt vor, nämlich MG. DD. I, Otto I. 231 (961), II, Otto II. 93 (975).

[4] MG. DD. I, Otto I. 63 (945), 214, 216 (960), 230 (961), 300 (965), 306 (968), II, Otto II. 197, 198 (979), Otto III. 71 (991), 88 (992).

[5] MG. DD. I, Otto I. 365 (968), II, Otto II. 79 (974).

[6] Allerdings kommt es mehrfach vor, daß eine vor den Mauern der *civitas* liegende Örtlichkeit als *in civitate* gelegen bezeichnet wird; vgl. Rietschel, Civitas, S. 60 f. Aber in unserem Fall handelt es sich um einen offenbar beabsichtigten konstanten Sprachgebrauch. Hätte das Moritzkloster außerhalb der *civitas* gelegen, so wäre es unbegreiflich, wenn nicht wenigstens vereinzelt von der *ecclesia s. Mauricii extra muros* oder *in suburbio*

Rede; in den beiden Urkunden von 961 und 965[1] wird sie noch einmal als Verwaltungsmittelpunkt genannt und zwar unter dem Namen *urbs*, während in der letztgenannten Urkunde die Klosteransiedlung *civitas* heißt. In der großen Bestätigungsurkunde Ottos II.[2] wird nur noch von der *civitas* Magdeburg gesprochen. Offenbar ist eingetreten, was eintreten mußte: nach der Befestigung der Domansiedlung und nach der Übertragung des gesamten Königsgutes in der Magdeburger Gegend an die Moritzkirche war die Burg überflüssig geworden; man konnte sie ruhig verfallen lassen.

Mit diesen Ausführungen erledigt sich auch die Frage, ob der Magdeburger Burggraf Befehlshaber der befestigten Altstadt oder der alten Burg Magdeburg war. Ihn, den Beamten des 11., 12. und 13. Jahrhunderts, mit der seit dem 10. Jahrhundert nicht mehr erwähnten und am Ende dieses Jahrhunderts offenbar bereits verschwundenen Burg in Zusammenhang zu bringen, scheint mir durchaus verfehlt. Zudem gehört ja die alte Burg Magdeburg durchaus der Burgwardverfassung an; die Ausführungen im vorigen Paragraphen haben aber den Beweis geliefert, daß die ostsächsischen Burggrafschaften nichts mit den alten Burgwarden zu tun haben. So haben wir denn die Magdeburger Burggrafschaft nicht in eine Linie mit den übrigen Burg-

---

die Rede gewesen wäre, um so mehr, als das Kloster Berge immer als die Johanniskirche *in suburbio* aufgeführt wird; vgl. MG. DD. I, Otto I. 382, 383 (969), II, Otto II. 115 (975), Otto III. 171 (995), III, Heinrich II. 88 (1004).

[1] MG. DD. I, Otto I. 222 (961): *Sclavani ad eandem urbem Magadaburg pertinentes*; ebenda 300 (965): *bannum nostrae regiae vel imperatoriae dignitatis in urbe Magadaburg et opus construendae urbis a circummanentibus illarum partium incolis nostro regio vel imperatorio iure debitum.* Unter dem *bannus in urbe Magadeburg* ist hier nicht irgend welche Gerichtsbarkeit, sondern der Burgbann zu verstehen, und zwar in demselben Sinne, wie in den Privilegien für Corvey von 940 und Gandersheim von 980 (MG. DD. I Otto I. 27, II, Otto II. 214), nämlich das Recht, die Umwohner zur Instandhaltung der Burg zu zwingen; vgl. Keutgen, Untersuchungen, S. 55f., dem ich in dieser Beziehung völlig zustimme.

[2] MG. DD. II, Otto II. 29 (973): *eandem Magadaburgensem civitatem cum theloneo et mercato seu moneta et municipium eius quod nos burgwardum dicimus.* Der Burgward erscheint also als Pertinenz der *civitas.*

grafschaften der Elb- und Saalegegenden zu stellen. Ihresgleichen hat sie vielmehr in den Burggrafschaften der alten Bischofsstädte des Rhein- und Donaugebietes.

§ 16.

Das übrige Sachsen.

Unmittelbar an den burggrafenreichsten Landstrich, an die Ufer der Saale und mittleren Elbe, grenzt ein anderes gewaltiges Gebiet, das dazu den vollsten Gegensatz bildet, das sächsische Mutterland. Von den westlichen Distrikten Westfalens bis zur Saale und Elbe, von den Südabhängen des Harzes bis Schleswig wird man in den Urkunden vom 10. bis zum letzten Viertel des 12. Jahrhunderts auch nicht einen einzigen Beamten finden, den wir mit einiger Wahrscheinlichkeit als Burggrafen ansprechen können. Höchstens den bei Lambert von Hersfeld[1] erwähnten *Goslariae prefectus Bodo nomine* aus der Zeit der Sachsenkriege Heinrichs IV. könnte man für einen Burggrafen halten, wenn er nicht in einer gleichzeitigen Quelle als *advocatus Goslariensis* erwähnt würde;[2] da später in Goslar nie Burggrafen, sondern nur Vögte bezeugt sind, dürfte auch dieser Bodo allein den Titel Vogt geführt haben und die etwas allgemeiner klingende Bezeichnung *prefectus* (im Sinne von Befehlshaber) dem nicht genau unterrichteten Annalisten verdanken.[3] Ebenso wenig sicher bezeugt ist ein Burggraf von der Plesse. Allerdings nennt eine erzbischöflich-mainzische Urkunde von 1139 einen *comes castelli de Plesse Radpertus*.[4] Aber da wir weder vorher noch nachher, vor allem nicht in sächsischen Urkunden, einen Burggrafen von der Plesse erwähnt finden, so liegt die Vermutung nur zu nahe, daß dieser

---

[1] Lamperti Annales 1073 p. 171 (ed. Holder-Egger).

[2] UB. Goslar I, 123 (ca. 1073).

[3] Nie den Burggrafentitel führen, so viel ich sehe, die Kommandanten der Harzburg, wenn sie auch in der Literatur häufig als Burggrafen bezeichnet werden; vgl. Frey, Die Schicksale des königlichen Gutes in Deutschland unter den letzten Staufern (Berlin 1881) S. 285 ff.; Wolfstieg, Verfassungsgeschichte von Goslar (Berlin 1885) S. 42 f.; Bode, Geschichtliche Einleitung S. 55 ff. im UB. Goslar I (Halle 1893).

[4] Cod. dipl. Sax. reg. A. II, 129.

comes castelli seinen Titel nur von dem Mainzer Kanzleibeamten erhalten hat, wahrscheinlich in Anlehnung an den Titel des unmittelbar vorher erwähnten *comes urbis de Rusteberc Tuto.* Sicheren Boden betreten wir erst mit dem Burggrafen von Rechede, einem münsterischen Ministerialen, der zuerst 1175 als *castellanus de Rechede,*[1] seit 1197[2] auch als *burcgravius de Rechede* vorkommt. Dieselbe Urkunde von 1197, die ihn zuerst *burcgravius* nennt, erwähnt auch einen *burcgravius de Dulmene* (Dülmen), ebenfalls einen münsterischen Ministerialen. Daß beide bloß landesherrliche Burgkommandanten, keine Stadtgrafen oder Stadtkommandanten waren, geht schon daraus hervor, daß das *dorp to Dulmene* erst im Jahre 1304 zur Stadt erhoben wurde,[3] während Rechede immer ein bloßes Dorf geblieben ist.

Natürlich hat es nicht an Versuchen gefehlt, auch in diesem Gebiete Burggrafen aufzuspüren.[4] Insbesondere hat es Gfrörer[5] sich nicht nehmen lassen, in der freigebigsten Weise sämtliche sächsische Bischofsstädte (nur Bremen[6] und Naumburg scheint er ausnehmen zu wollen) mit Burggrafen zu beschenken. Aber bei näherer Betrachtung stürzen alle seine kühnen Kombinationen in nichts zusammen. Was Gfrörer von Burggrafen in Merseburg, Hamburg, Hildesheim und Verden entdeckt, sind einfache Gaugrafen, die niemals den Burggrafentitel geführt haben. Etwas komplizierter liegt die Sache für Halberstadt, wo auch Varges[7]

---

[1] Westfäl. UB. II, 375 (1175), 383 (1176).

[2] Ebenda II, 559.

[3] Vgl. Gengler, Cod. iur. municip. S. 928.

[4] Einem drolligen Versehen dankt der Burggraf von Boyneburg (*Bomeneburg*) seine Existenz. Meyer, Burggrafentum, S. 21 Anm. 2 hat in einer Urkunde Friedrichs I. von 1188 (Cod. dipl. Sax. reg. A. II, 531) den *capellanus* in Boyneburg in einen *castellanus* verwandelt.

[5] Gfrörer, Gregor, VII S. 289 ff.

[6] Als Kuriosum mag erwähnt sein, daß Dünzelmann im Brem. Jahrbuch XIII (1886) S. 57 f. einen Bremer Burggrafen in dem zum ersten Male 1405 erwähnten Hänsegräfen hat entdecken wollen. Vgl. dagegen auch Koehne, Das Hansgrafenamt (Berlin 1893) S. 112, der allerdings dann auch ziemlich phantastische Wege wandelt.

[7] Varges, Verfassungsgeschichte der Stadt Halberstadt im Mittelalter, in der Zeitschrift des Harz-Vereins XXIX (1896) S. 131 f., 402 f. Vgl. dagegen Barth, Das bischöfliche Beamtentum im Mittelalter, ebenda XXXIII, 2 (1900) S. 346 f.

die Existenz eines Burggrafen nachweisen zu können glaubt. Hier wird allerdings im 12. Jahrhundert häufig ein dem Ministerialenstande angehöriger *prefectus*[1] oder *prefectus in civitate* oder *civitatis*[2] in den Urkunden genannt, und da derselbe nach VARGES[3] 1182 einmal auch als *burggravius* aufgeführt wird, so scheint allerdings das Vorkommen von Burggrafen für Halberstadt gesichert. Tatsächlich liegt der Sachverhalt völlig anders. Genau dieselben Personen, die wir in den Urkunden als *prefecti* finden, heißen in anderen gleichzeitigen Urkunden *sculteti* oder *tribuni plebis*;[4] wir finden also hier nur einen auch sonst in ostfälischen Städten bezeugten Sprachgebrauch, der das Wort *praefectus* in der Bedeutung von Schultheiß verwendet.[5] Dagegen haben diese Halberstädter Präfekten nie den Burggrafentitel geführt. Wohl steht in der Zeugenreihe einer bischöflich-halber-

---

[1] UB. Hochst. Halberstadt I, 201 (1141), 202 (1142), 205 (1144), 250 (1157); UB. Ilsenburg 22 (1157) etc. In der Urkunde von 1068 (nicht 1089) im UB. Halberstadt I, 3 heißt er *tribunus plebis*, nicht *prefectus*, wie VARGES, a. a. O., S. 421 Anm. 3 behauptet.

[2] UB. Hochstift Halberstadt I, 151 (1121): *prefectus de civitate*, 314 (1186): *civitatis prefecto*, 358 (1194): *prefectus de civitate*; UB. Drübeck S. 233 (1196): *prefectus civitatis*.

[3] VARGES, a. a. O., S. 106, 131 f., 420 und in den Jahrbüchern für Nationalökonomie und Statistik, 3. Folge XII (1896) S. 484 Anm. 8, S. 487 Anm. 12.

[4] Die mir bekannten Präfekten des 11. und 12. Jahrhunderts sind: Johannes *tribunus plebis* 1068 (UB. Halberstadt I, 3), Willer als *prefectus* 1121—57 (UB. Hochstift Halberstadt I, 151, 201, 205, 250; UB. Ilsenburg 22), als *scultetus* 1133—70 (UB. Hochstift I, 171, 267, 270; UB. St. Paul-Halberstadt 3), Cesarius als *prefectus* 1174—80 (UB. Hochstift I, 276, 277, 286, 290, 291), als *tribunus plebis* 1180 (UB. St. Paul 8), Hugold als *prefectus* 1184—86 (UB. Hochstift I, 303, 304, 309, 315; UB. Halberstadt I, 7), Cesarius als *prefectus* 1190—1208 (UB. Hochstift I, 329, 330, 338, 340, 358, 362, 374, 375, 393, 425, 447; UB. Drübeck S. 233; UB. Ilsenburg 44), als *scultetus* 1188—99 (UB. Hochstift I, 324, 337, 348, 398; UB. Ilsenburg 39). Neben ihm findet sich noch Gebhard als *prefectus* 1195—99 (UB. Hochstift I, 363, 372, 374, 375, 383, 385, 391, 399; UB. Ilsenburg 44).

[5] *Praefectus* heißt auch bisweilen der Magdeburger Schultheiß (vgl. BARTH, a. a. O., S. 345 ff.), ferner der von Osterwieck (UB. Hochst. Halberstadt II, 767), der von Aschersleben (ebenda II, 1035), der von Leitzkau (v. MÜLVERSTEDT, Regesta I, 1114, 1139, 1425 etc.).

städtischen Urkunde unmittelbar hinter dem Halberstädter *advocatus* Ludolf ein *Sifridus burgravius*,[1] aber dieser Burggraf Siegfried kann aus zwei Gründen nicht mit dem Halberstädter Präfekten identisch sein, erstens, weil nie ein Halberstädter Präfekt Siegfried uns bezeugt wird, zweitens aber, weil dieser Siegfried ausdrücklich zu den *nobiles* gerechnet wird, während die Halberstädter Schultheißen samt und sonders Ministerialen sind. Es ist einfach der Oheim des Vogtes Ludolf, der Burggraf Siegfried von Arneburg, der auch sonst häufig in Halberstädter Urkunden als Zeuge auftritt.[2]

Viel mehr Verwirrung als dieser Halberstädter Pseudoburggraf haben die „Grafen" der westfälischen Bischofsstädte gestiftet.[3] In zwei derselben, Minden[4] und Paderborn,[5] denen wir noch die Stiftsstadt Höxter[6] anreihen können, finden wir einen ministerialischen Beamten, der den lateinischen Namen *comes* oder *comes civitatis*, vereinzelt auch einmal *rector* (Minden) oder *civium prefectus* (Paderborn) führt. Über seine Funktionen ist uns bekannt, daß er neben dem Vogt, dem Inhaher der hohen Gerichtsbarkeit, diejenige Jurisdiktion ausübt, die in Westfalen auf dem Lande dem Gogreven übertragen ist.[7] Dem entspricht auch sein deutscher Name: in Paderborn heißt er später *greve*

---

[1] UB. Hochstift Halberstadt I, 298 (1182): *nobilibus laicis Ludolfo advocato, Sifrido burgravio.*

[2] UB. Hochstift Halberstadt I, 302, 303, 304, 306, 308, 309, 313, 316, 325, 328, 329, 330, 336, 338; vgl. auch Barth, a. a. O., S. 346 Anm. 5.

[3] Vgl. über sie vor allem Lövinson, Beiträge zur Verfassungsgeschichte der Westfälischen Reichsstiftsstädte (Paderborn 1889).

[4] Vgl. Lövinson, a. a. O., S. 49 ff.;

[5] Vgl. Lövinson, a. a. O., S. 73 ff.; Hübinger, Die Verfassung der Stadt Paderborn im Mittelalter (Münster 1899) S. 98 ff.

[6] Vgl. Lövinson, a. a. O., S. 42 ff.

[7] Für Minden vgl.: Mooyer in der Zeitschrift des histor. Vereins für Niedersachsen 1856, II S. 90; Stüve, Untersuchungen über die Gogerichte (Jena 1870) S. 29, 57; Lövinson, a. a. O., S. 63 ff.; W. Schröder, Die älteste Verfassung der Stadt Minden (Mindener Programm 1890) S. 11 f. Für Paderborn vgl.: Lindner, Die Veme (Münster und Paderborn 1888) S. 155; Lövinson, a. a. O., S. 92 f.; Hübinger, a. a. O., S. 98 ff.; W. Richter, Geschichte der Stadt Paderborn I (Paderborn 1899) S. 63 f.

oder sogar *gograf*,[1] während in den Mindener Urkunden schon im 12.[2] und unendlich oft im 13. Jahrhundert[3] für ihn der Name „*wicgrave*“ bezeugt ist, was im Gegensatz zum Gogreven den auf eine Ortschaft beschränkten, im übrigen aber dem Gogreven gleich stehenden Richter bedeutet.[4] Es ist unbegreiflich, daß man diesen Beamten für einen „Burggrafen“ hat erklären und in Zusammenhang mit den Kölner, Magdeburger usw. Burggrafen bringen können. Und doch ist es geschehen, und zwar nicht allein von Gfrörer.[5] Schon Gaupp[6] ist ihm darin voraufgegangen, und andere sind nachgefolgt, darunter kein geringerer als Waitz.[7] Vor allem aber hat Lövinson nicht nur die Burggrafenqualität dieser ministerialischen Grafen vollkommen aufrecht erhalten, sondern ihnen auch noch den einmal *urbis praefectus* genannten *villicus* von Münster und den *rector* von Osnabrück als Kollegen angereiht.[8] Aus Lövinsons Arbeit ist die Legende von den westfälischen Burggrafen in andere Werke übergegangen.[9] Natürlich ist das alles falsch. Von einer sprachlichen Gleichung zwischen Wichgraf und Burggraf kann gar nicht die Rede sein, da *wich* gar nicht den ummauerten Ort, die Burg, sondern schlechthin „Ortschaft“ bedeutet,[10] der Wichgraf also der auf eine Ortschaft beschränkte, dem Gogreven entsprechende Unterbeamte ist. Was aber seine Befugnisse betrifft, so kann man

---

[1] Vgl. Hübinger, a. a. O., S. 99.

[2] Würdtwein, Subsidia diplomatica VI, 118 (1180), Nova subs. diplom. IX, 39 (1196); Westfäl. UB. II, 420 (1181), 474 (1187), 553 (1196), 590 (1200); Spilcker, Wölpe, UB. 113 (1200); UB. Hameln 8 (1185—1206).

[3] Vgl. Westf. UB. VI, Register S. 611 (Minden: *wicgravii*), 661 (*wicgravius*).

[4] Übrigens halte ich es nicht für unwahrscheinlich, daß die in Paderborn mehrfach nachweisbare Bezeichnung *vicecomes* (Westfäl. UB. IV, 3, 4, 5, 6, 9) eine ungeschickte Latinisierung des Wortes Wichgraf ist.

[5] Gfrörer, a. a. O., S. 293, 330.

[6] Gaupp, Städtegründung, S. 100 f.

[7] Waitz, Verfassungsgeschichte, VII S. 45 Anm. 1, 2.

[8] Lövinson, a. a. O., S. 96 ff., 109 ff.

[9] Vgl. z. B. W. Schröder, Verfassung der Stadt Minden, S. 11 f.; Varges, Stadtverfassung, S. 483, 491 u. a.

[10] Vgl. Rietschel, Markt und Stadt S. 183 f.

ihn wohl mit dem Schultheißen der ostfälischen Städte,[1] aber nun und nimmer mit dem Burggrafen in Parallele setzen.

Nur einmal hat es in einem westfälischen Orte schon um die Mitte des 12. Jahrhunderts ein Burggrafenamt gegeben, aber dasselbe war bloß eine auf Usurpation beruhende, durchaus vorübergehende Schöpfung eines ehrgeizigen Mannes. Und auch nicht in einer Stadt hat dieser Burggraf seine Tätigkeit entfaltet, sondern innerhalb der Mauern einer Klosterimmunität. Kurz vor dem Jahre 1150 hat sich Abt Wibald von Korvey über die Widerspenstigkeit eines seiner Ministerialen, Rabano, bei König Konrad III. beklagt, und dabei unter anderen Übergriffen dieses Mannes auch den folgenden berichtet: Rabano habe innerhalb der Mauern des Klosters eine Würde sich erblich angemaßt, die er *prefectura* nenne, und sich den Titel „Burggraf" beigelegt, vor allem aber habe er die Disziplinargewalt, die innerhalb der Klostermauern bisher die Äbte über ihre *familia* ausgeübt hätten, unter dem Namen „Burgbann" für sich in Anspruch genommen und halte zur Ausübung derselben ein von ihm „Burgding" genanntes Gericht ab. Im Jahre 1150 ist darauf ein Spruch des Reichshofgerichts ergangen, der Rabano alle die erwähnten Rechte aberkannte. Einzig und allein aus der Urkunde über diesen Urteilsspruch sind wir über den Sachverhalt unterrichtet.[2]

Eins können wir ohne weiteres sagen: Rabano hat nicht ein bereits bestehendes Korveyer Burggrafenamt okkupiert, sondern seine ganze Stellung neu geschaffen. Dem entspricht es auch,

---

[1] Richtig Schröder, Rechtsgeschichte, 4. Aufl., S. 630 Anm. 44.

[2] MG. Constitutiones I, 128 § 7 p. 184 (1150): *Intra muros Corbeiensis monasterii quandam similitudinem dignitatis sibi hereditario iure vendicabat, quam prefecturam appellabat, et se burkgravium appellari faciebat, cum omnes abbates eiusdem monasterii hanc potestatem semper sub se habuerint, ut quicquid a suis intra muros delinqueretur, aut ipse corrigeret aut camerario vel dapifero suo seu alicui de familia sua corrigendum absque ulla potestate in perpetuum mansura committeret. Hac autem potestate prefatus Rabano in tantum abusus fuit, ut eam vulgari nomine appellaret burgban et secundum morem alicuius magnae potestatis sepe infra muros placitaret et huiusmodi placita burgdink appellabat.* Vgl. auch Janssen, Wibald von Stablo und Corvey (Münster 1854) S. 122 ff.; Lövinson, a. a. O., S. 40 ff.

wenn die Quellen sonst nie von einem Korveyer Burggrafen berichten. Vor allem läßt die Urkunde aber auch darüber keinen Zweifel, daß die Ausdrücke *prefectura*, *burkgravius*, *burgban*, *burgdink* in Korvey nicht herkömmlich waren, sondern erst durch Rabano eingeführt worden sind.[1] Aber natürlich hat er sie nicht frei erfunden, sondern anderwärts entlehnt, weil sie ihm als adäquate Bezeichnungen der von ihm eingenommenen Stellung erschienen. Ist demnach auch die Burggrafschaft Korvey selbst eine ephemere Erscheinung, so ist doch das wenige, was über sie berichtet wird, nicht unwichtig, denn es läßt erraten, was man sich um die Mitte des 12. Jahrhunderts unter einem Burggrafen vorstellte. Jedenfalls nicht einen Stadtgrafen, einen Beamten, der in einer ummauerten Stadt die gräfliche Gerichtsbarkeit ausübt; wie hätte Rabano auf den Gedanken kommen können, die Klosterimmunität von Korvey als Stadt anzusehen! Hätte er die Begründung einer „Stadtgrafschaft“ im Sinne der herrschenden Lehre ins Auge gefaßt, so hätte er sich als Gebiet seiner Tätigkeit statt dessen die benachbarte Stadt Höxter aussuchen müssen. Sein Übergriff bestand offenbar vielmehr darin, daß er diese unter dem Immunitätsfrieden stehende Klosterburg wie eine rein weltliche Burg behandelte, sich als ihren Befehlshaber gerierte und über die gesamte Dienerschaft des Klosters, wie ein Burgkommandant über seine Burginsassen, eine Disziplinargewalt ausübte. Also auch hier tritt der im vorhergehenden so oft aufgedeckte Charakter des Burggrafenamtes deutlich zutage.

Daß es nun in den sächsischen Bischofsstädten, wenn wir Magdeburg ausnehmen, nicht zur Ausbildung einer Burg-

---

[1] Dagegen spricht nicht etwa die Urkunde Konrads III. von 1147, die Kloster Kemnade dem Kloster Korvey inkorporiert und ihm die Freiheit von Korvey gibt, *scilicet prefecturam urbis que vulgo dicitur burgban, ea videlicet privilegii ratione, ut nullus dux etc. potestatem habeat exercendi iudicium in atrio predictae ecclesiae, sed quicquid preter ius et aequum a famulis, qui tam abbati quam congregationi obsequio cottidiano deserviunt, commissum fuerit, ab abbate vel ab eo cui ipse mandaverit corrigatur* (Wilmans, Kaiserurkunden II, 225). Die Urkunde ist offenbar zu einer Zeit entstanden, in der Rabano schon die Burggrafschaft ausübte. Der Abt adoptiert die von ihm eingeführten Benennungen *praefectura* und *burgban*, nimmt aber die darunter zu verstehenden Befugnisse für sich in Anspruch.

grafschaft gekommen ist, begreift sich leicht, wenn wir die Entstehung dieser bischöflichen Städte ins Auge fassen. Gewiß können wir in allen oder wenigstens in fast allen dieser Städte schon im 10. und 11. Jahrhundert das Vorhandensein eines befestigten Ortes, einer Burg, feststellen. Aber diese *urbs*, diese Burg ist allein die rein geistliche Domimmunität, in der für ein weltliches Burgkommando kein Raum war; die eigentliche Stadt ist am Fuße dieser Burg als offene Marktansiedelung angelegt und erst in späterer Zeit befestigt worden. Für den größten Teil dieser sächsischen Bischofsstädte kann ich mich dabei auf meine früheren Forschungen beziehen, in denen man auch die ältere Literatur verzeichnet findet, so für Merseburg,[1] Naumburg,[2] Halberstadt,[3] Hildesheim,[4] Bremen,[5] Minden,[6] Münster[7] und Osnabrück.[8] Es bleiben nur noch Verden, das überhaupt in den Urkunden entsprechend seiner minimalen Bedeutung nur selten erwähnt wird, aber in seinem Stadtplan genau denselben Gegensatz zwischen Domimmunität und Marktansiedelung bietet,

[1] Über Merseburg vgl. Rietschel, Markt und Stadt S. 60 ff., ferner Rademacher, Die *urbs* Merseburg im 10. Jahrhundert (Merseburger Programm 1898). Nach dem Privileg Heinrichs II., das die *curtilia infra et extra urbem, quae negotiatores possident*, erwähnt (Cod. dipl. Sax. A. I, 56), scheint es allerdings, als habe die bürgerliche Ansiedelung in die Burg hineingereicht. Doch machen die örtlichen Verhältnisse und die Analogie anderer Städte das wenig wahrscheinlich, und so möchte ich den Relativsatz *quae negotiatores possident* nur auf die zuletzt genannten *curtilia extra urbem*, nicht auch auf die *infra urbem* beziehen.

[2] Über Naumburg vgl. Rietschel, a. a. O., S. 63 ff.; Borkowsky, Die Geschichte der Stadt Naumburg an der Saale (Stuttgart 1897); Hoffmann, Naumburg a. S. im Zeitalter der Reformation (Leipzig 1901) S. 14 f.

[3] Über Halberstadt vgl. Rietschel, a. a. O., S. 65 ff.

[4] Über Hildesheim vgl. Rietschel, a. a. O., S. 85 ff.

[5] Über Bremen vgl. Rietschel, a. a. O., S. 80 ff. Außer der daselbst S. 81 Anm. 1, S. 233 Nachtrag aufgeführten älteren Literatur ist zu nennen Buchenau, Die Entwickelung der Stadt Bremen, im Bremischen Jahrbuch XVIII (1896) S. 1 ff.

[6] Über Minden vgl. Rietschel, a. a. O., S. 100 ff.

[7] Über Münster vgl. Rietschel, a. a. O., S. 102 f.; G. Schulte, Die Verfassungsgeschichte Münsters im Mittelalter (Münster 1897) S. 15 ff.

[8] Über Osnabrück vgl. Rietschel, a. a. O., S. 103 ff.

wie die übrigen sächsischen Bischofsstädte, endlich Paderborn,[1] wo ebenfalls Domimmunität und Stadt als *urbs* und *civitas* einander gegenüber gestellt werden,[2] und für das kürzlich Oppermann die Entstehung der Stadt aus einer Marktansiedelung völlig überzeugend nachgewiesen hat.[3] Für keine dieser Bischofsstädte läßt sich das Vorhandensein einer die eigentliche bürgerliche Stadt, die Marktansiedelung, umschließenden Stadtmauer vor dem 12. Jahrhundert nachweisen,[4] während wir von mehreren, und

---

[1] Über Paderborn vgl.: Philippi, Zur Verfassungsgeschichte der Westfälischen Bischofsstädte (Osnabrück 1894) S. 11; Hüdinger, Die Verfassung der Stadt Paderborn im Mittelalter (Münster 1899) S. 9; W. Richter, Geschichte der Stadt Paderborn I (Paderborn 1899) S. 19 ff.; Oppermann in der Westdeutschen Zeitschrift XVIII (1899) S. 308 ff., XIX (1900) Korrespondenzblatt S. 137 ff. Nr. 62.

[2] Vgl. vor allem die im 12. Jahrhundert geschriebene Vita Meinwerci 159 (MG. SS. XI p. 140): *in circuitu urbis in civitate Patherbrunnensi*; ferner Westfäl. UB. IV (1211): *in introitu fori vel urbis area*; Schaten, Annales Paderbornenses I p. 813, 817 (1160): *viam, quae de foro ducit in urbem.*

[3] Vgl. Oppermann in den Anm. 1 angeführten Besprechungen. Das alte Dorf Paderborn ist wahrscheinlich die *villa Aspethera*, die sich lange innerhalb der Stadt eine Sonderstellung bewahrt hat, und deren Bewohner sich stolz als die ältesten Paderborner bezeichneten; vgl. Oppermann, a. a. O., XIX Korrespondenzblatt S. 139. Die Stadtkirche von Paderborn heißt im 12. Jahrhundert Marktkirche (*ecclesia forensis*) in der Vita Meinwerci 157 (MG. SS. XI p. 139), der Stadtrichter *forensis iudex* im Westfäl. UB. II, 540 (1194).

[4] Darüber, daß die Nachrichten Adams von Bremen über die Ummauerung der *civitas* Bremen nur auf die Domimmunität bezogen werden können, vgl. Rietschel, a. a. O., S. 82 Anm. 3. Auch eine Stelle der Vita Meinwerci 159 (MG. SS. XI p. 140), aus der man herausgelesen hat, Bischof Meinwerk (1009—36) habe die Mauern der Stadt Paderborn erneuert und die Domimmunität befestigt, ist falsch verstanden worden. Die Stelle lautet: *Murum in circuitu urbis in civitate Patherbrunnensi construxit; domum episcopalem a fundamentis erexit; et non solum ipsius civitatis menia restaurare, inovare curavit, sed etc.* Da die Lebensbeschreibung Meinwerks erst in der zweiten Hälfte des 12. Jahrhunderts geschrieben ist, beweist natürlich der im Gegensatz zur *urbs* gebrauchte Ausdruck *civitas Patherbrunnensis* gar nichts für das 11. Jahrhundert. Ob der Biograph in der Stelle nur von einer Befestigung der Domimmunität oder auch einer Ummauerung der Stadt spricht, mag dahingestellt bleiben; meint er das letztere, so berichtet er etwas Falsches. Denn wir wissen genau, daß noch

zwar durchaus nicht den unbedeutendsten, wissen, daß sie noch in der zweiten Hälfte des 11., ja sogar noch im 12. Jahrhundert unbefestigt waren.[1] So begreift es sich leicht, daß es hier nicht, wie in den alten aus der Römerzeit stammenden Bischofsstädten und in Magdeburg und Würzburg zur Einsetzung von Stadtkommandanten gekommen ist, und daß bei dem rein kirchlichen Charakter der „Burg" in diesen Städten auch die Begründung einer militärischen Befehlsgewalt über diese Burg nicht stattgefunden hat.

Burggrafen sind also in den erwähnten sächsischen Bischofsstädten mit Ausnahme von Magdeburg unbekannt. Im übrigen aber bieten die Gerichtsverhältnisse in diesen Städten dasselbe Bild, das wir schon in den meisten deutschen Bischofsstädten und eben erst in Magdeburg gewahren konnten: die hohe Gerichtsbarkeit in der Stadt liegt in den Händen des Vogtes, und zwar des Großvogtes der Domkirche.

Das gilt zunächst für die vier westfälischen Bischofsstädte, Minden, Paderborn, Osnabrück und Münster.[2] Auf bischöf-

---

längere Zeit nach Meinwerks Tod die einzige ummauerte Ortschaft, die einzige *civitas* Paderborn die Domimmunität war, während die bürgerliche Ansiedelung noch der Befestigung entbehrte. Das ergibt eine Urkunde von 1066, die das Kloster Abdinghof als in *occidentali parte suburbii civitatis nostrae* gelegen bezeichnet (Westfäl. UB. I, 153; vgl. auch ebenda I, 129). Da Abdinghof an die Westseite der Domfreiheit grenzt, aber im Norden und Nordosten der ältesten Marktansiedelung liegt, kann unter der *civitas* nur die erstere verstanden werden.

[1] So wird z. B. die Marktansiedelung Halberstadt noch am Anfang des 12. Jahrhunderts als *villa* bezeichnet; vgl. Rietschel, a. a. O., S. 73. Selbst in der schon damals nicht unwichtigen Handelsstadt Bremen liegt der dicht an die Domfreiheit grenzende Markt und mit ihm auch die gesamte bürgerliche Ansiedelung während des ganzen 11. Jahrhunderts außerhalb des Mauerringes; vgl. ebenda S. 83. Für Paderborn vgl. vor. Anm.

[2] Vgl. über die Vogtei in den westfälischen Bischofsstädten Lövinson, a. a. O., S. 8 ff. Über Minden vgl. W. Schröder, Verfassung der Stadt Minden, S. 10. Über Paderborn vgl. Hübinger, a. a. O., S. 84 ff.; W. Richter, a. a. O., S. 59 ff.; F. Schultz, Beiträge zur Geschichte der Landeshoheit im Bistum Paderborn bis zur Mitte des 14. Jahrhunderts: Die Vogtei (Münster 1903).; Über Osnabrück vgl. Philippi, Zur Geschichte der Osnabrücker Stadtverfassung, in den Hansischen Geschichtsblättern 1889 S. 180ff.

lichem Grund und Boden sind die vier Städte als Marktansiedelungen angelegt worden. Daß die hohe Gerichtsbarkeit über sie auf Grund der kirchlichen Immunität der Vogt erhielt, steht für Minden außer Frage[1] und wird auch für Paderborn, Osnabrück und Münster von der gesamten Forschung ohne weiteres angenommen. Für Osnabrück wird zudem die hohe städtische Gerichtsbarkeit des Vogtes durch eine Urkunde von 1236 bezeugt, in welcher der letzte Stiftsvogt dem Bischof als Teil der Stiftsvogtei die *advocatia civitatis*, also offenbar die hohe Jurisdiktion in der Stadt, veräußert;[2] auch heißt der Domvogt einmal *advocatus civitatis.*[3] In Münster erscheint gleichfalls die *advocatia in civitate* in Verbindung mit den übrigen Bestandteilen der Stiftsvogtei.[4] Wie in Süddeutschland ist also auch in Westfalen die Stadtvogtei bloß Bestandteil der Kirchenvogtei überhaupt, und mit dieser als bischöfliches Lehen[5] in der Hand vornehmer Adelsgeschlechter. In Minden können wir wenigstens seit dem Ende des 11. Jahr-

---

Über Münster vgl. v. Maurer, Städteverfassung, III S. 431; G. Schulte, a. a. O., S. 19, 32 f.

[1] In dem Privileg von 977, in dem Otto II. dem Bischof Milo alle königlichen Rechte in Minden schenkt und die Errichtung eines Marktes gestattet, bestimmt er ausdrücklich, *ut nullus iudex publicus vel alicuius potestatis persona quicquam districtionis vel commutationis huic largitioni ingerere liceat, sed sub ipsius episcopi et eius successorum munitione vel tuitione et advocatorum quibus committere velint consistant* (MG. DD. II, Otto II. 147).

[2] Osnabrücker UB. II, 351 (1236): *advocatias vero civitatis Osnaburgensis, bonorum episcopi et canonicorum maioris ecclesiae.*

[3] Graf Simon von Tecklenburg erscheint 1182 als *summus*, 1184 als *maior advocatus* (Osnabrücker UB. I, 287, 375), 1186 als *advocatus ecclesiae* (ebenda I, 337, 385), 1193 als *advocatus civitatis* (ebenda I, 412).

[4] Wilmans-Philippi, Kaiserurkunden II, 237 (1173): *advocatia quam predictus comes tenuit in civitate Monasteriensi et in curia episcopi ibidem sita et in omnibus ad eandem curiam attinentibus et in prebendis fratrum Monasteriensis ecclesiae.*

[5] Daß die Vogtei bischöfliches Lehen war, wird für Paderborn 1193 (Wilmans-Philippi II, 251), für Osnabrück 1186 (Osnabrücker UB. I, 385) ausdrücklich bezeugt, kann aber auch für Minden und Münster angesichts der Erblichkeit in derselben Familie nicht bezweifelt werden.

hunderts die edlen Herren von Berge als Vögte nachweisen;[1] sie dürften die Vogtei bis zu ihrem 1398 erfolgten Aussterben behalten,[2] aber schon lange vorher ihre Gerichtsrechte in der Stadt eingebüßt haben.[3] Viel früher hat die Vogtei in den übrigen drei Städten ihr Ende gefunden. Schon im Jahre 1168 hat Graf Simon von Tecklenburg auf die Ausübung aller seiner Vogteirechte in der Stadt Münster, im Bischofshof und den dazu gehörigen Gütern verzichtet und sich verpflichtet, die Vogteigewalt jeder durch Bischof und Kapitel vorgeschlagenen Person als Lehen zu geben.[4] Damit ist die alte Vogtei so gut wie beseitigt.[5] Ob die seit dem Ende des 13. Jahrhunderts nachweisbaren ministerialischen Vögte der Domkirche[6] in der Stadt noch irgend welche Befugnisse ausgeübt haben, wissen wir nicht. 1193 verzichtete auch der letzte Edelvogt von Paderborn, Hermann von Waldeck aus dem Hause der Grafen von Schwalenberg,[7] zu-

---

[1] Vgl. Lövinson, a. a. O., S. 22 f.; W. Schröder, a. a. O., S. 10. Die Vögte führen im 12. Jahrhundert sämtlich den Namen Widekind (Westfäl. UB. I, 167, II, 318, 338, 379, 412, 420, 474, 553, 590; Würdtwein, Subs. dipl. VI, 103, 104, 106, 108, 109, 111, 118, 123; UB. Barsinghausen 1; Spilcker, Wölpe, UB. 113; Osnabrücker UB. I, 385; Cod. dipl. Anhalt. I, 608, 617; UB. Hameln 8; Origines Guelf. III, 45, 59; Westfäl. Provinzialblätter II, 4 S. 29 Nr. 4; Gudenus I p. 207). Ihre Regesten findet man Westfäl. Provinzialblätter II, 4 S. 22 ff.

[2] Vgl. Lövinson, a. a. O., S. 22.

[3] Wenigstens lassen sie sich nie in gerichtlicher Tätigkeit in der Stadt Minden nachweisen.

[4] Wilmans-Philippi II, 237. Die Urkunde stammt aus dem Jahre 1173, der Verzicht ist aber schon unter Bischof Friedrich erfolgt, der 1168 starb.

[5] Vgl. Lövinson, a. a. O., S. 20; Schulte, a. a. O., S. 32.

[6] Westfäl. UB. III, 1203 (1282), 1469, 1476 (1293), 1504 (1294), 1516 (1295), 1641 (1299). Weder Lövinson noch Schulte haben diese Vögte beachtet.

[7] Folgende Schwalenberger sind seit 1124 im Besitze der Vogtei: Widekind, 1123—1137 (Westfäl. UB. I, 194, II, 201, 203, 211, 218; Wilmans, Additamenta 40), Volkwin, 1137—1173 (Schaten, Annales p. 781, 805; Westfäl. UB. II, 227, 228, 236, 241, 242, 256, 289, 298, 313, 314, 316, 326, 368), Widekind, 1186—89 (Westfäl. UB. II, 460, 490; Curtze und von Rheins, St. Kilian zu Corbach S. 413), Hermann, 1193 (Wilmans-Philippi II, 251). Über die Schwalenberger vgl. Beck, Studien zur ältesten Geschichte von Waldeck und Pyrmont, bei Curtze, Beiträge zur Geschichte der Fürsten-

gunsten der Paderborner Kirche auf die gesamte Vogtei,[1] nachdem schon 1189 sein Bruder Widekind sie dem Bistum verpfändet hatte,[2] und 1236 verkaufte der Tecklenburger Graf Otto[3] seine Vogteirechte über Osnabrück an den Osnabrücker Bischof.[4]

Ähnlich ist es mit der hohen Gerichtsbarkeit in den Städten Verden und Bremen bestellt. So dürftig auch unser älteres Urkundenmaterial für Verden ist, darüber gibt es uns doch Auskunft, daß die Verdener Vogtei ursprünglich in den Händen Herzog Lothars war,[5] nach dessen Tode sie an Ministerialen gefallen zu sein scheint,[6] bis sie 1223 nach dem Tode des letzten derartigen Ministerialenvogtes, Konrads von Waneberge, an die Verdener Kirche zurückgelangte.[7] Und ebenso wird es uns ausdrücklich bestätigt, daß die *advocatia Verdensis* zugleich Kirchen- und Stadtvogtei war[8] und damit die städtische Gerichtsbarkeit[9] in

tümer Waldeck und Pyrmont I (Arolsen 1864) S. 268 ff.; F. Schultz, a. a. O., S. 19 ff. Über die älteren Vögte von Paderborn aus dem Hause der Grafen von Werl vgl. Wilmans, Additamenta S. 14 f. 25; Lövinson, a. a. O., S. 17 ff.; F. Schultz, a. a. O., S. 13 ff.

[1] Wilmans-Philippi II, 251. Sowohl Bischof wie Kapitel haben später schwören müssen, die Vogtei nicht wieder zu verleihen (Westfäl. UB. IV, 184, 385, 658). Dagegen tritt der Bischof selbst als Vogt auf; vgl. Hübinger, a. a. O., S. 90 f.; F. Schultz, a. a. O., S. 25.

[2] Westfäl. UB. II, 490.

[3] Über die älteren Vögte vgl. Lövinson, a. a. O., S. 20 f. Die Tecklenburger haben die Vogtei seit 1182 (Osnabrücker UB. I, 365).

[4] Osnabrücker UB. II, 351.

[5] Herzog Lothar erscheint als Verdener Vogt in Urkunden von 1123 (Verdener Geschichtsquellen II, 15, 17); vgl. auch die Urkunde von 1148 (ebenda II, 19). Vorher wird ca. 1070 ein Graf Hermann als *advocatus ecclesiae* genannt (ebenda II, 14).

[6] Unter den Ministerialen erscheint 1162 *Conradus advocatus de Virdena* (UB. Schleswig-Holstein I, 108), 1170 *Fridericus advocatus* (Hamburg. UB. I, 238).

[7] Vgl. die Urkunden in den Verdener Geschichtsquellen II, 45, 46, 55. Im Jahre 1230 verzichten die Söhne des letzten Vogtes darauf (ebenda II, 51). Die Bischöfe dürfen die Vogtei nicht wieder vergeben.

[8] Verdener Geschichtsquellen II, 45: *Conrado quarundam possessionum ecclesie ac civitatis Verdensis advocato*, 46: *de advocatia civitatis et ecclesie Verdensis*, 51: *de advocacia Verdensi sive in civitate sive extra civitatem*, 55: *advocaciam super bona nostra et fratrum et super civitatem nostram.*

[9] Vgl. die Urkunde Bischof Gerhards über die Ausübung der Vogteirechte von 1269 (Verdener Geschichtsquellen II, 86 S. 136): *Si forsan ali-*

sich schloß, ferner daß sie bischöfliches Lehen war.[1] Nur in einer Beziehung scheint Verden sich von den westfälischen Bischofsstädten zu unterscheiden. Während in den letzteren ein dem Schultheißenamt entsprechendes niederes städtisches Richteramt vorkommt,[2] ist von einem solchen niederen Richter in Verden nirgends die Rede. Allerdings ist bei der Dürftigkeit des Quellenmaterials eine Entscheidung darüber zunächst nicht möglich, ob wirklich dies Amt gefehlt und somit das Vogtamt die ganze städtische Jurisdiktion vereinigt hat oder nicht. Erst die Analogie der Bremer Verhältnisse wird Klarheit schaffen.

Grundlage für die Ordnung der Jurisdiktionsverhältnisse in Bremen[3] war das bekannte Privileg von 965[4], das nicht nur die Erlaubnis zur Marktgründung erteilte, sondern auch ausdrücklich bestimmte: *nemoque inibi aliquam sibi vendicet potestatem nisi prefati pontificatus archiepiscopus et quem ipse ad hoc delegaverit.* Daß der vom Erzbischof Delegierte nur der Vogt sein konnte, lehrt nicht nur das Beispiel anderer Städte, sondern auch das Bremer Immunitätsprivileg von 967.[5] Wer allerdings mit dieser Bremer Vogtei betraut war, darüber gewähren die Quellen nur

---

quis burgensis in civitate vel aliquis lito extra perpetraverit aliquod delictum in quo inventus fuerit culpabilis, non ingeremus aliquam difficultatem tali excedenti, quod ultra consuetum modum satisfaciat in aliqua re sive pecunia, sed contenti erimus tali emenda, que per communem sentenciam dictata fuerit et consueta.

[1] Verdener Geschichtsquellen II, 51: *de feodo patris sui*, 55: *quam Conradus . . . . tenebat a nobis.*

[2] Vgl. oben S. 273 ff.

[3] Über die Vogtei in Bremen vgl.: Donandt, Versuch einer Geschichte des bremischen Stadtrechts I (Bremen 1830); v. Maurer, Städteverfassung, III S. 428 ff.; Dünzelmann, Bremische Verfassungsgeschichte bis zum Jahre 1300, im Bremischen Jahrbuch XIII (1886) S. 38 ff.; von Bippen, Geschichte der Stadt Bremen I (Bremen 1892); Varges, Verfassungsgeschichte der Stadt Bremen im Mittelalter, in der Zeitschrift des histor. Vereins für Niedersachsen 1895 S. 207 ff., insbes. S. 266 ff.; Kühtmann, Geschichte der bremischen Stadtvogtei (Breslau 1900).

[4] MG. DD. I, Otto I. 307 (965).

[5] MG. DD. II, Otto II. 16 (967): *ut nullus dux etc. ullam sibi in predictis omnibus* (darunter auch Bremen) *usurpent potestatem nisi predictae sedis archiepiscopus et advocati quos ipse elegerit.*

ungenügenden Aufschluß. Näheres hören wir von dieser Vogtei erst im Jahre 1089, als Erzbischof Liemar, um sich aus der Gefangenschaft zu befreien, Lothar von Supplinburg *advocatiam Bremae* übertrug,[1] nachdem sie kurz vorher Graf Friedrich von Stade innegehabt hatte.[2] Von nun an scheint die Vogtei, ohne daß wir etwas von ihr hören, bei Lothar und seinen Erben, den Welfen, verblieben zu sein. Erst 1219 hat Heinrichs des Löwen Sohn, Pfalzgraf Heinrich, auf sein Recht in *advocatia Bremensi* verzichtet;[3] doch mag wohl schon 1180 faktisch die Vogtei verloren gegangen sein. Wenn wir in der Zwischenzeit den edlen Herrn Adolf von Nienkerken, der häufig im Gefolge Heinrichs des Löwen begegnet,[4] 1154 als *advocatus ecclesiae Bremensis*,[5] 1159 als *advocatus civitatis*[6] in den Urkunden finden, so dürfen wir wohl annehmen, daß er diese Stellung einer Verleihung Heinrichs des Löwen verdankte. Jedenfalls zeigen aber die beiden Quellenstellen, daß auch in Bremen die *advocatia civitatis* mit der Kirchenvogtei überhaupt verbunden war.

Sicherlich haben aber weder Lothar noch die Welfen noch Adolf von Nienkerken selbst die vogteilichen Rechte in der Stadt ausgeübt, sondern mit der Wahrnehmung derselben ist wohl schon am Ende des 11. Jahrhunderts ein besonderer ministerialischer Untervogt betraut worden, der häufig in den erzbischöflichen Urkunden erscheint und gewöhnlich als *advocatus*,[7] einmal im Gegensatz zum *advocatus civitatis* Heinrich von Nienkerken als *minor advocatus*[8] bezeichnet wird. Die ersten dieser Vögte

[1] Annales Stadenses 1089 (MG. SS. XVI p 316).

[2] UB. Hamburg I, 118 nennt ihn *tunc advocatus ecclesiae nostrae*. Die Urkunde ist zwar von 1091, handelt aber von einer Schenkung, die schon längere Zeit vorher, jedenfalls vor 1082, erfolgt ist. Das hat Kühtmann, a. a. O., S. 19 übersehen und deshalb das zeitliche Verhältnis zwischen dem Tätigwerden des Grafen von Stade und der Verpfändung der Vogtei umgekehrt.

[3] UB. Bremen I, 118 (1219).

[4] Vgl. UB. Bremen I S. 55.

[5] UB. Hamburg I, 204 (1154).

[6] UB. Bremen I, 49 (1159).

[7] Vgl. Kühtmann, a. a. O., S. 20 und die Liste ebenda S. 22. Der erste Ministerialenvogt, Gerung, kommt schon 1106 vor (UB. Bremen I, 27, 29).

[8] UB. Bremen I, 49 (1159).

dürften Unterbeamte Lothars, der Welfen oder der welfischen Aftervasallen gewesen sein; dagegen vermute ich, daß der zuerst 1186 und seitdem außerordentlich häufig erwähnte Ministerialenvogt Alard[1] die Reihe der vom Erzbischof ernannten Stadtvögte eröffnet. Seitdem ist die Bremer Stadtvogtei ein erzbischöfliches Amt geblieben, das allerdings im Laufe der Zeit durch die konkurrierende Gerichtsbarkeit des Rates immer mehr an Bedeutung verlor, aber rechtlich erst im Jahre 1802 aufgehoben wurde.[2]

Diese Langlebigkeit des Vogtamtes in Bremen ermöglicht es uns, die Kompetenzen des Bremer Vogtes genauer kennen zu lernen.[3] Und zwar scheinen diese außerordentlich ausgedehnt gewesen zu sein. Nicht nur die Hegung der drei echten Dinge,[4] sondern auch die gesamte Straf- und Zivilgerichtsbarkeit scheint in den Händen des Vogtes gelegen zu haben.[5] Ein anderer bischöflicher Stadtrichter neben ihm wird in Bremen nie erwähnt; erst durch die immer mehr wachsende Konkurrenzgerichtsbarkeit des Rates hat die Gerichtsbarkeit des Bremer Vogtes Einschränkungen erfahren. Wir werden an anderer Stelle[6] festzustellen versuchen, wie weit wir in dieser umfassenden gerichtlichen Tätigkeit des Vogtes eine

---

[1] Alard wird 1186 bis 1217 erwähnt (UB. Bremen I, 65, 66, 75, 76, 80, 83, 84, 91, 92, 93, 96 Anm. 7, 100 Anm. 5, 103, 109 Anm. 7; UB. Hamburg I, 290, 358). Da er 1206 *iuvenis advocatus* genannt wird (UB. Bremen I, 103), scheint es sich um zwei Vögte gleichen Namens zu handeln; vgl. auch Varges, a. a. O., S. 270.

[2] Vgl. Kühtmann, a. a. O., S. 68. Über die spätere Geschichte der Stadtvogtei überhaupt vgl. ebenda S. 35 ff.

[3] Vgl. über sie Kühtmann, a. a. O., S. 12 ff., 24 ff.

[4] Vgl. Kühtmann, a. a. O., S. 25 f.

[5] Bezeichnend ist die Ausdrucksweise der Gerhardischen Reversalien (UB. Bremen I, 234 und Keutgen, Urkunden 148) § 1: *Quod universa facta, que per iuris ordinem debent discuti vel moveri in civitate nostra, in pretorio tantum coram advocato vel iudice domini nostri archiepiscopi per iustas sententias terminentur.* Da die Quellen keinen besonderen *iudex* des Erzbischofs kennen, sind *advocatus* und *iudex* offenbar Synonyma, so daß also die Reversalien die gesamte Jurisdiktion dem Vogte zuweisen. Die Behauptung von Varges, a. a. O., S. 269, der Vogt heiße auch in der Urkunde UB. Bremen I, 56 *iudex*, ist falsch; die Urkunde spricht bloß vom *iudex* einzelner Dörfer.

[6] Vgl. unten S. 308 f.

allgemeinere Erscheinung zu erblicken haben, und wie sie zu erklären ist. Soviel steht wohl fest, daß wir nach dem Obengesagten[1] dieselbe ausgedehnte Kompetenz des Vogtes auch für Verden annehmen müssen.

Und genau dieselbe Erscheinung treffen wir in Hildesheim.[2] Auch hier ist der bischöfliche Vogt nicht bloß höchster Richter in der Stadt, der die drei echten Dinge abhält,[3] sondern der Stadtrichter überhaupt, neben dem ein anderer niederer Richter nicht vorkommt. Das beweist nicht nur das Schweigen der zahlreichen Hildesheimer Urkunden, die, so häufig sie den Vogt nennen, doch nie eines anderen Richters Erwähnung tun. Das beweist noch deutlicher das Stadtrecht aus der Mitte des 13. Jahrhunderts,[4] das in seinen 54 Bestimmungen zwar oft genug, und zwar auch bei kleineren Sachen,[5] den *advocatus* als Richter nennt, aber nichts von einem anderen Richter weiß. Schon früh sind hier in Hildesheim die alten, dem Herrenstande angehörigen Großvögte verschwunden;[6] seit 1132 finden wir in der Stadt Vögte aus dem Stande der Ministerialen,[7] die zwar noch vereinzelt *advocati* von Hildesheim oder *advocati civitatis*,[8] aber nie mehr *advocati ecclesiae* und *advocati episcopi* genannt werden, offenbar also über die Stadt hinaus ihren Wirkungskreis nicht erstreckt

---

[1] Vgl. oben S. 283.

[2] Über die Vogtei in Hildesheim vgl.: Doebner, Die Stadtverfassung Hildesheims im Mittelalter, in den Hansischen Geschichtsblättern IX (1880) S. 15 ff.; Barth in der Zeitschrift des Harzvereins XXXIII, 2 (1900) S. 327 ff.

[3] Stadtrecht (vgl. folg. Anm.) § 24: *ille tenetur tribus vicibus in anno venire ad legitimum iudicium advocati.*

[4] Gedruckt UB. Hildesheim I, 209 (ca. 1249).

[5] Vgl. z. B. Stadtrecht § 3: *Si quis alium percutit cum lata manu, ille vadiabit advocato 5 solidos.*

[6] Vgl. über sie Barth, a. a. O., S. 335 Anm. 2.

[7] Der erste ministerialische Vogt Liudolf wird zuerst 1132 erwähnt (UB. Hochstift Hildesheim I, 200, 201). Er und seine Brüder Liupold und Hugo kommen außerordentlich oft in den Urkunden als Vögte vor, und zwar ausnahmslos als Ministerialen.

[8] *Advocati Hildesheimenses* heißen sie UB. Hildesheim I, 17 (1142), 18 (1143); UB. Hochst. Hildesheim I, 227 (1142), 231 (1143), 297 (vor 1156), 387 (1178); UB. Goslar I, 242 (1158). Die Bezeichnung *advocatus civitatis* findet sich während des 12. Jahrhunderts UB. Hildesheim I, 43 (1171—89).

haben dürften.[1] Im Gegenteil gliedert sich im 13. Jahrhundert die Stadt in mehrere Vogteien;[2] es gibt nicht nur eine Vogtei der Altstadt,[3] sondern auch eine besondere Vogtei der Neustadt,[4] eine besondere der Dammstadt,[5] eine besondere des Altmarkts,[6] ja auch die Burg mit den nächsten Hausstellen hat ihren besonderen Vogt.[7] Dazu kommen noch die Vogteien der Klostergebiete.[8] Ursprünglich bischöfliche Lehen, sind diese Vogteien am Ende des 12. und im 13. Jahrhundert allmählich vom Bischof zurückerworben und in bloße *officia* verwandelt worden. So löste Bischof Konrad I. (1194—1198) die Vogtei der Altstadt ein,[9] und sein Nachfolger Konrad II. fand 1225 die letzten Anspruchsberechtigten ab;[10] seit 1216 schwuren die Hildesheimer Bischöfe in ihren Wahlkapitulationen, die Vogtei der Altstadt nie wieder zu veräußern und sie nie als Lehen, sondern allein als *officium* zu vergeben.[11] Bischof Konrad II. erwarb dazu 1235 die Vogtei

---

[1] Wenn im Jahre 1235 ein Vogt Berthold dem *comicio, quod vulgariter dicitur grevedincg*, präsidiert (UB. Hochst. Hildesheim I, 416, 417), so darf man daraus nicht auf eine Ausdehnung der Hildesheimer Vogtei auf die Umgebung der Stadt schließen, zumal da dieser Vogt allein *advocatus de Monte*, d. h. Vogt des Moritzstiftes ist. Über die Erklärung der Urkunden vgl. Heck, Der Sachsenspiegel und die Stände der Freien (Halle 1905) S. 360 ff.

[2] Sehr bezeichnend ist Stadtrecht § 10: *Si quis traxerit gladium in una advocatia et currit super aliam advocatiam.*

[3] Sie heißt durchweg *advocatia civitatis*; vgl. unten Anm. 9—11.

[4] Vgl. unten 288 Anm. 4.

[5] Vgl. unten 288 Anm. 2.

[6] Daß die Bezeichnung *advocatus de Antiquo foro* kein bloßer Familienname, sondern eine Amtsbezeichnung ist, beweist vor allem die Urkunde des *Lippoldus miles advocatus Antiqui fori Hildensemensis* von 1256 (UB. Hildesheim I, 243), an der sich das *Sigillum advocati de Antiquo foro* befindet. Vgl. auch unten S. 288 Anm. 3.

[7] Vgl. unten S. 288 Anm. 1.

[8] Für das Godehardikloster vgl. UB. Hildesheim I, 39 (1184) 180 (1243), 298 (1266); für das Moritzstift vgl. Chron. Hildesheim. (MG. SS. VII p. 860).

[9] Chron. Hildesheim. 25 (MG. SS. VII p. 858): *advocaciam civitatis nostre pecunia non parva expedivit.*

[10] UB. Hildesheim I, 91.

[11] Wahlkapitulation Bischof Siegfrieds I. (UB. Hildesheim I, 73): *advocatiam civitatis Hildensem non alienabo, et si eam alicui committere voluero, hoc faciam in presencia capituli etc. . . . . confitente illo, qui eandem in*

über die Burg und die rückwärts derselben gelegenen Hausstellen zusammen mit neun dazu gehörigen Handwerksämtern.[1] Dazu kam noch unter Bischof Heinrich I. (1247—1257) der Erwerb der Vogtei über die Dammstadt[2] und unter Heinrichs Nachfolger Johann I. (1257—1261) der der Vogtei über den Alten Markt,[3] während die Vogtei über die Neustadt nicht an den Bischof, sondern an das Domkapitel gelangt ist.[4]

Anders lagen die Verhältnisse in der anderen Bischofsstadt des nördlichen Ostfalens, in Halberstadt.[5] Gewiß war auch hier der Vogt der oberste, aber nicht der einzige Richter in der Stadt; die der Gerichtsbarkeit des Grafen entsprechende niedere Jurisdiktion lag, ebenso wie in Magdeburg, in der Hand eines Schultheißen.[6] Und auch die äußere Geschichte des Vogtamts ist eine andere gewesen. Länger als in Hildesheim haben sich hier die alten Edelvögte aus dem Stamme der Herren von

---

officio accipiet, quod ipsam non in feodo sed in officio accipit, et iurante ipso, quod prefatam advocatiam nunquam sibi in beneficium vindicabit. Vgl. auch den Rechenschaftsbericht Siegfrieds I. von 1221 (Ebenda I, 85) und die Wahlkapitulationen Siegfrieds II. von 1279 und Heinrichs von 1331 (Ebenda I, 369, 832).

[1] UB. Hildesheim I, 136 (1235): *advocatiam urbis in civitate Hyldensemensi cum novem officiis, videlicet duobus officiis loture et 4 officiis braxatorum et lapicide et pistoris sexte ferie et camere nostre, que thesauraria camera dicitur.* Vgl. auch Chron. Hildesheim. (MG. SS. VII p. 860): *advocaciam in urbe et in areis quibusdam retro urbem sitis et quedam officia braxatorum .... liberavit.* Übrigens hat Bischof Siegfried II. (1279—1310) noch einmal die *advocaciam in urbe* einlösen müssen; vgl. Chron. Hildesheim. (MG. SS. VII p. 867).

[2] Chron. Hildesheim. (MG. SS. VII p. 862): *advocatiam etiam in Dammone, quam comites de Waldenberge in feodo tenuerunt, ab omnibus absolvit et ecclesie per omnia expeditam reliquit.*

[3] Eod. p. 862: *a Lippoldo de Antiquo Foro advocaciam eiusdem loci pro 34 talentis* (sc. *comparavit*).

[4] Das Domkapitel beschwört 1290: *ut advocatiam ant censum Nove civitatis alio quocunque modo non alienemus.*

[5] Über die Vogtei in Halberstadt vgl.: Varges, Verfassungsgeschichte der Stadt Halberstadt im Mittelalter, in der Zeitschrift des Harzvereins XXIX (1896) S. 81 ff., 416 ff.; Barth, ebenda XXXIII, 2 S. 327 ff.

[6] Vgl. oben S. 272.

Suselitz[1] sowohl in der Hochstifts- wie in der Stadtvogtei[2] behauptet; erst 1226 hat Vogt Dietrich die Stadtvogtei und das Gericht in der Stadt zusammen mit den ihm verbliebenen Resten der Kirchenvogtei an Bischof Friedrich, von dem er sie zu Lehen trug, für 150 Mark Silbers verkauft.[3] Zur Einsetzung eines ministerialischen Stadtvogtes wie in Hildesheim scheint es in Halberstadt nicht gekommen zu sein; Vogt ist einfach der Bischof geworden, dem wir deshalb später auch wiederholt als Vorsitzenden im Stadtgericht begegnen.[4]

Etwa um dieselbe Zeit ist auch die Merseburger[5] Vogtei an das Bistum gelangt. Im Jahre 1231 hat der letzte Merseburger Vogt, der verschuldete Burggraf Siegfried von Leisnig,[6] die

---

[1] Als ersten Halberstädter Vogt finde ich Johannes im Jahre 1068 (UB. Halberstadt I, 3). Seit dem Anfang des 12. Jahrhunderts kommen als Halberstädter Vögte vor: Berengar, 1114—1128 (UB. Hochst. Halberstadt I, 137, 146, 151, 176; UB. Ilsenburg 13), Werner I., 1133—1164 (UB. Hochst. Halberstadt I, 167, 168, 169, 171, 199, 205, 206, 213, 214, 223, 229, 241, 268; UB. Pforte I, 13; C. d. Sax. A. II, 263; UB. St. Bonifaz in Halberstadt 2), Ludolf, 1174—1202 (zuerst UB. Hochst. Halberstadt I, 276, zuletzt ebenda 421, im übrigen an etwa 50 Stellen), Werner II., 1194—1202 (UB. Hochst. Halberstadt I, 356, 390, 420), Dietrich, 1212—1226 (zuerst UB. Halberstadt I, 17, zuletzt UB. Hochst. Halberstadt I, 584, im übrigen an etwa 20 Stellen).

[2] Vogt Ludolf heißt sowohl *maioris domus advocatus* (UB. Hochstift Halberstadt I, 282) oder *advocatus maior* (ebenda I, 330, 352, 405) wie *advocatus de civitate* (ebenda I, 363).

[3] UB. Hochstift Halberstadt I, 584 (1226): *advocatiam et iudicium totius civitatis nostre et quicquid extra civitatem in territorio sive in campo civitatis existit, insuper advocatiam de his 2 villicationibus Vogelsdorp et Hersleve, quam de manu nostra tenuit.* Über andere Bestandteile der Domvogtei vgl. die Urkunden UB. Hochstift Halberstadt I, 590 (1227), II, 658 (1237), 739, 752.

[4] UB. Hochstift Halberstadt II, 734 (1244): Nach einer Urkunde Bischof Meinhards war bei einer Auflassung zugegen *civitas universa, quia in foro iudicio presedimus illa vice*; ebenda II, 1552 (1290): Urkunde Bischof Volrads, *cum in civitate nostra Halb. presideremus iudicio seculari.*

[5] Über die Vogtei in Merseburg vgl. Barth in der Zeitschrift d. Harzvereins XXXIII, 2 S. 327 ff.

[6] Ob die früher erwähnten Vögte Albero, 1127—43 (UB. Hochstift Merseburg I, 97; Cod. dipl. Sax. reg. A. II, 143, 161), Adalbert, 1144 (Cod. dipl. Sax. reg. A. II, 176), Dietrich, 1161—66 (Cod. dipl. Sax. reg.

advocaciam katedralis ecclesie nostre que vulgo tumvoythye dicitur, die er als bischöfliches Lehen besaß, dem Bischof Ekkehard mit allen Rechten aufgelassen.[1] Ekkehards Nachfolger Bischof Friedrich hat in seiner Wahlkapitulation (1263/5) geloben müssen, sie nicht wieder zu veräußern.[2] Daß diese Vogtei auch die *advocatia civitatis*, die hohe Gerichtsbarkeit in der Stadt, in sich geschlossen hat, finde ich nicht ausdrücklich erwähnt, möchte es aber, abgesehen von der Analogie der übrigen Städte, aus zwei Umständen schließen. Einmal daraus, daß die berühmte Urkunde Heinrichs II. von 1004, die dem Merseburger Bischof unter anderem auch den Besitz der Burg und Marktansiedelung Merseburg bestätigt, ausdrücklich bestimmt „*ut nullus comes neque aliquis ex iudiciaria potestate aliquod ius habeat super episcopales res nisi advocatus quem ipse episcopus sibi pro voto elegerit.*“[3] Dann aber aus einer Bestimmung der oben erwähnten Wahlkapitulation Bischof Friedrichs: „*Omnes aree canonicorum ab observantia iudicii quod dicitur voitding erunt libere et immunes et ab alia qualibet servitute nisi quantum inhabitatores ipsarum pro negociationibus suis episcopo respondere tenentur.*“[4] Also nur in Handelssachen haben die Bewohner der Kapitelshausstellen vor dem Bischof Recht zu nehmen, und zwar offenbar in dem Vogtding, das dieser nach Erwerbung der Vogtei selbst abhält. Urteilt aber das Vogtding in Handelssachen, so dürfte es nicht nur für die ländlichen Besitzungen des Bischofs, sondern vor allem gerade für die Bischofsstadt zuständig gewesen sein.

Als letzte Stadt bleibt uns noch Naumburg[5] zur Besprechung

A. II, 298, 340) Siegfrieds Vorfahren waren, habe ich nicht feststellen können. Dafür spricht, daß der Name Albero später wiederholt im Leisniger Burggrafenhause vorkommt.

[1] UB. Hochstift Merseburg I, 224 (1234).

[2] Ebenda I, 316.

[3] UB. Hochstift Merseburg I, 31; MG. DD. III, Heinrich II. 64.

[4] UB. Hochstift Merseburg I, 316.

[5] Über die Vogtei in Naumburg vgl.: Lepsius, Geschichte der Bischöfe des Hochstifts Naumburg I (Naumburg 1846); Borkowsky, Aus der Vergangenheit der Stadt Naumburg I (Naumburger Programm 1893) S. 34 f.; Hoffmann, Naumburg a. S. im Zeitalter der Reformation (Leipzig 1901) S. 17, 164 ff.

übrig. Allerdings liegen die älteren Gerichtsverhältnisse dieser Stadt recht im Dunklen, immerhin ist uns doch so viel bekannt, daß Vögte des Hochstifts die Wettiner waren.[1] Ob sie allerdings während dieser Zeit die hohe Gerichtsbarkeit in der Stadt besessen haben, steht nicht außer allem Zweifel. Wenn sie, was zweifellos ist, im Jahre 1140 in Naumburg und Zeitz Gericht abhielten,[2] so kann darunter ebenso gut allein die vogteiliche Gerichtsbarkeit über die bäuerlichen Hintersassen des Domstifts verstanden werden. Ebenso unsicher ist die rechtliche Stellung des *Heremannus* oder *Hartmannus Nuenburgensis advocatus* zweier bischöflicher Urkunden von 1147 und 1154;[3] da er nicht Stiftsvogt war, dürfte er wohl Stadtvogt gewesen sein, aber ob bischöflicher Beamter oder markgräflicher Untervogt, läßt sich nicht entscheiden. Einen etwas klareren Einblick in die Naumburger Gerichtsverhältnisse erhalten wir erst für das 13. Jahrhundert. In der Urkunde von 1210, in der alle Lehen, die der Markgraf vom Bischof besitzt, aufgeführt werden, finden wir nur das für die Stadt nicht zuständige Gericht am roten Graben, dagegen keine Erwähnung der Gerichtsbarkeit in der Stadt.[4] Vielmehr gehörten im 13. Jahrhundert die beiden Städte Naumburg und Zeitz in einen größeren Hochgerichtsbezirk, der dem bischöflichen Vogte

---

[1] Als Großvögte der Naumburger Kirche finde ich: Dedo I., 1103 (C. d. Sax. reg. A. II, 3), Konrad, 1133—1152 (eod. A. II, 91, 99, 143, 184, 185, 204, 240), Dedo II., 1164—1185 (eod. A. II, 323, 350, 360, 376, 378, 495, 509; DOBENECKER, Regesta Thuringiae II, 624).

[2] Cod. dipl. Sax. reg. A. II, 143 (1140): Markgraf Konrad der Große nimmt vom Bischof *iure advocatie 9 servitia per singulos annos* in Naumburg in Anspruch, erlangt aber nur, *ut singulis annis tria tantummodo in Nuenburg servicia . . . . accipiat, ita sane ut, si semel omnia servicia accipere voluerit, hoc sibi liceat et tamen neque sua placita neque nostram iusticiam negligat.* Der Schlußsatz ergibt, daß die *servicia* mit der Gerichtsbarkeit zusammenhingen, daß also der Markgraf in Naumburg Gericht abhielt. Daß dies Gericht auch für die Stadt zuständig war, wird allgemein angenommen; vgl. BORKOWSKY, a. a. O., S. 34 f.; HOFFMANN, a. a. O., S. 3 f., 164.

[3] KREYSIG, Beiträge I S. 8 Nr. 5 (1147); SCHOETTGEN, Konrad der Große S. 318, Cod. probat. 24.

[4] Cod. dipl. Sax. reg. A. III, 156 (1210). Vgl. darüber HOFFMANN, a. a. O., S. 164.

von Schönburg unterstand.[1] Offenbar haben also hier ebenso wie anderwärts die Bischöfe die hohe Gerichtsbarkeit in der Stadt, die *advocatia civitatis*, von ihren Stiftsvögten zurückerworben und besonderen Vögten übertragen.

Fassen wir noch einmal die gewonnenen Ergebnisse zusammen, so können wir für die sächsischen Bischofsstädte, so weit wir überhaupt in die Geschichte ihrer älteren Gerichtsverfassung Einblick erhalten, dasselbe konstatieren, was wir schon für Magdeburg, was wir aber auch für die meisten Bischofsstädte in den übrigen Teilen des Reiches festgestellt hatten, nämlich daß Träger der hohen Gerichtsbarkeit der zugleich als Stadtvogt amtierende bischöfliche Stiftsvogt war. Mögen die späteren Schicksale dieser Vogteien in den einzelnen Städten auch verschieden genug gewesen sein, der ursprüngliche Zustand weist durchaus eine Übereinstimmung auf. Nur insofern finden wir eine gewisse Abweichung, als in einigen Städten diese Vogtei auch das Amt des niederen Stadtrichters völlig absorbiert hat. Von einer Burggrafschaft, einer Stadtkommandantur ist in diesen frühestens seit dem 12. Jahrhundert befestigten Städten nirgends eine Spur zu finden. Nur Magdeburg mit seiner bis ins 11. Jahrhundert reichenden Burggrafschaft nimmt unter den sächsischen Städten eine Sonderstellung ein, weil es im 11. Jahrhundert die einzige ummauerte Stadt war.

Oder sollte es doch unter den Städten des inneren Sachsens solche gegeben haben, deren Mauern in diese frühe Zeit zurückreichen? Unter den Bischofsstädten haben wir keine gefunden; die Klosterstädte, wie Gandersheim, Quedlinburg, Höxter, und die Gründungen der Laienfürsten, wie Braunschweig, können wir wohl ohne weiteres beiseite lassen. Die Salzstadt Halle endlich heißt noch im 12. Jahrhundert *villa.*[2] Aber wie steht es mit den königlichen Pfalzstädten, Goslar, Nordhausen, Mühlhausen?[3] Nun, die bedeutendste unter ihnen, Goslar, war während des ganzen 11. und noch im Beginn des 12. Jahrhunderts eine offene *villa*[4] und erst im

---

[1] Vgl. den Nachweis bei Hoffmann, a. a. O., S. 166 f.

[2] Annales Pegav. (MG. SS. XVI p. 254).

[3] Vgl. über sie Rietschel, Markt und Stadt S. 91 ff.

[4] UB. Goslar I, 82 (1062), 93, 94 (1064), 107 (1068), 120, 121 (1073), 150 (1107) 152 (1108); vgl. Bode, Geschichtliche Einleitung zum UB. I S. 30.

Jahre 1131 eine *civitas.*[1] Was aber Nordhausen und Mühlhausen betrifft, so finde ich während des ganzen 11. und 12. Jahrhunderts[2] immer nur eine *curtis regia* oder *villa* Nordhausen,[3] eine *villa* Mühlhausen[4] erwähnt; *civitates* heißen beide Städte erst am Anfang des 13. Jahrhunderts.[5]

Am ehesten könnte man noch versucht sein, Hamburg[6] als früh befestigte Stadt anzusehen. Wer bei Adam von Bremen oder in Helmolds Slavenchronik immer wieder von der *civitas* Hamburg vernimmt, oder wer bei Adam die Stellen über die schon am Anfang des 11. Jahrhunderts erfolgte Befestigung der *civitas* oder *metropolis*[7] liest, wird leicht die Vorstellung von einer

---

[1] UB. Goslar I, 181 (1131), 219 (1152).

[2] Wenn in den Ottonenurkunden von einer *civitas* Nordhausen (MG. DD. II, Otto III. 128, vielleicht auch in der Vorlage von Otto II. 5) oder einer *civitas* Mühlhausen (MG. DD. II, Otto II. 76) die Rede ist, so ist darunter natürlich, wie vor allem die letztere Urkunde beweist, die königliche Burg zu verstehen.

[3] Lamperti Annales 1075 p. 234: *haud procul a curte regia Northusun;* Lesser, Nachrichten von Nordhausen S. 151 Anm. kk (1158): *castrum itaque nostrum et curtem dominicalem . . . . et quicquid proprietatis in eadem villa Northusen visi sumus habere* (auch bei Ayrmann, Sylloge p. 291 n. 2); UB. Hochst. Hildesheim I, 534 (1198): *de villa Northusen;* Chronica s. Petri Erford. 1198/1199 (MG. SS. XXXa p. 378): *regiam villam Northusen.*

[4] Chronica s. Petri Erford. 1180 (MG. SS. XXXa p. 373): *Mulihusen villam regiam;* eod. 1199 p. 378.

[5] Cod. dipl. Sax. reg. A. III, 145 (1197—1209): *quicquid in nostra possident civitate Northusen;* Ebenda A. III, 98 (1206): *civitatem regiam quae dicitur Mulhusen.*

[6] Über Hamburg vgl.: Gaedechens, Topographie der Freien und Hansestadt Hamburg (Hamburg 1880); Hindrichson, Zur geographischen Lage des älteren Hamburg (Programm der neuen höheren Bürgerschule zu Hamburg 1889); Obst, Ursprung und Entwicklung der Hamburgischen Ratsverfassung (Hamburg 1890) S. 7 ff. Eine sehr dankenswerte Zusammenstellung aller auf die Stadt Hamburg bezüglichen älteren Quellenstellen bietet Ballheimer, Zeittafeln zur Hamburger Geschichte (Programm des Hamburger Johanneums 1895, 1898).

[7] Adami Gesta Hammab. eccl. pontif. II, 66 p. 86: Erzbischof Hermann (1032—35) *murum civitati circumdare voluit vixque iactis fundamentis cum opere vitam finivit;* eod. 67 p. 88: Erzbischof Bezelin (1035—43) *murum civitatis ab Herimanno decessore orsum in giro construens, in aliquibus eum*

Stadtbefestigung großen Stiles erhalten. Aber eine Untersuchung des Sprachgebrauches zeigt, daß sowohl Adam wie Helmold die Bezeichnung *civitas* für jede Burg, jeden befestigten Ort verwenden, daß also die erwähnte Befestigung sehr wohl als Befestigung der Immunität gedeutet werden kann. Das wird uns aber zur vollen Gewißheit, wenn wir hören, daß das *forum* im Westen vor der Mauer lag.[1] Die *civitas* umfaßte also nicht die Marktansiedelung, sondern allein das engere Gebiet um die Domkirche.[2] Dazu stimmt auch völlig eine spätere Stelle, die von der Gründung einer neuen Burg (*novum praesidium*) Hamburg durch den sächsischen Herzog berichtet und nun das neue herzogliche und das alte erzbischöfliche *oppidum* einander gegenüber stellt,[3] ein Zeichen, daß auch das letztere keine ummauerte Stadt gewesen sein kann. Erst die Gründung des Holsteiner Grafen von 1188 darf als solche bezeichnet werden.[4]

---

locis usque ad propuguacula erexit, alias quinque aut septem cubitorum altitudine semiperfectum dimisit; eod. 68 p. 88: *voluit etiam nobilis archiepiscopus Hammaburg metropolem muro circumdare ac munire turribus.*

[1] Eod. II, 67: *Cui* (*sc. muro*) *ab occasu contra forum porta grandis inhaesit.*

[2] Damit steht auch nicht das Adams Darstellung hinzugefügte Scholion 55 im Widerspruch, das die Bewachung der *civitas* zur Hälfte dem Domklerus, zur Hälfte den *cives* überträgt (Adam II p. 88). Da die befestigte Immunität Zufluchtsort der Bürger war, ist es ganz natürlich, daß sie, obwohl außerhalb der Mauer wohnend, auch ihren Teil zur Bewachung beitrugen. Eine Stadtmauer aber, deren Bewachung zur Hälfte Sache der Domgeistlichkeit ist, wäre eine seltsame Erscheinung. Übrigens steht einer Verwertung des Scholions entgegen, daß wir nichts über seine Entstehungszeit wissen. Die älteste Handschrift, die den Zusatz enthält, gehört dem 13. Jahrhundert an.

[3] Adam III, 26 p. 114: *Nam et dux eo tempore relicto veteri castello Hammaburg novum quoddam praesidium sibi suisque fundavit infra Albiam flumen et rivum qui Alstra vocatur. Ita nimirum cordibus et mansionibus ab invicem divisis dux novum archiepiscopus vetus coluit oppidum.*

[4] Die Gründungsurkunde Adolfs von 1189 (Hamb. UB. I, 285) erwähnt nur die herzogliche Burg (*urbs*); von der *civitas* ist erst in dem kaiserlichen Privileg von 1189 und der herzoglichen Bestätigungsurkunde von 1190 die Rede (ebenda I, 286, 292).

Fünftes Kapitel.

Schlußergebnisse.

§ 17.

Die hohe Gerichtsbarkeit.

Vom Süden zum Norden, vom Westen zum Osten fortschreitend haben wir für die uns hier beschäftigenden Fragen sämtliche Gebiete des deutschen Reiches eingehend durchforscht. Die mühsame Einzelarbeit, die getan werden mußte, ist im wesentlichen vollendet; jetzt endlich können wir versuchen, die Ergebnisse zusammenzufassen und ein Gesamtbild aus ihnen herzustellen.

Als erstes und zugleich grundlegendes Ergebnis dürfen wir an die Spitze dieses Schlußkapitels den Satz stellen: Burggrafenamt und hohe Gerichtsbarkeit in der Bischofsstadt haben miteinander nicht das geringste zu tun. Wo wir Burggrafen, sei es in einer Bischofsstadt allein, sei es in einem größeren, dieselbe umfassenden Gebiete als Träger hoher Jurisdiktion finden, erklärt sich die Tatsache allein aus einer Personalunion des Burggrafenamtes mit einem anderen Amte, sei es mit dem Gaugrafenamte wie in Regensburg und Köln, sei es mit dem Amte des bischöflichen Vogtes wie in Mainz, Worms, Speier, Würzburg, Trier und Magdeburg. Gewiß hat man dort, wo diese Vereinigung der beiden Ämter zu einer festen Einrichtung geworden war, vielfach nicht mehr genau unterschieden, welche Befugnisse das eine, welche das andere in sich schloß. Aber das ändert natürlich nichts an dem ursprünglichen Charakter dieser Ämter, und der enthält beim Burggrafenamt keinerlei Beziehungen zur Gerichtsbarkeit. So können und müssen wir im folgenden entsprechend dem Titel unseres Buches zwischen Burggrafenamt und hoher Gerichtsbarkeit in den deutschen Bischofsstädten trennen. Und zwar wollen wir mit der letzteren beginnen.

Schon bei den Einzeluntersuchungen haben wir uns auf die wirklichen Bischofsstädte beschränkt und alle die Städte außer

Betracht gelassen, die bloß neben einer bischöflichen Kirche gegründet sind, ohne bischöfliche Städte zu sein. Die Zahl solcher bloß äußerlich einem Bischofssitz angegliederter Städte ist nicht gering. Zwei derselben haben wir schon kennen gelernt, die beiden Residenzen Meißen und Brandenburg; beide sind markgräfliche, nicht bischöfliche Städte, mit der bischöflichen Kirche durch keine anderen Beziehungen als die rein kirchlichen und die Nachbarschaft verknüpft.[1] Nicht anders steht es mit den beiden anderen Bischofssitzen der Mark Brandenburg, Havelberg und Lebus, von denen es übrigens bloß der erstere zu einer leidlichen städtischen Entwickelung gebracht hat.[2] Daß von den Bistumsgründungen Heinrichs des Löwen Lübeck und Schwerin verhältnismäßig früh, nämlich schon im 12. Jahrhundert, Städte als unmittelbare Nachbarn gehabt haben, ist bekannt genug, aber ebenso auch, daß in ihnen der Bischof über die Stadt keinerlei Gewalt ausgeübt hat. Lübeck ist aus der Herrschaft des Schauenburgers unter die Herrschaft Heinrichs des Löwen gelangt und nach seinem Sturze Reichsstadt geworden,[3] Schwerin, die Gründung Heinrichs des Löwen, war Residenzstadt der mecklenburgischen Fürsten.[4] Neben der dritten Bistumsgründung Heinrichs des Löwen, Ratzeburg, ist zunächst überhaupt kein städtisches Leben erblüht.[5] Besser war es mit Cammin in Pommern bestellt; aber auch hier waren es nicht die Bischöfe, sondern die pommerschen Herzöge, unter deren Schutz die Stadt

---

[1] Über Meißen vgl. Märcker, Burggrafthum Meißen, S. 118 ff. Über Brandenburg vgl. die Literatur oben S. 227 Anm. 1.

[2] Vgl. Zimmermann, Versuch einer historischen Entwickelung der märkischen Städteverfassungen I (Berlin 1837); Riedel, Die Mark Brandenburg im Jahre 1250 (Berlin 1831) S. 282 ff., 482 ff. und im Codex dipl. Brand. A. I S. 23 ff., III S. 264 ff.

[3] Vgl. Frensdorff, Die Stadt- und Gerichtsverfassung Lübecks im XII. und XIII. Jahrhundert (Lübeck 1861) S. 8 ff.; Hoffmann, Geschichte der Freien und Hanse-Stadt Lübeck I (Lübeck 1889) S. 15 ff.

[4] Über Schwerin vgl. Fromm, Chronik der Haupt- und Residenzstadt Schwerin (Schwerin 1863); Rische, Geschichte der Grafschaft Schwerin bis zum Jahre 1358, I (Ludwigslust 1893) S. 2 ff.

[5] Die dürftigen Nachrichten über Ratzeburg verwertet Masch, Geschichte des Bistums Ratzeburg (Lübeck 1835).

Cammin sich entwickelte.[1] Gleiches gilt von den deutschen Städten im slavischen Gebiete, von Breslau und Prag, die beide nicht ihren Bischöfen, sondern den schlesischen Herzögen bez. den böhmischen Königen Gründung und Emporblühen verdankten.[2] Alle diese östlichen Gründungen können und müssen demnach bei einer auf die deutschen Bischofsstädte beschränkten Darstellung außer Betracht bleiben. Zweifelhafter könnte man sein, ob man Hamburg völlig übergehen darf, das ja lange den Bremer Bischöfen als Sitz gedient hat, und wo unter den Mauern der Immunität zweifellos schon verhältnismäßig früh eine kleinere kaufmännische Niederlassung entstanden ist. Aber diese erzbischöfliche Niederlassung tritt doch gegenüber der von Wirad von Boitzenburg gegründeten Neustadt ganz entschieden in den Hintergrund. Zudem ist sie schon vor dem Ende des 12. Jahrhunderts in den Besitz der Schauenburger übergegangen, ohne daß uns über ihre frühere Gerichtsverfassung die geringste Kunde wird.[3] So beschränken wir uns im folgenden auf dieselben Städte, denen allein die Einzeluntersuchungen der früheren Kapitel gegolten haben. Das Gebiet östlich von Saale und Elbe bleibt demnach von unserer Darstellung der hohen Gerichtsbarkeit in den Bischofsstädten ausgeschlossen.

Unter diesen deutschen Bischofsstädten können wir zwei große Gruppen unterscheiden, die alten Römerstädte und die Marktansiedelungen.[4] Die ersteren als die älteren und im ganzen bedeutenderen fesseln zunächst unsere Aufmerksamkeit.

---

[1] Über Cammin vgl. Kücken, Geschichte der Stadt Cammin in Pommern (Cammin 1880) S. 30 ff.; von Sommerfeld, Geschichte der Germanisierung des Herzogtums Pommern oder Slavien bis zum Ablaufe des 13. Jahrhunderts (Leipzig 1896) S. 213 f.

[2] Über Breslau vgl. Gengler, Cod. iur. mun. S. 351 ff.; Grünhagen, Breslau unter den Piasten als deutsches Gemeinwesen (Breslau 1861), Geschichte Schlesiens I (Gotha 1884) S. 74 ff.; Markgraf, Einleitung zum Codex dipl. Silesiae XI: Breslauer Stadtbuch (Breslau 1882). Über Prag vgl. Lippert, Socialgeschichte Böhmens II (Wien 1898) S. 128 ff.

[3] Vgl. Obst, Ursprung und Entwicklung der Hamburgischen Ratsverfassung (Hamburg 1890) S. 20, 32 f.

[4] Über diese Unterscheidung vgl. Rietschel, Markt und Stadt, insbes. S. 232.

Von den schwäbischen Städten gehören dazu Straßburg und Augsburg, wahrscheinlich auch Chur, Konstanz und Basel, von den bayerischen Städten Regensburg; in Franken zählen dazu die drei mittelrheinischen Städte Mainz, Worms, Speier, die Großstadt Köln und die vier lothringischen Bischofsstädte Trier, Metz, Toul und Verdun.[1] Bei ihnen allen handelt es sich um Orte, die sich ununterbrochen seit der Römerzeit als ständige Sitze von Handel und Verkehr erhalten haben, um Orte, in denen die bischöfliche Kirche nur ein Grundeigentümer neben zahlreichen anderen gewesen ist. Den entschiedensten Gegensatz dazu stellen die bischöflichen Marktansiedelungen dar, Kaufmannsstädte, die neben der engeren Immunität auf bischöflichem Grund und Boden planmäßig gegründet und mit einer handel- und gewerbetreibenden Bevölkerung besiedelt worden sind. Als wichtigste derselben wäre Magdeburg zu nennen, das allerdings insofern eine Ausnahme bildet,. als hier die Marktansiedelung ihre Entstehung einer königlichen Gründung verdankt und erst später in das Eigentum der erzbischöflichen Kirche übergegangen ist. Aber auch sämtliche übrigen sächsischen Bischofsstädte ohne Ausnahme sind aus solchen Marktgründungen hervorgegangen; dazu treten noch die bayerischen Städte Brixen, Salzburg, Freising und Passau, sowie die ostfränkische Stadt Bamberg, die übrigens ebenso wie Magdeburg ursprünglich königliche Gründung war. Unsicher ist, welcher Kategorie wir Utrecht zuzurechnen haben. Einige andere Städte befinden sich insofern in einer gewissen Mittelstellung, als sie zwar nicht in die Römerzeit zurückreichen, aber zur Zeit der Gründung des Bistums zweifellos schon volkreichere Orte waren und in ihrer Anlage auf keinerlei planmäßige Marktgründung hindeuten. Ich rechne dazu Würzburg und Lüttich.

Von allen diesen Städten nimmt eine in verfassungsrechtlicher Hinsicht eine durchaus isolierte Stellung ein, nämlich Regensburg.[2] Bis zum Aussterben des alten Pabonischen Grafenhauses am Ende des 12. Jahrhunderts ist Regensburg Teil einer Gaugrafschaft geblieben, und zwar einer Gaugrafschaft, die

[1] Cambrai dürfen wir nach dem oben S. 194 Gesagten hier unberücksichtigt lassen.

[2] Vgl. oben S. 83 ff.

in keinerlei Abhängigkeit vom Bischof geraten ist, die, wie die meisten anderen bayerischen Grafschaften, bis zu ihrem Untergang einzig und allein unter König und Herzog gestanden hat. Gerade infolge dieses letzteren Umstandes hat sich hier in Regensburg ein Gegensatz erhalten, der in sämtlichen anderen Römerstädten verschwunden oder wenigstens modifiziert worden ist, der zwischen der Gerichtsgemeinde des Grafengerichts und den bischöflichen Immunitätsleuten. Den drei echten Dingen des Grafen stehen mit völlig entsprechender Kompetenz die drei echten Dinge des Domvogts, dem späteren herzoglichen Friedgericht das bischöfliche Friedgericht, dem Gericht des Schultheißen (*scultetus*) das des bischöflichen Propstes (*praepositus*), mit anderen Worten der ordentlichen öffentlichen Gerichtsgemeinde eine starke Immunitätsgemeinde gegenüber. So ist es gewesen unter den alten Pabonen, und so ist es auch geblieben, nachdem am Ende des 12. Jahrhunderts die wittelsbachischen Herzöge die pabonische Erbschaft angetreten hatten. Die Abgrenzung der Immunitätsgemeinde ist nun aber keine solche nach dem Grundbesitz; nicht etwa die auf bischöflichem Grund und Boden Angesessenen, sondern die Eigenleute und Censualen der bischöflichen Kirche, denen die Eigenleute und Censualen mehrerer anderer Stifter angegliedert sind,[1] unterstehen diesem bischöflichen Richter. Für sie aber ist die Exemtion von der ordentlichen Gerichtsbarkeit, wie es scheint, eine vollständige. Wie weit wir in dieser rein persönlichen Abgrenzung der beiden Gerichtsgemeinden das Ursprüngliche zu erblicken haben, läßt sich leider nicht feststellen. Nur so viel wissen wir, daß im Laufe der Jahrhunderte diese Immunitätsgerichtsbarkeit an Umfang stark verloren hat; ob aber bloß durch Zusammenschmelzen des Kreises der ihr persönlich Unterworfenen oder auch durch Austritt der auf kirchlichem Gut angesessenen Freien, entzieht sich unserer Kenntnis.

In sämtlichen anderen Römerstädten sowie in Würzburg

---

[1] Vgl. oben S. 94 Anm. 2. An der daselbst angeführten Stelle der ältesten Statuten (v. Freyberg, Sammlung V S. 56) werden die in die Propstei gehörigen Leute der verschiedenen Stifter mit der konstanten Redewendung bezeichnet: wer dem betreffenden Stift *aigen ist oder zinshaeftig ist von seiner muter.*

und Lüttich haben sich die Verhältnisse anders gestaltet. Zwar gibt es auch künftig eine Immunität, die der Gewalt der städtischen Richter verschlossen ist, aber diese Immunität ist eine engbegrenzte. Als lokale Immunität umfaßt sie die Domkirche sowie ihre nächste Umgebung, die Domherrnkurien, als persönliche die Domkleriker und ihre persönlichen Diener. In dem besonders befriedeten Gebiet dieser geistlichen Immunität ist jede Laiengewalt, also auch die des bischöflichen Vogtes, ausgeschlossen, und ebenso sind, soweit sie nicht Handel treiben, die unter dem Schutze der Immunität stehenden Personen sicher vor jeder nichtgeistlichen Gewalt.[1] Dagegen sind im übrigen gräfliche und bischöfliche Gerichtsgemeinde in der Stadt zur völligen Einheit verschmolzen, und zwar ist entweder die letztere in der ersteren oder (und das ist das Gewöhnliche) die erstere in der letzteren aufgegangen.

Für das Aufgehen der bischöflichen Gerichtsgemeinde in der Grafschaft bietet das einzige unzweifelhafte Beispiel Köln.[2] Gleich Regensburg ist die rheinische Großstadt, wie oben[3] des näheren ausgeführt wurde, nicht aus dem Grafschaftsgau ausgeschieden worden, sondern Bestandteil desselben geblieben. Aber anders als die Grafschaft im Donaugau ist die Kölngaugrafschaft — wahrscheinlich schon im 10. Jahrhundert unter Erzbischof Bruno — an die Kölner Kirche gelangt; die Kölngaugrafen des 11. bis 13. Jahrhunderts waren Lehnsleute der Erzbischöfe, also in dieser Hinsicht den bischöflichen Großvögten durchaus gleichstehend. Diese Abhängigkeit des Grafen vom Erzbischof mag auch der Anlaß gewesen sein, daß die beiden Gerichtsgemeinden, die in Regensburg getrennt einander gegenüberstanden, die gräf-

---

[1] Besonders charakteristisch für die Abgrenzung dieser Immunität gegen die weltlichen Gewalten ist die Urkunde von Speier von 1101 (UB. Speier 13; Keutgen, Urkunden 11). An dieser Stelle ist es mir selbstverständlich nicht möglich, auf die rechtliche Stellung jener Immunitäten einzugehen, so sehr an und für sich eine Geschichte der städtischen Immunitäten einem dringenden Bedürfnisse abhelfen würde.

[2] Ob auch Utrecht und Verdun dazu gehören, läßt sich bei der Lückenhaftigkeit des Quellenmaterials nicht mit Sicherheit feststellen; wahrscheinlich ist es nicht. Vgl. oben S. 173 f., 184 ff.

[3] Vgl. oben S. 144 ff., insbes. S. 156 ff.

liche und die bischöfliche Immunitätsgemeinde, in Köln durch Einverleibung der letzteren in die erstere zu einer Einheit verschmolzen wurden. Über den Gang dieser Verschmelzung sind oben[1] einige Vermutungen geäußert worden, die natürlich nicht auf unbedingte Sicherheit Anspruch erheben können. An der Tatsache der Verschmelzung selbst kann jedenfalls nicht gezweifelt werden.

Überall sonst, sowohl in den schwäbisch-alemannischen wie in den fränkisch-lothringischen Bischofsstädten, ist umgekehrt die gräfliche Gerichtsbarkeit in der Stadt durch die bischöfliche Immunitätsgerichtsbarkeit verdrängt, die ursprüngliche gräfliche Gerichtsgemeinde in die bischöfliche Immunitätsgemeinde aufgenommen worden. In sämtlichen Römerstädten sowie in Würzburg und Lüttich war die Grundlage ein königliches Privileg, das die Gerichtsbarkeit in der Stadt (event. unter Einschluß der Vorstadt) dem Bischof übertrug. Solche Privilegien aus der Ottonenzeit sind uns für Speier (969), Worms (979) und Straßburg (982) erhalten; übereinstimmend erwähnen sie die Übertragung der gesamten Gerichtsgewalt in der Stadt an den Bischof.[2] Und auch für die übrigen in Betracht kommenden Städte, für Augsburg, Basel, Konstanz, Chur, Mainz, Würzburg, Trier, Metz, Toul, Lüttich, wahrscheinlich auch Verdun und Utrecht, haben wir denselben Gang der Entwickelung anzunehmen, wenn uns auch die Privilegien selbst verloren sind.[3] Aber der Bischof war als Geistlicher nicht in der Lage, diese Gerichtsbarkeit selbst zu handhaben; zur Ausübung berufen war vielmehr, was ja auch ausdrücklich die drei Ottonischen Privilegien bestimmen, dieselbe Persönlichkeit, die

---

[1] Vgl. oben S. 165.

[2] Vgl. oben S. 129, 15.

[3] Vor allem scheint der Bischof von Metz 960 ein ähnliches Privileg erhalten zu haben; vgl. oben S. 187 Anm. 2. Über die schwäbischen Städte vgl. S. 60 ff., über Mainz S. 130. Für Würzburg haben wir wenigstens die Bestätigung König Konrads II. von 1030; vgl. oben S. 141. In Trier und Toul, vielleicht auch in Verdun, scheint dem Bischof ebenso wie in Köln die ganze Grafschaft, in der die Stadt lag, geschenkt worden zu sein. Die Abtrennung der Gerichtsbarkeit in der Stadt von der Gaugerichtsbarkeit und ihre Vereinigung mit der Immunitätsgerichtsbarkeit des Vogtes war dann offenbar ein Werk des Bischofs. Vgl. oben S. 169, 181, 186.

auch sonst den Bischof in allen der unmittelbaren Tätigkeit des Klerikers entzogenen, rein weltlichen Geschäften vertrat und deshalb auf dem immunen kirchlichen Grundbesitz die Immunitätsgerichtsbarkeit für ihn versah, der bischöfliche Vogt (*advocatus*).[1] Der erste Erfolg der Ottonischen Privilegien war also, daß derselbe bischöfliche Beamte, der über die bischöflichen Immunitätsleute innerhalb und außerhalb der Stadt die Gerichtsbarkeit ausübte, nun auch über die übrigen, bisher dem Grafengericht unterstehenden Bewohner der Stadt die Jurisdiktion erlangte. Daran schloß sich als weitere Folge die Verschmelzung dieser beiden Jurisdiktionen und damit auch der beiden Gerichtsgemeinden zu einer Einheit.[2]

Ähnlich ist das Endergebnis in den Marktansiedelungen, wenn auch der Gang der Entwickelung ein anderer ist. Hier folgt, wenn wir von den königlichen Gründungen Magdeburg und Bamberg absehen,[3] nicht die Verleihung der städtischen Gerichtsbarkeit der Stadtgründung, sondern das Umgekehrte ist der Fall. Auf ihrem Grund und Boden, auf dem sie schon kraft ihrer Immunität die volle Gerichtsbarkeit besaßen, haben die bayerischen und sächsischen Bischöfe eine neue Ansiedelung ins Leben gerufen, die nun ebenso unter der Jurisdiktion des höchsten bischöflichen Immunitätsrichters, des Vogtes, verblieb[4] wie das übrige Immunitätsgebiet, während auch hier die engere geistliche Immunität und die Domherrn sowie ihre persönlichen Diener ebenso

---

[1] Vgl. den in dieser Beziehung auffallend übereinstimmenden Wortlaut der drei Privilegien S. 129, 15 Anm. 3.

[2] Ob man hier mit Seeliger, Grundherrschaft, S. 119 von einer erweiterten Immunität spricht oder mit Keutgen, Untersuchungen, S. 23 den Begriff der Immunität enger faßt, kommt meines Erachtens wesentlich auf einen unfruchtbaren Wortstreit hinaus; vgl. oben S. 15 Anm 3.

[3] In Magdeburg und Bamberg ist die Marktansiedlung auf königlichem Grund und Boden gegründet und später dem Bischof geschenkt worden; vgl. Rietschel, Markt und Stadt, S. 52 ff., 107 f.

[4] Anders liegen die Verhältnisse bezüglich der niederen Gerichtsbarkeit, hinsichtlich deren die Marktansiedlung nicht nur dem übrigen Immunitätsgebiet, sondern auch der am Orte vorhandenen älteren bäuerlichen Ansiedlung gegenüber regelmäßig eine Sonderstellung einnimmt; vgl. Rietschel, Markt und Stadt, S. 161.

wie in den alten Römerstädten jeder weltlichen Gewalt, also auch der des Vogtes, entzogen waren.[1]

Das Ergebnis ist also bei beiden Arten von Bischofsstädten das Gleiche: in der Stadt fehlt der Gegensatz zwichen der bischöflichen Immunitätsgemeinde und der übrigen Bevölkerung, die städtische Bevölkerung bildet eine einheitliche Gerichtsgemeinde.[2] Das gilt, abgesehen von Regensburg, für alle deutschen Bischofsstädte, also auch für Köln. Nur insofern besteht ein Unterschied, als in Köln der Graf des Kölngaus, in den übrigen Städten der bischöfliche Großvogt (*advocatus maior*) über diese vereinigte Gemeinde die hohe Gerichtsbarkeit ausübte. Doch dürfen wir diese Verschiedenheit in ihrer Tragweite nicht überschätzen; sehen wir vom Namen ab, so ist die Stellung des Kölner Grafen von der der Vögte in den anderen Städten kaum zu unterscheiden.[3]

Das gilt zunächst für die äußere Stellung. Ebenso wie die Kölner Grafen einem Dynastengeschlechte, dem der Herren von Arberg, angehören, entstammen die Vögte edlen Geschlechtern. Durchweg ist es eine benachbarte edelfreie, häufig eine gräfliche Familie, in deren Händen die Vogtei erblich ist. Überall aber haben diese Geschlechter, ebenso wie die Arberger ihre Grafschaft, ihre Vogtei vom Bischof als Lehen erhalten. Diese gewisse Abhängigkeit vom Bischof tritt auch zu Tage in der Bestimmung der Gerichtsstätte. Während in Regensburg der vom Bischof unabhängige Graf in der alten Königspfalz bei St. Egidien sein Ding abhielt,[4] gewähren für die übrigen Bischofsstädte die älteren Quellen, soweit sie überhaupt die echte Dingstätte des Grafen oder Vogtes erwähnen, eine geradezu frappante Übereinstimmung: in Köln,

---

[1] Ein gutes Beispiel bietet die Urkunde für Halberstadt von 1133 (UB. Halberstadt I, 6); vgl. Rietschel, Markt und Stadt, S. 66. Vgl. im übrigen oben S. 300 Anm. 1.

[2] Dabei sehen wir natürlich von der engeren Immunität der Domkirche und von sonstigen aus besonderen Gründen in der Stadt bestehenden Immunitäten ab.

[3] Im folgenden verzichte ich regelmäßig auf die einzelnen Belege und verweise generell auf die vorangeschickte Darstellung.

[4] Vgl. oben S. 91 Anm. 3, 4.

Straßburg, Augsburg, Magdeburg und wohl auch Verdun ist es die bischöfliche Pfalz oder der Platz vor derselben.[1]

Ferner ist aber dem Kölner Grafen und den Vögten der anderen Bischofsstädte gemeinsam, daß ihr Jurisdiktionsgebiet über den engen Bereich der Stadt hinausgriff und ein größeres territoriales Gebiet umfaßte. Wie die Arberger nicht nur über die Stadt Köln, sondern über den gesamten Kölngau als höchste Richter fungierten, so waren die Vögte nicht bloß *advocati civitatis*, sondern *advocati maiores* des Bischofs überhaupt und als solche auch Richter des gesamten bischöflichen Immunitätsgebietes.[2] Im Laufe der Zeit allerdings machte sich immer lebhafter eine Tendenz geltend, die außerstädtische Gerichtsbarkeit von der städtischen zu trennen. Dort, wo der Graf oder Vogt, der ja als auswärts angesessener Dynast regelmäßig nicht in der Stadt wohnte, für die Ausübung seiner Rechte sich einen Stellvertreter bestellte — und das scheint ja meist der Fall gewesen zu sein —, war dieser ministerialische Untergraf oder Untervogt ein ausschließlich auf die Stadt selbst beschränkter Beamter. Das gilt vom Kölner Greven ebenso wie von den *subadvocati* in Straßburg, Augsburg, Konstanz, Basel und anderwärts.[3] Vor allem dort, wo, wie in Basel, Speier, Lüttich, Bremen, Hildesheim, im beginnenden 13. oder schon im 12. Jahrhundert die alten edelfreien Vögte von den Bischöfen durch Ministerialenvögte ersetzt wurden,[4] waren diese ministerialischen Vögte regelmäßig reine Stadtvögte.[5] Ja in Hildesheim ist es offenbar bei dieser Gelegenheit zu einer Aufteilung der Stadt in mehrere Vogtbezirke gekommen.[6] Auch wo

---

[1] Vgl. oben S. 160 f., 17 f., 30, 264, 183.

[2] Nur für Toul, Verdun und Lüttich ist es zweifelhaft, ob der *advocatus civitatis* zugleich bischöflicher Großvogt war; vgl. oben S. 192 Anm. 2.

[3] Anders liegen nur die Kompetenzen des Würzburger *comes*, der Zentgraf der Würzburger Zent war; vgl. oben S. 138 ff.

[4] Vgl. darüber unten S. 315.

[5] Eine Ausnahme bilden nur die 1223 ausgestorbenen Verdener Ministerialenvögte und der vom Naumburger Bischof für einen größeren, die Städte Naumburg und Zeitz einschließenden Bezirk eingesetzte Vogt von Schönburg; vgl. oben S. 282 f., 291 f. Sehr zweifelhaft sind die Kompetenzen der Ministerialenvögte in Münster; vgl. oben S. 281.

[6] Vgl. oben S. 286 f.

sich die Vogtei in der Hand vornehmer Herrengeschlechter erhielt, sehen wir im Laufe des 13. Jahrhunderts sich diese Beschränkung der Gerichtsbarkeit auf die Stadt vollziehen. Das ist der Fall in Straßburg, wo 1219 die Vogtei nur noch eine *advocatia Argentinensis civitatis* war,[1] in Augsburg, wo mit dem Erwerb der Vogtei durch König Rudolf I. die außerstädtischen Rechte des Vogtes als Straßenvogtei von der Stadtvogtei getrennt wurden,[2] in Konstanz,[3] endlich in Magdeburg, wo 1294 die innerstädtischen Rechte des Vogtes von der Bürgerschaft für den Erzbischof zurückgekauft wurden und von nun an von den außerstädtischen getrennt blieben.[4] Verhältnismäßig lange, nämlich bis zu ihrem Aussterben im Jahre 1305, haben die Hirschberger Grafen mit der Vogtei über die Stadt Eichstätt auch die über das übrige Immunitätsgebiet vereinigt.[5] Einzig und allein die abgelegene Vogtei Chur hat während des ganzen Mittelalters noch eine Anzahl benachbarter Dörfer eingeschlossen, ist also während dieser Zeit überhaupt nicht zu einer bloßen Stadtvogtei zusammengeschmolzen.[6] Durchaus nicht anders wie der Mehrzahl der Vögte ist es auch dem Kölner Grafen gegangen; während noch im 12. Jahrhundert deutliche Spuren seiner Wirksamkeit im übrigen Kölngau nachweisbar sind, ist davon im 13. Jahrhundert nicht mehr die Rede.[7]

Wichtiger aber als alle diese Parallelen zwischen der Kölner Grafschaft und den Vogteien der übrigen Bischofsstädte ist die Übereinstimmung in den Kompetenzen. Daß der Graf des Kölngaus auch als erzbischöflicher Lehnsmann sich in seiner Tätigkeit grundsätzlich nicht von einem sonstigen Gaugrafen unterscheidet, bedarf wohl keiner näheren Ausführung.[8] Aber auch die

[1] Vgl. oben S. 20.
[2] Vgl. oben S. 35.
[3] Vgl. oben S. 56.
[4] Vgl. oben S. 258 f.
[5] Vgl. oben S. 102 ff.
[6] Vgl. oben S. 56 f. Die Gerichtsbarkeit über die Nachbardörfer wurde erst abgetrennt, als 1489 die Stadt Chur die Vogtei erwarb; vgl. PLANTA, Cur, S. 58.
[7] Vgl. die ausführlichere Schilderung dieser Entwickelung oben S. 156 ff.
[8] Über seine Befugnisse vgl. oben S. 151 ff.

bischöflichen Vögte sind wirkliche Träger der hohen Gerichtsbarkeit, ausgerüstet mit denselben Befugnissen, die anderwärts den Grafen zukommen. Wenn SEELIGER[1] neuerdings, trotzdem er den Immunitätsbegriff in sehr weitem Sinne verwendet,[2] die Erweiterung der Rechte der Immunität zu einer der gräflichen ebenbürtigen Gewalt und die völlige Exemtion des Immunitätsgebietes aus der Grafschaftsverfassung nur als eine verhältnismäßig seltene Ausnahme, dagegen die Unterordnung unter die Grafengewalt als die Regel ansehen will, so trifft er für die deutschen Bischofsstädte zweifellos nicht das Richtige.[3] Gerade die einzige Bischofsstadt, auf deren Verhältnisse er näher eingegangen ist, Straßburg, zeigt nach unseren Untersuchungen eine geradezu überraschende Kongruenz zwischen der Gewalt des bischöflichen Vogtes und der Grafengewalt.[4] Und wenn wir auch bei dem verhältnismäßig frühen Untergange der Vogteien und bei der Lückenhaftigkeit des mittelalterlichen Quellenmateriales natürlich nicht für alle Städte eine so deutliche Auskunft erwarten können, so haben doch die vorangehenden Einzeluntersuchungen wiederholt Bestätigungen der Straßburger Nachrichten geliefert. Es kann hier nicht meine Aufgabe sein, die früher gewonnenen Ergebnisse noch einmal aufzuzählen; nur daran möchte ich erinnern, daß der Wortlaut der Ottonischen Privilegien für Straßburg, Passau, Speier, Worms, Magdeburg und Bremen und des Privilegs Heinrichs II. für Merseburg jede Beschränkung des Vogtes durch die gräfliche Gewalt in absolut unmißverständlicher Weise ausschließt,[5] und daß selbst der scharfsinnigste Spürsinn auch nicht eine einzige Quellenstelle finden wird, die für irgend eine deutsche Bischofsstadt eine derartige Beschränkung des Vogtes vermuten ließe. Die mit dem außerstädtischen Immunitätsgebiet zu einer hochgerichtlichen Einheit verbundene Bischofsstadt ist

[1] Vgl. SEELIGER, Grundherrschaft, S. 99 ff., 112 f., 200.

[2] Vgl. oben S. 15 Anm. 3.

[3] Übrigens trifft auch für das übrige Immunitätsgebiet SEELIGERS Theorie nicht zu; vgl. STENGEL in der Zeitschr. d. Savigny-Stiftung für Rechtsgeschichte, Germ. Abt. XXV (1904) S. 301 ff.

[4] Vgl. oben S. 17 Anm. 1.

[5] Vgl. oben S. 15 Anm. 3, S. 80, 129, 263, 283, 290.

durchweg von der Grafschaftsverfassung in jeder Hinsicht eximiert. Ihren äußeren Ausdruck aber findet diese hohe Jurisdiktion des Vogtes in den drei echten Dingen. Wie jeder Graf, auch der Graf des Kölngaus,[1] jährlich seine drei echten Dinge abhält, so finden wir auch in einer Reihe von Bischofsstädten ausdrücklich die drei echten Dinge des Vogtes als die höchsten Gerichte erwähnt.[2]

Ist also die obere Kompetenzgrenze des Vogtes völlig der des Grafen entsprechend, so gilt das nicht in gleicher Weise für die ausschließliche Kompetenzgrenze nach unten. Zwar bleiben auch in dieser Beziehung die lückenhaften Quellen uns auf viele Fragen die Antwort schuldig. Aber soviel können wir feststellen, daß wenigstens in zwei größeren Gebieten die ausschließlichen gerichtlichen Befugnisse des Vogtes erheblich weiter sind als die des Grafen.

Das eine von diesen Gebieten ist Schwaben. Für drei alemannisch-schwäbische Bischofsstädte, Augsburg, Chur und Basel, zu denen möglicherweise noch Konstanz hinzutritt, hatten wir oben festgestellt, daß zwar die Verteilung der Zivilgerichtsbarkeit keine Besonderheit aufwies, daß aber die Aburteilung der „Frevel", die auf dem Lande Sache des Zentgrafen, in Straßburg Sache des Schultheißen war, in diesen Städten dem Vogte zustand.[3] Die gesamte Strafgerichtsbarkeit mit Ausnahme der kleinen Übertretungen befand sich also in der Hand des Vogtes. Gerade diese ausgedehnte Kompetenz erklärt in den erwähnten Städten das außerordentlich frühe Auftreten eines Stellvertreters des Vogtes, eines *subadvocatus*.[4] Auf welche Gründe diese eigentümliche Erweiterung der ausschließlichen Kompetenzen

---

[1] Vgl. oben S. 152.

[2] Sie werden in Augsburg (S. 31), Worms (S. 133), Trier (S. 168), Verdun (S. 183), Magdeburg (S. 260), Bremen (S. 285), Hildesheim (S. 286) und vielleicht in Naumburg (S. 291 Anm. 2) erwähnt, haben sicherlich aber auch anderwärts bestanden.

[3] Vgl. oben S. 35 ff., 45 ff.

[4] Ein Untervogt findet sich in Augsburg schon 1162, in Chur ca. 1170, in Basel 1187, in Konstanz 1192, während in Straßburg erst das zweite Stadtrecht (1214—1219) das Vorhandensein eines städtischen Untervogtes andeutet; vgl. oben S. 36, 52, 48 Anm. 4, S. 49, 20.

des Vogtes zurückzuführen ist, könnte nur durch eine eingehende Untersuchung der alemannisch-schwäbischen Gerichtsverfassung klargelegt werden, auf die ich an dieser Stelle selbstverständlich verzichten muß. Nur so viel will ich bemerken, daß auch im habsburgischen Urbar, das uns ja einen Einblick in die Gerichtsverhältnisse eines großen Teiles des alemannischen Gebietes gewährt, durchweg die *vrevel* der hohen Gerichtsbarkeit zugerechnet werden.[1] Wir haben es hier offenbar mit einer allgemeinen alemannisch-schwäbischen Einrichtung zu tun.

Und ebenso liegt für ein bestimmtes Gebiet Niedersachsens eine allgemeine, nicht bloß auf die Bischofsstädte beschränkte Einrichtung vor, wenn in Hildesheim, Bremen und wahrscheinlich auch Verden der *advocatus* sowohl in Zivil- wie in Strafsachen der einzige Stadtrichter ist,[2] neben dem kein Schultheiß vorkommt, und der erst durch die Erweiterungen der Gerichtsbarkeit des Rates eine Einschränkung seiner Gewalt erfährt. Genau derselben Erscheinung begegnen wir auch in anderen Städten dieses Gebietes, welches das westliche Ostfalen, das östliche Engern und Nordalbingien umfaßt. Ich nenne nur Braunschweig,[3] Lüneburg,[4] Hamburg,[5] Lübeck[6] und die schleswig-holsteinischen Städte.[7] Dagegen kennen sowohl die westlich[8]

[1] Vgl. STUTZ in der Zeitschr. d. Savigny-Stiftung für Rechtsgeschichte, Germ. Abt. XXV (1904) S. 199 ff., insbes. S. 202 ff.

[2] Vgl. oben S. 286, 285 f., 283.

[3] Vgl. VARGES, Die Gerichtsverfassung der Stadt Braunschweig bis zum Jahre 1374 (Marburg 1890) S. 28 ff.

[4] Vgl. JÜRGENS, Geschichte der Stadt Lüneburg (Hannover 1891) S. 9 f.; REINECKE, Lüneburgs ältestes Stadtbuch und Verfestungsregister (Hannover 1903) S. LX ff.

[5] Vgl. OBST, Ursprung und Entwickelung der Hamburgischen Ratsverfassung (Hamburg 1890) S. 32 ff.; v. MAURER, Städteverfassung, III S. 428. Wenn v. MAURER, a. a. O., III S. 429 ff. auch für Münster, Konstanz und Erfurt die alleinige Gerichtsbarkeit des Vogtes behauptet, setzt er sich in vollkommenen Widerspruch mit den Quellen.

[6] Vgl. PAULI, Lübeckische Zustände I (Lübeck 1847) S. 88 ff.; FRENSDORFF, Die Stadt- und Gerichtsverfassung Lübecks im XII. und XIII. Jahrhundert (Lübeck 1861) S. 36, 82 ff.

[7] Vgl. FALCK, Handbuch des Schleswig-Holsteinischen Privatrechts II (Altona 1831) S. 283 ff.

[8] Über die westfälischen Bischofsstädte vgl. oben S. 273 ff.

wie die östlich[1] davon gelegenen niedersächsischen Städte durchaus das Amt des niederen Stadtrichters. Ob dies Amt auch in dem mittleren Gebiete ursprünglich vorhanden war, aber durch das Vogtamt absorbiert worden ist, ob es von Anfang gefehlt hat, will ich nicht entscheiden. So viel ist sicher, daß die Gründe dieser eigentümlichen Erscheinung in den ältesten Städten, also wohl den Bischofsstädten zu suchen sind, während sie in den jüngeren Gründungen offenbar auf bloßer Nachahmung beruht. Jedenfalls ist es leicht verständlich, daß gerade in diesen Städten das Amt mit seinen ausgedehnten Amtspflichten verhältnismäßig früh zu einem ministerialischen Amt herabsinken mußte,[2] ja daß es in Hildesheim sogar zur Teilung der Stadt in mehrere Vogteien kam.[3]

Im übrigen Deutschland dürfte die Kompetenzgrenze zwischen Vogt und Schultheiß im ganzen der Abgrenzung zwischen der Jurisdiktion des Grafen und der des Zentgrafen entsprochen haben, ohne daß es uns, von Straßburg abgesehen, möglich wäre, im einzelnen wirklich Sicheres festzustellen. Denn Quellen, die uns über die Befugnisse der einzelnen städtischen Richter Genaueres mitteilen, gehören durchweg einer Zeit an, in der schon in den Städten dieselben Kompetenzverschiebungen zwischen höherem und niederem Richter eingetreten sind, die wir auch auf dem Lande beobachten können. Ebenso, wie die Grafengerichte im 13. Jahrhundert an die niederen Landgerichte den größten Teil ihrer Befugnisse abgegeben haben,[4] hat sich auch die Tätigkeit des Stadtschultheißen auf Kosten der des Vogtes durchweg erweitert. So erklärt es sich, daß in manchen Städten, z. B. in Straßburg, Brixen, Minden, die Vogtei schließlich zu einem bloßen

---

[1] Über den Schultheißen in Magdeburg, Halberstadt und anderen ostfälischen Städten vgl. oben S. 263, 271 f., 272 Anm. 5. Der Merseburger Schultheiß wird UB. Hochst. Merseburg I, 382, 660, 705, der Naumburger UB. Pforte I, 274, 275 erwähnt.

[2] In Verden begegnet 1162, in Hildesheim 1132 zuerst ein ministerialischer Vogt; vgl. oben S. 282 Anm. 6, S. 286. Ein Bremer Ministerialenvogt kommt zuerst 1106 als Untervogt vor; vgl. S. 284 Anm. 7.

[3] Vgl. oben S. 287.

[4] Vgl. Schröder, Rechtsgeschichte, 4. Aufl., S. 601.

Titel herabgesunken ist,[1] daß in Würzburg nur die Ernennung des Zentgrafen sich als Recht des Vogtes erhalten hat,[2] daß in Magdeburg am Ende des 13. Jahrhunderts nur noch einige besonders schwere Fälle dem Vogtding vorbehalten sind.[3]

Allerdings hat diese Erweiterung der Kompetenz des niederen auf Kosten des höheren Richters auf dem Lande wesentlich andere Gründe als in den Bischofsstädten. Auf dem Lande ist der Zentgraf, Schultheiß, Gogreve entweder von vornherein ein vom Grafen eingesetzter Beamter oder er wird es wenigstens im Laufe des 13. Jahrhunderts.[4] Daß er schließlich auch die hohe Jurisdiktion erlangte, hat seinen Grund in den veränderten politischen Verhältnissen, die dem zum Landesherrn gewordenen Grafen die persönliche Handhabung dieser Jurisdiktion unmöglich machten und ihn nötigten, sich durch seine Unterbeamten vertreten zu lassen. Die Erweiterung der Kompetenz der Niedergerichte bedeutet demnach keine Verdrängung, sondern eine bloße Entlastung des Grafen, der seine Gerichtshoheit ungeschmälert behauptete.

Ganz anders liegen die Verhältnisse, wenn wir von Regensburg absehen, in den Bischofsstädten. Werden auch die Stellvertreter, die Untervögte (*subadvocati*, *advocati minores*) oder der Kölner Greve (*subcomes, comes secundus*), von den Vögten bez. vom Kölner Grafen ernannt, so gilt das nicht für die Inhaber der unteren Gerichtsbarkeit, die Schultheißen der schwäbischen, fränkischen und ostfälischen, die *iudices* der bayerischen Städte, den *praefectus* von Augsburg, den *minister* von Konstanz, den *advocatus* von Köln, den Wichgrafen von Minden usw. Überall sind diese eigentlichen Stadtrichter, die im Laufe der Zeit ihre Kompetenz auf Kosten der Vögte bez. des Kölngaugrafen ausdehnen, nicht von diesen eingesetzt, sondern haben ihr Amt vom Bischof erhalten. Sie sind ministerialische Beamte des Bischofs

---

[1] Vgl. oben S. 20 f., 82, 281.

[2] Vgl. oben S. 136 f., 138 f. Dabei hat auch dieser Würzburger Zentgraf seine alte gerichtliche Tätigkeit eingebüßt und ist zu einem bloßen Beisitzer und Exekutionsbeamten herabgesunken.

[3] Vgl. oben S. 260.

[4] Vgl. Schröder, a. a. O., S. 599 f.

ebenso wie die Zolleinnehmer (*thelonearii*) und Münzmeister (*monetarii*). Dieser Unterschied ist leicht begreiflich. Wenn auch in der Ottonenzeit die Kirche ihren Dienern, den Bischöfen, die persönliche Ausübung der ihnen geschenkten Jurisdiktionsrechte verbot und sie nötigte, vornehmen Laien, den Vögten, sie zu übertragen, so bestand doch für sie derselbe Zwang nicht in bezug auf die Ernennung der niederen Gerichtsbeamten. Diese Ernennung haben sie durchaus in Händen behalten, und während die hohe Gerichtsbarkeit infolge des Lehnrechts nur allzu rasch in den damit beliehenen Vogtfamilien erblich wurde und sich vom bischöflichen Einflusse unabhängig machte, blieb die niedere Gerichtsbarkeit in der Hand von Beamten, die schon als Dienstmannen des Bischofs in Abhängigkeit von ihm standen, die ihr Amt auf Lebenszeit (häufig wohl in der Form des Dienstlehens) erhielten, und die erst um die Wende des 12. und 13. Jahrhunderts vereinzelt ihr Amt in ein wirkliches Erblehen zu verwandeln vermochten.[1] Die Ausdehnung der Kompetenz dieser von ihnen unabhängigen Beamten bedeutete demnach nichts anderes als eine Depossedierung der höheren Richter; sie stellt sich den anderen Maßregeln an die Seite, mit denen die bischöfliche Politik des 12. und 13. Jahrhunderts die Macht der Vögte[2] zu brechen versuchte.

Hatte es einst als selbstverständlich gegolten, daß die Bischöfe der Ottonen- und beginnenden Salierzeit die ihnen geschenkten Hochgerichtsrechte in der Bischofsstadt an ihre Vögte weiter verliehen, so machte sich in der Stauferzeit ein energisches Bestreben geltend, die verlorenen Rechte wiederzugewinnen. Nur wenn es gelang, diese eigenmächtigen Vogtgeschlechter aus dem erblichen Genusse der ihnen als Lehen gegebenen Hoheitsrechte zu verdrängen, konnte das Ziel erreicht werden, dem die geistlichen Fürsten zustrebten, die Begründung einer straffen landesherrlichen Gewalt. Schon im 11. Jahrhundert deuten sich diese bischöflichen Bestrebungen an, meist unter dem Vorwande, die

---

[1] Vgl. Rietschel in der Westdeutschen Zeitschrift XXII (1904) S. 352.

[2] Hier und im folgenden spreche ich der Einfachheit halber allein von den Vögten. Doch gilt das Gesagte ebenso für den in ähnlicher Stellung befindlichen Kölngaugrafen.

Unterdrückung und Ausbeutung der Bevölkerung durch die Vögte zu beseitigen; in der zweiten Hälfte des 12. und im Anfang des 13. Jahrhunderts dringen sie fast überall siegreich durch. Eins der Kampfmittel der Bischöfe ist uns schon bekannt geworden, die Ausdehnung der Kompetenz des niederen Richters. Aber daneben finden sich noch andere.

Ein Mittel, das sehr wohl geeignet war, der Gewalt des Vogtes Abbruch zu tun, war die Ausübung einer konkurrierenden Gerichtsbarkeit durch den Bischof selbst. In der Zeit der Ottonen wäre die persönliche Ausübung der weltlichen Gerichtsbarkeit durch den Bischof undenkbar gewesen. Die Stauferzeit dachte darüber anders. Ebenso wie sie manchen Bischof sah, dem der Harnisch besser als das geistliche Kleid stand, nahm sie, soweit nicht gerade über Hals oder Hand abgeurteilt wurde, an der persönlichen Ausübung der weltlichen Gerichtsbarkeit durch den Bischof keinen Anstoß. Das bekannteste Beispiel einer solchen persönlichen richterlichen Betätigung ist die aus dem ostfränkischen Herzogtum entsprungene *dignitas iudiciaria in tota Orientali Francia* des Würzburger Bischofs, die allerdings ohne besondere Beziehung auf die eigene Bischofsstadt war.[1]

Dagegen haben wir vielleicht in der ripuarischen Herzogswürde des Kölner Erzbischofs den Ursprung einer erzbischöflichen Gerichtsbarkeit zu suchen, die sich uns vor allem im Kölner Burggrafenschiede offenbart, und die ganz offensichtlich mit der Gerichtsbarkeit des Kölngaugrafen in Konkurrenz tritt.[2] Zusammen mit dem Grafen hat der Erzbischof den Bann vom König;[3] alle Sachen, die vor ihn gebracht werden, kann er

[1] Über das würzburgische Herzogtum vgl. Henner, Die herzogliche Gewalt der Bischöfe von Würzburg (Würzburg 1874); v. Zallinger in den Mitteilungen des Instituts für österr. Geschichtsforschung XI (1890) S. 528 ff.; Gengler, Beiträge zur bayerischen Rechtsgeschichte IV (Erlangen und Leipzig 1894) S. 53 ff.; E. Mayer in der Deutschen Zeitschrift für Geschichtswissenschaft, N.F. I (1897) Vierteljahrshefte S. 180 ff.

[2] Lau, Köln, S. 6 f. kennt diese gerichtliche Tätigkeit des Erzbischofs, wirft sie aber ohne weiteres mit der erzbischöflichen Gerichtshoheit zusammen und verkennt das Eigenartige derselben.

[3] Schied Erzbischof Philipps § 2 (Keutgen, Urkunden 17): *una nobiscum bannum iudicii ab imperio tenet.*

entscheiden. Nur wo ein *iudicium sanguinis* an ihn gelangt, bedient er sich des Burggrafen als Stellvertreters (*advocatus*) und gibt deshalb auch, wenn die peinliche Strafe abgekauft wird, von der Lösungssumme ein Viertel an den Burggrafen ab.[1] Auch die Urkunden zeigen uns wiederholt die Erzbischöfe in dieser gerichtlichen Tätigkeit.[2]

Ohne irgend welche Beziehung zu einer herzoglichen Würde steht dagegen die Gerichtsbarkeit, die seit dem Schiede Heinrichs I. (1184—1191) der Bischof von Basel in Konkurrenz mit seinem Vogte ausübte.[3] Die nicht ganz klaren Angaben der Schiedsurkunde erhalten ihre Erklärung durch das Baseler Bischofs- und Dienstmannenrecht von ca. 1260. Alle Sachen, die der Vogt richtet, kann auch der Bischof richten; nur wenn es *am bluotich hant get, so gat er dannen unde heizet den vogt rehte riehten.* Die Bußen aber werden im Verhältnis von zwei Drittel und ein Drittel zwischen Bischof und Vogt geteilt.

Während sich diese bischöfliche Konkurrenzgerichtsbarkeit nur vereinzelt nachweisen läßt, findet sich in ganz Deutschland eine andere Maßregel bischöflicher Politik, die der Begründung einer landesherrlichen Gewalt über die Stadt noch weit günstiger war, nämlich der Erwerb der Vogtei über die Stadt, der *advocatia civitatis*, sei es durch Kauf von dem derzeitigen Inhaber, sei es durch Heimfall nach Erlöschen des Vogtgeschlechtes. Fast überall sind die in dieser Richtung unternommenen Versuche der Bischöfe von Erfolg gekrönt gewesen, wenn wir auch nicht bei allen Städten diesen Erwerb im einzelnen verfolgen können. Am frühesten verschwinden die Edelvögte alten Stils in den niedersächsischen Bischofsstädten Verden und Hildesheim.[4] In der

---

[1] Schied § 5: *quando nos vel successores nostros iudicio sanguinis presidere contigerit, dictus burgravius noster esse debet advocatus;* ebenda § 6: *quod si in causis iudicii sanguinis, de quibus questio coram nobis vel successoribus nostris infra civitatem Coloniensem, videlicet inter cives nostros Colonienses, mota fuerit et compositio amicabilis intervenerit, de questu exinde provenienti recipiemus tres partes et burgravius ratione banni sui quartam partem.*

[2] Vgl. LAU, Köln, S. 7.

[3] Vgl. oben S. 45.

[4] Vgl. oben S. 282, 286.

zweiten Hälfte des 12. Jahrhunderts[1] nimmt die alte Vogtei in Salzburg, Passau, Freising, Worms, Speier, Mainz, Toul, Verdun und Naumburg ein Ende,[2] ohne daß wir Zeit und Art ihres Unterganges genauer bestimmen können. Für andere Städte besitzen wir die Urkunden, durch die sich der Erwerb der hohen Gerichtsbarkeit in der Stadt vollzieht. So verzichtete im Jahre 1168 der Graf von Tecklenburg auf die Ausübung der Vogteirechte in der Stadt Münster,[3] 1193 übertrug Hermann von Waldeck an den Bischof die schon 1189 ihm verpfändete Vogtei von Paderborn.[4] In dem letztgenannten Jahre verpfändete auch der Graf von Abenberg und Frensdorf die Bamberger Vogtei an den Bischof.[5] Um dieselbe Zeit haben auch die Welfen ihre Vogteien verloren: 1197 veräußerte Pfalzgraf Heinrich, Heinrichs des Löwen Sohn, die Trierer Vogtei an die Trierer Kirche,[6] 1219 verzichtete er auch auf seine Rechte an der Bremer Vogtei, die übrigens wohl schon seit dem Sturze Heinrichs des Löwen 1180 im tatsächlichen Besitze des Erzstiftes war.[7] Im 13. Jahrhundert nahm diese Entwickelung ihren Fortgang. In den 20er und 30er Jahren des 13. Jahrhunderts kauften die Bischöfe von Halberstadt, Merseburg und Osnabrück die Vogteien über ihre Bischofsstädte von den Edelgeschlechtern, in denen sie sich bisher forterbten, zurück,[8] 1294 erwarb auch der Magdeburger Erzbischof die hohe Gerichtsbarkeit in seiner Hauptstadt von den sächsischen Herzögen.[9] Schon vorher, im Jahre 1279, war die Kölner Grafschaft durch Verkauf an den Kölner Erzbischof zurückgelangt.[10] Das letzte Beispiel eines

---

[1] Wann sich der Übergang in Utrecht und Lüttich vollzogen hat, ist völlig unsicher; vgl. oben S. 174, 191 f.

[2] Vgl. oben S. 81, 123 f., 182, 185, 291.

[3] Vgl. oben S. 281.

[4] Vgl. oben S. 281 f.

[5] Vgl. oben S. 102.

[6] Vgl. oben S. 170.

[7] Vgl. oben S. 284.

[8] Vgl. oben S. 288 f., 289 f., 282.

[9] Vgl. oben S. 258.

[10] Vgl. oben S. 145. Ob auch die Erwerbung der Verduner Grafschaft und der Utrechter Grafschaft durch die Bischöfe von Verdun und Utrecht in den Jahren 1140 und 1220 einen Erwerb der hohen Gerichtsbarkeit in

derartigen Erwerbs war der Anfall der Eichstätter Vogtei an den Bischof im Jahre 1305 nach Aussterben der Hirschberger Grafen.[1]

Als das natürlichste mochte es zunächst erscheinen, die erworbene Vogtei ebenso wie die übrigen bischöflichen Ämter in der Stadt an bischöfliche Dienstmannen zu vergeben und Ministerialenvögte einzusetzen. Das geschah vor allem dort, wo die alten, dem Herrenstande angehörenden Vögte am frühesten verschwunden waren, in Verden und Hildesheim,[2] ferner in Speier,[3] Münster,[4] Bremen[5] und offenbar auch in Naumburg[6] und Lüttich,[7] während in Verdun, Mainz und Worms andere, bereits vorhandene bischöfliche Beamte, in Verdun der *doyen* (*decanus*),[8] in Mainz und Worms der Kämmerer (*camerarius*),[9] mit der Wahrnehmung der bisher dem Vogt zustehenden Befugnisse betraut wurden. Aber nicht überall scheint sich diese Einrichtung bewährt zu haben. Wenigstens haben die Hildesheimer Bischöfe ansehnliche Summen aufgewendet, um seit dem Ende des 12. und im 13. Jahrhundert die verschiedenen in Ministerialenhänden befindlichen Vogteien innerhalb der Stadt zurückzukaufen, und auch dem Verdener Bischofe ist offenbar der Rückfall der Vogtei nach dem Tode des letzten Ministerialenvogtes im Jahre 1223 sehr erwünscht gewesen. Der Grund liegt auf der Hand. In den Kreisen der ministerialischen Beamten, die sich bisher, im Gegensatz zu den Vögten, in völliger Abhängigkeit vom bischöflichen Stadtherrn befanden, traten seit der zweiten Hälfte des 12. Jahrhunderts

den betreffenden Bischofsstädten in sich schloß, läßt sich nicht mit Sicherheit entscheiden, wenn ich es auch nicht für wahrscheinlich halte; vgl. oben S. 184, 173 f.

[1] Vgl. oben S. 102.

[2] Vgl. oben S. 282, 286.

[3] Vgl. oben S. 132.

[4] Vgl. oben S. 281.

[5] Vgl. oben S. 285.

[6] Als ein solcher Ministerialenvogt ist offenbar der Vogt von Schönburg anzusehen; vgl. oben S. 292.

[7] Vgl. oben S. 189 ff.

[8] Vgl. oben S. 183 f.

[9] Vgl. oben S. 134, 133. In Worms sind diese Kämmerer durchweg Ministerialen, in Mainz wechseln Ministerialen und Kleriker als Kämmerer ab; vgl. Koehne, Stadtverfassung in Worms, Speier und Mainz, S. 178 ff., 193.

Bestrebungen auf, ihre Ämter in Erblehen zu verwandeln und so zu größerer Selbständigkeit zu gelangen. Diesen ehrgeizigen Dienstmannen das mühsam erworbene Vogtamt anzuvertrauen, war wenig empfehlenswert. Viel besser war es, das Amt überhaupt nicht wieder zu vergeben, es einfach zurückzubehalten. Die veränderte Anschauung der Stauferzeit, die der persönlichen Handhabung weltlicher Gerichtsbarkeit durch den Bischof nicht mehr so abgeneigt wie früher gegenüberstand, ermöglichte diesen Schritt. So finden wir, daß die seit dem Ende des 12. Jahrhunderts heimgefallenen Vogteien von Salzburg, Passau, Freising, Bamberg, Eichstätt, Trier, Paderborn, Osnabrück, Verden, Halberstadt und Merseburg, sowie die hohe Gerichtsbarkeit in Magdeburg und die Kölngaugrafschaft[1] überhaupt nicht wieder ausgeliehen, sondern vom Bischof einbehalten wurden,[2] eine Maßregel, zu der sich seit dem Beginn des 13. Jahrhunderts die Bischöfe häufig ihren Domkapiteln oder auch den Bürgern gegenüber durch besondere Versprechungen, besonders in den Wahlkapitulationen, verpflichten mußten.[3] Auch finden wir in einer Anzahl von Städten die Bischöfe selbst mit der Ausübung der so erworbenen hohen Gerichtsbarkeit beschäftigt.[4]

Dort wo die Abfindung der alten edelfreien Vögte nicht gelang, wurde wenigstens ihr Amt zur Bedeutungslosigkeit herabgedrückt und im wesentlichen seines Einflusses auf die Stadt beraubt, wie wir es für Straßburg, Brixen, Minden und im ganzen auch für Würzburg gesehen haben. In einem Teile Deutschlands allerdings gelang es nicht die Gewalt der Vögte zu brechen, in Schwaben. In Augsburg, Chur, Konstanz und Basel hat sich das Amt des Vogtes durchaus gegenüber den Bischöfen behauptet.

[1] In Köln wurde der bisherige Unterbeamte des Grafen, der Greve, als erzbischöflicher Beamter der eigentliche Stadtrichter; vgl. Lau, Köln, S. 22.

[2] Nur in Hildesheim wurde die Vogtei wieder vergeben, aber nicht als Lehen, sondern allein als Amt; vgl. oben S. 287.

[3] Das erste Versprechen dieser Art leistete im Jahre 1201 der Bischof von Bamberg; vgl. oben S. 102 f. Von späteren Beispielen erwähne ich Magdeburg, Merseburg, Paderborn, Verden; vgl. oben S. 258, 290, 282 Anm. 1, 7.

[4] In Magdeburg, Merseburg, Halberstadt, Paderborn, Verden; vgl. oben S. 259, 290, 289, 282 Anm. 1, 9.

Aber diese Widerstandskraft verdankte es einzig und allein einer bedeutsamen Tatsache, nämlich daß in jenen Städten die Vogtei teils durch die Staufer, teils infolge der Usurpationen Rudolfs von Habsburg an das Reich gekommen, in eine Reichsvogtei verwandelt worden war.[1] Daran hat selbst die Verpfändung der Churer Vogtei an den Bischof nichts ändern können.

Bischöfe und Könige sind aber nicht die einzigen gewesen, die sich in die Rechte der alten Vogtei geteilt haben. Noch ein dritter Prätendent trat etwa seit dem Jahre 1200 zum Teil erfolgreich auf den Plan, die Bürger. Wie in einer Reihe von Städten die konkurrierende Gerichtsbarkeit des Rates allmählich die stadtherrlichen Beamten, den Vogt sowohl wie den Schultheißen, immer mehr verdrängte und einengte, das darzustellen ist hier nicht der Platz. Nur die Fälle, in denen es der Bürgerschaft gelungen ist, das Amt des höchsten Richters in der Stadt selbst zu erwerben, sind hier kurz zu berühren. Der erste Fall dieser Art gehört in das französische Sprachgebiet, nach Metz. Schon um das Jahr 1200 haben die Bürger von Metz durch Verpfändung die dortige Vogtei erworben; sie haben sie nicht wieder herausgegeben, sondern durch eine besondere Behörde, das Kollegium der Dreizehn, verwalten lassen.[2] Im übrigen können wir eine eigentümliche Unterscheidung beobachten, je nachdem das Amt des höchsten Richters an den König bez. einen weltlichen Landesherrn oder an den Bischof gekommen war. Keine von den vier Vogteien über Bischofsstädte, die die deutschen Könige für das Reich erworben hatten, ist dem Reiche auf die Dauer erhalten geblieben; alle vier sind im Laufe der Zeit an die Bürgerschaft verloren gegangen. Im Jahre 1375 haben die Konstanzer, im Jahre 1386 die Basler Bürger durch Verpfändung die Vogtei ihrer Stadt erworben;[3] 1426 erhielten die Augsburger Bürger vom Könige das Recht, ihren Stadtvogt selbst zu wählen, so daß nur noch die königliche Bannleihe der Krone

---

[1] Vgl. darüber die ausführliche Darstellung oben S. 31 ff., 51 ff. Dagegen sind die Versuche Albrechts I., auch die Kölner Grafschaft für das Reich zu erwerben, gescheitert; vgl. oben S. 159 f.

[2] Vgl. oben S. 188 f.

[3] Vgl. oben S. 54 f.

verblieb;[1] endlich erwarben im Jahre 1489 auch die Bürger von Chur die Vogtei ihrer Stadt, nachdem sie dieselbe aus dem Pfandbesitze der Bischöfe eingelöst hatten.[2] Ebenso hatte schon 1279 der bayerische Herzog zusammen mit dem Schultheißenamt sein aus dem alten Grafengericht entstandenes Regensburger Friedgericht an ein größtenteils aus bürgerlichen Patriziern bestehendes Konsortium verpfändet; 1496 sind nach wechselvollen Schicksalen diese Rechte definitiv der Stadt zugefallen.[3] Dagegen haben überall dort, wo der Bischof selbst die Grafschafts- oder Vogteirechte in der Stadt erworben hatte, die Bürger an diesem Zustande nichts ändern können. Selbst so freiheitlich gesinnten Bürgerschaften wie der Kölner und Bremer gegenüber haben die Erzbischöfe von Köln und Bremen ihre hohe Gerichtsbarkeit in der Stadt bis zur napoleonischen Zeit behauptet.[4] Ja als die Magdeburger im Jahre 1294 dem Herzoge von Sachsen als Kaufpreis für die hohe Gerichtsbarkeit in ihrer Stadt 900 Mark Silbers zahlten, waren nicht sie, sondern ihr Erzbischof der Erwerber.[5] Nur in Speier war seit dem 14. Jahrhundert der Bürgerschaft auf die Besetzung des Vogtamts ein Einfluß insofern eingeräumt, als der Rat den Vogt zu wählen hatte; die Belehnung mit dem Amte war aber auch hier Sache des Bischofs geblieben.[6]

§ 18.

Das Burggrafenamt.

Völlig von der hohen Gerichtsbarkeit zu trennen ist das Burggrafenamt. Im Gegensatz zu der herrschenden Ansicht, die wenigstens in den „echten“ Burggrafen die Träger der hohen Jurisdiktion, die Grafen in den Bischofsstädten, erblickte, haben

[1] Vgl. Gengler, Cod. iur. munic. S. 89; v. Maurer, Städteverfassung, III S. 413.

[2] Vgl. oben S. 53.

[3] Vgl. oben S. 93 Anm. 2.

[4] Für Köln vgl. Walter, Das alte Erzstift und die Reichsstadt Cöln I (Bonn 1866) S. 318 ff. Für Bremen vgl. oben S. 285.

[5] Vgl. oben S. 258.

[6] Vgl. Koehne, Stadtverfassung in Worms, Speier und Mainz, S. 183; Rau, Regimentsverfassung von Speier, II S. 24.

die vorangehenden Untersuchungen den eingehenden Nachweis geliefert, daß überall dort, wo wir einen Burggrafen als höchsten Richter einer Bischofsstadt fanden, nie im Burggrafenamt, sondern in einem mit ihm in Personalunion verbundenen Grafenamt (Regensburg, Köln)[1] oder Vogtamt (Mainz, Worms, Speier, Würzburg, Trier, Magdeburg)[2] der Ursprung dieser gerichtlichen Gewalt zu suchen war. Wo, wie in Straßburg, Augsburg, Utrecht und später auch Trier,[3] diese Personalunion fehlte, dort fehlte auch dem Burggrafen die hohe Gerichtsbarkeit. Mochte auch in der zweiten Hälfte des 12. und im 13. Jahrhundert gelegentlich ein ungenauer Sprachgebrauch die Funktionen der eng miteinander verbundenen Ämter nicht genügend auseinanderhalten, so haben wir doch genug Beispiele gerade auch aus älterer Zeit für eine solche Scheidung kennen gelernt. Schon daß wir vor dem Aufkommen des zuerst 1123 für Straßburg bezeugten deutsch-lateinischen Wortes *burggravius* nicht den Namen *comes urbis* (*civitatis*), die wörtliche Übersetzung des Wortes Burggraf, sondern *praefectus* (*urbis, civitatis*) als die regelmäßige lateinische Amtsbezeichnung sämtlicher Burggrafen treffen, weist entschieden darauf hin, daß nach der Anschauung der Zeitgenossen ein Burggraf ebensowenig ein wirkliches Grafenamt in einer Stadt besaß wie ein Holzgraf in einem Walde. Da aber mit der hohen Gerichtsbarkeit des Burggrafen das einzige Kriterium, das nach der herrschenden Ansicht die echten von den unechten Burggrafen trennt, in Wegfall kommt, wird diese ganze künstliche Unterscheidung hinfällig. In ihrer Hauptfunktion stimmen vielmehr alle Burggrafen überein; sie sind militärische Befehlshaber eines befestigten Ortes, einer Burg. Das Wort „Graf" wird im Worte Burggraf nicht im engeren Sinne, sondern wie in den Worten „Zentgraf", „Holzgraf", „Deichgraf" etc. in dem weiteren Sinne von „Gewalthaber", „Befehlshaber" verwendet.

Müssen wir also die hergebrachte Unterscheidung zwischen echten und unechten Burggrafen als unbegründet verwerfen, so

[1] Vgl. oben S. 86, 158.
[2] Vgl. oben S. 124, 137, 172, 261.
[3] Vgl. oben S. 21 ff., 37 ff., 171, 175 ff.

drängt sich uns doch, wenn wir den Burggrafen als Burgkommandanten auffassen, eine andere Unterscheidung auf. Burg heißt jede befestigte Ansiedlung, die befestigte Dom- oder Klosterimmunität ebenso wie die rein militärischen Zwecken dienende Festung, die ummauerte Stadt ebenso wie der befestigte Wohnsitz eines vornehmen Herrn. Schon in der lateinischen Bezeichnung prägt sich dieser Gegensatz aus.[1] Während die Karolinger- und Ottonenzeit noch durchweg das Wort *civitas* auch für die kleinsten befestigten Ansiedlungen gebraucht, verwenden die späteren Quellen zwar noch das Wort *urbs* in diesem allgemeinen Sinne; im übrigen aber unterscheiden sie mit wenigen Ausnahmen[2] genau zwischen *civitas*, der ummauerten Stadt, und *castrum* oder *castellum*, der rein militärischen Zwecken dienenden, von keiner bürgerlichen Behörde bewohnten Befestigung, während für die befestigten Dom- und Klosterimmunitäten der Sprachgebrauch zwischen *civitas*, *urbs*, *castrum*, *castellum* oder *mons* schwankt Je nach dem Charakter der Burg, der er vorsteht, muß natürlich das Amt des Befehlshabers, des Burggrafen, verschieden gestaltet gewesen sein.

Von diesen befestigten Ansiedlungen kommen für das Burggrafenamt natürlich nicht weiter in Betracht die befestigten Immunitäten, die Dom- und Klosterburgen. In ihnen ist für einen weltlichen Befehlshaber, also auch für einen Burggrafen, kein Raum. Nur einmal, in Korvey,[3] hat vorübergehend in einer solchen Klosterburg ein Ministeriale durch Usurpation ein Burggrafenamt für sich begründet, aber gerade dadurch den ursprünglichen Charakter der Klosterimmunität völlig geändert.

Dagegen finden wir Burggrafen sowohl als Befehlshaber von ummauerten Städten wie auch als Kommandanten von rein militärischen, keiner bürgerlichen Bevölkerung als Aufenthalt dienenden Burgen, sowohl in *civitates* wie in *castella*. Daß ihre Stellung

---

[1] Vgl. Rietschel, Civitas, S. 58, Markt und Stadt, S. 150; S. Schwarz, Anfänge des Städtewesens, S. 2 ff.; Hegel im Neuen Archiv XVIII (1893) S. 210 ff.; Keutgen, Untersuchungen, S. 46 ff.

[2] Solche Ausnahmen bilden Adam von Bremen und Helmold; vgl. oben S. 293 f.

[3] Vgl. oben S. 275 f.

nicht völlig identisch sein kann, liegt auf der Hand. Auch der Sprachgebrauch der Quellen scheint zwischen beiden Kategorieen von Burggrafen zu unterscheiden. Zwar das lateinische Wort *praefectus*, das deutschlateinische Wort *burggravius* kommt für beide Arten in gleicher Weise vor, aber während die Bezeichnung *comes civitatis* häufiger nur für Stadtkommandanten, ganz selten für Burgkommandanten sich findet,[1] erscheint als die gewöhnlichste Bezeichnung der letzteren ein Wort, das für Stadtkommandanten nur ganz ausnahmsweise verwertet wird,[2] das schon etymologisch auf das *castellum* hinweisende Wort *castellanus.*

Während die den Burggrafentitel führenden bloßen Burgkommandanten größtenteils erst im 12. oder gar 13. Jahrhundert auftreten,[3] gehören die Stadtkommandanten einer älteren Zeit an. Als erster taucht schon im 10. Jahrhundert ein Burggraf in Regensburg auf,[4] in der ersten Hälfte des 11. Jahrhunderts werden die Burggrafen von Mainz, Köln, Trier und Magdeburg,[5] in der zweiten Hälfte die von Augsburg, Würzburg und Straßburg,[6] in den ersten Jahren des 12. Jahrhunderts, 1101—1106, die von Speier, Utrecht und Worms[7] erwähnt. Doch sind die älteren Quellen gerade der letztgenannten Städte so spärlich, daß man aus dem Nichterwähntwerden des Amtes im 11. Jahrhundert keineswegs auf sein Nichtvorhandensein schließen kann. Damit ist aber auch die Zahl der Städte, die Burggrafen gehabt haben, erschöpft; in keiner anderen Stadt findet sich in späterer Zeit ein Burggraf als Befehlshaber der Stadt.

---

[1] Ganz vereinzelt führen der Nürnberger, Rusteberger und Meißner Burggraf den Titel *comes urbis*; vgl. oben S. 109, 199, 225. Über den *urbis comes* von Burgkunstadt vgl. oben S. 107.

[2] *Castellanus* heißt vereinzelt der Magdeburger Burggraf, vielleicht infolge der Nachbarschaft der ostfälischen Kastellane; vgl. oben S. 260. Relativ häufig führt den Titel der Utrechter Burggraf, der ja seine Tätigkeit auch auf die Altstadt, das *castellum*, beschränkt; vgl. oben S. 175 f.

[3] Vgl. unten S. 334 ff.

[4] Vgl. oben S. 86.

[5] Vgl. oben S. 123, 144, 172, 257.

[6] Vgl. oben S. 37, 135, 21.

[7] Vgl. oben S. 122, 175.

Ist demnach schon in verhältnismäßig früher Zeit der Kreis dieser Stadtkommandanten geschlossen, so drängt sich ganz von selbst die Frage auf, warum gerade diese und nur diese Städte Burggrafensitze geworden sind. Denn die Entstehung des Amtes fällt in eine Zeit, in der die verfassungsrechtliche Entwickelung in Deutschland im ganzen noch in einheitlichen Bahnen verläuft.

Zunächst ist zu konstatieren, daß dies Stadtkommandantenamt im französischen Sprachgebiete fehlt; auch in Metz ist es nicht mit Sicherheit bezeugt.[1] Innerhalb des deutschen Sprachgebietes aber nehmen die genannten elf Städte eine eigentümliche Sonderstellung ein: es sind bis zum Ende des 11. Jahrhunderts die einzigen wirklichen ummauerten Städte.

Dem Nachweis dieser Tatsache ist ein großer Teil der vorangehenden Untersuchungen gewidmet. Ihn auf so breiter Grundlage zu führen, schien mir beim heutigen Stande der Forschung absolut unerläßlich. Denn vielleicht kaum über eine andere Frage der Stadtgeschichte bestehen so wunderliche Vorstellungen, wie über die, wann die deutschen Städte zuerst befestigt wurden. Bezeichnend genug für die Verworrenheit, die in dieser Beziehung herrscht, ist, daß noch in den siebziger und achtziger Jahren die Arbeiten von Hellwig[2] und Damas[3] erscheinen konnten, die ohne die geringste Ahnung von dem Sprachgebrauche der Ottonen- und Salierzeit jede in den Quellen erwähnte *civitas* als ummauerte Stadt ansahen und das Deutschland jener Zeit, besonders aber dessen östliche Grenzgebiete, mit einer wahren Fülle von Städten beglückten; bezeichnend ist, daß noch im Jahre 1896 ein angesehener Historiker die „Städtegründungen" Heinrichs I. als eine unzweifelhafte Tatsache behandeln konnte.[4] Gewiß haben neuere Forscher, unter denen ich neben Hegel, S. Schwarz,

---

[1] Vgl. oben S. 192 ff.

[2] Hellwig, Deutsches Städtewesen zur Zeit der Ottonen (Breslau 1875), Handel und Gewerbe der deutschen Städte in der sächsischen Kaiserzeit (Göttingen 1882).

[3] Damas, Beiträge zur Geschichte der deutschen Städte zur Zeit der fränkischen Kaiser (Breslau 1879).

[4] Rodenberg in den Mitteilungen des Instituts für österreichische Geschichtsforschung XVII (1896) S. 161 ff. Vgl. dazu Keutgen in den Neuen Jahrbüchern für das klassische Altertum, Geschichte etc. III (1900) S. 287.

Keutgen auch mich selbst nennen darf,[1] viele dieser Irrtümer zerstört, aber noch war eine wirkliche Klärung der Frage nicht erzielt.[2] Das Schlimmste aber war, daß diese unrichtigen Vorstellungen aus den allgemeineren Darstellungen in die lokalgeschichtlichen Monographieen eindrangen, daß sie dort sich vielfach mit lokalpatriotischen Vorstellungen vom hohen Alter der eigenen Vaterstadt verbanden, und daß dann diese durchaus nicht voraussetzungslos gewonnenen Ergebnisse der lokalen Geschichtsliteratur wieder die Grundlage bildeten, auf welchen die allgemeine Verfassungs- und Wirtschaftsgeschichte weiterbaute.

Das Ergebnis, zu dem wir in den vorangehenden Untersuchungen[3] gelangt sind, weicht jedenfalls von den bisherigen Vorstellungen erheblich ab. Viel später, als man bisher angenommen hatte, erst unter Friedrich I., begann der Mauerbau der Städte eine regelmäßigere Erscheinung zu werden. Bis zum Ende des 11. Jahrhunderts beschränkte sich die Zahl der befestigten bürgerlichen Ansiedlungen auf die alten Römerstädte Regensburg, Augsburg, Straßburg, Speier, Worms, Mainz, Köln, Trier und Utrecht, deren Mauern im wesentlichen nichts weiter als die ausgebesserten Römermauern waren. Dazu kam dann die offenbar schon früh befestigte volkreiche Bischofsstadt Würzburg und der im 10. Jahrhundert ummauerte, feindlichen Einfällen besonders ausgesetzte große Handelsplatz des Ostens,

---

[1] Vgl. oben S. 320 Anm. 1.

[2] Die Schuld daran trägt auch eine gewisse Gleichgültigkeit, mit der die Frage der Ummauerung der mittelalterlichen Städte behandelt wird. Nicht nur bei den speziellen „Wirtschaftshistorikern“, sondern auch z. B. bei Hegel, v. Below, Keutgen und deren Schülern treten die Handels- und Gewerbefragen so in den Vordergrund, daß vielfach die Ummauerung der Stadt als etwas ziemlich belangloses erscheint. Daß sie das nicht ist, sollten schon der enge Zusammenhang zwischen dem Mauerbau einerseits, der städtischen Finanzwirtschaft andererseits lehren, ganz abgesehen davon, daß es für die Unterscheidung von *civitates* und *fora*, von Städten und Märkten kein anderes Kriterium als die Ummauerung gibt. Dieser feste Sprachgebrauch der Quellen läßt sich nicht einfach ignorieren, wie das, offenbar darin Hegel folgend, Keutgen in den Neuen Jahrbüchern für das klassische Altertum III S. 286 zu versuchen scheint.

[3] Vgl. für das Folgende statt aller speziellen Zitate die Erörterungen auf S. 63 ff., 76 ff., 82 f., 105 f., 116 ff., 203 ff., 225 ff., 276 ff., 292 ff.

Magdeburg. Dagegen ist aus keinem der übrigen rheinischen Römerkastelle im früheren Mittelalter eine befestigte bürgerliche Ansiedelung hervorgegangen. So weit sie überhaupt noch weiter Benutzung fanden, wurden sie Dom- und Klosterimmunitäten, wie in Chur, Konstanz, Basel, Bonn, Deutz, oder befestigte Fronhöfe und Burgen, wie in Bingen, Neuß, Zülpich und Nymwegen. Wo einmal, wie in Bregenz, Arbon, Günzburg, Solothurn, Boppard, Andernach, Koblenz und Maastricht, eine bürgerliche Bevölkerung auf der Stelle des alten Kastelles sich ansiedelte, da dachte sie zunächst nicht an eine Instandhaltung oder gar Erneuerung der alten Römermauer, sondern verwandte lieber deren Bruchstücke für die eigenen Häuser. Erst am Ende des 11. und Anfang des 12. Jahrhunderts sind einige weitere Städte mit älterer Kultur ummauert worden, sicher Basel und Goslar, vielleicht auch Konstanz, Zürich und Erfurt; andere, darunter Orte wie Aachen, Dortmund, Frankfurt, Nürnberg, Nordhausen, Mühlhausen, Hamburg, waren in jener Zeit wohl noch völlig unbefestigt und haben erst in der zweiten Hälfte des 12. Jahrhunderts ihre Mauern erhalten.[1]

So wenig dies Ergebnis zu den bisher üblichen Anschauungen paßt, so verständlich wird es, wenn wir die Anfänge städtischen Lebens in jener Zeit ins Auge fassen. Welche gewaltigen Aufwendungen eine nur einigermaßen Schutz gewährende Stadtmauer

---

[1] Auch für Freiburg wird wegen der Erwähnung der *edificatio civitatis* im Gründungsprivileg (Keutgen, Urkunden 133 § 2) und wegen des Namens des Ortes vielfach angenommen, daß die Stadt schon bei der Gründung befestigt wurde, jedoch mit Unrecht. Die von Heyck, Geschichte der Herzöge von Zähringen (Freiburg 1891) S. 253 Anm. 758, S. 305 und Poinsignon, Geschichtliche Ortsbeschreibung der Stadt Freiburg i. B. I (Freiburg i. B. 1891) S. 3 f. vertretene Annahme, daß die Burg jünger als die Stadt sei, so daß der Name „Freiburg" also nur aus der Befestigung der Marktansiedelung erklärt werden kann, scheitert an dem Wortlaute des Gründungsprivilegs, das von der Gründung *in loco mei proprii iuris scilicet Friburg* berichtet, also das Vorhandensein des Ortsnamens schon vor der Marktgründung beweist, und außerdem die neue Ansiedelung ausdrücklich als bloßes *forum* bezeichnet. Die obengenannte Stelle aber, die von der *edificatio civitatis* redet, ist, wie ich an anderer Stelle nachweisen werde, ein Einschiebsel, das schwerlich vor die Mitte des 12. Jahrhunderts fällt.

erforderte, das zeigen seit dem Ende des 12. Jahrhunderts die städtischen Quellen zur Genüge. Ist doch das städtische Steuerwesen zum erheblichen Teil durchaus auf die Ausgaben für das Befestigungswesen zugeschnitten. Daß die fürstlichen Gründer von Marktansiedelungen nicht ihren Bürgern aus reiner Freundschaft eine Stadtmauer bauten, begreift man nur zu gut. Wie hätten aber die mangelhaft organisierten, bevölkerungsschwachen und noch ziemlich armen Bürgergemeinden der Ottonen- und Salierzeit diese Lasten auf sich nehmen können, die selbst den reicheren und größeren Gemeinden der folgenden Zeit schwer genug fielen! Nur ein dringendes Bedürfnis hätte sie zwingen können, derartige Opfer zu bringen. Ein solches lag aber offenbar nicht vor. Bei feindlichen Einfällen gewährte die benachbarte landesherrliche Burg oder befestigte Immunität den Personen und ihrer Fahrnis genügenden Schutz, während man die roh aus Holz gezimmerten Wohnungen der feindlichen Zerstörung preisgeben konnte. So blieb es bei der Instandhaltung der Mauer in den wenigen Städten, die sich schon von Alters her einer solchen erfreuen konnten.[1] Erst seitdem in der Stauferzeit mit dem Wachsen des Reichtums steinerne Wohnhäuser, prunkvollere Kirchen und sonstige öffentliche Gebäude auch in den kleineren Städten entstanden, trieb das Bedürfnis, dieses dem Grund und Boden anvertraute Kapital zu schützen, in den Marktansiedelungen zur Neuanlage einer Stadtmauer, während es in einigen alten Römerstädten zur Einbeziehung der Vorstädte in den Mauerring schon früher gekommen war.[2] Und zugleich traten als unvermeid-

---

[1] Die Kölner und Mainzer Mauern wurden am Ende des 9. Jahrhunderts, die Augsburger Mauern etwa hundert Jahre später erneuert; vgl. Rietschel, Civitas, S. 63 und oben S. 67.

[2] In Regensburg, Mainz und Köln ist es nachweisbar schon im 10. Jahrhundert zu einer Erweiterung des Mauerbezirkes gekommen. In Mainz hat Erzbischof Hatto (891—913) die Stadt nach dem Rheine zu erweitert; vgl. Ekkeh. casus s. Galli 11 (Mitteil. z. vaterl. Gesch. XV S. 41); Rietschel, Civitas, S. 64. In Regensburg hat Herzog Arnulf bei der Erneuerung der Mauern um das Jahr 920 auch den Stadtteil um St. Emmeram einbezogen; vgl. Arnoldus de s. Emmerammo I, 7, Translatio s. Dionysii Areopagitae (MG. SS. IV p. 552, XI p. 353 f.); Graf Walderdorff, Regensburg, 4. Aufl., S. 45, 98 ff. Die Kölner Rheinvorstadt dürfte wohl im 10. Jahrhundert der

liche Begleiterscheinungen dieser neuen Baupolitik die ersten städtischen Steuern auf.[1] Wie wenig man aber selbst in ansehnlicheren Städten geneigt war, den Mauerbau zu übereilen, zeigt das Beispiel von Aachen, dessen Bürger noch in den siebziger Jahren des 12. Jahrhunderts von ihrem kaiserlichen Herrn zum Mauerbau genötigt werden mußten.[2]

Elf Orte also sind es, die bis zum Ende des 12. Jahrhunderts die einzigen ummauerten Städte im deutschsprachigen Gebiete des Reiches geblieben sind. Und in allen diesen elf Städten und nur in diesen elf Städten kommt das Amt eines Stadtkommandanten mit dem Burggrafentitel schon in einer recht frühen Zeit vor.[3] Das kann unmöglich auf einem Zufall beruhen. In diesem gleichmäßig in allen Städten vertretenen Amt haben wir unbedingt eine einheitliche Schöpfung zu erblicken, die von denselben Grundgedanken getragen ist. Ob diese Burggrafschaften gleichzeitig entstanden sind, ob vielleicht im 10. Jahrhundert allein die *civitatis regia*, die Königsstadt Regensburg ihren Burggrafen erhalten hat, und dann im Anfang des 11. Jahrhunderts das Amt auch in den anderen ummauerten Bischofsstädten eingeführt ist, wir wissen es nicht. Und ebenso werden wir, von Regensburg abgesehen, nicht mit Sicherheit entscheiden können, ob das Amt ein königliches oder bischöfliches

---

Altstadt einverleibt worden sein; vgl. Keussen, Untersuchungen zur älteren Topographie und Verfassungsgeschichte von Köln, in der Westdeutschen Zeitschrift XX (1901) S. 56. Die großen Erweiterungen fanden erst im 12. Jahrhundert statt; vgl. ebenda S. 18 f. Ob aus der Erwähnung einer *nova civitas* oder *nova urbs* in Straßburg um das Jahr 800, in Worms im Jahre 979, auf eine Erweiterung der Stadt geschlossen werden darf, steht nicht außer Zweifel; vgl. Rietschel, Civitas, S. 63; Koehne, Stadtverfassung in Worms, S. 91; Schaube, Stadtverfassung von Worms, S. 48 Anm. 184. Die Vorstadt (*villa*) Speier ist 1084 zur Stadt gezogen worden; vgl. UB. Speier 11; Koehne, a. a. O., S. 91 f.; Schaube, a. a. O., S. 48 Anm. 184. In Utrecht wurde die eigentliche Handelsstadt wohl am Anfang, in Augsburg am Ende des 12. Jahrhunderts ummauert; vgl. oben S. 175 f., 39.

[1] Vgl. Zeumer, Die deutschen Städtesteuern (Leipzig 1878) S. 3 ff.

[2] Vgl. oben S. 203, 214 Anm. 3.

[3] Vgl. die oben bei den einzelnen Städten gebrachten Belege.

war, mögen auch gewichtige Gründe, die Einheitlichkeit der Durchführung des Amtes, der Zusammenhang mit dem königlichen Burgbann und die Königsburgeneigenschaft der befestigten Städte, entschieden dafür sprechen, daß das Amt ursprünglich königlich war und erst im Laufe der Entwickelung in sämtlichen Städten außer Regensburg in Abhängigkeit von den Bischöfen geriet.

Nimmt man aber an, daß das Burggrafenamt der deutschen Städte einer königlichen Gründung des ausgehenden 10. Jahrhunderts seine Entstehung verdankt, so muß man sich auch mit einer Hypothese befassen, die Gfrörer[1] und zwar, soviel ich sehe, er allein vertreten hat, nämlich daß das Burggrafenamt eine nach Deutschland übertragene Kopie der römischen Stadtpräfektur sei, daß wir also das Urbild der *praefecti urbis* der deutschen Bischofsstädte im *praefectus urbis von Rom* zu erblicken haben.[2] In der Tat läßt sich in den römischen Quellen spätestens seit 950, wahrscheinlich sogar seit dem Ende des 9. Jahrhunderts das Amt des *praefectus urbis* nachweisen,[3] wenn wir auch über seine Tätigkeit leider erst aus dem 12. Jahrhundert durch Gerhoh von Reichersberg, die römischen Annalen und den Liber Pontificalis Genaueres hören. Danach war er der höchste Richter der Stadt und zwar in einer eigentümlichen Doppelstellung: als Lehnsmann des Papstes übte er die Ziviljurisdiktion, während er vom Kaiser

---

[1] Vgl. Gfrörer, Gregor, VII S. 285.

[2] Über den *praefectus urbis* von Rom vgl. vor allem Paravicini, Saggio storico sulla Prefettura urbana dal secolo X al XIV (Roma 1900). Von älterer Literatur sind zu nennen: Hegel, Geschichte der Städteverfassung von Italien II (Leipzig 1847) S. 282; Papencordt, Geschichte der Stadt Rom im Mittelalter (Paderborn 1857) S. 150; Gregorovius, Geschichte der Stadt Rom im Mittelalter, 4. Aufl. (Stuttgart 1890) III S. 433 f., IV S. 347 ff.; Giesebrecht, Geschichte der deutschen Kaiserzeit, 5. Aufl. I (Leipzig 1881) S. 875 f.; Ficker, Forschungen zur Reichs- und Rechtsgeschichte Italiens II (Innsbruck 1869) S. 307 f.; Calisse, I Prefetti di Vico, im Archivio della R. Società Romana di Storia Patria X (1887) p. 1 ff., 353 ff.; Tomassetti, Un momento storico della prefettura di Roma (anno 1300), in der Rivista internazionale di scienze sociali e discipline ausiliare XIV (1897) p. 200 ff.

[3] Vgl. Paravicini, a. a. O., p. 6.

durch Überreichung des Schwertes den Blutbann erhielt.[1] In erster Linie aber verdankte er sein Amt einer Wahl des römischen Senats.[2] Ob das alles auch für das 10. Jahrhundert zutrifft, müssen wir dahingestellt sein lassen; nur das mag erwähnt werden, daß ihn schon eine Urkunde für Farfa von 1011 in richterlicher Tätigkeit zeigt.[3] Dagegen ist von einem militärischen Stadtkommando nichts zu spüren.

Also gerade in einem wesentlichen Punkte fehlt eine Übereinstimmung mit dem deutschen Burggrafenamte; die Annahme also, das letztere sei eine Kopie der römischen Stadtpräfektur, ist wenig wahrscheinlich. Und vor allem sprechen gegen diese Annahme die Erfahrungen, die Otto I. gerade in der Zeit, in der die Übertragung des Amtes sich vollzogen haben müßte, mit dem aufsässigen römischen Präfekten Petrus gemacht hatte.[4] Dagegen halte ich für sehr wohl möglich, daß, wenn auch nicht das Amt, so doch der Titel des *praefectus urbis* von Rom übernommen und auf die Burggrafen der deutschen Bischofstätte übertragen wurde. Wir hätten dann ein völliges Analogon zu einem anderen Vor-

---

[1] Besonders charakteristisch ist die Stelle aus Gerhohs Abhandlung De investigatione antichristi 37 (MG. Libelli de lite III p. 344f.): *Ibi etenim prefectus Urbis accepta a Romano pontifice super causas civiles iudicandi potestate simul cum beneficio vel stipendio eidem potestati pertinente, vindictarum, que sanguinis dumtaxat effusionem poscunt, faciendarum potestatem ab imperatore per gladium evaginatum accipit, quod suum est utrique potestati recognoscens.* Vgl. auch Gerhohs commentarius in Psalmum LXIV (eod. III p. 440): *imperatorem sive illius vicarium urbis prefectum, qui de sua dignitate respicit utrumque, videlicet domnum papam, cui facit hominium, et domnum imperatorem, a quo accipit suae potestatis insigne, scilicet exertum gladium.* Nach den Annales Romani bei Duchesne, Liber pontificalis II p. 344 verleiht Heinrich V. 1118 diese Gewalt *per aquilam.* Mir scheint, daß es sich in allen diesen Fällen nicht um eine kaiserliche Belehnung, sondern um die Bannleihe handelt.

[2] Vgl. Paravicini, a. a. O., p. 10f., ferner die Stelle bei Duchesne, Liber pontificalis II p. 301: *puerum adolescentem in urbis praefectum eligunt.*

[3] Regesto di Farfa IV p. 13; vgl. Paravicini, a. a. O., p. 8f., 15.

[4] Vgl. Dümmler, Kaiser Otto der Große (Leipzig 1876) S. 407, 412; Böhmer- von Ottenthal, Regesta imperii II, 429a, 439a S. 194, 198. Die früher allgemein verbreitete Ansicht, Otto I. habe das in Vergessenheit geratene Amt des Präfekten wiederhergestellt, kann nach den Ausführungen von Paravicini, a. a. O., p. 6 als abgetan gelten.

gang, der sich etwa 200 Jahre später in der zweiten Hälfte des 12. Jahrhunderts abspielte, zu der Übertragung des Konsultitels von den italienischen Konsuln auf die von ihnen verschiedenen Ratsmitglieder der deutschen Städte.[1] Wie dem aber auch sei, in das Dunkel, das über der Entstehung des deutschen Burggrafenamtes lastet, vermag die Bezugnahme auf die Verfassung der Stadt Rom nicht Licht zu bringen.

Soviel läßt sich allerdings wohl sagen, daß das Amt schon frühzeitig von seiner Eigenart eingebüßt hat. In den meisten Städten scheint es von vornherein mit anderen Ämtern in Personalunion verbunden worden zu sein, in Regensburg und Köln mit dem Grafenamte, in Speier, Worms, Mainz, Würzburg und ursprünglich auch in Trier mit dem Vogtamte. Hat diese Verbindung auch das Burggrafenamt vor einem Herabsinken zu einem bloßen Ministerialenamte bewahrt, so hat sie ihm doch seine Selbständigkeit genommen; zwischen den Funktionen des einen und des anderen der miteinander verbundenen Ämter wird später kaum unterschieden. Und von dem Schicksale, welches das Grafen- oder Vogtamt erreichte, ist auch das Burggrafenamt mitbetroffen worden. Nur in Worms haben die Zweibrückener Grafen auch nach Verlust der Vogtrechte die burggräflichen Gerechtsame bis zu einem gewissen Grade behauptet.[2]

Ob in Augsburg die Verbindung des Burggrafenamtes mit dem Amte des niederen Stadtrichters etwas Ursprüngliches ist, läßt sich nicht feststellen; jedenfalls hat sie das Amt zu einem Ministerialenamt herabgedrückt. Und ein Ministerialenamt ist es auch dort geworden, wo es sich von der Vermischung mit anderen Ämtern freihielt, in Straßburg und Utrecht sowie in Trier während des 12. Jahrhunderts. In letztgenannter Stadt ist es schon um die Mitte des 12. Jahrhunderts verschwunden. Dagegen ist ihm in Straßburg und Utrecht seine Isolierung von Nutzen gewesen; in Straßburg hat es sich bis 1576, in Utrecht noch länger erhalten, allerdings schließlich zu völliger Bedeutungslosigkeit verurteilt.

---

[1] Vgl. Hegel, Städteverfassung von Italien, II S. 464 f.; v. Below, Entstehung der deutschen Stadtgemeinde, S. 101 f.

[2] Vgl. oben S. 132.

Unter diesen Umständen ist es begreiflich, daß die Quellen uns über die Funktionen des Burggrafen nur ziemlich lückenhafte Nachrichten übermitteln. Von den großen Stadtrechtsaufzeichnungen der älteren Zeit sind es nur drei aus dem 12. Jahrhundert, das Straßburger Bischofsrecht, das Augsburger Stadtrecht und der Kölner Burggrafenschied, die uns nähere Einblicke in die Gestaltung des Amtes gestatten; im übrigen besteht unser Quellenmaterial aus einzelnen urkundlichen und chronikalischen Notizen und aus späteren Rechtsaufzeichnungen, die uns die Zustände der früheren Zeit nur wie durch einen Schleier in unsicheren Konturen erscheinen lassen. Dabei bereitet die Personalunion zwischen dem Burggrafenamte und anderen Ämtern insofern gewisse Schwierigkeiten, als sie uns nötigt, unter den überlieferten Befugnissen der Burggrafen immer zwischen den burggräflichen und den nichtburggräflichen zu scheiden. Bei dieser Scheidung bleibt manchmal, z. B. in Würzburg, nichts spezifisch burggräfliches übrig. Sonst ist aber das Bild, das wir vom Burggrafenamt erhalten, ein einheitliches: der Burggraf ist, wie ja schon sein Name *urbis praefectus* und *burggravius* ohne weiteres vermuten läßt, militärischer Befehlshaber der ummauerten Stadt, und zwar oft mit ganz besonderen Beziehungen zur Altstadt

Als Stadtkommandant hat er die Stadt zu verteidigen; *defensor urbis et patronus* heißt Burggraf Dietrich von Trier im 11. Jahrhundert.[1] Er hat ferner die Entscheidung über die Übergabe der Festung an den Feind; Heinrich V. erlangte vom Burggrafen von Speier durch Bestechung die Auslieferung der Stadt.[2] Die Besatzung der Stadt ist eine burggräfliche Truppe; *militia Radasponensis praefecturae* heißt sie in Regensburg, *comes de militia Trevirensi* nennt den Trierer Burggrafen eine Quelle des 11. Jahrhunderts.[3] Auch die 1000 Schilde, über die der Magdeburger Burggraf verfügt, stellen möglicherweise die städtische Besatzung dar.[4] Selbst in Augsburg, wo sonst spezifisch burg-

---

[1] Vgl. oben S. 172.

[2] Vgl. oben S. 131 Anm. 2.

[3] Vgl. oben S. 97, 172.

[4] Vgl. oben S. 259 Anm. 4.

gräfliche Befugnisse kaum nachweisbar sind, hängt die Verpflichtung des Burggrafen, dem ins Feld ziehenden Bischof Ausrüstung und *subsidium* zu gewähren, wohl mit diesem militärischen Oberbefehl zusammen.[1] Auch dürfte es dieser militärische Oberbefehl sein, der in Straßburg und Regensburg die Handwerkerverbände in besondere Beziehungen zum Burggrafenamte gebracht hat.[2]

Noch entschiedener tritt natürlich die Stadtkommandanteneigenschaft des Burggrafen in seinen besonderen Beziehungen zur Stadtmauer zu Tage. So in Straßburg, wo jede Beschädigung von Mauer oder Graben mit dem Königsbann an den Hüter des Burgfriedens gebüßt wird, ferner in Köln, wo die Bürger zur Errichtung von Mauer und Graben burggräflicher Zustimmung bedürfen, und wo zu Veräußerungen von Gebäuden, die an die Stadtmauer stoßen, der Konsens des Burggrafen als notwendig gilt, endlich in Utrecht, wo im 13. Jahrhundert das Terrain der alten Altstadtbefestigung nur mit Genehmigung des Burggrafen bebaut werden darf, und wo selbst nach dem Verschwinden dieser Mauerreste noch im 16. Jahrhundert dies Terrain ein burggräfliches Immunitätsgebiet in der Stadt darstellt.[3] Auch das unmittelbar vor den Mauern gelegene Terrain untersteht als Festungsrayon in gewissen Beziehungen dem Burggrafen. Daraus erklärt sich wohl die Aufsicht des Straßburger Burggrafen über die Mühlen, ferner die Mitwirkung des Regensburger Burggrafen bei der Gründung des Wochenmarktes in Stadtamhof.[4]

Unser besonderes Interesse aber nimmt ein Recht in Anspruch, das zweifellos seinen Ursprung in dieser Stadtkommandantur hat, das „Stangenrecht“ oder Recht der „Räumung“ (*ruminga*), das Recht, die Überbauten in den städtischen Straßen zu brechen. Gewiß findet sich vereinzelt dies Recht im Mittelalter auch als Requisit eines anderen als des Burggrafenamtes; ich erinnere bloß an die bekannte Stelle aus den Rechten des Grafen

---

[1] Vgl. oben S. 39.

[2] Vgl. oben S. 26 ff., 98 ff.

[3] Vgl. oben S. 24, 148 f., 177.

[4] Vgl. oben S. 24 f., 97.

in Dinant.[1] Aber doch ist es auffällig und zweifellos kein Zufall, daß ganz besonders häufig diese Befugnis als Bestandteil des Burggrafenamtes erscheint. In Straßburg, in Regensburg, in Worms, in Köln, in Utrecht, mit anderen Worten, in allen Städten, in denen wir etwas Näheres über das Burggrafenamt erfahren, gehört zu seinen wichtigsten Befugnissen das Recht, die Überbauten zu brechen,[2] und zwar ist die Form der Handhabung dort, wo wir etwas Näheres über sie erfahren, in Regensburg, Worms und Köln, dieselbe: Der Burggraf reitet mit quergelegter Lanze oder Stange durch die Gassen, und verlangt die Beseitigung aller Vorbauten, an die er damit anstößt. Und wenn in Mainz um die Mitte des 13. Jahrhunderts der Erzbischof auf das Recht, Überbauten zu brechen, verzichtet, und in Speier während des 14. Jahrhunderts der bischöfliche Kämmerer das Recht ausübt,[3] so ist damit die Annahme sehr wohl vereinbar, daß es sich dabei um ein ursprünglich burggräfliches Recht handelt, das nach dem Untergang des Burggrafenamtes dem Bischof angefallen und nun von ihm preisgegeben oder durch seine Beamten gehandhabt wird. Zunächst könnte man nun allerdings daran denken, daß ähnlich wie bei den späteren Bauordnungen die Rücksicht auf die Sicherheit der Bauten, auf Verkehrserleichterung, Reinlichkeit, Gesundheit usw. den Grund dieses baupolizeilichen Rechtes des Burggrafen darstellt. Im allgemeinen aber sind derartige mehr soziale Gesichtspunkte im früheren Mittelalter von keiner großen Bedeutung. Was wir Wohlfahrtspflege zu nennen pflegen, tritt in der älteren Zeit ganz entschieden in den Hintergrund, während im Vordergrund neben den gerichtlichen durchweg die militärischen Gesichtspunkte stehen. So dürfen wir wohl auch annehmen, daß das Recht, Überbauten zu brechen, vor allem aus Rücksicht auf die Stadtverteidigung geschaffen wurde, für die allerdings die Freiheit der Straßenfluchten von ganz erheblicher Bedeutung ist.

So vereinigen sich alle die verschiedenen Befugnisse aufs

---

[1] Waitz, Urkunden, 2. Aufl., 9 S. 21.

[2] Vgl. oben S. 24, 97 f., 130 f., 147, 176.

[3] Vgl. oben S. 134, 132.

Beste in dem Amte eines militärischen Stadtkommandanten.[1] Und zwar war der Burggraf natürlich zunächst Befehlshaber der alten Römerstadt, der Altstadt. Mit dem allmählichen Wachstum der Städte ist allerdings auch sein Machtgebiet erweitert worden. In Straßburg hat er für die Intaktheit der Mauer ohne Rücksicht auf Altstadt und Neustadt zu sorgen, in Köln gibt er seine Erlaubnis sowohl zu Anbauten an die alten wie an die neuen Befestigungswerke. Doch ist diese Erweiterung nicht überall der Fall. Schon beim Straßburger Burggrafen konnten wir feststellen, daß seine Beziehungen zur Altstadt weit intensiver sind als zu den später angeschlossenen Stadtteilen; nur in der Altstadt unterstehen ihm die Brücken, nur der altstädtische Obstmarkt liefert ihm Abgaben.[2] Völlig auf die Altstadt beschränkt geblieben ist der Burggraf von Utrecht. Nie ist er etwas anderes gewesen als der Befehlshaber des alten *castellum Traiectum*; die Sorge für die Stadtmauer und das Recht der *ruminga* in der eigentlichen Handelsstadt Utrecht haben nie zu seinen Befugnissen gehört.[3]

So hätten wir denn über den Charakter dieses städtischen Burggrafenamtes Klarheit erlangt. Höchstens eine Frage wäre noch aufzuwerfen, zu der die rechtliche Stellung des Augsburger Burggrafen den Anlaß bietet, nämlich die, ob wir nicht in dem Burggrafen auch zugleich den Heimburgen der alten Römerstadt zu erblicken haben. Denn das konnten wir ja oben[4] feststellen, daß in Augsburg alle die Befugnisse, die wir anderwärts dem Ortsvorsteher zuzuweisen haben, vom Burggrafen geübt werden. Ich möchte die Frage entschieden verneinen. In mehreren alten Römerstädten können wir Beamte finden, die schon durch ihren Namen an das Amt des Ortsvorstehers erinnern; in Trier ist es der Zender,[5] in Straßburg, Speier,

[1] Ob auch das Recht der Aufbewahrung der Probedenare in Straßburg und Köln mit diesem Kommandantenamt zusammenhängt, mag dahingestellt bleiben; vgl. oben S. 25 Anm. 2, 150.

[2] Vgl. oben S. 25 f.

[3] Vgl. oben S. 176 f.

[4] Vgl. oben S. 41 f.

[5] Über den Zender (*centurio*) in Trier vgl. das älteste Trierische Stadtrecht im Trierischen Archiv VII (1904) S. 2 f.

Worms und Mainz die Heimburgen.[1] Nirgends aber findet sich auch nur die geringste Spur eines Zusammenhanges zwischen Burggrafen- und Heimburgenamt. Nun läßt sich allerdings einwenden, daß in Trier, Speier und Worms das Amt erst nach dem Untergang des Burggrafenamtes auftaucht, und daß wir, so lange das Mainzer Burggrafenamt besteht, vom Mainzer Heimburgenamt kaum mehr als den Namen erfahren. Von entscheidender Bedeutung aber ist das Straßburger Bischofsrecht, das ausdrücklich die Einsetzung der drei Straßburger Heimburgen nicht dem Burggrafen, sondern dem Schultheißen überträgt.[2] Demnach dürfen wir auch in den Heimburgenbefugnissen des Augsburger Burggrafen nicht ein Essentiale des Burggrafenamtes überhaupt erblicken, sondern müssen annehmen, daß zu der Vereinigung des Burggrafen- und Schultheißenamtes in Augsburg sich noch als drittes Amt das Heimburgenamt gesellt hat, und daß alle drei Ämter durch Personalunion verbunden sind.

Wenden wir uns von den burggräflichen Stadtkommandanten zu den bloßen Befehlshabern einer Burg, die den Burggrafentitel führen, so stehen ersteren zeitlich am nächsten die flandrischen Burggrafen.[3] Schon am Anfange des 11. Jahrhunderts tauchen sie auf, und vielleicht gleich von ihrem Auftreten an, spätestens seit dem 12. Jahrhundert, sind sie die Organe einer methodisch durchgeführten Territorialverfassung. Flandern ist in einzelne Burggrafschaften geteilt, jede mit einer Burg als Mittelpunkt, deren Befehlshaber zugleich Gerichts- und Verwaltungsbeamter seines Bezirkes ist. Irgend einen historischen Zusammenhang zwischen den Burggrafen der alten Römerstädte und den flandrischen Kastellanen anzunehmen, liegt kein Grund vor. Ist ja doch auch die gebräuchliche lateinische Bezeichnung

---

[1] Über die Straßburger Heimburgen vgl. Horn, Die Anfänge der Straßburger Stadtverfassung (Rostock 1868) S. 13 f. Über die Heimburgen in Mainz, Worms und Speier vgl. Koehne, a. a. O., S. 100 ff., 114 ff., 125 ff.; Schaube, a. a. O., S. 63 ff.

[2] Straßburger Bischofsrecht § 9: *Item ad causidicum pertinet statuere tres personas quas heymburgen dicimus, unum in interiori scilicet veteri urbe et duos in exteriori.*

[3] Vgl. oben S. 201.

verschieden; für die ersteren lautet sie *praefectus*, für die letzteren *castellanus*. Höchstens der Utrechter Burggraf nimmt eine gewisse Zwitterstellung ein. Jedenfalls dürfte die flandrische Kastellanatsverfassung sich völlig unabhängig von der Präfektenverfassung der deutschen Bischofsstädte entwickelt haben. Nur den deutschen Namen „Burggraf" haben wahrscheinlich die flandrischen *castellani* von den Stadtkommandanten entlehnt.

Während die flandrische Kastellanatsverfassung wiederholt wissenschaftlich behandelt worden ist, war es bis jetzt völlig unbekannt, daß eine ganz ähnliche burggrafschaftliche Verfassung in einem anderen Teile Deutschlands, in den obersächsischen Marken und vielleicht auch in der Mark Brandenburg, bestand. Über Ursprung und Gestaltung dieser Verfassung ist im vorhergehenden eingehend gehandelt worden;[1] vermutlich schon im 11. Jahrhundert entstanden, vereinigte sie Gerichtsbarkeit und militärische Gewalt über einen größeren Bezirk in der Hand eines Burggrafen, der wahrscheinlich ursprünglich überall königlicher Beamter gewesen ist. Über die Vorbilder dieser östlichen Burggrafschaftsverfassung waren oben verschiedene Vermutungen geäußert worden. Gewiß ist nur so viel, daß sie von der älteren Burgwardverfassung völlig verschieden ist. Wie weit diese Verfassung sich ausgedehnt hat, ist ungewiß. Sicher gehörten zu ihr die Burggrafschaften Bautzen, Dohna, Meißen, Döben, Leisnig, Altenburg und Orlamünde, während ihre Existenz in der Mark Brandenburg nicht völlig erwiesen ist, und über die Stellung des Burggrafen von Kirchberg, Neuenburg, Zeitz, Giebichenstein und Wettin sich überhaupt nichts Gewisses sagen läßt.

Das dritte größere Gebiet, in dem eine stattliche Anzahl gleichartiger Burggrafen nebeneinander auftaucht, sind die bayerisch-österreichischen Alpen- und Voralpenländer.[2] Doch läßt sich hier erst am Anfang des 12. Jahrhunderts das Burggrafenamt nachweisen, und andererseits fehlt es an jedem Anhaltspunkt für das Vorhandensein einer älteren geschlossenen Burggrafschaftsverfassung. Während die Burggrafen des Elb- und Saalegebietes durchweg dem Stande der Freien angehörten,

[1] Vgl. oben S. 215 ff.
[2] Vgl. oben S. 70 ff.

waren die bayerisch-österreichischen Burggrafen landesfürstliche Ministerialen oder herrschaftliche *milites*, die mit der Bewachung und Verteidigung einer Burg beauftragt waren und höchstens nebenher und ohne ein festes Prinzip mit anderen Geschäften betraut wurden. Die Namen *praefectus*, *castellanus* und *burggravius*, die sie führen, dürften vielleicht von den ostsächsischen Burggrafen, möglicherweise auch vom Burggrafen von Nürnberg entlehnt worden sein.

Flandern, die ostsächsischen Grenzgebiete und die bayerisch-österreichischen Alpen- und Voralpenländer sind die einzigen Gebiete, in denen innerhalb eines bestimmten Territoriums eine größere Anzahl gleichartiger Burggrafen vorkommt. Im übrigen finden wir bis zum Jahre 1200 das Amt nur sporadisch. Und zwar ist unter diesen vereinzelten Burggrafen nur einer, der unser Interesse näher zu fesseln vermag, der Burggraf von Nürnberg.[1] Woher er seinen Amtstitel bezogen hat, läßt sich nicht mit absoluter Gewißheit feststellen; wahrscheinlich von den Burggrafen der obersächsischen Marken, die ja auch wohl ursprünglich königliche Beamte waren. Sicher ist, daß sein Amt im Anfange des 12. Jahrhunderts als Festungskommandantur der königlichen Burg Nürnberg geschaffen wurde. Auch daran ist meines Erachtens nicht zu zweifeln, daß er ursprünglich für ein größeres Reichsdomanialgebiet, zu dem auch die Stadt Nürnberg gehörte, die Funktionen ausübte, die anderwärts Reichsvögten überlassen waren, daß er also für dieses Gebiet oberster Richter und Verwaltungsbeamter war. Dagegen ist er nie Stadtkommandant von Nürnberg gewesen; vielmehr erfolgte die Ummauerung der Stadt Nürnberg durch die Bürgerschaft, und zwar in einer Zeit, in der die Blüte des Burggrafenamtes schon vorbei war.

Alle anderen Burggrafen, die vor dem Jahre 1200 erwähnt werden, sind ohne größere Bedeutung. Meist handelt es sich einfach um Nachahmungen der Burggrafschaften benachbarter Gebiete. So ist es sicher, daß der niederländische Burggraf von Leiden ebenso wie die *castellani* des wallonischen Gebietes[2] einfache Kopieen der vlämischen Burggrafen darstellen, ferner daß der

[1] Vgl. oben S. 107 ff.

[2] Vgl. oben S. 200 f.

erzbischöflich-mainzische Burggraf von Rusteberg und, wenn er überhaupt existiert hat, der Burggraf von Erfurt, vielleicht auch der Hersfelder Burggraf Nachbildungen der ostsächsischen Burggrafen sind,[1] während der Nürnberger Burggraf wahrscheinlich das Muster für den Bamberger Burggrafen abgegeben hat.[2] Ganz unsicher sind die Burggrafen von Burgkunstadt, von Gösweinstein und von der Plesse.[3]

Erst am Ende des 12. und im 13. Jahrhundert beginnt der Burggrafentitel eine größere Verbreitung zu gewinnen. Die westfälischen Burggrafen von Rechede und Dülmen[4] eröffnen die Reihe von landesherrlichen Burgkommandanten, die in den verschiedensten Gebieten des Reiches[5] im 13. Jahrhundert und später den Burggrafentitel geführt haben. Für die Forschung nach der Entstehung und ursprünglichen Bedeutung des Burggrafenamtes sind diese späteren Burggrafen, die ihren Namen einfach von den älteren entlehnt haben, ohne Belang. Und das Gleiche gilt von den rheinischen Burggrafen der späteren staufischen Herrscher.[6] Daß sie, wenigstens zum Teil, Burggrafen heißen, ist im Grunde bloß ein Zufall; die Geschichte des staufischen Burggrafentums ist einfach ein untrennbarer Bestandteil der Geschichte der Verwaltung des königlichen Gutes unter den Staufern. Daß diese Geschichte eine gründliche Darstellung verdient, und daß jetzt, nach der Vollendung der staufischen Regesten, eine solche Darstellung möglich ist, scheint mir gewiß; sie gehört aber nicht in den Rahmen dieses Buches.

---

[1] Vgl. oben S. 197 ff.

[2] Vgl. oben S. 106 f.

[3] Vgl. oben S. 107, 270 f.

[4] Vgl. oben S. 271.

[5] Über derartige landesfürstliche Burggrafen in westdeutschen Gebieten vgl. oben S. 13 f. Anm. 4, S. 196 Anm. 5. Sie kommen aber auch anderwärts vor.

[6] Vgl. über sie oben S. 13 und besonders S. 195 ff.

Register.

Nachträge und Berichtigungen.

S. 29 f. Anm. 4 ist zu der Literatur über Augsburg hinzuzufügen: Paulus, Beiträge zur Entstehung der Stadtverfassung von Augsburg bis zum Jahre 1276 (Tübingen 1904). Die im ganzen solide Arbeit gab zu einer Änderung der oben vertretenen Ansichten keinen Anlaß. Die Eigenartigkeit der Kompetenzverteilung zwischen Vogt und Burggraf hat sie ebensowenig erkannt wie die frühere Literatur.

S. 104 Zeile 6 l. *advocatia fori* statt *advocatia forri.*

S. 160 Zeile 10 v. u. l. Hoeniger statt Horniger.

Druck von Metzger & Wittig in Leipzig.

FSC
www.fsc.org
MIX
Papier | Fördert gute Waldnutzung
FSC® C083411

Kolibri 360 GmbH
Ferdinand-Jühlke-Straße 7
99095 Erfurt, Deutschland
produktsicherheit@kolibri360.de